21世纪市场营销立体化系列教材

Services Marketing

服务营销

⊙ 主　编　杜兰英　芦琼莹

副主编　雷培莉　杜海斐

华中科技大学出版社

http://www.hustp.com

中国·武汉

ABSTRACT

内容简介

本书立足服务经济大背景，以服务市场及服务消费者为核心，以服务营销策略为主线展开论述。全书分四篇，共13章。第一篇（1至2章）概论，详尽阐述了服务经济与服务业、服务营销与服务营销学的关系；第二篇（3至5章）服务的性质与服务消费者特征，深入分析了服务性质、服务市场特征及服务消费者特征；第三篇（6至7章）规划篇，介绍了企业如何实施服务营销规划、服务质量规划与管理；第四篇（8至13章）策略篇，阐述了服务产品与品牌、服务定价、服务位置和渠道、服务沟通和促销、服务人员和内部营销以及服务有形展示等策略。

本书包含大量服务营销案例，以利于读者拓宽视野。每章都设计有引导案例和课后学习案例，还有思考题及小结，可以帮助读者回顾相关知识，对比学习。

本书不仅可作为国内高等院校市场营销专业以及其他工商管理类专业本科、研究生服务营销的教材，还可作为工商业从业者和从事市场营销教学和研究工作者的必备读物。

图书在版编目(CIP)数据

服务营销/杜兰英　主编.—武汉:华中科技大学出版社,2011.8
ISBN 978-7-5609-6842-1

Ⅰ.服…　Ⅱ.杜…　Ⅲ.服务业-市场营销学-高等学校-教材　Ⅳ.F719

中国版本图书馆CIP数据核字(2010)第250798号

服务营销　杜兰英　主编

策划编辑:周小方　陈培斌
责任编辑:殷　茵
封面设计:刘　卉
责任校对:何　欢
责任监印:周治超
出版发行:华中科技大学出版社(中国·武汉)
武昌喻家山　邮编:430074　电话:(027)87557437
录　排:华中科技大学惠友文印中心
印　刷:湖北新华印务有限公司
开　本:787mm×1092mm　1/16
印　张:19.25　插页:2
字　数:518千字
版　次:2011年8月第1版第1次印刷
定　价:35.00元

总　序

在经济全球化背景下，随着市场经济的发展，一切面向市场的组织都必须投身于市场经济大潮之中，按照市场经济的规律，搞好自身的经营和管理。社会经济的这一发展趋势，使得会经营、懂管理、善策划的市场营销专业人才成为市场的宠儿，社会对市场营销专业人才的需求逐年递增。

市场营销专业是随着市场经济的发展而建立和不断发展起来的新兴专业，迄今为止，还不到100年的历史。随着营销实践的发展，市场营销的内涵及其对与之相关联的营销人才知识体系的要求也在不断发展和变更：市场营销已由单纯的产品销售过程实施发展到营销的战略和策划过程，由单纯的产品营销发展到品牌营销，由单纯的实物产品营销发展到服务产品的营销，由单纯的交易性营销发展到交易与关系相结合的全面营销，由单纯的微观营销发展到宏观与微观相结合的全方位营销。

从我国的情况来看，1978年开始引进市场营销课程，1992年才正式将市场营销专业列入本科招生目录。十几年来，随着社会对市场营销专业人才需求的增长，开设市场营销专业的院校已从最初的一部分综合大学、财经院校，发展到理、工、医、农、艺、体等各类院校，以及各类职业技术院校；人才培养的层次也由原来的本科、专科，发展到硕士、博士（重点院校自主招生或作为专业方向招生）层次。由此，我们抱着根据学科的发展及社会对市场营销专业人才的需要来重新规划营销人才培养体系，设计市场营销专业系列教材，为新型的市场营销专业人才的培养提供工具的目的，编著出版了这套“21世纪市场营销立体化系列教材”。

本系列教材的编著力求凸现如下特点。

第一，按照社会对营销人才知识体系新的要求设计系列教材。既包括交易营销方面的理论和知识，又包括关系营销、服务营销、品牌营销、营销策划等方面的理论和知识。

第二，引进营销方面的最新的理论和成果。系列教材的作者在编著过程中，都力求吸收国内外的最新成果，体现营销发展的最新动向，力求教材内容上的创新。

第三，加强案例分析。教材的每章都以小案例导入，并配备了大量的本

土案例加以说明，力求理论联系实际，学以致用。

第四，创新教材形式。本套教材拟以现代教育技术为支撑，为读者提供一套“纸质教材与电子课件、课程网络”相结合的新型的立体化教材。

本套教材由从事多年本学科教学、在本学科领域内具有比较丰富的教学经验的教师担任各教材的主编，并由他们组成编委会，为读者提供以《市场营销学》、《国际市场营销学》、《市场研究理论与方法》、《消费者行为学》、《销售管理》、《广告管理》、《新产品管理》、《渠道管理》、《营销策划》、《品牌管理》、《服务营销》、《网络营销》、《商务沟通》为主体的系列教材。

在系列教材的写作过程中参考了大量的国内外最新研究和实践成果，各位编著者已尽可能在参考文献中列出，在此对这些研究者和实践者表示真诚的感谢。因为多方面的原因，如果有疏漏之处，作者表示万分歉意，并愿意在得知具体情况后予以纠正，在此先表示衷心的谢意。

编撰一套教材是一项艰巨的工作，由于作者的水平有限，本套书难免会有疏漏和谬误之处，真诚希望广大读者批评指正，不吝赐教。

2008 年 9 月 10 日

目　录

CONTENTS

第一篇　概　论

第三篇 规 划 篇

第四篇 策 略 篇

第一篇　概　　论

从经济社会的演进与发展阶段入手，提出服务经济和服务业，描述服务业的国内外现状，并在此基础上探讨服务营销的特点和演变，以及服务营销学的兴起与发展。着重阐明服务业的特点及其分类，服务营销学的学科性质、研究对象、产生的背景、与市场营销学的联系及区别。第 1 章将阐述服务业在国民经济中的核心作用。

随着各国国民经济与服务贸易的发展，服务业的作用与日俱增；从事服务行业的劳动力和就业者人数也在不断增加。服务业的发展不但体现在新兴的服务行业中，也蕴涵在传统制造业与工农业生产的各行业中。传统的市场营销研究和教育将重点集中在有形产品市场，然而服务营销面临的挑战与有形产品存在根本差异。因此，第 2 章将讨论服务营销的性质和独有的特征，以及服务营销最重要的特征。

第 1 章　服务经济与服务业

本章提要

1. 描述从农业社会到服务社会的经济演进；了解经济和社会发展阶段划分的相关理论。
2. 描述服务业的特点和分类。
3. 概括出服务业在经济中的核心作用。
4. 了解国内外服务业发展的现状。
5. 了解服务业的国际化和标准化。

引　　例

香港经验：GDP 九成来自服务业

记者从香港特别行政区政府统计署获悉，目前香港 GDP 的 90%是服务业创造的，这个比例在世界所有经济体中是最高的。香港贸发局总裁林天福指出，由于服务业提供的多知识型的白领职位，服务比重的上升也提高了香港的工资水平，他们普遍认为，香港能成为人均 GDP 2.5 万美元的世界第十一大经济体，服务业特别是高端服务业可谓功不可没。

香港政府全力推动服务业的发展

从迄今为止世界各国经济发展的实践来看，各国依次都经历了从农业立国到制造业主导再到服务业独大的发展阶段，可以说，服务业的发达程度和经济发展程度是有关联的。通常，经济发达的经济体，服务业的发展程度也比较高。香港服务业地位的不断上升，除了经济发展规律使然，香港特别行政区政府的推动作用也不可低估。

服务业的发展和制造业最大的不同，是前者对投资环境的依赖程度更高。制造业要发展，只要有了资金、土地和廉价劳动力，就可以在一个相对封闭的空间里进行生产，市场也很可能不在当地，对外部环境的依赖相对要小；而服务业的发展要素则完全不同，它对资金和土地的要求不是很高，更多依赖的是人才和市场空间，而人的才能的发挥程度和市场空间的大小，与外部环境提供的条件密切相关。多年来，香港政府在优化服务业发展环境上一直不遗余力。

业内人士指出，服务业卖的就是脑袋里的东西，因此人才和教育至关重要。香港 2005 年的教育支出达到了 580 亿港元，是最庞大的政府单向开支，占政府开支的 23.5%。目前，香港提供 9 年免费普及教育，凡 6~15 岁的香港公民，必须在学校接受教育，倘若这个年龄段的子女未入学，身为家长可能受到检控。到目前为止，香港有 18%的适龄青年能够修读学位课程，若加上在港就读非学位课程及在外地求学的学生，其高等教育入学率已接近 30%。另外，香港作为国际化大都会，也吸引了来自世界各地的人才。

更重要的是，香港政府致力于市场经济制度的完善，发挥“无形之手”的作用。政府从中介、码头、金融等领域退出，为民间资本提供发展空间，不再与民争利。努力营造公开的商业环境和开明的经济政策，进行适度的监管，提供公正的法律制度。市场之为市场，绝不是哪一个大城市要打造就能打造得到的，而要有制度上的硬件。目前，全球资本在香港的营运与在伦敦、纽约没有分别，股票市场、法律体系、公司管治、中介服务、会计制度以及人才软件，香港一应俱全，完全是国际化的市场。由大企业到中小企业所要求的融资服务，只要公司合乎条件，不管中外，只需因应自己的要求，问价钱而付费，完全体现自由市场之下的交易选择。

服务业的发展有利于降低交易成本

香港贸发局一位专家指出，在 20 世纪的大部分时间里，经济学只有生产成本的概念，没有“交易成本”的概念。20 世纪最后二三十年经济学的突破使我们懂得，总成本是由生产成本和交易成本两部分构成的，而且随着分工的深化，交易更频繁，范围越来越大，交易成本所占比重愈来愈大。如果交易成本居高不下，社会的负担就很沉重。而服务业的发展有一个作用，这就是降低交易成本。服务业主要是处理交易的，所以它的发展能够降低交易成本。

在香港，律师、医生等行业受人尊敬，他们的专业服务水平是社会公认的。这些行业是不允许做广告的，做这样规定的前提是，只要拿到了政府颁发的医生、律师执业牌照，他们的基本专业水准就是可以预期的，是没有分别的，人们不需要花费时间精力去分辨谁的服务好谁的服务坏，而广告则会干扰人们的判断。当然，一些水平很高的律师、医生，通过服务对象的口耳相传，会有更好的口碑，生意会更好，但这是另一回事。

根据香港的经验，在服务业的发展过程中，政府的角色不能太多，否则会产生角色冲突。现在内地存在这么一个问题，生产成本很低，交易成本非常高。当然这不光是指流通，还包括政府公共服务、社会的诚信等问题，所以交易成本非常高。如果人们要花很多时间来辨别服务提供者的好坏真伪，那么整个经济发展都会受到严重的伤害。

香港服务业的四个发展阶段

香港服务业的地位不是一夜之间奠定的，其间经历了四个发展阶段。

20 世纪五六十年代，香港经济还是制造业的天下，服务业当时是制造业的一部分，在经济中的比例非常小。

到了七八十年代，内地开始改革开放，香港的制造业开始向广东等地转移，与制造业相关的服务业开始在香港发展起来，当时主要服务于香港本地经济。

九十年代，随着制造业的加速转移和珠三角经济的发展，香港的服务业进入发达时期，开始拓展境外业务，服务于非香港的经济活动。

目前，香港服务业正处于第四个转型期，服务业告别了过去为制造业提供支持的地位，开始形成独立的产业群，成为香港经济的支柱。

服务业的兴旺发达是科技发展和社会进步的结果，服务业的发达程度代表了

国家经济社会的发展水平。人均 GDP 较高的国家，其服务业的产出与就业比重也相对较高。这是因为，随着科技的发展和社会的进步，第一、二产业的有机构成大幅度提高，致使越来越多的人转移到服务业，从而促进了服务业的发展。事实上，全球服务业产出在整个经济中的比重与经济发展水平密切相关，服务业国际竞争力一定程度上反映了国家竞争力，越是经济发达的国家，服务业越发达。1953 年美国制造业的就业人数占总就业人数的比例达到最高点 35%，从此就逐年下降。目前制造业和建筑业公司继续大幅裁员，但服务业就业人数出现反弹，其中商务及专业服务业就业人数的反弹尤其明显，即使在制造业中，服务在业务经营中所占的比例也越来越大。据美国劳动统计局的预测，2004 年至 2014 年期间，美国服务业将创造 1870 万个新的工作岗位，而同期制造业则将失去 3 万个岗位。在全美就业增长预期最多的 20 个行业中，除建筑业外，其余均属于服务业。专家预测，未来美国薪资水平最高的 10 个行业也都集中在服务领域。因此，世界经济的重心已转向服务业，社会发展离不开服务业。除去那些每个家庭可以自给自足的基本生存需要外，服务是经济社会中生活质量提高不可或缺的因素。而且，各种各样的社会及个人服务已经产生并把原来的家庭职能推向社会经济领域，诸如餐饮、住宿、清洁、看护儿童等。因此，认识到服务业不是可有可无的，而是社会的重要组成部分是非常迫切的。它是经济健康发展的关键，是经济发展的核心。服务业不仅使制造业和采掘业的商品生产活动更加便利，而且也使之成为可能。服务业是当今世界经济一体化的重要推动力。

1.1　21 世纪是服务经济的时代

1.1.1　经济演进与社会发展的阶段

对于人类经济活动的发展，非均衡经济发展理论代表人物之一罗斯托的经济发展六阶段论认为：世界各国经济发展都要经历传统社会阶段、起飞准备阶段、起飞阶段、成熟发展阶段、高额群众消费阶段和“追求生活质量”阶段。在不同的阶段，经济结构呈现不同的特点。在传统社会阶段，人们主要依靠手工劳动，农业居于首位；在起飞准备阶段，经济上逐步表现出社会商业化的趋势，大量农业劳动力向工业、交通、贸易及服务业转移；在起飞阶段，即产业革命的早期，产业结构上表现为现代部门的增长，传统产业实现了产业化；在成熟发展阶段，现代科学技术得到普遍推广和应用，经济持续增长，投资扩大，新工业部门迅速发展，国际贸易迅速增加；在高额群众消费阶段，主导产业转移到耐用消费品生产方面；在“追求生活质量”阶段，人口的高度城市化及物质财富的高度发展，使服务业与环境改造事业成为主导产业。表 1-1 描述了经济发展的六个阶段。

1974 年，美国社会学家丹尼尔·贝尔也提出了类似的人类社会发展阶段的观点，但他将社会发展分为三个阶段，即前工业化社会、工业化社会及后工业化社会。他认为，在经济发展的不同阶段，服务业在经济中的比重及服务内容都有很大的差别。在前工业化社会，社会活动的基本单位是大家庭，服务业主要由大量就业不足的人口完成，且主要分布于农业和家庭服务业部门，为个人及家庭服

务；在工业化社会，服务业主要围绕商业活动展开；而在后工业化社会，服务业主要以知识型服务和公共服务为主。按照贝尔的理论，在人类社会从农业社会向工业化乃至后工业化社会的转变中，服务业作为一个产业整体与之伴生及演变，依次从为个人及家庭服务向交通及公共设施，再向商业、金融、保险业，最终向休闲服务业发展，以适应不断提高的生产力水平的需要。在美国，服务业从业人员现在占总就业人数的 3/4，这种趋势开始于一个多世纪以前。因此，从就业人数角度看，美国已不应再划为工业国，而应是一个后工业社会，或称服务社会。表 1-2 对经济发展中前工业化、工业化和后工业化三个阶段的特征作了概括。

表 1-1　经济活动的阶段

第一阶段(采掘)	第二阶段(产品生产)	第三阶段(家政服务)	第四阶段(贸易和商业服务)	第五阶段(提高和扩展人的能力)
农业	制造业	餐馆和旅馆	运输	健康
矿业	加工业	理发和美容	零售	教育
渔业		洗衣和干洗	通信	研究
林业		维修	金融和保险	娱乐
			房地产	艺术
			政府	

资料来源：华尔特・惠特曼・罗斯托. 经济成长阶段——非共产主义宣言[M]. 国际关系研究所，译. 北京：商务印书馆，1962.

表 1-2　不同社会的比较

社　会	博　弈	主导活动	人力的使用	社会单元	生活水准指标
前工业化	与自然	农业、矿业	体力	大家庭	温饱
工业化	与人造自然	物质产品生产	依附机器	个人	物质产品数量
后工业化	人与人	服务	艺术、创造、智力	社区	生活质量健康、教育娱乐

资料来源：丹尼尔・贝尔. 工业化后社会的来临[M]. 高铦，译. 北京：新华出版社，1997.

新服务经济学理论则认为，服务的需求来源于社会生产方式的变化。随着工业化社会的到来，现代社会对产品及生产组织呈现精巧化和个性化的趋势，这使得对服务的需求不断增加，且体现为中心性服务(以生产为中心)和互补性服务。这些服务包括：对工业企业的中间投入；流通和金融服务；满足生产结构变化而对人力资本需求的中介性服务，以及对整个生产体系进行空间上协调与规制的服务。新服务经济学实质上强调了工业社会中服务应以工业生产为中心，并依附于工业生产的需求而存在，同时为工业生产的需求提供“中介”或“补充”。在这一理论框架下，服务业的发展表现为：随着商品品种的多样化，服务需求范围及种类将随之扩大，商品的发展与服务业形成互补；随着服务的产业化，许多服务业因达到规模经济而使服务产业的生产率大大提高，并呈现工业标准化生产的特点。这些特点使工业化进程中服务业对整体经济的增长具有了重要的作用，并使服务业成为未来的工业。

1.1.2 服务贸易的蓬勃发展

服务贸易是随着战后世界经济结构的调整，作为建立在新技术革命和产业升级基础上的新兴产业而迅速发展起来的。它不仅在各国产业升级和支柱产业的战略替代方面发挥了巨大作用，而且在各国国际收支平衡中也发挥着重要的缓冲作用。服务贸易已日益成为影响各国经济发展的重要力量，也成为衡量一国国际竞争力的一项重要标准。1993 年结束的乌拉圭回合多边贸易谈判正式将服务贸易纳入了全球多边贸易体制框架，最终达成了《服务贸易总协定》(简称 GATS)。20 世纪 80 年代以来，随着世界经济结构的不断调整和世界经济一体化进程的加快，服务经济的重要性正在使服务贸易在现代社会和经济发展过程中扮演着越来越重要的角色。

1. 服务贸易的定义

《服务贸易总协定》将服务贸易的范围定义为以下四种形式提供的服务：

(1) 跨境交付，即从一缔约方的国境内向任何其他缔约方的国境内提供的服务，如电信服务、邮电服务等；

(2) 境外消费，即从一缔约方的国境内向任何其他缔约方的服务消费者提供服务，如海外留学、出口旅游等；

(3) 自然人流动，由一缔约方的自然人在任何其他缔约方的国境内提供的服务，如一国的专家、教授、艺术家以自然人身份在境外提供服务等；

(4) 商业存在，通过一缔约方的法人在任何其他缔约方的国境内的商业性存在的人与物提供的服务，如一国的公司到国外开办银行、律师事务所等。

2. 服务贸易的特点

(1) 服务贸易标的物是无形的，具有不可触摸性、不可储存性和不易运输性，这就导致服务出口方式的多样化。

(2) 服务的生产与消费往往是同时发生的，通常无法将服务进行储存和再生产。

(3) 服务贸易更多地依赖于生产要素的国际移动和服务机构的跨国设置，无论服务贸易的形式如何，它都与资本、劳动力和信息等生产要素的跨国移动密切相关。

(4) 服务贸易的统计数据在各国国际收支表中显示，而在各国海关进出口统计中没有显示，所以对服务贸易的监督管理比较困难。

(5) 服务贸易是劳动活动和货币的交换，不是物品和货币的交换。

3. 服务贸易的发展趋势

1) 发展迅猛

自 20 世纪 60 年代以来，服务贸易作为特殊的贸易活动发展迅速，其增长速度远远超过了货物贸易的增长速度。1970—1980 年，服务贸易年平均增长 18.7%，

1979 年服务贸易的增长速度(24%)首次超过了货物贸易的增长速度(21.7%)；20 世纪 80 年代以后，服务贸易的增长速度都高于货物贸易的增长速度。国际服务贸易的快速增长不仅体现在速度上，还体现在总量的增加上。据统计，1960 年服务贸易额为 2 000 亿美元，1980 年超过了 5 000 亿美元。1995 年国际商品和服务贸易出口总值为 6 万亿美元，其中服务贸易出口 1.1 万亿美元，比 1994 年增长了 12.6%。1996 年国际商品和服务贸易总值为 6.3 万亿美元，其中服务贸易出口 1.2 万亿美元，比 1995 年增长 65%。2007 年全球服务贸易出口总额达到 3.3 万亿美元，相当于全球货物出口总额的 24.2%。目前，服务贸易在世界经济中扮演的角色越来越重要，其总额占全球贸易总额的比重已达 25%，并正以前所未有的速度蓬勃发展。有关专家认为，到 2015 年服务贸易与商品贸易将“平分秋色”，服务贸易将成为国际贸易的主要对象和主要内容。

2) 发达国家在服务贸易中占主导地位

服务贸易一直是以发达国家为中心而发展的，从整体上看，发达国家具有巨额的服务贸易顺差。但发展中国家和地区在国际服务贸易中趋于上升地位，发展中国家和地区服务出口年增长率比发达国家高。发达国家凭借其服务业竞争优势，在服务贸易自由化的进程中显然获得了更为可观的收益。2008 年服务贸易已经占到了全球贸易的 20%，占到全球对外直接投资(FDI)的 60%。服务业对于(国内生产总值 GDP)的贡献情况是，在发达国家占 73%，在发展中国家占 52%，但在中国仅占 40%。同时，它对于就业的贡献，在发达国家已经达到了 72%，在发展中国家达到了 35%，而在中国仅占 25%。

3) 新的服务业不断涌现

知识经济条件下，科学技术的发展大大拓展了传统服务贸易的领域和范围，使服务的“可贸易性”成分显著提高，产生了许多新型的服务贸易项目，如医疗、教育等。进入 20 世纪 90 年代以来，服务贸易涉及的范围已延伸到金融保险、商务联络、信息咨询、广告展览、保管运输、人才培训等领域，信息化成为其主要的特点。国际服务贸易的结构将进一步变化，新的服务贸易门类将会迅速发展，越来越多的劳动者将从实物生产转移到服务生产，世界产业结构信息化进一步刺激世界服务贸易的发展。

4) 技术、知识密集化趋势日益明显，人力资本构成服务贸易比较优势的决定因素

随着知识经济时代的到来，高新技术成为国际服务贸易的载体，服务产业与高新技术产业在当今世界经济中的作用越来越重要。在过去的十多年中，许多新兴服务行业从制造业中分离出来，形成独立的服务经营行业，其中技术、信息、知识密集型服务行业发展最快。其他如金融、运输、贸易、管理咨询等服务行业，由于运用了先进的技术手段，也很快在全世界范围内扩大。

5) 服务贸易壁垒更多、更高、更隐蔽，非关税壁垒在服务贸易中的应用尤为明显

政府加强服务贸易管理，通过法律法规和设置障碍加以限制，或者政府在安排服务支出的时候，通过采购和补贴的形式优先照顾本国服务，制定一些不利于

外国竞争者的行业标准，或者对本国服务出口实行隐蔽性补贴、减免税等，这些做法都体现了服务贸易壁垒的隐蔽化趋势。

6) 跨国投资刺激相关服务贸易的发展，跨国公司成为国际服务贸易的主体

随着世界经济一体化进程的加速，世界范围的产业结构调整和转移进一步升级，导致跨国直接投资以高于世界经济和货物贸易的速度增长。1995 年全球对外直接投资额已达 2 350 亿美元，到 2015 年全球对外直接投资总存量预计将达到 5 万亿美元，成为推动生产国际化和全球贸易发展的火车头，与跨国投资和经营活动相关的国际金融、保险、运输、通信、信息咨询、经营服务以及专利权等知识产权的世界服务贸易将会得到迅速发展。与生产集中化的趋势相适应，大型跨国公司在世界服务贸易中也将越来越占据支配地位。

7) 服务贸易已成为各国服务业及经济竞争力的重要表现

世界贸易组织（WTO）成立以来，全球经济贸易迅速发展，尤其是国际服务贸易，服务贸易已成为各国服务业及经济竞争力的重要表现。服务贸易是 21 世纪各国经济贸易竞争的新领域，是一个大趋势，孕育着大量的发展和创新机遇，服务贸易的发展对商品贸易竞争力及一国综合国力的影响越来越大，这正如美国《商业周刊》说的，是“下一件大事”。一个国家服务贸易国际竞争力的强弱直接表现为一国服务贸易的进出口总额在世界服务贸易总额中的比重，尤其是一国服务贸易的出口在世界市场上占有的份额。根据 WTO 的《1997 年度报告》，1995 年服务贸易出口额居世界前三位的国家是美国、法国、德国，出口额分别为 1 895 亿美元、960 亿美元、805 亿美元；而中国列居世界第 16 位，出口额仅为 184 亿美元，不及美国的 1/10。WTO 在 1999 年和 2001 年分别公布了世界各国服务贸易的进出口情况，从公布的资料来看，中国服务贸易的进口额和出口额在世界的排名比较靠后，并且中国服务贸易的进口额要远大于服务贸易出口额。而到了 2007 年中国服务贸易进出口增长迅速，逆差规模显著下降。其中，出口 1 216.5 亿美元，同比增长 33.1%；进口 1 292.6 亿美元，增长 28.8%；逆差 76.1 亿美元，比上年下降 14.6%，比逆差最大的 2004 年下降 20.3%。中国服务贸易出口和进口分别居世界第 7 位和第 5 位，比 2006 年分别提升 1 位和 2 位。

8) 服务贸易的方式、内容和构成发生了很大的变化

科学技术的发展和应用，改变了服务贸易的方式、内容和构成。现代电信和传递技术使服务的不可储存性和运输的传统特性发生了改变，许多生产和消费原来要同时进行的服务现在可以实现生产与消费的分离，银行、保险、医疗、咨询和教育等原来需供需直接接触的服务现在可以采用远距离信息传递的方式；通信革命大大提高了服务的可贸易性，生产的专业化迅速发展，服务贸易的主要内容从运输、工程建筑等传统领域转向知识、技术和数据处理等不断涌现的新兴领域；现代科技的发展使物质生产和服务生产中的知识、信息投入比重不断提高，从而推动了服务贸易结构的变化，以劳动密集为特征的传统服务贸易地位逐渐下降，以资本密集、技术密集和知识密集为特征的新兴服务贸易逐渐发展壮大。

1.1.3 21 世纪的服务经济(社会)

1. 服务经济(社会)及其表现

知识经济时代是服务业大发展并上升为国民经济主导产业的时代。就宏观而言，我们的社会就是一个服务性的社会，服务理念早已深入社会的各个角落。从世界经济的发展看，可以说，服务价值及其效应的追求已经成为当今世界经济形态的最明显特征。因此，称当今世界经济为服务经济毫不为过。一般认为，就一个经济发展体而言，如果其服务领域的价值效应超过 GDP 的一半，就可称其经济形态为服务经济。美国等发达国家早在 30 年前就进入了服务经济时代，美国、西欧、日本等发达国家和地区的经济发展很能说明问题。在这些国家和地区，生产及制造过程的价值效应一般不超过其最终全部价值效应的 20%~30%，而周到的服务和完善的售后支持则占到最终价值效应的 60%~70%。在他们那里，产品的最大利润来源于产品的服务，产品的生产成了服务的创新，产品营销成了服务营销，企业发展战略成了企业的全方位服务战略，产品与企业的相互竞争演变成了全面的服务竞争。

有学者把后工业化社会称之为服务经济(service economy)社会。卡尔·阿尔布雷克特和罗恩·曾克在《服务化美国》一书中指出：1956 年，美国服务业就业人数首次超过了制造业，标志着美国进入服务化社会。目前，这种趋势还在继续。全球服务业产出在整个经济中的比重已经从 1980 年的 56%上升到 1998 年的 61%。美国服务业的产值在 GDP 中的比重已高达 75%左右，这意味着国民财富的创造主要依赖于服务业。

我国在经历了由忽视甚至限制服务业发展到力促第三产业发展的转变后，20 世纪 90 年代以来第三产业的增加值以年均 10.5%的速度递增，服务业占 GDP 的比重也由 1952 年的 22.76%上升到 2000 年的 33.2%。根据国家统计局的数据，服务业增加值从 1978 年的 860.5 亿元增加到了 2005 年的 73 395 亿元，按可比价格计算，年均增长 11.2%，高于同期 GDP 的增长率近两个百分点。我国以第三产业为代表的服务业取得了长足发展。同时，在各个生产与流通领域中，服务意识也日益增强，海尔、春兰等企业便是典型代表。尽管按照国际公认的定义我国尚未进入服务经济时代，但服务业在我国的高速发展则是有目共睹的，越来越多的人在从事服务运作工作，很多在制造业工作的人所从事的工作实际上也是提供服务。随着我国加入 WTO，服务产业不仅会在原有的基础上大力发展，而且各生产环节的服务意识也会越来越强。

服务经济的来临，突出地反映在以下经济指标和心理感觉上：在各个国家的国民生产总值的构成中，第三产业所占份额越来越大；从事服务活动的从业人员的数量占劳动力就业人数的比例越来越高；在顾客购买的产品中，服务的成分越来越多。服务经济时代的市场新变化表现为：国际竞争日趋激烈；技术与产品的特征优势通常是短暂的；在传统制造领域的需求逐步趋缓；服务代表了一个新的增长点。

2. 服务业以及服务经济的重要性

20 世纪 60 年代以后，服务业在社会经济中的地位与日俱增，一国服务经济的发展水平成为衡量该国国力的重要标志之一。截至 1999 年，服务业占 GDP 的比重，世界平均水平为 60%，其中 34 个低收入国家的平均水平为 43%，48 个中等收入国家为 50%，22 个高收入国家为 64%。一些发达国家的服务业占国民生产总值的比重超过 60%，部分国家接近 80%。改革开放以来，我国的服务业也得到了长足发展。服务业在国民经济中的比重已达到了 30%，个别发达地区接近 50%。

服务业的发展对一国的国民经济增长有着重要作用，它使得国民经济周期性波动得以缓解。美国在过去的四次经济衰退中，服务业的就业机会实际上是增长的，而制造业的就业机会在减少。这表明，消费者有推迟购买商品的倾向，而不愿减少对基本服务的需求，如教育、电信、金融、保健及消防治安等公共服务。服务业吸纳就业人口的比重，发达国家为 60%~75%，中等收入国家为 45%~60%，低收入国家为 30%~45%。在经济衰退期，服务行业仍保持着整体就业的趋势；在经济增长期，服务行业的就业率比其他行业增长要快。服务业这种抵御衰退的特点主要来自以下几方面原因。首先是由于服务的本质，服务不能像实体产品一样库存。因为服务业的消费和生产是同时发生的，所以对它们的需求比较稳定。当经济衰退时，许多服务得以继续存在。尽管房地产、保险、证券业的交易在下降，但医院仍像往常一样繁忙，不必减少雇员。其次，在衰退过程中，消费者和公司均推迟了资本项下的支出，而对现存设备加以维修将就使用。这样一来，服务业的就业机会保留下来。

上述两个方面，主要揭示了服务活动在服务经济中的主体地位。服务活动在服务经济中还具有广泛的经济社会功能，主要表现在：它是经济与就业增长的源泉与动力，一些学者认为服务业已成为经济增长的引擎(engines of growth)；促进传统产业的高级化及生产组织方式变化，从而推动传统产业的新发展并引致产业体系的整体升级；在经济与社会生活中的广泛渗透，从而引致生活方式的现代化与生活质量的进一步提高。

案例 1-1 **沃尔玛——零售企业的泰坦尼克**

沃尔玛公司由美国零售业的传奇人物山姆·沃尔顿先生于 1962 年在阿肯色州成立。经过 40 多年的发展，沃尔玛公司已经成为美国最大的私人雇主和世界上最大的连锁零售企业。目前，沃尔玛在全球开设了超过 7 000 家商场，员工总数 190 多万人，分布在全球 14 个国家。每周光临沃尔玛的顾客 1.76 亿人次。沃尔玛(WAL-MART)是全球 500 强榜首企业。

1991 年，沃尔玛年销售额突破 400 亿美元，成为全球大型零售企业之一。据 1994 年 5 月美国《财富》杂志公布的全美服务行业分类排行榜，沃尔玛 1993 年销售额高达 673.4 亿美元，比上一年增长 118 亿多，超过了 1992 年排名第一位的西尔斯(Sears)，雄

居全美零售业榜首。1995 年沃尔玛销售额持续增长，并创造了零售业的一项世界纪录，实现年销售额 936 亿美元，在《财富》杂志 1995 年美国最大企业排行榜上名列第四。2000 年沃尔玛跃居《财富》500 强世界第二大企业。2002 年沃尔玛挫败了美国最大的石油公司埃克森美孚公司位居《财富》榜首，这也是服务业公司首次位居美国 500 家最大公司榜首。2008 年美国《财富》杂志 7 月 21 日公布美国最大 500 家公司最新收入排行榜，全球最大连锁零售商沃尔玛公司再次击败石油巨头埃克森美孚公司，再度跃居榜首。在过去 7 年中，沃尔玛已 6 次位居这一排行榜榜首。2009 年沃尔玛的业务遍及 14 个国家：美国、墨西哥、巴西、阿根廷、波多黎各、英国、加拿大、中国、尼加拉瓜、日本、洪都拉斯、危地马拉、萨尔瓦多、哥斯达黎加。沃尔玛在短短几十年中有如此迅猛的发展，不得不说是零售业的一个奇迹。的确，许多人开始欢呼我们迎来的不是网络经济的世纪，而是商业经济的世纪。也许，您认为沃尔玛取得如此辉煌是靠传统商业业务，然而我们要说，今天的沃尔玛并不是墨守成规的“传统”商业企业，而是一个善于利用资本市场和网络技术的现代服务企业。

沃尔玛超市集团被公认为世界零售业的“泰坦尼克”，沃尔玛致力于为顾客提供质优价廉品种齐全的商品、友善的服务以及“一站式”购物体验。据麦肯锡咨询公司的研究报告显示，美国 20 世纪 90 年代末经济的高速增长，在很大程度上跟沃尔玛的运作有关。从 1987 年到 1995 年，美国的劳工生产力平均每年增长 1%，但从 1995 年至 1999 年，生产力出现 2.3%的年增长率，再加上就业的增加，使得实际人均产值达到每年 4%的增长，这 4%中有 1/4 来自零售业，其中大约有 1/6 直接或间接来自沃尔玛。其实，即便没有详尽的调查研究，沃尔玛对于美国经济的贡献都能从平时逛店时感觉出来。沃尔玛的高效和低价，在相当程度上抑制了美国的通货膨胀，并保证了经济疲软时百姓的生活水平不会出现大幅度下降。

正如麦肯锡报告所说，很多人以为上次经济腾飞全是托高科技的福，孰不知其中有不少却来源于零售业的突飞猛进。沃尔玛的成败，不仅关系到美国零售业和美国经济，也跟中国经济密切相关。只要任意考察一家沃尔玛商店，便会发现绝大多数商品都有“中国制造”的标签。这就是说，沃尔玛物美价廉的背后，有着中国制造业的功劳，当然它也为中国的出口及中国经济带来了很大的促进作用。难怪有人说“一家店带旺两国经济”。

作为优秀的企业公民，沃尔玛这艘世界零售业的“泰坦尼克”，将一如既往地在企业社会责任方面发挥作用。沃尔玛相信只有具有责任心的企业才能获得成功，而只有获得成功的零售企业才能更好地为顾客服务，为改善人们的生活，为促进经济发展作出实质的贡献。

3. 经济服务化的含义与基本表现

一般认为，经济服务化是工业化高度发展以后产业结构的一种转变过程，表现为产业结构中服务业的比重超过工业，成为经济活动的中心。因此，西方学者称经济服务化为第三产业化(tertiarization)，我国学者杨治也认为：“第三产业在整个经济活动中居于首屈一指的地位，人们把这种现象称为经济服务化”。有学者认为，经济服务化即“从产品型经济向服务型经济的转变”，是服务性经济活动的成长并成为经济活动主导方式的发展过程及其引发的经济社会后果。人类经济活动可分为创造物质产品的生产性活动与创造服务产品的服务活动，在农业社会与工业社会，生产活动一直是经济活动的主导类型，而服务化则是工业化成熟阶段以后人类经济活动中心从生产活动向服务活动的转移。经济服务化的基本表现有三个。

1) 产业结构服务化

经济服务化首先表现为服务产业的大规模发展从而引致三次产业结构的转变，服务产业在经济体系中的地位不断上升并超过工业，成为产业结构的主体，这种过程可称为产业结构的服务化。服务业在发达国家已普遍成为第一位的经济部门。根据世界银行对各国 GDP 构成的统计，1970 年已有 11 个高收入国家(地区)的第三产业份额超过 50%；到了 1991 年，几乎所有高收入国家(地区)的第三产业份额均超过 60%。从就业构成看，日本、英国、法国、瑞士、加拿大、丹麦等国的第三产业份额在 1975 年或更早的时候就已超过 50%。英国 1983 年就业人口中，服务业占 64.2%。在中等收入国家(地区)的产业结构中，服务业也逐渐占据主导地位，1991 年世界银行列入统计的 22 个上中等收入国家(地区)中，有 8 个服务业产值比重超过 50%，有 5 个接近 50%；33 个下中等收入国家(地区)中也有 17 个服务业比重超过 50%。主要包括工业化历史较长的欧洲及当今工业化进展迅速的南美与亚洲的新兴工业化国家(地区)，也包括一些石油出产国。经济服务化的潮流已开始向工业化水平较高的中等发达国家(地区)扩散。

2) 生产型产业的服务化

经济服务化还表现为工业、建筑业、农业等生产型产业(非服务性产业)内部服务性活动的发展与其重要性的增加，从而改变了这些产业的单纯生产特点，形成生产—服务型体系，可称为生产型产业的服务化，反映服务活动在经济领域的广泛渗透。这种趋向在工业中表现得最为突出。例如，1980 年，美国工业增加值中的 75%以上是由工业内部的服务性活动所创造；1983 年英国制造业的就业人口中 28.7%是行政、技术与办公人员；在加拿大与瑞士，主要工业部门就业的 26%~36%是从事服务性活动，某些部门如化工及炼油中，服务性就业比重更是高达 50%以上。

3) 服务型经济的形成

经济服务化发展的结果是，形成以服务活动为主导经济活动类型的服务型经济。贝尔揭示了后工业社会的服务型经济与工业社会的产品型经济的区别：产品型经济的主要经济部门是制造和加工产品的部门，服务型经济的主要经济部门是提供各种服务的部门；产品型经济的主要产品是大规模的商品，服务型经济的主要产品是大规模的服务；在产品型经济中大部分劳动力集中在从事商品的制造和加工的经济部门，在服务型经济中大部分劳动力集中在服务部门；产品型经济的大部分产值是由商品生产部门创造的，服务型经济的大部分产值由服务性行业创造。

1.2 服务业及其发展

1.2.1 服务业的概念、特点及分类

1. 服务业的概念和特点

对许多人来说，服务是奴役的同义词。提到它，人们自然联想到服务生端来汉堡包后，站在桌边为你服务。然而，过去30年来迅猛发展的服务业，已不能用低收入及低技术水平的诸如百货商店服务员或快餐店服务生此类的工作来准确概括。

20世纪30年代英国经济学家费布尔在研究经济成长问题时提出了三次产业的概念，此后克拉克更为完整地提出了三次产业的分类，其中第三次产业，一般指服务业。服务业即从事生产服务产品活动的行业，这些活动的结果即“服务”。服务业范围的划分，依据国际惯例，一般是指农业、工业和建筑业以外的行业，因而也有人称之为“第三产业”。

服务业指专门生产和销售各种服务商品的生产部门和企业。服务业有广义和狭义之分：狭义服务业仅指商业、餐饮业、修理业等传统的生活服务业；广义的服务业指的是为社会提供各种各样的服务活动，生产和经营各种各样的服务商品的经济部门和经济组织，亦即我们通常所说的第三产业。

(1) 艾利尔和郎基尔德(Pierre Eig1ier and Eric Langeard)的观点。这两位法国学者认为服务业有三个基本的特征：① 非实体性；② 组织与顾客之间直接关系；③ 产出过程中的消费者参与，见表1-3。

表1-3 服务业特征及其关联效应

特　征	企业(组织)	顾　客	社会(政府)
非实体性	储存 沟通 定价与成本 专利保护	信心 寻找途径 形象 口碑	控制 生产力 通货膨胀
组织与顾客面对面	面对面复杂 环境控制 分销网络	个人化关系 短期受制	各种网络及规划 不良功能的减除
使用者参与生产	标准化 创新和行为改变 生产力和使用者作为	对规则和手续的依赖 认同问题	创新和公共政策 参与(干预)程度

资料来源：Pierre Eiglier，Eric Langeard. Marketing Consumer Services: New Insight，MSI Report[R]. Cambridge，Mass，1977，77-115.

(2) 格隆鲁斯(Christian Gronroos)的观点。另一位法国学者格隆鲁斯认为，服务业的三个基本特征是：①非实体性；②服务是“一种活动”，而不是“一样东西”；③生产和消费从某种程度说是同步进行的活动。

2. 服务业的分类

1) 联合国统计署的服务产品分类

涉及服务产品的分类有 5 个部类、30 个门类、114 个大类、406 个中类和 919 个小类。5 个部类分别为：无形资产、土地、建筑工程、建筑服务；经销业服务、住宿服务、膳食和饮料供应服务、运输服务、公用事业商品销售服务；金融及有关服务、不动产服务、出租和租赁服务；商业和生产服务；社区、社会和个人服务。

2) 世界贸易组织的服务分类

按照 WTO 服务贸易理事会认可的国际贸易服务部分的分类表，服务分为三个层次，12 大类、53 个中类、151 个小类。12 大类分别是：商业服务；通信服务；建筑及相关工程服务；销售服务；教育服务；环境服务；金融服务；与医疗相关的服务和社会服务；旅游及相关服务；娱乐、文化和体育服务(不含视听服务)；运输服务；其他服务。

3) 国际标准化组织(ISO)的服务分类

ISO9004-2:1999《质量管理和质量体系要求第二部分：服务指南》是 ISO 首次制定的服务管理标准。在该标准中，服务共分两层，有 12 大类、73 个小类。12 大类分别为：接待服务；交通与通信；健康服务；维修；公用事业；贸易；金融；专业服务；行政管理；技术服务；采购服务；科学服务。

(1) 接待服务，即餐馆、饭店、旅行社、娱乐场所、广播、电视和度假村；

(2) 交通与通信，即机场、空运、公路、铁路和海上运输、电信和数据通信；

(3) 健康服务，即医疗所医生、医院、救护队、医疗实验室、牙医和眼镜商；

(4) 维修服务，即电器、机械、车辆、热力系统、空调、建筑和计算机；

(5) 公用事业，即清洁、垃圾管理、供水、场地维护、供电、煤气和能源供应、消防、治安和公共服务；

(6) 贸易，即批发、零售、仓储、配送、营销和包装；

(7) 金融，即银行、保险、生活津贴、地产服务和会计；

(8) 专业服务，即建筑设计、勘探、法律、执法、安全、咨询、培训与教育；

(9) 行政管理，即人事、计算机处理、办公服务；

(10) 技术服务，即咨询、摄影、试验室；

(11) 采购服务，即签订合同、库存管理与分发；

(12) 科学服务，即探索、开发、研究和决策支援。

4) 依据服务业的经济性质分类

在服务营销管理活动中，基于人们对复杂服务业的管理的需要，通常将其分类予以简化，形成简便、通行的服务业分类法。在人们的经济交往活动中，常依据服务业的经济性质，把服务业划为六类：

(1) 生产服务业。生产服务业指直接和生产过程有关的服务活动行业，包括：厂房、车间、机器等劳动手段的修缮和维护；作业线的装备；零部件的转换；机器的擦拭、喷漆、涂油和保养等；经营管理活动，如生产的组织、工时的运转，劳动力的调整，以及计划、进度、报表的编制等。

(2) 生活性服务业。生活性服务业是指直接满足人们生活需要的服务活动行业，包括：加工性质服务，具有提供一定物质载体的特点，如饮食、缝纫、家用器具的修理等；活动性服务，即不提供物质载体，而只提供活动，如旅店、理发、浴池等；文化性服务，如戏剧、电视、电影、音乐和舞蹈等文化娱乐活动及旅游活动中的服务。

(3) 流通服务业。流通服务业是指商品交换和金融业领域内的服务行业，包括生产过程的继续，如保管、搬运、包装等。

(4) 交换性服务业。如商业活动服务，如销售、结算等；金融服务业，如银行、保险、证券和期货等。

(5) 知识服务业。知识服务业是指为人类的生产和生活提供较高层次的精神文化需求的服务，包括：专业性服务业，如技术咨询、信息处理等；发展性服务业，如新闻出版、报刊、广播电视、科学研究和文化教育。

(6) 社会综合服务业。社会综合服务业是指不限于某个领域的交叉性服务活动行业，包括：公共交通业，如运输业、航运业等；社会公益事业，如公共医疗、消防、环境保护和市政建设等；城市基础服务，如供电、供水、供气、供暖和园林绿化等。

5) 我国商务部中国投资指南网对服务业状况的分类

我国商务部将服务业划分为以下大类：建筑业、城市供电、水业、煤气、交通运输及仓储业、电信业、零售批发业、餐饮业、保险业、房地产业、基础设施建设、宾馆饭店、旅行社、租赁服务、广告、信息咨询业、法律服务、会计统计审计咨询、医疗服务、教育、环境保护、印刷、音像、展览、外贸、担保、典当、拍卖、风险投资、物流、出版、维修、银行。

6) 其他分类

我们可用最简单的方法——排除法给服务业分类：服务业就是那些除了农业、制造业和采掘业之外剩下的那部分经济。另外的方法就是简单地列出服务行业来定义服务。典型的描述服务业包括以下行业部门：

(1) 零售和批发；

(2) 运输、配送和储存；

(3) 银行和保险；

(4) 房地产；

(5) 通信和信息服务；

(6) 公共事业、政府和防务；

(7) 卫生保健；

(8) 商业、专业和私人服务；

(9) 娱乐和款待客人服务；

(10) 教育；

(11) 其他非营利机构。

1.2.2　我国服务业的发展现状及存在的问题

服务业发展水平代表了一个国家经济发展阶段和人民生活质量达到的水平。社会分工和生产专门化使服务业独立于第一、第二产业之外。随着生产力水平的提高，社会分工越来越细，产业及行业的专门化程度越来越高。在第一产业和第二产业发展的进程中，流通业、运输业、仓储业、包装业、通信服务业、交通服务业等行业相继独立成为第三产业，并日渐成为国民经济中具有特色且具有一定比例的新的产业群。据世界银行统计，发达国家服务业生产总值占国民生产总值的 70%以上，中等发达水平的国家的服务业产值平均亦为国民生产总值的 50%左右。中国只占 32.8%，差距较大，发展空间较大。1982 年，中国服务贸易进出口总额仅为 44 亿美元，到 2006 年已达 1 917.5 亿美元，24 年间增幅近 43 倍，占全球服务贸易的比重从 0.6%升至 3.6%。显然，我国加快了服务业发展的步伐。我国已进入产品经济向服务经济过渡的时期，过去 20 年产品是稀缺资源，产品制造是整个经济价值的核心，如今大多数产品已在全球范围内过剩，消费者成为稀缺资源，创新和服务逐渐成为整个经济的价值核心，因此在当今经济变革的时代，一个行业如果要生存下去，就必须变为服务业，既卖产品，也卖服务。

近 20 年来，我国服务业的增长主要来自批发、零售、仓储、餐饮等传统性的服务行业。我国服务企业的普遍特点是小、散、弱、差，即规模小、布局散、竞争力弱、经济效益差。为应对入世后的机遇与挑战，适应消费市场和产业结构的变化趋势，我国服务企业必将加快集团化的进程。入世以后，公平竞争、技术进步、市场拓展等因素，有助于我国服务业向专营化、多元化、网络化和国际化的方向演进，金融、保险、证券、电信、国际贸易、房地产、文化、体育、会计、咨询、法律服务、社会服务等新兴服务行业必将蓬勃发展。而且，整个服务业的内部结构将会得到极大的改善，其经营方式、管理水平、技术手段和开放程度必将大大提高。

我国作为一个发展中大国，近些年尽管服务贸易发展很快，但服务业无论是质量还是数量，都还难与发达国家抗衡。从具体部门的服务贸易情况来看，具有一定比较优势的主要是有资源禀赋优势的传统服务行业(如旅游业)，而大量的专业服务行业、现代服务行业，则明显处于劣势(如咨询、金融保险)。此外，对于运输、建筑等传统服务行业，由于其基本属于劳动密集型服务行业，国内不少学者习惯于将它们当做我们的比较优势行业看待，但研究一下它们的贸易竞争优势指数则不难看出，由于经营方式和服务技术缺乏必要的现代化改造，这类服务行业也同样缺乏国际竞争力(见表 1-4)。

表 1-4 1997—2006 年中国服务贸易分行业竞争力指数

行业 \ 年份	1997	1998	1999	2000	2001	2002	2003	2004	2005	2006
总体	−0.07	−0.05	−0.09	−0.08	−0.08	−0.08	−0.08	−0.07	−0.05	−0.05
运输	−0.54	−0.57	−0.53	−0.48	−0.42	−0.41	−0.4	−0.34	−0.29	−0.24
旅游	0.2	0.16	0.13	0.11	0.12	0.14	0.07	0.15	0.15	0.17
通信服务	−0.03	0.6	0.51	0.7	−0.17	0.08	0.2	−0.03	−0.1	−0.02
建筑服务	−0.34	−0.31	−0.22	−0.25	−0.01	0.13	0.04	0.05	0.23	0.15
保险服务	−0.71	−0.64	−0.81	−0.92	−0.85	−0.88	−0.87	−0.88	−0.85	−0.88
金融服务	−0.85	−0.72	−0.2	−0.11	0.12	−0.28	−0.21	−0.2	−0.04	−0.72
计算机和信息服务	−0.47	−0.43	0.09	0.15	0.14	−0.3	0.03	0.13	0.06	0.26
专有权利使用费和特许费	−0.82	−0.74	−0.83	−0.88	−0.89	−0.92	−0.94	−0.9	−0.94	−0.94
咨询	−0.15	−0.19	−0.3	−0.29	−0.26	−0.34	−0.22	−0.2	−0.07	−0.03
广告、宣传	−0.63	−0.44	−0.67	−0.34	−0.21	−0.53	−0.35	−0.62	−0.06	0.08
其他商业服务	0.19	0.07	0.02	0.07	0.12	0.28	0.4	0.31	0.28	0.27

资料来源：商务部《中国服务贸易发展报告》；数据来源：1997—2006 年《中国国际收支平衡表》。

近年来，我国各地正在把发展无污染、低能耗、节约型的现代服务业，作为推动经济结构调整的重要支撑力量。2007 年，上海市服务业完成增加值 6 223.8 亿元，同比增长 15.2%；中心城区服务业增加值占中心城区生产总值 78%；重点领域发展迅速，外资法人银行数量已达 14 家，在沪外资法人银行总额占全国外资银行总额比重近 60%，港口货运吞吐量居世界第一。北京市现代服务业增长速度加速提高。2007 年以来，服务业占 GDP 的比例稳步提高，服务业对经济的贡献度日益提高，其中现代服务业累积增加值为 3 113.97 亿元，同比增速达到 13.5%，在第三产业中的比重已达到了 67.7%，对经济的拉升作用日益增强。首先，租赁和商务服务在前奥运经济的带动下，同比增长了 24%，增速为服务业中各行业之最，累计达到了 379.7 亿元，占第三产业的比重达到了 8.25%；其次，在北京市提倡的创新型城市的背景下，科学研究、技术服务和地质勘查业也获得了较快的发展，前三季度累计增速为 21.1%，占第三产业的比重同比提高 0.7 个百分点；再次，信息传输、计算机服务和软件业的规模效应凸现，继续保持了良好的发展势头，在第三产业中的比重也持续增加，达到了 9.3%，同比增长 20.9%。目前，全国 20 多个省市的 30 多个中心城市已制定了发展现代服务业推动经济结构调整的发展规划。

1.2.3 服务业增长的原因

1. 人口统计的变化

(1) 预期寿命已经延长，产生并扩大了退休人口。这部分人口既需要休闲和旅游，也需要身体的保健和护理。

(2) 社区的结构变化已经影响了人们在什么地方生活和怎样生活。新的城镇和住宅区的发展增加了对基础设施及其辅助服务的需求。

2. 社会的变化

(1) 职业妇女人数的增长导致以前的家务事要在家庭外完成。这促进了快餐行业、幼儿园和其他私人服务的快速发展。

(2) 职业妇女及双收入家庭的出现产生了对消费服务的更大需求，其中包括零售、房地产和私人理财服务。

(3) 生活质量已经改善。有两份收入的小家庭有更多可支配的收入用于娱乐、旅游和待客服务。

(4) 国际间的旅行和迁移造就了更高级的消费品味。顾客会比较国内外的服务质量，并提出多样化、高品质和高标准的服务需求。

(5) 高度复杂化的生活产生了更大范围的服务需求，特别是在法律和金融咨询上。通信和旅行行业的发展，增强了社会群体间的联系，刺激了人口的区域性流动。结果是孩子和成年人都需要学习和发展个人技能以跟上我们复杂的、日新月异的环境。

3. 经济的变化

(1) 全球化增加了对通信、旅行和信息服务的需求。新信息技术所带来的快速变化刺激了这种需求。

(2) 经济领域不断增长的专业化导致更多地依赖专业服务提供者。例如，广告和市场研究已经变成支持所有经济部门的专门功能。

(3) 城市化使服务产业化成为可能。工业的发展为服务业提供了大量的剩余劳动力。专业化分工促使自我服务向社会服务转移。生活水平的提高使服务业品种更加丰富。

(4) 科学技术的进步和发展是服务业扩展的前提条件；社会分工和生产专门化使服务行业独立于第一、第二产业之外；市场环境的变化推动新型服务业的兴起；人们消费水平的提高促进了生活服务业。

4. 政治和法律的变化

(1) 政府规模的扩大，产生了对服务部门巨大的基础设施要求。

(2) 国际化增加了在法律和其他专业服务的新需求。

1.2.4　服务业增长的影响

1. 对于国家和社会(宏观层次)

服务业的发展对一个国家社会经济的影响是极其巨大的，具体表现在四个方面。

1) 增加社会财富

服务劳动也是一种生产性劳动，服务业既创造使用价值也创造价值，既转移旧价值也形成新价值。①虽然服务业生产的产品不是有形的物品，而是无形的服务或效用，但是通过这些无形的服务和效用，消费者的各种精神、文化和享受需求得到了满足，这与有形产品满足了人们的物质需求并无不同。②现代化的工业生产已经不再把体力劳动作为主要手段，而是以人力资本为主要的投入方式，劳动形式越来越趋于脑力劳动，工业企业的经营管理人员逐渐多于一线工人。从这个意义上说，现代工业生产的物质产品不再单纯是“车间劳动”的产物，而是包含了很多贯穿于生产过程中的服务性劳动，也就是说服务性劳动是生产过程的一部分，是一种延伸或扩展的生产劳动，当这些服务性劳动随着分工深化而独立以后，现代服务业就产生了。由此不难理解，现代物质产品包含着服务业所创造的价值和使用价值，整个社会财富当然就包含有服务业的贡献了。根据香港政府工业署的统计，1984 年香港制造业的增值额在其生产总值中的比重为 27.9%，而服务业的增值额在其生产总值中的比重平均为 64.9%；1994 年香港制造业的增值额在其生产总值中的比重平均为 29.3%，而服务业的增值额在其生产总值中的比重平均为 59.9%；截至目前，香港制造业和服务业在利润率上的这种巨大差距并没有改变。从香港政府统计署获悉，2007 年香港 GDP 的 90%是服务业创造的，这个比例在世界所有经济体中是最高的。香港贸发局总裁林天福指出，由于服务业提供的多是知识型的白领职位，服务业比重的上升也提高了香港的工资水平。香港经济界有关人士普遍认为，香港能成为人均 GDP2.5 万美元的世界第十一大经济体，服务业特别是高端服务业可谓功不可没。

2) 促进国民经济的发展

随着世界经济特别是我国经济的持续发展，广大城乡居民将收入增加额越来越多地用于购买服务性产品，服务性消费日益成为国民消费的主要部分，成为社会再生产过程的重要环节，服务经济也由此成为国民经济发展的重要源泉和推动力。尤其需要说明的是，现代化的工业生产已经将越来越多的服务作为中间投入要素，工业生产过程形成的中间需求成为服务业增长的主要部分。《中国统计年鉴 2001》的计算数据显示，我国服务业总产出的 3/4 是工业生产的中间性投入，居民生活消费只占服务业总产出的 1/4。可以说，电子信息、批发与零售、金融、保险乃至一些专业化的服务行业，都是工业生产进一步社会化分工的产物，是工业企业经济的外部化。从工业企业的生产过程中我们可以清楚地看出，新兴的服务行业大多数是随着社会分工和专业化的发展从工业企业独立出来的，像会计、技术开发、信息搜集与处理、产品设计、市场营销等项工作原来都由工业企业自己承担，当这些职能逐渐从工业企业中独立出来以后，就形成了我们所说的现代服务业。现代服务业出现以后，通过其专营化和高效率的服务，大大降低了生产成本和交易费用，进一步推动了工业化乃至整个国民经济的发展。

3) 吸纳大批就业人口并提高从业人员的素质

与我国产业结构的调整相一致，从业人员在三大产业中比重从 1978 年的 70.5:17.3:12.2 调整至 2005 年的 44.8:23.8:31.4。第一产业劳动就业人数从 20 世纪

90 年代开始大幅度下降，由 1991 年的 39 098 万人下降到 2005 年的 33 970 万人；第二产业绝对就业人数增长较快，由 1978 年的 6 945 万人增加至 2005 年的 18 084 万人，增加了 1.6 倍，这从绝对意义上表明了第二产业的增长对就业吸纳能力的增加；与第一、二产业相比，第三产业呈现出就业增长迅速且发展潜力巨大的特点，第三产业的就业人数由 1978 年的 4 890 万人增加至 2005 年的 23 771 万人，增加了 3.86 倍，是整个经济转型期间就业人数增加最多的部门。从三大产业吸纳就业人数占总就业人数的比重即就业吸纳的相对量来看，1978—2005 年，三大产业就业人员人数分别增长 19.96%、160.39%和 386.11%。其中第一产业就业份额持续降低且降幅较大，从 1978 年的 70.5%下降到 2005 年的 44.8%，这表明第一产业就业已基本达到饱和，不仅不能吸收劳动力，而且开始排斥劳动力；第二产业部门对劳动力需求量比重一直稳定在 22%左右，但也有小幅度下降趋势；近年对劳动力需求量较大的是第三产业部门，稳步上升到 30%左右，成为名副其实的“三分天下”。这对于我国社会稳定和经济繁荣有着决定性的意义。我们还应当看到，服务业是集劳动密集型和科技应用型为一体的综合性产业部门，一方面发展服务业需要大量低成本的劳动力，另一方面科学技术在服务业的广泛应用又对劳动者的素质提出了较高要求。例如，大型超市和连锁店、大型旅游饭店、大型风景名胜区、大型度假村、大型物业中心、大型美食城、大型娱乐场等，无不采用现代化的设施、设备和先进的经营管理手段，对从业人员的素质要求越来越高。

4) 优化产业结构

服务业为第一、二产业的创新与发展创造了更为便捷的环境。现代服务业的发展，大大延长了第一、二产业的产品链，使得大批高技术、高质量的产品得到了充分开发和广泛使用。例如，一座高星级的旅游饭店，几乎集中使用了当今最先进的建筑材料、装饰材料、冷暖设施、客房设施、卫生设备和厨房设备，在此基础上，旅客才享受到了高标准的服务。又如，人们都喜欢吃肯德基的汉堡包，但它对面粉、食油、鸡肉和生产线设备的要求都很高，这就推动了生产这些产品的第一、二产业的发展，使得第一、二产业及其产品的科技含量大大提高，这反过来又促进了第三产业包括服务业的发展，使得三大产业结构优化，均衡发展。

随着服务业中传统服务业比重下降，新兴服务业比重上升，移动通信、网络、传媒、咨询、国际商务、现代物流等新兴行业兴起及快速发展，现代信息服务业成为工业发展的战略资源，并成为制造业生存与发展的关键。银行、证券信托、保险、基金、租赁等现代金融业的发展不仅丰富了工业企业的融资手段，更为企业提供了通过资本运作实现快速扩张的平台；而企业营销、广告、管理咨询等服务更是现代工业企业在激烈的市场竞争中谋求生存与发展的重要工具。

2. 对于企业(微观层次)

对于企业来说，服务业的发展不但带动了企业组织方式的变化，也促进企业结构的升级。

知识密集型的生产性(中间投入服务)服务业，正在成为企业提高劳动生产率

和货物商品竞争能力的关键投入，更是企业构成产品差异和决定产品增值的基本要素。中间投入服务的增加，使服务业和制造业的关系正变得越来越密切，界线越来越不明显。现代工业生产已经融入了越来越多的服务作为中间投入要素，中间需求的扩大是服务业增长的主要动力。有数据表明，经济合作与发展组织(OECD)中 9 个国家的投入产出表样本数据分析显示，制造业中间投入出现服务化趋势，并且这种趋势在很大程度上是由于制造业对生产服务业依赖度的大幅上升所致，经济活动已经由以制造为中心转向以服务为中心，最为明显的是电子商务产品。同时，某些信息产品却可以像制造业一样进行批量生产。而且，以服务为中心也体现在制造业部门的服务化上，表现为：

(1) 该制造业部门的产品是为了提供某种服务而生产的，例如通信和家电产品；

(2) 随产品一同售出的有知识和技术服务；

(3) 服务引导制造业部门的技术变革和产品创新。

倘若没有像运输和教育这样人人需要的服务业，倘若没有像零售业和批发商业这样的中间服务业的发展，工业化就不可能发生，或者即使发生，其速度要缓慢得多。改进工业和农业中劳动力的质量，也许是现代经济发展最重要的部分，而所谓改进，除了较好营养外(改进食品供应的结果)，主要依赖于扩大服务部门，特别是医药和教育领域。

现代的工业生产已经不再以体力劳动为主要投入方式，而是以人力资本为主要投入方式，劳动分工向远离体力劳动的方向发展，企业中的管理人员、技术人员和营销人员可能多于一线的劳动工人。现代物质产品生产不再是简单的“车间”劳动，而是包括这些“服务”的扩展的劳动。服务活动同样是生产过程的一部分，而不是独立的、与物质产品生产无关的经济活动。

新兴服务业成为服务业增长中的“主导”行业。有调查表明，1997 年的美国公司年收入在 8 000 万美元以上的服务开支增加了 26%，信息技术服务占全部费用的 30%，人力资源服务占 16%，市场和销售服务占 14%，金融服务占 11%。在欧洲，企业对信息技术服务的开支也是增长最快的，主要国家有英国、法国和意大利。在日本，通产省在 1997 年的调查表明，工作培训(20.1%)、信息系统(19.7%)、生产方法(17.4%)、会计和税收(14.0%)、研发(13.7%)等服务也是外部采购的主要项目(OECD，2000)。

随着经济全球化和信息化的发展，服务业本身得到极大发展，即使第一、二产业，市场竞争的重心也由“技术和产品”向“应用和服务”转变，企业发展战略也由“以产品为导向”转向“以客户为导向”。不断提升用户服务满意度，已成为现代企业增强核心竞争力的重要途径。对于货物商品，用户不但要选择货物本身，更要选择服务，良好的服务已经成为左右用户购买决策的重要因素。调查结果表明：对于高科技产品如电脑等，用户愿意多花 10%的价钱来购买服务好的同质产品。企业的服务能力也就成为衡量其竞争力的重要指标。

1.3 服务业的发展趋势——国际化和标准化

1.3.1 服务业的国际化趋势

服务业对外直接投资是服务业国际化的重要表征。服务业的扩张既与外部环境条件相关，也与服务业自身发展有关。概括起来，服务业国际化的动因有三个方面。

1. 生产性服务和消费性服务需求的拉动

由于技术进步和分工深化，对生产性服务的需求扩张，即生产者不是内部组织生产而是在市场上去购买可被用于进一步生产的中间服务。企业之间的中间需求的增长更多地推动了新兴专业服务业的发展，例如管理咨询、工程服务、市场营销等都比以前有了更大的需求。而生产性服务需求的增加，正是服务型跨国公司出现及扩张的主要原因。由于服务业的特殊性质，B to B 形式较不适用于服务业，即服务商品一般只能直接作用于消费者，而通过中间商的转接是不能或者是低效率的。众所周知，生产性服务业的对象——企业既可能是地方性的，也可能是全球性或是多国地方性的。生产性服务业(如贸易、金融)在某种程度上处于集中固定生产和分散变动需求之间，起着桥梁的作用。许多企业特别是跨国企业总是希望与一个服务商建立长久持续的关系，或者是希望与该企业的顾客(无论是本地的顾客还是国外的顾客)同时受到一个服务商的服务，以便于业务往来。在这种情况下，为了更有力地占领市场，获得更多的客户，就需要服务企业建立全球性的组织为其顾客提供全球的、一致性的服务。随着生产者服务需求的增加，越来越多的服务型跨国公司出现了。

2. 分工的挤出效应和服务业增长滞后理论

现代生产竞争激烈，灵活的管理和市场运作就变得十分重要，其中最重要的方面就是管理和市场运作等与生产的信息处理有关的部门的逐渐强化和在专业化分工基础上的独立化，也就是说原来合在一起的工作为了提高效率和灵活性而分开甚至分离出去。这种方式使得企业的各项工作更加具有专业性。为了专注于企业自身的核心专长，企业中一部分工作将被分离出去，由更加专业的服务商提供，这就是分工所产生的“挤出效应”。

目前，尽管服务部门较其他部门的需求增长较快，但服务业产品需求的增长快于服务业劳动生产率的增长，这也就是服务业劳动力比重不断上升的原因。以富克斯为代表的一批经济学家通过对美国部门生产率的比较研究发现，服务业的生产率增长几乎为零，大大低于工业甚至农业。他认为，服务业相对于农业或制造业的较低的劳动生产率增长率，说明了国民经济中服务业就业的日益重要性。低于平均水平的服务业生产率增长率意味着服务业平均成本高于整个经济的平均水平。如果服务需求对于上升的价格相对不敏感，那么随着经济的扩张，总就业中服务业的比重将增加。这就是著名的服务业增长滞后理论。可见，处于快速增长中的服务业往往能够吸引大量的劳动力，其对就业的重要性也在不断增加，而且在创造财富方面也有不可替代的作用。

另外，在技术进步效率提高的社会中，其他部门对劳动力需求的下降要比服务部门快得多，因而劳动力的供给压力逐渐增加。这种由于技术进步对劳动力的“挤出效应”，在发展中国家表现得尤为突出。因此，那些人力处理和实物处理服务型跨国企业在发展中国家市场上逐渐增加，因为这些服务能够为当地创造就业机会，较少受到限制，因而有人提出服务业的发展扩张不是由于需求，而是供给的推动效应。

3. 服务业的竞争

在高度发达的经济体系中，像银行、保险、医院和教育这些成熟的消费者服务业，增长速度正在减慢。而其他一些行业，像美国的航空客运业，似乎被长期的生产能力过剩困扰着。所以，公司的成长只能以从国内的竞争者那里争夺份额为基础，或者通过开拓国际市场。那些以美国为基地的大型信用卡公司所采取的战略就是一个很好的例证。

应该看到，在高速发展的社会中，速度已成为竞争的重要因素之一。而在服务业中，先动优势表现尤为强烈，快速的顾客回应能力，比竞争者抢先一步占领市场，将有更多的机会建立影响巨大的声誉以及赢得顾客的忠诚度，获得大市场。而且在服务业扩张中，政府角色起到了重要的作用，政府的管制决定了市场进入的机会，并决定了市场结构以及竞争程度，这种做法往往给先进入者以较少管制的优势。在许多情况下，即使已有竞争者先进入某个市场，许多企业仍然不惜代价进入该市场，以防止被竞争对手超过太多，这也是通常所说的“跟随竞争者”战略。服务业的对外扩张已经以势不可挡之势在全球范围展开。

1.3.2 服务业的标准化与认证

服务标准化是对服务(产品)及其质量的影响、制约、保障诸因素制定、实施一整套标准，和对标准的实施进行监督的一种有目的、有组织的科学活动。它包括：服务质量标准化、服务技术标准化、服务管理标准化、服务工作标准化、服务设备(设施)标准化、服务材料标准化、服务方法标准化和服务环境标准化等。

1996 年国际标准化组织向全世界发出了“呼唤服务标准”的号召。服务标准是服务向高层次发展的标志，是提高服务质量，使服务工作量化和规范化的重要保证。服务业标准化工作是服务业发展的重要基础工作，是进行市场监管、质量认证、质量监督、资质审查等的依据。标准化则是指在经济技术、科学及管理等社会实践中，对重复性事物和概念通过制定、实施标准达到统一，以获得最佳秩序和社会效益的过程(GB/ T3935.1—1996)。服务标准化的任务是规范从事服务产业工作人员的思想、行为、道德品质，通过标准化的形式提高服务业的整体水平。因此，服务标准化在服务业产业化发展中的基础作用就显而易见了：①对各类不同的服务行业进行归纳分类，制定其共性标准；②针对具体行业的服务特性，制定相应的特性标准；③探索共性标准与不同的具体特性标准的接口，制定服务业综合标准；④借鉴相关国际标准和国外先进标准，提高服务标准化水平。在此基础上，通过贯彻《标准化法》，实施服务标准，使服务产业走向科学化、规范化、良性循环发展的轨道。服务业要走向产业化，就应当以服务标准化为基础，通过法律、法规将服务标准纳入其中或对其进行引用，以规范服务市场，保证服务产业公正、平稳、快速发展。

《21 世纪的 ISO》中指出："ISO 在国际标准化新纲要中确定了世界服务贸易的优先领域(保险业、金融业、旅游业、教育等)。ISO9000 族标准将广泛应用于许多国家的服务领域。"

建立服务标准，提高服务质量是国际的大趋势。在当今经济和社会中，经济结构变化的一个明显特征是由于竞争和劳动力市场的加大而使服务需求明显增加。这种发展趋势反映出标准化已由传统的技术领域扩展到了巨大的和开放的服务领域。欧洲已经开始关注服务领域标准化问题，并着手制定服务标准。在诸如维修服务、搬家服务、建筑服务和通信服务领域，欧洲已经制定了一些相关的服务标准。目前可了解到的服务标准有以下类型：部门具体的指南；对 ISO9000 族标准的补充；业务法规；部门程序和过程规范；与服务相关的规范和行为准则；与资格相关的建议；与服务相关的术语的定义；合同格式化的建议；质量控制和测量方法。

同产品一样，服务对居民的生命和健康可能是不安全的。因此，应当受到国家的监督，以保护消费者的权益。为发展俄联邦《消费者权益保护法》和《产品和服务认证法》，俄罗斯国家标准委员会从 1993 年起分阶段实施服务的强制性认证，并正在制订详细规定服务活动和为进行认证创造条件的国家标准。除了防止直接危害和损失外，标准化和认证应当促进服务质量的提高和保证其竞争力。后者要求解决与发展服务领域的国际贸易和与俄罗斯即将加入世界贸易组织有关的许多问题，首先是使俄罗斯大量有关法规文件与国际标准相一致的问题。在俄罗斯，服务认证工作比产品认证工作开始得晚，而且在组织服务认证时专家们遇到了很大困难。这些困难是服务范围非常大和品种特别多所造成的。这些困难还与这方面的许多特点有关。例如，在提供服务时与单个消费者的相互关系；没有工作的物质(物化)成果；部门结构，即绝大部分企业是小企业。但是，专家们在组织服务认证工作时遇到的最大复杂性是几乎完全没有认证所必需的法规文件。在实行消费者权益法以前，除了旅游和生活服务方面的两个基本标准外，国家实际上没有服务标准。服务业各个部门在大多数情况下使用的是具有法律约束力的文件——章程、规则、规范、协议、条例、标准合同等。在大多数情况下，这些文件已不符合今天的利益，而法律要求在国家标准内有强制性规范和保证服务安全的指标。因此，必须对以前使用的文件进行修改，并将其提高到国家水平，以保证其中的要求具有强制性。只有在这种情况下，这些文件才能适用于认证。因此，无论从组织服务认证工作的开始还是现在，制定和发展法规文件都是首要任务，不解决该项任务，服务领域的认证就不能发展。

与服务业的迅猛发展相比，我国的服务标准化工作还远远不能适应其发展的需要。归纳起来有以下几方面：①服务标准数量少，在国家标准中服务标准仅占 1%左右，在理发、照相、导游、信息等服务行业中尚无相应的标准可执行；②已有的国家标准、行业标准贯彻执行情况较差，国家强制性标准《公共信息图

形符号》、《消费品使用说明》等服务标准的贯彻执行情况也不尽如人意；③服务业的标准化意识较为淡薄，标准化机构和人员较少，特别在商业城市建设、银行、信息等行业中基本处于空白。由于服务标准滞后于服务业的发展，有些服务行业不知道如何规范服务，提高服务质量；由于没有统一的服务标准标明统一的服务等级，造成了情况不清，标准不一，因而难以协调发展，形成不公平竞争的局面；由于服务标准的滞后，消费者对所接受的服务定量或定性的评价难以实现，造成消费者抱怨甚多，投诉增加，不利于服务业的发展。

开展标准化工作在服务业的发展道路上具有重要的意义和作用，主要在于以下五个方面。

(1) 标准化工作是企业提高自身素质的重要举措。提高企业自身素质最直接最有效的方式之一就是按标准化的要求规范企业的经营行为，合理优化资源配置，以求得最佳生产和管理秩序。不少企业由于扎扎实实贯彻执行服务标准化，内部管理得到加强，服务质量得到保证，树立了良好的企业形象，经济效益也相应得以增长。从这个意义上讲，开展标准化工作对于服务业是十分必要的。

(2) 标准化工作有利于行业管理部门对服务行业的间接管理。随着市场经济的发展，企业的自主行为逐步加大，开展服务标准化能较好地引导企业按照标准中对硬件、软件的要求去选择恰当的市场定位，使企业组织生产经营，提高质量有了依据，也使得行业管理部门对服务业的市场管理得到相应的加强。

(3) 标准化工作有利于维护广大消费者的权益。由于许多服务具有无形的特征，难以量化，因此消费者不容易对各种服务进行比较和评价。而实行统一的服务标准，标明统一的服务等级标志，使得消费者对服务企业所提供的服务水平一目了然。消费者可以按照自己的需要，任意选择，去享受不同水平的服务，也可以按照国家标准中相应的等级要求，监督企业的服务质量。由于有了各种质量标准和技术标准，既减少了浪费，也使各种品种质量有了可靠的保证。由于有了企业标准，企业组织生产和经营也有了依据，并有助于树立企业的形象，从而也为消费者选择满意的消费创造了条件。

(4) 标准化工作有利于服务业建立健康有序的市场运行机制。由于种种原因，我国服务业存在档次不清、标准不统一以及生产经营的局限性和盲目性等严重问题。这不仅造成了资金与资源的浪费，而且更不利于整个服务业大市场的协调发展。针对这一状况，就需要大力开展标准化工作，使经营者能得到内容丰富准确的“市场准入须知”，在物质与经营各方面都能做好充分的准备。正确确定经营方向并选择适当的市场定位，减少投资和经营的盲目性，从而促进公平竞争，建立健康有序的市场运行机制。

(5) 标准化工作有利于我国服务贸易与国际接轨。标准化历来是国际交往中的重要条件，我国已经等同采用的ISO9004-2作为世界上第一个关于服务业开展质量管理、建立质量体系的国际标准，其第二部分服务指南为服务企业提出了一系列基本、统一的技术条件。因此，在服务业开展标准化工作，有利于采用国际先进标准和国际惯例来管理我国的服务业，这十分有利于我国在服务贸易领域与国际接轨。

本章小结

本章介绍了经济演进与社会发展的几个阶段，六阶段论将社会划分为传统社会阶段、起飞准备阶段、起飞阶段、成熟发展阶段及高额群众消费阶段及“追求生活质量”阶段；三阶段论则将社会划分为前工业化社会、工业化社会及后工业化社会。经济的演进和社会的发展带来了人类经济活动和结构的变化，带来了服务贸易的蓬勃发展，也催生了服务业的兴旺发达。服务贸易的发展趋势表现为：发展迅猛；发达国家在服务贸易中占据主导地位；新的服务业不断涌现；技术、知识密集化趋势日益明显，人力资本构成服务贸易比较优势的决定因素；服务贸易壁垒更多、更高、更隐蔽，非关税壁垒在服务贸易中的应用尤为明显；跨国投资刺激相关服务贸易的发展，跨国公司成为国际服务贸易的主体；服务贸易已成为各国服务业及经济竞争力的重要表现；服务贸易的方式、内容和构成发生了很大的变化。21世纪是服务经济时代，经济服务化的基本表现是：产业结构服务化、生产型产业的服务化、服务型经济的形成。

联合国统计署、世界贸易组织(WTO)、国际标准化组织分别对服务业进行了分类，也可依据服务业的经济性质分类，还有其他分类方法。我国服务业的发展相对落后，面临产业发展、升级等问题。服务业增长有以下原因：人口统计的变化、社会的变化、经济的变化、政治和法律的变化。服务业的发展对宏观层次的国家和社会，以及微观层次的企业都带来了重要影响。随着经济和社会的发展，服务业有国际化和标准化的趋势。服务业国际化的动因有以下几方面：生产性服务和消费性服务需求的拉动；技术进步和分工的挤出效应；服务业的竞争。服务标准化是对服务(产品)及其质量的影响、制约、保障诸因素制定、实施一整套标准，和对标准的实施进行监督的一种有目的、有组织的科学活动。与服务业的迅猛发展相比，我国的服务标准化工作还远远不能适应其发展的需要。开展标准化工作在服务业的发展道路上具有重要的意义和作用：标准化工作是企业提高自身素质的重要举措；标准化工作有利于行业管理部门对服务行业的间接管理；标准化工作有利于维护广大消费者的权益；标准化工作有利于服务业建立健康有序的市场运行机制；标准化工作有利于我国服务贸易与国际接轨。

关键术语

前工业化社会　工业化社会　后工业化社会　服务贸易
经济服务化　服务业　生产服务业　生活性服务业
流通服务业　知识服务业　社会综合服务业　服务业的国际化
服务标准化

思考题

1. 谈谈你对服务经济(社会)的理解。
2. 服务业的重要性体现在哪些方面?
3. 谈谈你对服务业国际化趋势的认识。
4. 服务标准化有何意义?
5. 对我国服务业的发展思路，你有何看法?

案例研讨

海尔服务的精髓——解读“闭环式服务体系”

海尔的服务创新的确让人眼花缭乱，在许多企业仍在追赶她缔造了市场奇迹的星级服务的时候，当不少企业自以为达到了星级服务而松一口气的时候，海尔的服务创新已然又以一个加速度开始了新的领跑：海尔最近首推的“神秘顾客”走进用户的家庭为自己的服务“找茬”，她刚刚推出的社区服务站已开始接受附近居民的委托为人家照顾起了放学后暂时无人照管的孩子。为自己的服务找茬是一种难得的自省，而非亲非故的人竟然要找一个服务点“暂存孩子”，则体现了他们对海尔的“亲情寄托”，它的背后是海尔人20年持之以恒的人性化服务赢得的用户的心。

其实，如果把张瑞敏砸冰箱看成是一种服务意识的自觉忏悔的话，综观海尔20年的服务发展史，对内有两个字可以概括，那就是“找茬”，海尔人不停地为自己的服务“找茬”，正是其服务创新的原动力；对外两个字概括，则是“找乐”，为用户找回购物后的舒心和踏实，这种舒心和踏实直到今天也仍然属于比较稀缺的信誉资源。在我看来，“找茬”也好、“找乐”也罢，都源自“真诚到永远”的那份真诚。海尔20年来在家电领域不断开疆拓土，“卖产品”的成功背后是她无时无刻地在“买”，用自己的真诚“买回越来越多的用户”。如果站在这个角度上看，那么海尔的服务就不仅仅体现在更多人都能充分感知的售后。

海尔服务的规定之细甚至已经达到了怎么敲用户的门，管理之细从服务规范、服务礼仪、服务用语、岗位衔接、互动制约、动态考核、政策激励、等级排序、星级升降等都一一规范清楚并严格执行。它的背后则是一套庞大而高效的信息化组织保障，有管理学家称之为“闭环式服务体系”。

海尔服务是什么？如果我们用一种更轻松的视角来解读这种“闭环式服务体系”的话,不妨引用以下四个比喻。

服务是海尔的产品质量监测器。海尔每台产品的重要零部件上都有各自身份证一样不同的喷码，服务中一旦发现质量问题立刻可以“一追到底”，详细的售后征求意见能及时把用户对质量的投诉传递到设计、生产环节。

服务是海尔的市场需求感应器。在海尔科研部门墙上始终贴着这样一句话：“用户的难题就是海尔的课题。”这实际上是海尔研发一直在贯彻“从群众中来，到群众中去”的写照。而“从群众中来”靠的正是海尔庞大的市场服务体系，是其服务介入产前环节的秘籍。在海尔服务人员眼里，抱怨的背后是需求，通过信息化筛选出的数据足以物化出最受欢迎的产品。因此，海尔人理所当然会给最终催生出产品的抱怨人“发奖金”。

服务是海尔的人际情感交换器。再回到开头的那个“替居民看孩子”的故事，海尔的服务站不会势利到只为用户看孩子，因为只要创造了感动，今天的求助者就会变成明天的潜在用户。海尔服务最基层创新的小智慧其实也藏着朴素的大道理。因此，诟病海尔最终会被庞大的服务成本拖垮的人不会明白，服务其实也在赚，它赚取的是企业的未来。

服务是海尔的品牌传播助推器。通过优秀的服务，卖一件产品可以感动一家人甚至足以形成邻里间的民间舆论场，持续提升服务水平其实正是努力做大做强舆论引导力，品牌会因此而声名远扬，并逐渐赋有传奇色彩，客户口中的传奇故事又为公司设立了新的服务标准，用不断创新的服务创造顾客忠诚度，最终将获得令人望尘莫及的竞争优势。

通过服务能让海尔成为更多人的亲情寄托。我更愿意用以上四个比喻管窥海尔 20 年服务之精髓。

案例思考题

海尔的“闭环式服务体系”对其发展有何重要的意义？

参考文献

1. 张荣刚，程军祥. 香港经验：GDP 九成来自服务业[N]. 深圳商报，2007-01-08.
2. 华尔特·惠特曼·罗斯托.经济成长阶段——非共产主义宣言[M].国际关系研究所，译.北京：商务印书馆，1962.
3. 丹尼尔·贝尔.工业化后社会的来临[M].高铦，译.北京：新华出版社，1997.
4. Pierre Eliglier, Eric Langeard. Marketing Consumer Service: New Insight, MSI Report[R]. Cambridge, Mass, 1997, 77-115.
5. 朱德泉. 海尔服务的精髓——解读“闭环式服务体系”[OL]. 人民网，[2005-02-27].

第 2 章　服务营销与服务营销学

2

本章提要

1. 了解知识经济时代的特征以及发展迅猛的服务业类型。
2. 了解经济全球化的表现以及推动服务营销全球化的力量。
3. 了解企业以服务获取长期竞争优势的原因。
4. 掌握服务营销的特点。
5. 了解服务营销的演变过程。
6. 熟悉服务营销与有形产品营销的区别。
7. 了解服务营销学的兴起与发展历程及其在我国的发展。
8. 掌握服务营销学的研究视角和内容。
9. 掌握服务营销学与市场营销学的区别。

引　例

汽车服务营销重要性凸现

一位业界资深人士曾有过这样一段话：汽车作为一种消费品，在购买以后的使用过程中，还需要消费者不断地进行维护和保障，继续支出和花费，这是汽车和一般消费品显著不同的地方。因此，业内把汽车自购买之日起到报废期间在汽车上的所有花费而引发的商机，称之为汽车后续服务市场。很可能对于一个消费者来说，买车后的若干年中，用车的花费远比当初买车还要高很多。所以，这个汽车后续服务市场，成为各类厂商们的兵家必争之地是毫不奇怪的。

但是，商机谁都知道，消费者是否能心甘情愿并长久地花钱，则是另一回事。如果以汽车厂商自己的服务系统来看，做好规范化的服务，形成完备而统一的服务体系仅仅是基础，这些目前大多数汽车厂商都在做的事情，只能让用户感到没有不满意。而让他们真正满意，并形成对某个品牌的忠诚度，则必须要有清晰的服务品牌和文化来支撑了，这才是构建此“服务”与彼“服务”本质差别的重要手段，更是消费者形成对某个汽车品牌服务认知和建立忠诚的基本路径。

事实上，汽车厂商所提供的服务还是一个很宽泛的概念，其内涵不仅仅是传统意义上的汽车销售和售后服务两个方面。探究其根本，汽车制造厂商应当致力于实现用户满意程度的最大化，这还应当包括用户对产品性能及产品质量的满意度、车辆在运行中的问题，涉及产品在消费者使用过程中暴露的问题，还有消费者对其服务体系和服务内容的评价等方面。

国外早就有专门权威评价机构，像J.D.Power等，对各个厂商的上述方面定期进行调研及发布指标和排名，以作为消费者购买产品时的依据。国内目前也有了这样比较公正的第三方评价数据。不过指标仅仅是数字而已，消费者并非简单地依照这些报告，来看待自己消费的汽车产品与服务的。他们有时候更相信自己在接受厂商服务时的实际体认和感觉。观察和体验角度的不同，带来对不同厂商看似标准化服务的认识差异，是很自然的事情。因此，让消费者能感受并体验到厂商的独特服务优势所在，才能长久地留住客户。

那如何做到让消费者对汽车品牌的服务内涵、过程，与接受服务后对整体服务本身，与厂商希望达到的认知和评价统一呢？也就是说，如何做到“你感觉到的就是我给你的”呢？这就需要树立汽车服务品牌与营销了，只有服务品牌可以让消费者产生“不同厂商服务，原来是有区别的”的印象。同时，还能让消费者更快地接受这种区别并产生认同感。

树立服务品牌，还可以为整体汽车产品销售与售后服务加以定义，明确其人性内涵要素，并使消费者内心深处对某品牌整个服务方面需求的认知予以统一化。因而，服务品牌可以为整体汽车品牌形象或企业形象的提升，产生莫大的促进作用。目前很多汽车厂商都已经意识到大打服务牌的重要性，远的如上海通用别克的“别克关怀Buick Care”、上海大众的“大众关爱Tech Care”、奇瑞的“快·乐体验”；近的像上汽汽车荣威“尊荣体验”、江淮轿车“倾情唯你Only for You”等。而且，现在很多厂商甚至在产品还没有上市前，就先推服务品牌，足可见他们对服务品牌的重视程度。

不过，当几乎所有厂商都开始着力推进服务品牌建设时，如何树立服务品牌与其他厂商的差异化，建立自身独特而专业的服务形象体系，则是十分关键的问题。这并非是开个新闻发布会，告知“我也有服务品牌了”这么简单，这要求厂商在规划服务品牌和服务体系时，在服务理念、服务特色或者服务程序等方面，至少有些与众不同的内容。比如，在现今厂商都在强调亲情关爱的时候，可否能强调其他的服务内涵，以确立差异化，如服务的专业化、本土化还是延长服务时间，或突出服务的快速和全天候，抑或是服务总比别人多一点，还是全程一站式服务等等，否则大家都只能湮没在一片亲情关怀的滥情之中，用户怎么会对你有深刻印象？

在有了服务特质以后，还必须放大或传递核心的品牌承诺，让用户感受到这种与众不同的惊喜，这样才能长久不忘，最后成为忠实的客户。这一点奇瑞的“快·乐体验”就做得不错。按照奇瑞的说法，“快”代表更加快捷的服务，“乐”代表客户满意度，两者之中的“·”代表着奇瑞汽车的一切都将从点点滴滴做起。如果奇瑞能按此标准，让每一个客户都感受到“快乐”，那销量和业绩还成问题吗？

在未来，汽车产品背后服务品质的优与劣，绝对是消费者在汽车购买时的重要考虑因素，服务品牌塑造与推广，则是使无差别化服务建立差别化。建立服务优势，能让消费者充分认知你与竞争对手在服务方面区别的重要步骤，也才能使强化用户忠诚成为可能，这绝对是国内汽车厂商打服务牌的关键所在。

知识经济是以服务业为主导的经济，推动了信息产业、咨询服务业等新兴服

务业的发展；知识经济时代是服务业大发展并上升为国民经济主导产业的时代，服务业的发展呼唤服务营销在更广泛的领域和行业发挥巨大的功能作用。经济全球化与市场竞争的日益激烈，都带来了服务营销的蓬勃发展，服务营销的兴盛与发展反过来也有利于促进经济全球化的实现，服务营销将成为企业获取长期竞争优势的最佳途径。不同于有形产品的营销，服务营销表现出供求分散性等特点。服务营销学将服务业的市场营销活动和实物产品市场营销活动中的服务作为研究对象。服务营销学的研究视点应从服务业的无形性、不可分离性、不可贮存性等基本特征出发，只有抓住了服务业的这些本质特征，服务营销学的研究才能显现学科的特色，才有助于解决服务业市场营销活动中的营销目标、营销战略、营销策略、营销组合等一系列问题。

2.1 知识经济时代的服务营销

2.1.1 知识经济与服务营销

知识经济是相对于农业经济、工业经济而言的。知识经济是建立在知识和信息的生产、分配、交换和使用基础上的经济。知识用于经济，知识成为经济发展的主要动力。知识经济时代突出表现为以下特征：

(1) 知识成为主导资本；

(2) 信息成为重要资源；

(3) 知识的生产和再生产成为经济活动的核心；

(4) 信息技术是知识经济的载体和基础；

(5) 经济增长方式出现了资产投入无形化、资源环境良性化、经济决策知识化的发展趋势。

知识经济一方面促进世界新时代的到来，加速经济全球化的进程，使知识化取代工业化；另一方面促使全球面临新的国际分工，知识经济发达国家将成为“头脑国家”，而知识经济发展滞后者将沦为“躯干国家”，听“头脑国家”驱使。知识经济发展直接的变化即促使服务业成为国民经济的主导行业。据世界银行 1998 年发表的《知识促进发展》的报告报道，发达国家以知识为基础的行业的产值已占 GDP 的 50%，其中高技术产业的产值占 25%。在新的世纪，以知识为主导的服务业的发展将以锐不可当的乘数发展态势迅速成为 GDP 的主要份额。

知识经济是以服务业为主导的经济。知识经济时代将推动以下服务业大发展。

1) 信息产业

随着信息技术成为知识经济的主要载体和基础，信息的硬件、软件的发展将以突飞猛进的态势进行。信息产业的发展将带动一系列的经济革命，如购销方式将无纸化、电子化；库存管理将在追求零库存的条件下实行信息控制；生产工艺和控制手段将成为生产高质量产品的保证；企业决策向程序化、规范化、智能化；人事管理将依据客观标准进行数据控制。

2) 咨询服务业

各种生产、流通、技术、法律、环保、卫生等涉及广泛领域的咨询业将得到全面发展。

3) 调研策划业

各类市场调研、分析，营销策划、企业形象策划组织将伴随着知识经济时代企业对信息、知识的需求而相继得到发展，并成为服务中颇富活力的力量。

4) 旅游服务业

随着知识经济时代人们消费水平的提高和生活质量的改善，人们对于国内与国际旅游的需求将会与日俱增，为适应这种需求而兴起的旅游业将得以迅速发展，成为各国 GDP 中占有较大比重的行业。

5) 科技教育保健业

各个领域的科技开发将出现强劲发展态势，尤其是航空航天、生物医药、海洋工程等领域将会发生前所未有的突破性进展。与科技领域发展的需要相匹配，教育将以产业发展的态势进入快车道。医疗、卫生、全民保健服务业的发展也会开创新的天地。

6) 环保服务业

全球经济的可持续发展要求世界各国重视并加强投入环保服务业。治“三废”、防污、处理垃圾、绿化美化、市政管理、资源开发控制、空气监测、防灾减灾等领域将成为各国社会经济发展中重要的组成部分而获得全面发展。

2.1.2　服务业的繁荣培育和服务营销观念的发展

知识经济时代是服务业大发展并上升为国民经济主导产业的时代，服务业的发展呼唤服务营销在更广泛的领域和行业发挥巨大的功能作用。

随着服务在社会经济生活中扮演着越来越重要的角色，市场营销学者开始加强了关于服务营销的研究。菲利普·科特勒明确指出，服务代表了未来市场营销学研究的主要领域之一。服务可被划分为两大类，一种是服务产品，它满足顾客的主要需求；另一种是服务功能，它满足顾客的非主要需求。与服务的两大类别相适应，服务营销可以被划分成两大领域：一个领域是服务产品的营销；另一个领域是顾客服务营销。

菲利普·科特勒将营销定义为：“个人和集体通过创造并同别人进行交换产品和价值，以获得其所需所欲之物的一种社会过程。”从这一定义中可以看出，营销的核心就是交换。因此，服务产品营销本质是研究如何促进作为产品的服务的交换。而顾客服务营销的本质则是研究如何利用服务作为工具促进其主要产品的交换。从这一角度来看，虽然服务产品营销与顾客服务营销同属于服务营销，但由于服务所扮演的角色不同，两者具有本质的差异性。

纵观服务营销的发展历史，理论的研究主要侧重于服务产品的营销，对顾客服务的营销的研究很少，甚至并未将其视为一个值得研究的领域。这主要是由于随着服务经济的发展，服务业开始占据了经济社会中越来越重要的位置，有人将后工业社会称为服务经济社会，服务业的发展必然产生服务业中的营销问题，由此引发了理论界对服务业中服务产品营销的理论探讨，吸引了市场营销学界的主要注意力，从而忽视了对顾客服务营销的研究。然而，20 世纪 90 年代以来，科技的进步与消费理念的转换已使市场环境发生了深刻的变化，许多新现象与新观念开始出现，顾客服务营销已不能被简单地看做公司促销的手段，它已被赋予了新的理念与意义，值得广大营销学者注意和研究。

2.1.3 经济全球化与服务营销

经济全球化的表现之一是各国经济的互相渗透、互相依存，其中国际贸易的迅猛发展是重要的表现，在国际贸易中，服务贸易的发展尤为突出。近 30 年来，发达国家的 GDP 中，服务业产值所占的比重超过 50%以上，其中美国服务业的产值占 GDP 的比重已高达 80%左右，这意味着国民财富的创造主要依赖于服务业。

经济全球化还表现为金融全球化趋势的形成。金融是经济发展的核心。经济全球化的过程也是金融国际化的过程。由于股票、期货以及各种有价证券的大量出现，尤其是各种金融衍生产品的问世，货币资产的面值额迅速膨胀，虚拟成分倍增，以追求和扩张货币资产为主要特征的金融经济时代的到来，有高度的不确定性或变动性，为适应这一时代特性的要求，各种金融服务大量地涌现。其中，不仅有金融自身运行的各种服务，还有如何使货币资产增值的服务，更有规避金融风险的服务；不仅有金融信息服务，还有金融法规服务，更要有金融传输机制、传送手段的服务和高级金融人才的培养和训练。金融服务业不仅自身得以发展，而且带动和促进了其他相关服务业如电脑服务业、信息服务业的繁荣。

经济全球化也包括信息的全球化。信息全球化使高科技成为变革经济结构的动力，促使大量的国际企业和虚拟企业出现。在信息全球化的环境中，虚拟企业只掌握关键技术、工艺设计、品牌和销售渠道，而将产品生产委托给关联企业完成。对于国际企业和虚拟企业而言，服务营销进入到了另一种新的境界，不仅需要面对终端顾客，而且需要面对企业的各内部分支机构、内部员工和关联企业。

经济全球化促使制造业的国际营销网络形成，国际营销网络的完善需要服务营销。营销网络完善化的过程是聚集营销人才、进行营销信息交流、推动适销对路的商品，以开发市场的过程。在这一过程的每一环节中都伴生服务需求，服务营销活动将贯穿营销网络完善化的始终。

与此同时，面对席卷而来的经济全球化的浪潮，服务营销将具有全球化发展趋势。因为经济全球化使得市场、技术、顾客、竞争已经跨越国界，成为一种环球大角逐。与之相应，服务营销也已经淡化了域别、国别色彩，日益成为一种全球性的企业行为，全球化服务营销将成为又一种新的营销风潮。推动服务营销全球化的力量来自于许多方面。

(1) 市场动力。全球顾客、共同的顾客需要和全球营销渠道是构成市场的最主要因素。有调查发现，许多国家的青少年一代的消费有惊人的相似，他们看同样的电影，吃同样的快餐，喝同样的饮料，穿同样的衣服。顾客决定了一切，如

果没有相似的顾客需求，营销也不会出现全球化的趋势。

(2) 技术动力。信息技术的革命推动了全球市场的形成。计算机技术、电子通信、软件技术、智能卡等进步改变了许多服务业的运作方式，诸如远程教育、证券投资、网上购物、银行汇兑业务的开展等，都正是由于技术的强大动力才走向全球化的。

(3) 成本动力。服务营销全球化的最大优势就是可以降低成本。可以看到，跨国公司视任何国家为一个全球平台，在全球范围内进行价值链活动，实现最低成本的资源配置。

(4) 竞争动力。经济全球化意味着企业之间的竞争不仅来自国内，而且还要承受国外企业竞争的压力。由于竞争的愈演愈烈，服务企业面临的不是要不要全球化营销的问题，而是如何进行全球化服务营销的问题。

全球化服务营销不能简单地理解为侵入某几个国外市场，它是一种思维；它将全世界看成一个大市场，而将国界的重要性极小化；它不是简单地跨国销售，而是涵盖了企业经营的全部内容；它既是扩张市场的需要，也是退而求自保的需要，还是在全球范围内寻求比较优势的需要。现代市场营销无论是从理念上还是方法上，都是各国之间、企业之间相互学习、相互开放、相互融合的结果。服务营销的全球化，要求服务企业要把全球市场作为一个统一体来看待，企业所面对的将是全球的消费者、全球的供应商和全球的经销商。在全球范围内，只要企业发现了任何可能对相关产品或服务有需求的群体，就应将他们视为自己的目标市场进行开发与争取，而不管这个群体是在哪个国家或地区。

经济全球化推动了服务营销在更大范围、更多领域的发展，反过来服务营销兴盛与发展也有利于促进经济全球化的实现。服务营销学将以它科学的、系统的、完备的营销管理理论指导服务业的营销活动实践，从而推动服务业由传统向现代、由国内向国际、由自发向自觉发展。为服务业企业的成长和国际化进程、为服务业的营销活动和商品营销中的服务提供充分的、明确的理论依据。服务营销学将推动全球资源的优化配置和国际协调型开发。服务营销学通过对服务营销方式、战略规划、策略措施等问题的研究，推动技术专利转让，全球金融的有序融通和信息的良性、均衡发展。服务营销学以其鲜明的营销管理文化特色推动服务企业的管理文化建设。

需要指出的是，长期以来，在中国传统的卖方市场条件下，平庸的服务司空见惯，久而久之，服务的提供者与接受者对此也习以为常。然而，当我们迈入21世纪的服务经济社会时，某些凭借国家指令性计划垄断经营的局面会被打破，部分利润高的专门服务难以继续经营，竞争也由国内竞争演变为国际竞争。在经济全球化的大趋势下，如果我国服务企业仍以原有的观念、方式从事服务业，必将是路越走越窄，不仅在国际市场中难以立足，而且对国外服务业进入中国市场也难以抵挡。随着经济全球化，服务企业面临的市场营销环境也将发生根本性变化，服务企业的市场营销观念、市场营销方式等也将受到冲击。因此，必须加快中国服务营销的创新，按照全球化的要求、国际化的标准，从观念到方法，从理论到实践，树立起“服务营销全球化”的思维模式。

案例2-1 国美启全球顶级服务标准 推诚久保障服务体系

2007年9月12日，国美电器在北京正式推出了一套名为“诚久保障”的服务体系。作为全球顶级的契约式家电和消费电子消费服务体系，它将为全国亿万家电消费者带来更多实惠。业内人士认为，国美诚久保障是全球最高级别的家电零售服务标准，国美诚久保障服务，真正免除了消费者购物的后顾之忧，为消费者带来更好的购物享受和家电消费新体验。

1. 引领全球模式

据悉，此次国美推出的诚久保障服务的核心内容是：消费者在国美集团下属品牌门店所购商品，在9天内不满意可以选择无条件退货；19天内如果出现所购商品价格下降，给予差价退还，保证价格最低；39天内如果商品出现质量问题，可以给予退货；99天内如果商品出现质量问题，给予换货保证。据了解，国美这种契约式服务在全球同行业尚属首次。

在2007年国美全球高峰论坛会上，国美集团提出，“成就消费者的品质生活”和“推进中国家电产业健康发展”是其两个最基本的社会责任。国美今年在对全国15个城市做大量的市场调研中发现，消费者在选择家电和消费电子时，考虑的主要因素是价格和质量的保障。同时也发现，许多消费者认为目前很多的厂家和商家提出的服务更多局限于口号，形式多于实际兑现承诺。当消费者遇到价格和质量问题时，退价差和退换货的障碍太多。这种无量化、非契约式的服务模式，使得消费者对国内家电的各种服务缺乏信心，最终难以形成对家电产品品牌和家电连锁品牌的忠诚度。

国美集团总裁陈晓表示，为了更好服务于消费者，国美确立了“成就品质生活”，“在2015年成为备受尊敬的全球家电连锁第一”的目标，此次成功推出这套以消费者为中心，具有国际最高标准的“国美诚久保障服务体系”，旨在通过“满意保障、价格保障、质量保障”，把中国家电消费服务带进一个崭新的领域。

2. 消费者受益

目前，中国消费电子新品正在迅速占领市场，带动人们的生活品质快速提升。“国美诚久保障服务体系”做出的“9天不满意退货”、“最长99天保质包换”的服务承诺，以更多的实际行动，为消费者带来更多的利益，从而进一步将传统“三包”升级为“诚久四保”。

在商品价格方面，由于市场价格竞争的激烈性，消费者很容易陷入刚购买的商品就贬值的困局，国美的服务体系能够锁定产品价值，为顾客提供全方位的价格保障，39天的退货保障和99天的换货保障更是将家电服务的话语权给了消费者。

据悉，目前家电市场普遍实施的服务标准是国家修订的“新三包法”，新三包法规定，消费者享受包退服务是7日，退换货时限为15日。国美将商品保障的期限成倍延长，也就是说商品购买后出现质量问题，39天之内可退货，将目前三包的条款延长了5.5倍，99天内可换货，较目前的三包条款延长了6.6倍，最大限度满足了消费者。从退换货体验来讲，国美也将从消费者的实际需求出发，打破以往退换货手续烦琐的现状，缩短退换货流程，实现消费者足不出户即可快速办理退换货生活。

陈晓对记者表示，国美唯一的产品就是服务，国美的发展得益于广大消费者多年来的支持信任，从国美诚久保障服务可以看到，消费者不会再为自己买错商品而后悔，不会因为担心商品的质量问题而迟疑，也不会因为商品价格的变动而担忧。

3. 服务到底

在20多年的发展中，国美作为消费者购物专家，始终以诚信为基准，代客采购，为消费者提供全套的购物解决方案，将性价比最优的商品推荐给消费者。

国美在行业里最早开始了连锁经营的模式，取消代理制，通过直供的模式降低中间运营成本，从而确保商品更低的价格。国美在1999年开始免费送货，售前的免费咨询，售后的服务，网上购物，免息分期付款，现在国美正在建设国美会员制、家电延保、家电维修中心等一系列客户增值服务项目。作为家电产业链的服务终端，国美服务的每一次提档升级，都为消费者带来更大的利益。

陈晓表示，国美本次推出诚久保障服务，得到了全球优秀家电厂家的全方位支持，在今后的厂商合作中，国美在不断满足消费者需求的同时，将进一步推动中国家电产业的健康快速发展。

2.1.4 竞争与服务营销

服务业的专业化、扩张化和制造业业务的服务化是现代商品服务市场的潮流。由于竞争方式的相互攀比和模仿的泛滥，服务成为企业产生差异性的主要手段。不仅服务业应形成自己的服务特色，而且产品制造业也必然会在严酷的竞争中逐步学会形成自己的服务特色和竞争优势。无论在制造业还是服务业，服务已成为竞争的有力武器，成为公司争取差别化优势的源泉。以服务争取竞争优势的原因主要有以下几个：

(1) 国际竞争越来越激烈，国内竞争受国际竞争的巨大影响；

(2) 技术与产品优势通常不能维持很久，易为竞争对手模仿；

(3) 服务代表了一个新的利润增长点，服务所形成的附加价值构成了潜在的利润领域；

(4) 传统制造业的需求开始趋缓，传统产品生产领域的需求已被拉平。

1. 长期竞争优势的取得

在当今剧烈变动的市场环境下，几乎没有任何一个方面可以使企业获取长远与稳固的竞争优势，只有以服务营销的理念为指导，加强与顾客的联系，提高他们的满意与忠诚度，才能最终取得长久的竞争优势。

1) 单独靠产品更新不能取得竞争优势

国际商用机器公司(IBM)在1981年下半年将PC机引入市场，然而第一台兼容PC机在1983年初就出现了。到今天，兼容机占据了PC机市场的一半，IBM公司的成功离不开其优良的顾客服务。

2) 技术进步不可能取得长久竞争优势

新的工艺、技术的革新、设备的自动化可以在短期内增加产值和降低成本，但这一切都不能获取长久的竞争优势。据有关研究显示，大约有60%~90%的技术革新在一年之内就会被竞争对手所掌握。

3) 低劳动力成本也不可能取得长久的竞争优势

在20世纪60年代，美国公司的劳动力成本要远远高于欧洲公司，然而到了70年代，欧洲公司的这一竞争优势就丧失了，日本公司取而代之获得了低成本的竞争优势。到今天，韩国公司的劳动力成本又远低于日本公司，再往后韩国公司的这一优势又要让位给中国、印度等国家的公司。

4) 政府保护性管制不能取得长久竞争优势

在日本，计算机行业是政府高度保护的行业，然而IBM依然占据了这一市场45%的份额。美国政府对国内汽车产业的保护措施反而帮助日本汽车公司攻击了底特律最薄弱的环节——小型与省油汽车。政府对本国产业的保护性管制只是一个短暂的而非长期有效的措施。如果存在一个值得进入的市场，竞争者会努力找到一条绕开政府管制的道路。

5) 规模也无法提供长久的竞争优势

在20世纪60年代初期，通用汽车公司(GM)占据了美国汽车市场的50%。到今天，它的市场份额仅有20%左右，而且还在持续萎缩，自2005年以来年年亏损，累计亏损已达730亿美元。同样，市场集中策略也无法长久。沃尔・马特公司(Wal-Mart)属于折扣商店，它将营销重点放在美国南方的小城市，这些小城市由于太小而不值得其他大的连锁商业集团的进入。然而，现在这些小城市也开始成长为繁荣的大中心城市，沃尔・马特公司的竞争优势丧失殆尽。

从以上几个方面的分析可以看出，这些方面单独都无法获取公司的长久性竞争优势。公司要获取长久的竞争优势，就必须以服务营销的理念为指导，真正做到以顾客满意为公司的文化核心。

2. 服务营销将成为获取长期竞争优势的最佳途径

无论是理论界还是实践界，通过长期的探索和研究都发现，公司要取得长久的竞争优势，比竞争对手赢得更多的利润，可以采用两种基本的竞争战略，即低成本战略和高顾客满意度战略。不可否认，低成本竞争战略与高顾客满意度竞争战略都能取得成功，这两者并无优劣之分，有的只是适应的条件及环境不同。然而，随着近几年来市场环境发展趋势的变化，企业所面临的外部环境也发生了巨变，企业的两种竞争战略所适应的条件前提发生了变化，以服务营销的核心理念，提高顾客满意与忠诚为基础的高顾客满意度战略将成为获取长期性竞争优势的最佳途径。

低成本战略的一个基本前提条件就是顾客需求的稳定性和单一性。然而，随着市场竞争的日趋激烈，卖方市场向买方市场转化，大众消费文化及心理也在发生着变化；人们的消费向个性化和多样化发展，消费需求的时间周期也越来越短，因而低成本战略所依赖的前提假设被动摇了，低成本战略在越来越多的行业及公司中被证明是一个不再适用的竞争战略。然而，以服务营销理念为核心的高顾客满意度竞争战略却被证明越来越适用于当今竞争日趋激烈的商业环境。这一战略一方面通过服务等手段增加提供给顾客的价值，以此形成差别化优势，另一方面通过顾客满意度尤其是忠诚度的提高获取大量忠诚顾客，提高了市场份额和质量，最终获得了比竞争者更多的利润，从而取得并能巩固公司的长期竞争优势。

3. 服务企业竞争优势理论

服务企业如何获得和保持它的市场竞争优势，这是20世纪90年代以来服务营销理论领域探讨的一个重要内容。它的理论基础之一是近年来在西方兴起的企业能力理论。企业能力理论采用不同于以波特为代表的传统战略管理的S-C-P研究范式，着重于探讨两个基本的战略问题：①企业竞争优势的来源是什么？②企业如何保持它的竞争优势？企业能力理论把企业看做一个资源或能力的集合体，以此为基本假设，得出了企业竞争优势来自企业核心能力、企业核心能力决定了企业活动的边界、组织学习是企业核心能力积累的关键等一系列具有现实意义的重大命题。例如，Coyne指出，一个企业必须拥有它的竞争对手不具有的技能或资源，即优势企业相对于它的竞争对手而言，必须存在一种“能力差距”。同时，这种能力差距还必须能为它的顾客带来差异化的利益。换言之，对于享有竞争优势的企业来说，它与竞争对手间的差异(包括能力的差距和顾客利益的差异)必须体现在它所提供的产品和服务的属性上，而这些属性正是顾客的“关键购买标准”。而且，要保持企业的市场竞争优势，顾客的关键购买标准以及支持这些标准的“能力差距”必须保持稳定。此外，当顾客的关键购买标准发生变化时，一个企业能否保持竞争优势则取决于它适应变化或影响顾客关键购买标准的能力。这是一般的概念。

但是，对于服务企业来说，其潜在竞争优势具体来自于哪些潜在的能力要素？如何通过这些要素的管理培育企业竞争优势？影响服务企业竞争优势持续性的因素又有哪些？如何管理这些要素？这些问题都需要作具体、深入的探讨。目前这方面的研究还只是处于起步阶段。Bharadwaj，Varadarajan和Fahy曾建立了一个服务企业持续竞争优势的概念模型。在这个模型中，他们识别的竞争优势潜在来源包括企业规模，范围经济，产品、过程和管理创新，品牌资产，关系合约，位置先占，“沟通商品”的力量，公司文化，组织知识、经验和学习，职能技能，执行技能，以及信息技术等。同时，他们把服务、服务产业和服务企业的特征也看做影响企业竞争优势的因素。“模仿障碍”(包括隔离机制和资源与技能储备)则是影响竞争优势持续性的因素。竞争优势的持续性则直接决定着企业的长期绩效。最后，对企业资源和技能的再投资则决定了企业能力的范围和大小。而对资源和技能的再投资又是受企业长期绩效制约的。

2.2 服务营销的特点及其演变

2.2.1 服务营销的一般特点

由于服务本身的特殊性，使得服务营销相比一般产品营销有所不同，服务营销的一般特点表现为以下几方面。

1. 服务营销有形化

服务有形化是指服务机构有策略地提供服务的有形线索，以帮助顾客识别和了解服务，并由此促进服务营销。服务有形化可以有效解决服务无形性带来的问题，借助各种有形要素（包括实物、数字、文字、音像、实景、事实及其他可视方式），使无形服务及企业形象具体化、技巧化以便于感知。服务有形化包括服务产品的有形化、服务环境的有形化、服务提供者的有形化三部分内容。例如，可通过服务设施等硬件技术，如商场的自动售货机、银行的自动取款机来实现服务自动化和规范化，保证服务质量的始终如一，实现服务产品的有形化。

为了服务有形化策略更好地实施，服务营销注重对服务的有形展示。根据环境心理学理论，顾客利用感官对有形物体的感知及由此所获得的印象，将直接影响到顾客对服务产品质量及服务企业形象的认识和评价。在产品营销中，有形展示基本上就是产品本身，而在服务营销中，有形展示的范围就较为广泛。服务营销学者不仅将环境视为支持及反映服务产品质量的有力实证，而且将有形展示的内容由环境扩展至包含所有用以帮助生产服务和包装服务的一切实体产品和设施。这些有形展示，若善于管理和利用，就可以帮助顾客感觉服务产品的特点以及提高享用服务时所获得的利益，有助于建立服务产品和服务企业的形象，促进相关营销策略的推行。

2. 营销对象的复杂性

服务市场的购买者是多元的、广泛的、复杂的。购买服务的消费者的购买动机和目的各异，某一服务产品的购买者可能牵涉社会各界各业各种不同类型的家庭和不同身份的个人，即使购买同一服务产品有的用于生活消费，有的却用于生产消费，如信息咨询、邮电通信等。因此，企业在充分发掘顾客需求的同时，必须针对不同类型的消费者采取与之相应的营销对策，随着外部环境（如政策、经济、社会、技术、季节、法律等）变化灵活的调整企业战略，重视市场细分，通过差异化、个性化的服务以满足消费者需求的参差不齐，增强企业的竞争力，提高顾客满意度和建立顾客忠诚。

此外，根据马斯洛需求层次原理，人们对基本物质需求是一种原发性需求，这类需求人们易产生共性，而人们对精神文化消费的需求属继发性需求，需求者会因各自所处的社会环境和各自具备的条件不同而形成较大的需求弹性。同时，消费者对服务的需求与对有形产品的需求在一定组织及总金额支出中相互牵制，也是形成需求弹性大的原因之一。需求弹性大是服务业经营者最棘手的问题。

3. 营销方式的单一性

有形产品的营销方式有经销、代理和直销多种营销方式。有形产品在市场可以多次转手，经批发、零售多个环节才使产品到达消费者手中。服务营销则由于生产与消费的统一性，决定其只能采取直销方式，中间商的介入是不可能的，储存待售也不可能。服务营销方式的单一性、直接性，在一定程度上限制了服务市场规模的扩大，也限制了服务业在许多市场上出售自己的服务产品，这给服务产品的推销带来了困难。

4. 口碑营销的重要性

口碑营销是指企业通过为消费者提供良好的产品和服务，使其获得较高的满足感，自动传播对公司和产品服务的良好评价，从而让人们通过口碑了解企业、树立品牌，加强市场认知度和美誉度，吸引更多的消费者。服务的无形性增加了顾客决策时的风险，这就使得消费者更趋于接受其他顾客提供的可靠信息，选择口碑好、知名度高的企业。口碑营销能够让消费者在未购买时就对企业提供的服务形成较好的初步印象，使消费者产生信任感和安全感，让服务更具有形性。

2.2.2　服务营销的演变

在过去几十年里，营销学者就有关服务营销的问题进行了广泛的讨论。早在1977年，当时的花旗银行副总裁林恩·肖斯塔克就撰文指出，泛泛而谈营销观念已经不适应于服务营销，服务营销的成功需要新的理论来支撑；如果只把产品营销理论改头换面地应用于服务领域，服务营销的问题仍会无法解决。从1977年到1980年，营销学者的研究主要是基于服务同有形产品的比较，识别并界定服务的特征。以贝特森、肖斯塔克、贝瑞等为代表，他们较准确地归纳和概括出了服务的特征，包括不可感知性、不可分离性、差异性、不可储存性和缺乏所有权。

从1981年开始，营销学者开始将服务营销的研究重点转移到服务的特征对消费者购买行为的影响上。其中，西斯姆1981年在美国市场营销协会学术会议上发表的《顾客评估服务如何有别于评估有形产品》一文为代表之作。由于研究中肯定了服务特征对消费者购买行为的影响，营销学者普遍形成了一个共识，即服务营销不同于传统的市场营销，它需要新的市场营销理论的支持。同时，不少营销学者还探讨了服务的分类问题。例如，肖斯塔克根据产品中所包含的有形商品和无形服务的比重的不同，提出了其著名的“从可感知到不可感知的连续谱系理论”，并且指出，在现实经济生活中纯粹的有形商品或无形服务都是很少见的。戚斯则根据顾客参与服务过程的程度把服务区分为“高卷入服务”和“低卷入服务”。尽管有不同的分类，但营销学者一般认为，针对不同类型的服务，营销人员需要采用不同的营销战略和战术。

20世纪80年代下半期，营销学者更加集中于研究传统的营销组合是否能够有效地用于推广服务，服务营销需要有哪些营销工具。营销学者逐步认识到了“人”在服务的生产和推广过程中所具有的作用，并由此衍生出了两大领域

的研究，即关系市场营销和服务系统设计。杰克逊提出，要与不同的顾客建立不同的关系。塞皮尔强调，关系营销是服务营销人员应掌握的技巧。以肖斯塔克等为代表的营销学者则对服务系统设计的研究作出了重要贡献。肖斯塔克于1984年、1987年和1992年发表多篇论文，阐述了“蓝图技术”对于分析和设计服务以及服务生产过程的作用。包文和钟斯利用交易费用理论研究了顾客在何种情况下愿意参与服务生产过程的问题。但是，这一阶段关于“服务质量”和“服务接触”两个方面的研究也许成果更加丰富。感知质量、技术质量、功能质量等概念以及服务质量差距理论的提出，都为后来的服务质量问题研究奠定了重要的基础。在“服务接触”方面，服务人员与顾客在沟通过程中的心理与行为变化，服务接触对顾客服务感知的影响，如何利用服务人员和顾客双方的控制欲、“角色”、对服务过程和结果的“期望”等因素提高服务质量，这些课题都纳入了研究者的视野。

从20世纪80年代后期开始，营销学者在服务营销组合上达成了较为一致的意见，即在传统的4P基础上，又增加了“人员”(people)、“有形展示”(physical evidence)、“服务过程”(process)三个变量，从而形成了服务营销的7P组合。随着7P的提出和广泛认同，服务营销理论的研究开始扩展到内部市场营销、服务企业文化、员工满意、顾客满意和顾客忠诚、全面质量管理、服务企业核心能力等领域。这些领域的研究正代表了20世纪90年代以来服务市场营销理论发展的新趋势。近年来，整合和关系营销的兴起将服务营销的发展推进到一个新的阶段。

发达国家成熟的服务企业的营销活动一般经历了以下七个阶段(见表2-1)。

表2-1 服务营销发展阶段图

阶段	一些关键成分	一些关键后果
阶段一：销售	竞争出现、销售计划、销售技巧课程和培训、招募更多新顾客	注重销售而非利润、没有强调让顾客满意、提高了销售能力
阶段二：广告和传播	增加广告、指定多个广告代理公司、增加诱惑力、宣传册和销售点资料	顾客期望值高、产出不易测量、竞争性模仿、经常没满足期望
阶段三：产品和服务开发	意识到新的顾客需要、引进许多新产品和新服务、强调新产品开发过程	产品和服务扩散、分支层次混乱、竞争性模仿、一些市场细分、强大品牌的建立
阶段四：差异化和竞争对手分析	战略分析、定位图、寻找差异化、有限制的策划、营销培训、市场研究	战略清晰、加强品牌、更高级的细分、执行问题、传达定位的失败
阶段五：客户满意	客户服务技巧培训、微笑运动、改善服务的外部促进、改进前台布局和设备	利润率受到轻微影响、无法持续、得不到过程和系统的支持、支付无法计算、缺乏竞争差异化
阶段六：服务质量	服务质量差距的确认、服务蓝图化、顾客来信的分析、顾客研究	一些重点转移来自营销计划和其他相关市场、保留顾客未被重视
阶段七：整合和关系营销	经常地研究顾客和竞争对手、注重所有关键市场、严格地分析和整合营销计划、数据基础的营销	平衡营销活动、改善程序和系统、挑战但可实现目标、改善保留顾客

资料来源：吴晓云，等. 服务营销与服务营销学[OL]. 贝思可咨询，[2006-08-22].

1. 销售阶段

(1) 竞争出现，销售能力逐步提高；
(2) 重视销售计划而非利润；
(3) 对员工进行销售技巧的培训；
(4) 希望招徕更多的新顾客，而未考虑到让顾客满意。

2. 广告与传播阶段

(1) 着意增加广告投入；
(2) 指定多个广告代理公司；
(3) 推出宣传手册和销售点的各类资料；
(4) 顾客随之提高了期望值，企业经常难以满足其期望；
(5) 产出不易测量；
(6) 竞争性模仿盛行。

3. 产品开发阶段

(1) 意识到新的顾客需要；
(2) 引进许多新产品和服务，产品和服务得以扩散；
(3) 强调新产品开发过程；
(4) 市场细分，强大品牌的确立。

4. 差异化阶段

(1) 通过战略分析进行企业定位；
(2) 寻找差异化，制定清晰的战略；
(3) 更深层的市场细分；
(4) 市场研究、营销策划、营销培训；
(5) 强化品牌运作。

5. 顾客服务阶段

(1) 顾客服务培训；
(2) 微笑运动；
(3) 改善服务的外部促进行为；
(4) 利润率受一定程度影响甚至无法持续；
(5) 得不到过程和系统的支持。

6. 服务质量阶段

(1) 服务质量差距的确认；
(2) 顾客来信分析、顾客行为研究；
(3) 服务蓝图的设计；
(4) 疏于保留老顾客。

7. 整合和关系营销阶段

(1) 经常地研究顾客和竞争对手；
(2) 注重所有关键市场；
(3) 严格分析和整合营销计划；
(4) 数据基础的营销；
(5) 平衡营销活动；
(6) 改善程序和系统；
(7) 改善措施保留老顾客。

2.2.3 服务营销与有形产品营销的区别

现实经济生活中的服务可以区分为两大类。一种是服务产品，产品为顾客创造和提供的核心利益主要来自无形的服务。另一种是功能服务，产品的核心利益主要来自形成的成分，无形的服务只是满足顾客的非主要需求。贝瑞和普拉苏拉曼(1991)认为，在产品的核心利益来源中，如果有形的成分比无形的成分要多，那么这个产品就可以被看做是一种“商品”(指有形产品)；如果无形的成分比有形的成分要多，那么这个产品就可以被看做是一种“服务”。

与服务的这种区分相一致，服务营销的研究形成了两大领域，即服务产品的营销和顾客服务营销。服务产品营销的本质是研究如何促进作为产品的服务的交换；顾客服务营销的本质则是研究如何利用服务作为一种营销工具促进有形产品的交换。但是，无论是对于服务产品营销来说，还是对于顾客服务营销来说，服务营销的核心理念都是顾客满意和顾客忠诚，通过取得顾客的满意和忠诚来促进相互有利的交换，最终实现营销绩效的改进和企业的长期成长。

由于服务的特征，服务营销具有一系列不同于产品营销的特征。

(1) 由于服务是无形的，顾客很难感知和判断其质量和效果，他们将更多地根据服务设施和环境等有形线索来进行判断。因此，有形展示成了服务营销的一个重要工具。

(2) 顾客直接参与服务的生产过程及其在这一过程同服务人员的沟通和互动行为，对传统的营销理论和产品质量管理理论提出了挑战。

传统的产品生产管理完全排除了顾客在生产过程中的角色，管理的对象是企业的员工而非顾客。而在服务行业中，顾客参与服务过程的事实则迫使服务企业的管理人员正视如何有效引导顾客正确扮演他们的角色，如何鼓励和支持他们参与生产过程，如何确保他们获得足够的服务知识达成生产和消费过程的和谐并行。若企业管理人员忽略这些问题，则可能导致顾客不懂自身的职责而使服务产品的质量无法达到他们的要求。而在这种情况下，顾客通常并不会责怪自己的失误，而将之归咎于企业，认为该企业的服务水平低下，进而丧失日后与之打交道的兴趣和信心。

服务人员与顾客的互动行为也严重影响着服务的质量及企业与顾客的关系。由于服务的生产过程与消费过程同时进行，工业企业在生产车间进行质量管理的方法无法适用于服务企业。要保证实际提供的服务达到每一位顾客预期的质量水平，就必须保证服务人员与顾客间取得充分的沟通，同时服务人员必须针对不同顾客的需求差异保持足够的应变能力。所以，服务产品的质量管理应当扩展至对服务过程及顾客的管理。

(3) 与有形产品相比，服务的不可储存性产生了对服务的供求进行更为准确的平衡的需要。这种情况可以由汽车的销售加以说明。一个典型的汽车经销商在销售汽车的同时，也出售汽车保养和维修服务。因为汽车能够储存，所以汽车订单增加或减少 20%通常不会带来严重的后果。虽然较大量的存货会导致成本的增加，但是本周未出售的汽车可以在下一周出售。供大于求的状况还可以通过将汽车转交给其他经销商而得到缓解。而需求大于供给时，经销商可以从其他经销商或厂家那里增加进货。 然而，如果汽车保养和维修服务的能力过剩或短缺 20%，则可能损失大量的利润和机会。本周未能利用的生产能力无法储存，因而无法在需求超过服务能力时再用于满足需求。与汽车不同的是，服务不能轻易地运输到需求水平较高的经销商那里。这种过剩的能力是闲置的能力，只会增加成本而不会增加利润。至少在短期内，当需求大于供给时，与增加汽车进货相比，增加服务能力(如设备、设施和训练有素的人员)要困难得多。因此，虽然制造企业与服务企业都不愿有生产能力过剩或不足情况发生，但与制造业企业相比，供给与需求间的“ 同步营销”对确保服务企业经济地使用其生产能力重要得多。

(4) 差异性易使顾客对企业及其提供的服务产生“形象混淆”。因为，对于同一个企业，透过两家不同的分支机构所提供的服务，可能出现一个分支机构的服务水平明显优于另一个的情形。前者的顾客确实会认为该企业的服务质量很好，而另一分支机构的顾客则可能认为整个企业的服务都质量低劣。这种“企业形象”和“服务产品形象”的混淆将对服务产品的推广产生严重的负面影响。

(5) 由于服务不具有实体特征，因而不能运输，从而使得服务的分销具有不同于有形产品的特点。有形产品可以在一地或多地生产，然后运送到中间商或最终用户所在地进行销售。大多数服务却不能这样做。对这些服务来说，要么顾客必须到生产设施所在地，要么生产设施必须运到顾客所在地。如教师、律师、会计师和球队的“服务能力”，可以运到需要他们的地方。专家的咨询报告、税务文书、保险单这些服务的产品形式，也都可以运输。虽然如此，表述这些文件意义的实际服务却不能运输。

(6) 服务不能储存或运输的特性也给大规模的生产和销售服务带来了限制，所以服务企业要获得规模经济的效益就必须比制造企业付出更多的努力。

2.2.4　服务营销的再思考

服务营销与传统营销相比，在以下几个方面取得了突破性进展：

(1) 传统营销侧重于销售产品，而服务营销则侧重于保留与维持现有的顾客；

(2) 传统营销注重短期性利益，而服务营销注重长远利益；

(3) 传统营销不注重服务的作用，而服务营销则将服务的作用表现出来；

(4) 传统营销只向顾客提供有限的承诺，而服务营销却向顾客提供足够的承诺；

(5) 传统营销不强调与顾客的接触，而服务营销则强调与顾客的沟通与交流，甚至形成伙伴关系；

(6) 传统营销认为质量是生产的事情，而服务营销认为质量与产品都和服务有关联；

(7) 传统营销是产品功能导向，而服务营销则是产品所提供的利益导向。

2.3 服务营销学的兴起与发展

2.3.1 服务营销学的兴起

服务营销学于 20 世纪 60 年代兴起于西方。1966 年，美国拉斯摩教授首次对无形服务同有形实体产品进行区分，提出要以非传统的方法研究服务的市场营销问题。1974 年由拉斯摩所著的第一本论述服务市场营销的专著面世，标志着服务市场营销学的产生。在该著作中，作者明确指出仅把市场营销学的概念、模型、技巧应用于服务领域是行不通的，而必须建立服务导向的理论架构。视服务营销学为市场营销学的衍生还不够，认清服务营销学与市场营销学之间存在着某种明显的区别才使服务营销学成为独立的学科。在服务营销学的形成中，北欧以格隆鲁斯和赫斯基为代表的诺迪克学派起了巨大的推进作用。他们有关服务质量的理论及服务营销管理的理论成为服务营销学的重要理论支柱。

服务营销学的兴起缘于服务业的迅猛发展和产品营销中服务日益成为焦点的事实。随着经济的发展，服务业(或称第三产业)在国民经济中的比重日益扩大，产业升级与产业结构优化的直接结果必然导致服务业的强劲发展和产品营销中服务成为企业竞争焦点的局面。具体而言，服务业的发展与下述因素有密切的关系：

(1) 科学技术的进步和发展是服务业扩展的前提条件；

(2) 社会分工和生产专门化使服务行业独立于第一、第二产业之外；

(3) 市场环境的变化推动新型服务业的兴起和发展；

(4) 人们消费水平的提高促进了生活服务业的发展。

同时，在企业进行有形产品营销时，服务已成为销售的重要手段，成为企业间进行市场竞争的焦点，并日益成为产品市场竞争的主角。企业营销及市场竞争不仅需要市场营销学作为理论基础，而且需要服务营销学作为行动指导。中国服务营销学的兴起和广泛传播将是继市场营销学的蓬勃发展之后掀起的又一高潮。

2.3.2 服务营销学的发展历程

服务营销学脱胎于市场营销学，在自己的空间得以茁壮发展。科特勒曾指出，服务代表了未来市场营销管理和市场营销学研究的主要领域之一。在欧美地区，服务营销学蓬勃地发展起来了。自 20 世纪 60 年代以来，服务营销学的发展大致上可分为以下三个阶段。

(1) 第一个阶段(60—70 年代)：服务营销学的脱胎阶段。这一阶段是服务营销学从市场营销学中脱胎而出的时期。期间，主要研究的问题是：

① 服务与有形实物产品的异同；

② 服务的特征；

③ 服务营销学与市场营销学研究角度的差异。

(2) 第二阶段(80 年代初至中期)：服务营销的理论探索阶段。这一阶段主要探讨服务的特征如何影响消费者购买行为，尤其集中于消费者对服务的特质、优缺点及潜在的购买风险的评估。这一阶段具有代表性的学术观点主要是：

① 顾客的评估服务如何有别于评估有形产品；

② 如何依据服务的特征将服务划分为不同的种类；

③ 可感知性与不可感知性差异序列理论；

④ 顾客卷入服务生产过程的高卷入与低卷入模式；

⑤ 服务营销学如何跳出传统市场营销学的范畴而采取新的营销手段。

在这一阶段，美国阿利桑那州州立大学成立了“第一跨州服务营销学研究中心”，标志着对服务营销理论探索的深入。

(3) 第三阶段(80 年代后期至今)：理论突破及实践阶段。这一阶段，市场营销学者们在第二阶段取得对服务的基本特征的共识的基础上，集中研究了在传统的 4P 组织不够用来推广服务的情况下，究竟要增加哪些新的组合变量的问题。这一阶段具有代表性的学术观点如下。

① 服务营销应包括七种变量组合，即在传统的产品、价格、分销渠道和促销组合之外，还要增加“人员”、“服务过程”和“有形展示”三个变量，从而形成 7P 组合。

② 由“人员”(包括顾客和企业员工)在推广服务以及生产服务的过程中所扮演的角色，并由此衍生出两大领域的研究，即关系营销和服务系统设计。

③ 服务质量的新解释，确认服务质量由技术质量和功能质量组成，前者指服务的硬件要素，后者指服务的软件要素。

④ 提出了服务接触的系列观点，包括服务员工与顾客相互之间沟通时的行为及心理变化，服务接触对整项服务感受的影响，如何利用服务员工及顾客双方的“控制欲”、“角色”和对投入服务生产过程的期望等因素来提高服务质量等问题。

⑤ 从对 7P 研究的深化，到强调加强跨学科的研究的至关重要，服务营销学强调从人事管理学、生产管理学、社会学以及心理学等学科领域观察、分析和理解服务行业中所存在的各种市场关系。

⑥ 特殊的服务营销问题，如服务价格理论如何测定，服务的国际化营销战略，资讯技术对服务的生产、管理及市场营销过程的影响等。

2.3.3　服务营销学在中国的发展

服务营销学的发展过程也是服务营销学跨地域、跨国界的传播过程。近年来，

服务营销学在我国也得到了较快发展。

1. 中国推进服务营销学广泛传播和应用的必要性

(1) 中国服务业亟待加快发展且有广阔的发展空间。据世界银行统计，发达国家服务业生产总值占国民生产总值的70%以上，中等发达水平的国家的服务业产值平均亦为国民生产总值的50%左右。如前所述，中国只占32.8%，差距较大，发展空间较大，有必要通过服务营销的传播推动服务业的发展。

(2) 中国劳动力的富余急切需要开辟更多的就业渠道，发展服务业则是投入小、见效快的最有利的途径。中国目前在服务业领域就业的人数相对滞后，只为20%左右，而发达国家服务业从业人数占社会就业总人数的60%，一些发展中国家也达到40%，中国发展服务营销学对于推动服务业领域就业人数的增加也会起推动作用。

(3) 传统服务业亟待进行改革，新型服务业则需要新的理论武装，发展服务营销学是新旧服务行业发展的共同需要。服务业的行业范围广阔，涉及的领域众多，对于这些千姿百态的服务行业的除旧布新需要理论指导，中国在新世纪全面推进服务营销学正是时候。

2. 中国推广服务营销学发展的条件

1) 理论研究人员及力量不断壮大

中国自20世纪中期导入市场营销学后，已形成了一支强大的理论队伍。这支队伍活跃在大专院校和企业营销活动的第一线，不仅充实和丰富了市场营销理论，而且积累了大量的实践经验。他们熟悉市场、熟悉产业、熟悉企业，既懂经济，又懂管理，这是理性地接受、传播、发展服务营销学的组织基础和理论保证。

2) 政府对服务业的规范管理

中国政府对国民经济的宏观管理过程中，十分重视对服务业的规范管理并积极推进服务业的发展，为中国服务营销学的扎根奠定了基础。中国政府对服务业的规范管理是推广服务营销的基本保证。

3) 服务业发展的内在需要

服务业自身成长、发展以及提高竞争力的需要，使服务业产生了理论渴求感，广大服务业的迫切期待为服务营销学的广泛传播提供了广大的空间。我国服务业不仅面对国内同行业的竞争，而且面对国际强大的服务企业的严峻挑战，服务业亟须战斗的思想武器和竞争手段，服务营销学可说是具有雪中送炭之功。

在社会经济活动中，随着服务业的发展和产品营销中服务活动所占比重的提升，将服务营销从市场营销中独立出来加以专门研究成为必要。服务营销学既是从市场营销学中衍生出来的，也是对市场营销学的拓展。服务营销学对服务营销行为的专门研究是新世纪知识经济发展的需要，并必将成为推动第三产业发展的动力和理论依据。

2.3.4 服务营销学与市场营销学

服务营销学将服务业的市场营销活动和实物产品市场营销活动中的服务作

为研究对象。服务与实物产品本来是相伴而生的，起初并无严格界限，正如斯密所说："没有任何评价标准可以明确地分开这两种产业(产品和服务)。"

从本质上看，产品和服务都是提供满足和利益，都是"产品"，正如商品和货币都是商品一样。从营销的视角看，消费者购买的商品和服务，都具有实体性和非实体性两种成分。只不过购买商品时，实体成分占主导地位；购买服务时，则以非实体占主要成分。服务业显现的特征以及在市场销售中的客体地位，只是表明在服务产品的名称下对非实体属性的偏重。服务是产品，但又不同于一般产品，而是特殊产品，产品营销与服务营销之间并没有不可逾越的鸿沟，不存在本质上的差异，但存在着营销领域、程度和重心上的不同。

既然服务与产品之间存在着营销领域、程度和重心的不同，那么服务营销活动与产品营销活动就会存在着诸多的不同。服务营销学作为专门研究服务营销活动的学科自然有独立存在的必要。

1　服务营销学的研究视角

服务营销学从两个角度切入：一是研究服务业的整体市场营销活动，二是实物产品市场营销活动中的服务。

服务业是泛指第三产业的各个行业，其社会覆盖面相当宽阔，包括生产性服务业、生活性服务业、流通性服务业、知识性服务业及社会综合服务业等，各类服务业分别包含众多的服务企业，其跨度之广、情况之复杂，非第一、第二产业可比。但不管哪类服务行业或企业，其市场营销行为均是服务营销的研究对象。

实物产品市场营销中的服务亦是服务营销学所关注的对象。服务已成为实物产品市场竞争的重要手段，而且它提供了形成产品附加值和巨大竞争优势的潜力。实物产品市场营销活动中的服务同样是十分宽泛的，主要包括：

(1) 延期付款或提前交付订金；

(2) 租赁服务系统；

(3) 技术培训、营销案例、管理培训；

(4) 商务谈判、合同签订；

(5) 代顾客存储零配件；

(6) 咨询服务；

(7) 售后调试、维修、保养、送货服务；

(8) 信息发布与回收服务。

在当今社会，许多传统意义的产品制造商已经以这种或那种形式深深地投入到服务中来。例如：通用汽车承兑公司的金融服务业占据了该公司 1986 年 2.9 亿美元赢利的 41%；IBM 的计算机租赁、维修和软件等服务收入占其总收入的 33%；美国数字设备公司 1987 年 90 亿美元收入的 1/3 来自其计算机的维修合同。

在产品制造业从事研究、后勤、维修、产品设计、会计、金融、法律和私人事务等服务的人员一般为该行业的 65%~76%。

在社会大系统中，服务业与制造业、制造业中的产品生产和社会服务彼此交织、互相推动，从而使制造产品与服务之间的界限很难分清。实物产品市场营销活动中的服务是现代产品营销竞争的焦点。随着消费水平的提高，消费者对产品

的附加值的要求越来越高，而产品附加值的集中体现就是技术含量、服务含量。服务质量的高低从某种意义决定了产品附加值的大小，故而研究服务成为现代商品竞争中提高竞争力的重要方面。服务营销学要在建立顾客服务系统、培养顾客忠诚度、推行顾客价值、加强服务人员内部管理和服务过程管理上全面开展研究。

服务业的市场营销活动虽有许多与产品营销相同之处，但也有自己的特色，这些特色是产品营销中难以囊括的。关于营销理念、营销战略选择、营销环境分析等问题，产品营销与服务营销是相通的，但在市场分析的侧重点、营销规划的着眼点、制定企业战略及其方针选择以及营销策略组合等方面，服务营销有其独特的考虑和要求。

服务营销学的研究视点应集中在服务业的无形性、不可分离性、不可储存性等基本特征上，只有抓住了服务业的这些本质特征，服务营销学的研究才能显现其学科特色，才有助于解决服务业市场营销活动中的营销目标、营销战略、营销策略、营销组合等一系列问题。我们无须强行地将服务营销学与市场营销学对立起来，或人为地割裂开来。服务营销学与市场营销学在原理、学科性质和特色上并没有根本区别。我们要重点关注的是，服务营销学与市场营销学在研究内容上的不同。服务营销学是从市场营销学中派生出来的，服务营销学从理论基础到结构框架都脱胎于市场营销学，人们在论及服务营销学与市场营销学时，可从这个基本点出发。

2. 服务营销学与市场营销学的差异性

服务营销学作为一门独立的学科，与市场营销学主要存在着六个方面的差异。

1) 研究的对象存在差别

市场营销学以产品生产企业的整体营销行为作为研究对象，服务营销学则以服务企业的行为和产品营销中的服务环节作为研究对象。服务业与一般生产企业的营销行为存在一定的差异。服务与产品也不能等量齐观。服务营销的组合由市场营销组合的 4P 发展为 7P，即加上了人员、服务过程和有形展示 3P。

2) 服务营销学加强了顾客对生产过程参与状况的研究

服务过程是服务生产与服务消费的统一过程，服务生产过程也是消费者参与的过程，因而服务营销学必须把对顾客的管理纳入有效推广服务、进行服务营销管理的轨道。市场营销学强调的是以消费者为中心，满足消费者需求，而不涉足对顾客的管理内容。

3) 服务营销学强调人是服务产品的构成因素，故而强调内部营销管理

服务产品的生产与消费过程，是服务提供者与顾客广泛接触的过程，服务产品的优劣、服务绩效的好坏不仅取决于服务提供者的素质，也与顾客行为密切相关，因而研究服务员工素质的提高，加强服务业内部管理，研究顾客的服务消费行为十分重要，人是服务的重要构成部分。市场营销学也会涉及人，但市场营销学中人只是商品买卖行为的承担者，而不是产品本身的构成因素。

4) 服务营销学要突出解决服务的有形展示问题

服务产品的不可感知性，要求服务营销学要研究服务的有形展示问题。服务产品有形展示的方式、方法、途径、技巧成为服务营销学研究的系列问题。这也是服务营销学的突出特色之一。市场营销学不需要涉及这方面问题的研究。

5) 服务营销学与市场营销学在对待质量问题上也有不同的着眼点

市场营销学强调产品的全面营销质量，强调质量的标准化、合格认证等。服务营销学研究的是质量的控制。质量控制问题之所以成为服务营销学区别于市场营销学的重要问题之一，就在于服务的质量很难像有形产品那样用统一的标准来衡量，其缺点和不足不易发现和改进，因而要研究服务质量的过程控制。

6) 服务营销学与市场营销学在关注物流渠道和时间因素上存在着差异

物流渠道是市场营销学关注的重点之一，而由于服务过程是把生产、消费、零售的地点连在一起来推广产品，而非表现为独立形式，因而着眼点不同。对于时间因素的关注，产品营销虽然也强调顾客的时间成本，但在程度上还不能与服务营销相比。服务的推广更强调及时性、快捷性，以缩短顾客等候服务的时间，顾客等候时间过长，使顾客购买心情遭到破坏而产生厌烦情绪，会影响企业的形象和服务质量，因而服务营销学更要研究服务过程中的时间因素。

服务营销学与市场营销学还存在其他的差异。其差异表明服务营销学有独立存在的必要。

2.3.5　服务营销学与相关学科

服务营销学与服务贸易相比，其共性都是以服务业为研究对象，但两者研究的视角不同。服务贸易是以研究国内外服务业的交换关系、服务资源配置以及服务交易理论、政策为主的经济学科。服务营销学则是以研究服务业的整体营销行为及战略、策略为主的融经济学、行为学特色于一体的边缘管理学科。

服务营销学与关系营销学之间则是互相交叉、互相渗透的关系。服务营销学要研究在服务企业与顾客之间如何建立与保持长远的关系，并构建关系营销系统，确立顾客满意理念，实施让客价值；但关系营销只是服务营销全面研究实施 7P 策略中有关顾客与过程策略中的一个部分。关系营销学研究企业与顾客、中间商、竞争对手之间的关系，也包含着对服务业面临的相同关系的研究，然而它不限于对服务业的营销研究，还包括从有形产品的关系营销的更大范围来研究关系营销。

服务营销学与消费者行为学也互有交叉。服务营销学不可避免地要涉及消费者对服务的消费行为，包括购买时的心理分析、行为决策过程、消费行为的变化等。消费者行为学是从消费者的行为共性出发展开研究的。共性中寓含个性，服务消费行为也必然是消费行为学研究的对象之一。这种交叉点分别是两个学科各自构造体系的有机组成部分，对于各自都是不可分的，这种不可分性使这种交叉的存在成为必要，而不会让人产生重复之嫌。

服务营销学以政治经济学、商品流通经济学和市场营销学作为先修课程。政治经济学在经济理论上为服务营销学打基础，商品流通经济学和市场营销学则在

专业基础理论上为服务营销学奠定基石。服务营销学是在市场营销学规范的理论框架下的延伸和发展，学习服务营销学不能不以市场营销学作为前提和基础。

本章小结

知识经济是以服务业为主导的经济，知识经济时代突出表现为以下特征：知识成为主导资本；信息成为重要资源；知识的生产和再生产成为经济活动的核心；信息技术是知识经济的载体和基础；经济增长方式出现了资产投入无形化、资源环境良性化、经济决策知识化的发展趋势。知识经济时代将推动以下服务业的发展：信息产业、咨询服务业、调研策划业、旅游服务业、科技教育保健业、环保服务业。服务业的繁荣培育和发展了服务营销观念。推动服务营销全球化的力量来自于许多方面：市场动力、技术动力、成本动力、竞争动力。经济全球化推动了服务营销在更大范围、更多领域的发展，反过来服务营销的兴盛与发展也有利于促进经济全球化的实现。企业以服务争取竞争优势的原因主要有以下几个：国际竞争越来越激烈，国内竞争受国际竞争的巨大影响；技术与产品优势通常不能维持很久，易为竞争对手模仿；服务代表了一个新的利润增长点，服务所形成的附加值构成了潜在的利润领域；传统制造业的需求开始趋缓，传统产品生产领域的需求已被拉平。由于产品更新、技术进步、低劳动力成本、政府保护性管制、规模等无法实现长久的竞争优势，服务营销将成为获取长期竞争优势的最佳途径。

服务营销表现出以下特点：供求分散性；营销方式单一性；营销对象复杂多变；服务消费者需求弹性大；服务人员的技术、技能、技艺要求高。发达国家成熟的服务企业的营销活动一般经历了以下七个阶段：销售阶段、广告与传播阶段、产品开发阶段、差异化阶段、顾客服务阶段、服务质量阶段、整合和关系营销阶段。由于服务的特征，服务营销具有一系列不同于产品营销的特征。服务营销与传统营销相比，在以下几个方面取得了突破性进展：传统营销侧重于销售产品，而服务营销则侧重于保留与维持现有的顾客；传统营销注重短期性利益，而服务营销注重长远利益；传统营销不注重服务的作用，而服务营销则将服务的作用表现出来；传统营销只向顾客提供有限的承诺，而服务营销却向顾客提供足够的承诺；传统营销不强调与顾客的接触，而服务营销则强调与顾客的沟通与交流，甚至形成伙伴关系；传统营销认为质量是生产的事情，而服务营销认为质量与产品和服务都有关联；传统营销是产品功能导向，而服务营销则是产品所提供的利益导向。

服务营销学于20世纪60年代兴起于西方，它的兴起缘于服务业的迅猛发展和产品营销中服务日益成为焦点的事实。自20世纪60年代以来，服务营销学的发展大致上可分以下三个阶段：第一个阶段(60—70年代)，服务营销学的脱胎阶段；第二阶段(80年代初期至中期)，服务营销的理论探索阶段；第三阶段(80年代后期至今)，理论突破及实践阶段。服务营销学的发展过程也是服务营销学跨地域、跨国界的传播过程。近年来，服务营销学在我国也得到了较快发展。服务营销学从两个角度切入：一是研究服务业的整体市场营销活动，二是实物产品市场营销活动中的服务。服务营销学作为一门独立的学科，与市场营销学存在着如下差异：研究的对象存在差别；服务营销学加强了顾客对生产过程参与状况的研究；服务营销学强调人是服务产品的构成因素，故而强调内部营销管理；服务营销学要突出解决服务的有形展示问题；服务营销学与市场营销学在对待质量问题上也有不同的着眼点；服务营销学与市场营销学在关注物流渠道和时间因素上存在着差异。

关键术语

知识经济	服务营销	服务营销全球化	长期竞争优势
产品营销	传统营销	服务营销学	市场营销学

思考题

1. 服务营销具有哪些特征?
2. 服务营销如何成为获取长期竞争优势的最佳途径?
3. 经济全球化与服务营销发展之间有何相互关系?
4. 服务营销学是怎样兴起和发展的?
5. 服务营销学的研究对象与市场营销学有什么异同? 这两门学科存在着哪些差异性?

案例研讨

携手英迈拓展服务营销渠道 惠普金牌服务全面出击中国市场

近日在"精诚合作 服务制胜——2007 惠普金牌服务渠道大会"上，中国惠普有限公司(HP)(以下简称惠普)宣布全面拓展其旗下的金牌服务渠道业务模式，通过与渠道伙伴合作，建立全国总分销商制，把专业 IT 支持服务与硬件产品的销售紧密结合起来，为最终用户提供产品和服务"一站式"采购解决方案以及惠普最佳的专业化服务。英迈(中国)商业有限公司(以下简称英迈)作为惠普金牌服务全国总分销商，将利用其成熟的渠道管理经验和覆盖全国的分销网络，发展并支持惠普金牌服务业务推向更多中国的 IT 用户。

当前，中国社会的信息化已经从基础系统的采购和使用阶段，逐步开始向软件和服务应用阶段跃升。企业业务对信息系统上的依赖不断增强，不仅要求 IT 服务持续不断地支持业务运营，同时应能够创造更多的价值，满足业务不断增长的目标。

作为最早在中国展开的专业 IT 支持服务品牌，惠普金牌服务已经成为全球 IT 产品及服务的领导品牌，积累了丰富的服务产品及解决方案实施成功经验，其核心价值是以用户为中心，创造最好的用户服务体验。惠普金牌服务以标准化、专业化、流程化为服务理念，以原厂服务、客户体验和增值服务为三大优势，长期在中国 IT 市场树立专业 IT 服务的价值，为企业业务的发展提供强大动力。为满足日益增长的 IT 服务市场需求，惠普服务不断寻求更好、更有效的业务模式，大力拓展营销渠道则是其中的重点。

此次惠普金牌服务的总分销商英迈，是惠普商用产品在中国的重要分销合作伙伴，在中国市场拥有成熟的硬件分销网络优势，将为惠普商用产品的最终用户提供从产品销售、安装、维护到支持服务的完整解决方案，同时拓展各级分销代理渠道，把惠普品牌的服务带给客户，让客户真正能够体验到领先于IT 业界的惠普专业化服务。值得一提的是，随着销售渠道的拓展，原惠普纯金牌服务销售渠道的惠普特约服务商(ASDP)模式也随之拓展到硬件渠道。惠普特约服务商是指通过惠普公司技术和管理的专业培训后，该服务商的技术人员和协调人员将有能力提供惠普 IT 产品的技术支持服务，同时全面接受惠普统一支持服务流程的管理，成为惠普服务

的技术服务力量之一。这将有效帮助授权硬件渠道分销商获得强大的技术服务实力，实现从产品销售向技术支持及解决方案提供的转型。这不仅将大幅提高客户满意度，也使得惠普的渠道合作伙伴通过增值服务获得新的价值空间。

对于最终用户而言，由于惠普金牌服务将通过硬件分销及代理的渠道进行销售，最终用户可以直接在采购惠普硬件产品的同时购买相应的金牌服务，减少了中间环节，流程大为简化，从而能够更便捷地享受惠普金牌服务。同时，惠普授权服务中心、惠普特约服务商和惠普金牌服务零售商都将在惠普金牌服务分销网络的有效支持下，为最终用户提供更好的支持服务，并进一步提升惠普专业IT服务的综合竞争力。

中国惠普有限公司企业计算及专业服务集团运维服务部总经理叶健表示："目前，用户对于IT服务的认知以及服务价值的需求正在发生着根本性的变化。我们希望通过此次惠普金牌服务渠道销售模式的全面拓展，与渠道合作伙伴发展更深层次的合作，优势互补，共同发展，让客户在购买惠普硬件的同时能够体验到惠普专业化服务，通过惠普金牌服务的保驾护航实现'无忧365'！"

案例思考题

什么是惠普金牌服务？惠普的金牌服务为用户带来了什么好处？

参考文献

1. 文刀. 汽车服务营销重要性凸现[N]. 财经时报，2007-08-20.
2. 马岚. 国美启全球顶级服务标准[N]. 京华时报，2007-09-14.
3. 郭卜乐. 服务营销的发展历程[OL]. 中国心理热线，[2003-04-10].

第二篇　服务的性质与服务消费者特征

虽然服务具有无形性特征，但对于消费者而言，服务可给人带来某种可感知的利益或满足感，因此，服务可被看做是可供有偿转让的一种或一系列活动。为了明晰这 概念，第3章将从不同的分类标准和思考角度，分析服务的种类和特性。服务过程和服务文化也是第3章的重点内容之一，将详细阐述为何“服务文化”能成为企业的竞争力和价值核心，如何通过制定服务文化策略来实现企业无限的利润回报。

第4章将从服务市场的相关环境、运行规范和服务利润链三个方面来阐述我国服务市场的特征，其中重点强调“服务利润链”的概念。作者认为“服务利润链”贯彻了服务营销的精神实质，阐述了公司、员工、顾客及利润四者的相互关系，并以此为基础，分析企业策略制定以及内部投资方向与营销组合的管理重点。

对企业而言，消费者的购买行为和决策模型直接影响其营销策略的制定及效果，所以第5章主要介绍有关服务消费者的相关内容：服务消费者心理和行为，顾客对服务的认知，服务购买及决策过程，消费者购买动机模型及其运用，顾客服务体验模型。其中，“顾客的服务体验模型”和“服务购买的决策理论”为本领域前沿的研究成果。

第3章　服务的性质

本章提要

1. 掌握服务的含义，了解服务的不同分类方法。
2. 掌握服务的五个特征。
3. 熟悉针对服务特性的营销策略选择。
4. 了解服务过程的七个步骤。
5. 了解服务文化的内涵及意义。

引　例

提升餐饮业服务水平的秘诀——海底捞火锅服务营销的启示

"海底捞"三个字在众多消费者心中俨然已经成了优质服务的代名词，这一点只要看一看大众点评网、饭桶网等专业餐饮网站上的消费者留言和"最佳服务"排名就知道了。这家人均消费六七十元的中国连锁餐饮民营企业的服务只能用"疯狂"来形容。

以北京的望京店为例，尽管该店特意把3 000平方米营业面积中的1/10开辟为了顾客等待区域，但大多数时候仍然座无虚席。许多顾客宁愿从大老远跑来在海底捞等上两个小时，也要在海底捞吃火锅。在海底捞，排队等待就餐是司空见惯的事，而顾客却并不感到厌烦，甚至有顾客还很"享受"等待的过程。因为在等待就餐的过程中，热心的服务人员会立即为你送上炸虾片、水果以及豆浆、柠檬水、薄荷水等饮料。此外，还提醒顾客可以在此打牌下棋和免费上网冲浪。如果你是女士，你可以在这里享受免费修指甲的服务；如果你是男士，你可以在这里享受免费擦皮鞋的服务。另外，发圈、眼镜布、靠垫……只要你能想象得到的服务细节，你都可以在这儿看见。如此多为顾客精心考虑的服务细节赢来的是顾客心甘情愿的等待。几乎每一个第一次到海底捞就餐的顾客都是怀着又惊又喜的心情接受这些令他们眼花缭乱的服务的。海底捞的服务水平远远超过了绝大多数消费者的预期。

更多的感动还在后面。在就餐的任何时候顾客都能轻易在附近找到服务员的目光。甚至只需要一个眼神，马上就会有一位满面笑容的服务员走到你跟前来。在停车泊位、等位、点菜、中途上洗手间、结账走人等全流程的各个环节，你都能够感受到这种细微的服务。当

你吃饭的时候，服务员会帮你把手机装进小塑料袋以防进水，会给长头发的女士提供橡皮筋和小发夹，为戴眼镜的朋友送来擦镜布。在这里，顾客完全能够体会到宾至如归的感觉。在海底捞，老顾客已经占据了很大比例。他们都有自己熟悉的服务员，这些服务员不仅熟悉他们的名字，甚至记得一些人的生日、结婚纪念日。在海底捞，流传着许许多多的小故事，这些真实的故事反映了一个企业深入骨髓的顾客至上的服务理念。

服务在不同的时代有着不同的含义，服务是具有无形特征却可给人带来某种利益或满足感的可供有偿转让的一种或一系列活动。按照不同的思考角度和分类标准，可以将服务分为不同的种类。服务表现出不同于有形产品的以下特性：不可感知性(无形性)、不可分离性、品质差异性(多变性)、不可存储性和所有权的不可转让性。服务的这五个特征从各个侧面表现了服务与实体商品的本质区别。针对服务的特性，企业应采取相应的营销策略。服务过程是指一个产品或服务交付给顾客的程序、任务、日程、结构、活动和日常工作。服务在社会经济活动中的重要性是与日俱增的，社会经济越发达，服务的地位越突出。服务既是企业间竞争的焦点，也为企业的发展提供机遇，无论是对于服务业来说，还是对于以产品营销为主体的企业来说，服务都将成为企业价值和利益的核心。服务文化，是企业在长期的对客户服务过程中所形成的服务理念、职业观念等服务价值取向的总和。随着知识经济时代的到来，面对全球化、市场化和信息化大潮，服务和文化成为决胜的利剑，而充分发挥两者的共生互动性，打造具有优良适应性和卓越创新性的服务文化，以文化提升服务，用无形资产盘活有形资产，将文化力转化为竞争力，以文化启动经济力，成为企业在新时代的全新选择。

3.1 服务的含义与分类

3.1.1 服务的含义

“服务”在古代意为侍奉。随着时代的发展，服务已从其身份上的约束中解脱出来，成为整个社会不可或缺的人际关系的基础。在营销学意义上，服务是一种可供销售的活动，是以等价交换的形式为满足企业、公共团体或其他社会公众的需要而提供的劳务活动或物质产品。服务作为本学科的核心概念需要首先予以界定。世界各国有关服务概念的界定不下几十种，其中有代表性的有如下几种。

1960 年美国市场营销学会(AM)定义为：“用于出售或者是同产品连在一起进行出售的活动、利益或满足感。”

1963 年著名学者雷根的定义是：“直接提供满足(交通、房租)或者与有形商品或其他服务(信用卡)一起提供满足的不可感知活动。” 服务是“一种行为，一种表现，一项努力”。

1990 年北欧学者格鲁斯定义为：“服务是指或多或少具有无形特征的一种或一系列活动，通常(但并非一定)发生在顾客同服务的提供者及其有形的资源、商品或系统相互作用的过程中，以便解决消费者的有关问题。”

佩恩在分析了各国营销组织和学者对服务的界定之后，对服务做出这样的界定："服务是一种涉及某些无形性因素的活动，它包括与顾客或他们拥有财产的相互活动，它不会造成所有权的更换。条件可能发生变化，服务产出可能或不可能与物质产品紧密相连。"

菲利普·科特勒区分从纯商品变化到纯服务的四种分类，也许有助于我们更清楚地认识服务。

(1) 纯有形商品。如香皂、牙膏、盐等。产品本身没有附带服务。

(2) 附有服务的商品。如计算机、家电产品等，附有服务以提高对顾客的吸引力。

(3) 附有少部分商品的服务。如空中旅行的头等舱，除提供服务外，还附食品、报章杂志等。

(4) 纯服务。如心理咨询、家政服务等，服务者直接为顾客提供相关的服务。

菲利普·科特勒认为："服务是一方能够向另一方提供的基本上是无形的任何活动或利益，服务并不导致任何所有权的产生。它的产生可能与某种有形产品密切联系在一起，也可能毫无联系。"

现代经济学从服务及服务贸易的特点角度提出了服务的定义。如经济学家希尔在1987年指出："服务应向某一经济单位提供，这一点是服务观念所固有的。它和商品生产形成鲜明的对照……一个农民可能在同其最后顾主完全隔绝的情形下种庄稼，然而一位教师却不能没有学生而从事教学。就服务来说，实际生产过程一定要直接触及某一消费的经济单位，以便提供一项服务。"在一百多年前，马克思就曾指出："服务这个名词，一般说，不过是指这种劳动所提供的特殊使用价值，犹如其他商品所提供的特殊使用价值一样；但是劳动的特殊使用价值在这里取得了'服务'这个特殊名词，是因为劳动不是作为物，而是作为活动提供服务的。"

非实物形态的经济品称为服务。《服务贸易总协定》(GATS)规定的服务的定义是"除政府当局为履行职能所提供的服务之外的所有部门的一切服务"，这里的"政府当局为履行职能所提供的服务"是指非商业性质的、不与其他服务提供这项竞争的各类服务。

综合以上各种定义，可将服务定义为：服务是具有无形特征却可给人带来某种利益或满足感的可供有偿转让的一种或一系列活动。

服务不是实物，但却经常依赖实物表现出来。服务不是一杯可乐，但你接受的服务可能就是一杯可乐的提供。一组录像带不是服务，但出租录像带却是服务。乘坐出租车是在接受服务，但出租车本身却不是服务。服务，它不能砸在您的脚上，不能储存在盒子里，也不能锁在抽屉里。

3.1.2 服务的分类

1. 关于服务领域的划分

通过对所有具体服务的全面观察，Fisk 与 Tansubaj 在 1985 年将服务分为十大类。具体分类罗列如下，并附之具体例证。

(1) 食宿、交通与旅游服务。如旅馆、饭店、航空公司和旅行社所提供的服务。

(2) 金融服务。如银行、保险公司和经纪人所提供的服务。

(3) 专业服务。如会计服务、法律咨询服务与房地产开发装饰、工程设计、建筑、顾问等。

(4) 体育、艺术与娱乐服务。赛车、自行车赛、棒球比赛、篮球比赛、足球比赛、曲棍球比赛与奥林匹克运动会等属体育服务；芭蕾、歌剧与戏剧等属艺术类服务；摇滚音乐会与马戏团等属娱乐类服务。

(5) 渠道、物流与租赁服务。零售、批发、特许经营与销售代理等属渠道服务；轮船运输属物流服务；服装租赁、汽车租赁及重型设备租赁等属租赁服务。

(6) 教育与研究服务。日常辅导、指导教师、中小学、职业学校、学院、大学与员工培训属教育类服务；管理信息服务、研究机构、信息服务与图书馆属研究服务。

(7) 远程通信服务。如收音机、电视、电话、卫星、计算机网络与国际互联网等。

(8) 个人及维修服务。如工作介绍、美发、健身房、殡仪及家政服务，属个人服务；汽车修理、水管维修及草坪维护，属维修服务。

(9) 政府、准政府与非营利服务。国家、州与地方政府的服务，公用事业及警察服务等，属政府服务；社会营销、政治营销及邮政服务(在美国，邮政组织并非完全独立，其在某种程度上受到政府的控制)，属准政府服务；宗教服务、慈善服务、纪念馆和俱乐部等，属非营利服务。

(10) 医疗保健服务。如医院、诊所、保健组织和医生所提供的服务。

2. 服务推广的顾客参与程度分类法

此法依据顾客对服务推广的参与程度，将服务分为三大类。

(1) 高接触性服务。高接触性服务是指过程中顾客参与其中全部或大部分的活动，如电影院、娱乐场所、公共交通、学校等部门所提供的服务。

(2) 中接触性服务。中接触性服务是指顾客只是部分地或在局部时间内参与其中的活动，如银行、律师、地产经纪人等所提供的服务。

(3) 低接触性服务。低接触性服务是指在服务推广中顾客与服务的提供者接触较少的服务，其间的交往主要是通过仪器设备进行的，如信息、邮电业等提供的服务。

这种分类法的优点是便于将高接触性服务从中低接触性服务中分离出来，突现出来，以便采取多样化的服务营销策略满足各种高接触性服务对象的需求，其缺点是过于粗略。

3. 综合因素分类法

此法从服务的综合因素着手，分别从不同的侧面进行分类。

(1) 依据提供服务工具的不同分两类。以机器设备为基础的服务，如自动售货机、自动化汽车刷洗等；以人为基础的服务，包括非技术性、技术性和专业性

服务，如会计审计财务、旅行服务等。

(2) 依据顾客在服务现场出现必要性的大小分为两类。必须要求顾客亲临现场的服务，如身体检查、理发美发、按摩美容等。这样的服务要考虑环境卫生、设施等因素。不需要顾客亲临现场的服务，如汽车修理、成衣整烫等。

(3) 依据顾客个人需要与企业需要的不同分两类。专对个人需要的专一化服务；面对个人需要与企业需要的混合性服务。

(4) 依据服务组织的目的与所有制分四类。营利性服务，以营利为目的的服务；非营利性服务，以社会公益服务为目的的服务；私人服务，其所有制为私人所有的服务；公共服务，以社会主义全民所有制和集体所有制为主体、公益事业的服务。

这种分类法综合考虑了各类因素，对其客观状态进行分类，但从服务营销管理角度考虑不够，这与服务业的管理不太协调。

4. 服务营销管理分类法

此法吸收了前几种分类法的优点，并重点结合对服务业的管理过程进行分类。依据服务活动的本质分四类。

(1) 作用于人的有形服务，如民航、理发服务等。

(2) 作用于物的有形服务，如航空货运、草坪培整等。

(3) 作用于人的无形服务，如教育、广播等。

(4) 作用于物的无形服务，如咨询、保险等。

5. 依据顾客与服务组织的联系状态分四类

(1) 连续性、会员关系服务，如银行、保险、汽车协会等。

(2) 连续性、非正式关系的服务，如广播电台、警察保护等。

(3) 间断的、会员关系的服务，如电话购买服务、担保维修等。

(4) 间断的、非正式关系的服务，如邮购、街头收费电话等。

6. 依据服务方式及满足程度分四类

(1) 标准化服务，选择自由度小，难以满足顾客的个性需求，如公共汽车载客服务等。

(2) 易于满足要求，但服务方式选择自由度小的服务，如电话服务、旅馆服务等。

(3) 提供者选择余地大，而难以满足个性要求的服务，如教师授课等。

(4) 需求能满足且服务提供者有发挥空间的服务，如美容、建筑设计、律师和医疗保健等。

7. 依据服务供求关系可分为三类

(1) 需求波动较小的服务，如保险、法律、银行服务等。

(2) 需求波动大而供应基本能跟上的服务，如电力、天然气、电话等。

(3) 需求波动幅度大并会超出供应能力的服务，如交通运输、饭店和宾馆等。

8. 依据服务推广的方法可分为六类

(1) 在单一地点顾客主动接触服务组织，如电影院、烧烤店。

(2) 在单一地点服务组织主动接触顾客，如出租汽车等。

(3) 在单一地点顾客与服务组织远距离交易，如信用卡公司等。

(4) 在多个地点顾客主动接触服务组织，如汽车维修服务、快餐店等。

(5) 在多个地点服务组织主动接触顾客，如邮寄服务。

(6) 在多个地点顾客和组织无距离交易，如广播站、电话公司等。

由于服务内涵的复杂性，人们考察服务时从不同的视点介入，因而导致了不同的分类法。服务的分类是为认识不同行业、不同部门服务的特征服务的，它是制定服务营销战略的基础。

3.1.3 学术分类法

1. Lovelock 的划分

在其发表的一篇获奖论文中，Lovelock 建议可采用六种不同的方法对服务进行分类。他使用的分类标准包括服务对象、行为方式、关系模式、互动频率、定制化程度与需求波动程度等。Lovelock 的分类方法之一，是根据服务对象的不同(对人服务还是对物服务)和行为方式的不同(有形还是无形)来划分。此划分方法的结果，是将服务分为四种类别。①有形行为作用在人身上的服务，如医疗、个人保健、度假、旅馆、航班等。②无形行为作用在人身上的服务，如教育、文娱表演、法律咨询等。③有形行为作用在物上的服务，如房屋清洁、家具维修、环境保护等。④无形行为作用在物上的服务，如金融服务、保险服务等。隶属同一类别的服务，会面临相似的问题，也有可能共享某些问题解决方案。以有形行为作用在人身上的服务为例，它们通常包括与顾客的面对面交流与互动，且发生的环境常常由服务组织来控制。因此，为应对一些具体的挑战，医院可以向旅馆学习，而发廊则可向饭店学习。

2. 其他方面分类

除这些分类方法以外，学术上常从服务营销的角度将服务业从三个方面分类。

(1) 卖方相关分类法(见图 3-1)。

企业性质	服务功能	收入来源
民间・营利 民间・非营利 国有・营利 国有・非营利	通信业 顾问咨询 教育 金融 保健 保险	取自市场 市场+捐赠 纯捐赠 税收

图 3-1 卖方相关分类法

(2) 买方相关分类法(图 3-2)。

市场类型	购买服务的途径	动机
消费者市场 工业市场 政府市场 农业市场	便利性服务 选购服务 专卖服务 非寻找服务	工具型（达成目的手段） 表现型（目的本身）

图 3-2　买方相关分类法

(3) 服务相关分类法(图 3-3)。

服务形态	人基础/器械基础	高接触度/低接触度
规格服务 定制服务	以人为主的服务 以器械为主的服务	高接触度服务 低接触度服务

图 3-3　服务相关分类法

资料来源：克里斯托弗·H. 洛夫洛克. 服务营销[M]. 3 版. 陆雄文，庄莉，译. 北京：中国人民大学出版社，2001.

就其实际效用而言，也可以把服务划分为追加服务与核心服务两大类。追加服务(complementary service)通常是指伴随商品生产和交易所提供的补充服务，因为对消费者来说，有形商品的实体本身才是核心效用，而服务只是提供了某种追加效用。事实上随着科学技术的迅速发展，这种追加服务业已成为商品在国际市场上进行非价格竞争的重要因素。核心服务(individuality service)通常是指与商品的生产和交易无关的，消费者单独所购买的，能为消费者提供核心效用的服务，而服务消费的不断扩大则是由于人们拥有了更多的自由支配的收入和自由支配的时间的结果。

3.2　服务的特征

由于服务是一种特殊的“商品”，因而服务的生产与流通(贸易)具有以下特点：①服务是一种由劳动活动所提供的特殊使用价值，是无形商品，服务的贸易便不表现为物和货币的交换，而是劳动活动与货币的交换；②服务是一个过程，它的生产与消费一般是同时发生的，服务一般不能离开劳动过程而独立存在，生产一结束，产品也就不复存在，服务是不可储存的；③服务产品的非实物性。一般来讲，服务产品的需求收入弹性要高于货物产品的需求收入弹性，因此当收入增加时，资源将流向服务行业。

3.2.1 服务的特征

为了区别服务与商品这两类概念,学术界对绝大多数服务的共同特性进行了探索和研究,从而形成了服务具有五种特征的共识。

1. 不可感知性(无形性)

不可感知性(intangibility)包括两层含义。

(1) 与实体商品相比较,服务的特质及组成服务的元素,许多情况下都是无形无质的,让人不能触摸或凭视觉感到其存在。

(2) 消费者消费服务后所获得的利益,也很难被察觉,或是要经过一段时间后,消费服务的享用者才能感觉出利益的存在。服务的这一特征决定消费者购买服务前,不能以对待实物商品的办法如触摸、品尝、聆听等去判断服务的优劣,而只能以搜寻信息的办法,参考多方意见及自身的历史体验来作出判断。

正因为服务的不可感知性,许多服务业为了变不可感知为可感知,常常通过服务人员、服务过程及服务的有形展示,并综合运用服务设施、服务环境、服务方式和手段等来体现。

服务的不可感知性只是用以区别实物商品,其意义在于提供一个视角区别服务与实物商品。服务有时是需要一定的载体的,如录音磁带、录像带等是音乐、电视服务的载体。载体的有效性的强弱,体现了服务质量的高低。如优质磁带声音清晰,使人欣赏音乐的质量得以提高;相反,劣质磁带的服务效果就差。

服务的不可感知性要求服务业提供服务介绍和承诺。服务介绍的诚实性与准确性是服务质量所要求的。服务承诺的针对性与同到性及服务履约的及时性、兑现性,也是服务质量水平的体现。

2. 不可分离性

服务的不可分离性(inseparability)是指服务的生产过程与消费过程同时进行,服务人员提供服务于顾客之时,也正是顾客消费、享用服务的过程,生产与消费服务在时间上不可分离。由于服务是一个过程或一系列的活动,因而在此过程中消费者与生产者必须直接发生联系,消费者不参与服务生产过程,即不能享受服务。这一特征要求服务消费者必须以积极的、合作的态度参与服务生产过程,只有参与才能消费服务,否则便不能消费服务。如医疗服务,病人接受治疗,只有主动地诉说病情,医生才能作出诊断,并对症下药。

服务的这一特征有别于产品质量及营销管理,表现如下。

(1) 服务营销管理将顾客参与生产过程纳入管理,而不只局限于对员工的管理。因而对顾客宣传其服务知识,提高顾客参与服务生产过程的水平十分重要。服务营销就是要妥善地引导顾客参与服务生产过程,并要及时沟通服务人员与顾客之间的关系,促使顾客在服务生产过程中扮演好自身的角色,以保证服务生产过程亦即顾客的服务消费过程高质量完成。

(2) 服务的这一特征表明服务员工与顾客的互动行为既是服务质量高低的影响因素,也是服务企业与顾客之间关系的影响因素。服务质量管理是服务业的生命。服务质量管理应包括服务生产全过程中对员工和顾客的双重管理，应促进服务员工与顾客的良性互动，两好相合，以全面提高质量，树立企业的形象。服务员工与顾客良性互动的关键是沟通，适时恰当的沟通是全面推行服务质量管理的中心环节。

3. 品质差异性(多变性)

服务的品质差异性(heterogeneity)是指服务的构成成分及其质量水平经常变化，难以统一认定的特性。服务的主体和对象均是人，人是服务的中心，而人又具有个性，人涉及服务方和接受服务的顾客两个方面。服务品质的差异性既由服务人员素质的差异所决定，也受顾客本身的个性特色的影响。不同素质的服务人员会产生不同的服务质量效果，同一服务人员为不同素质的顾客服务，也会产生不同的服务质量效果。全国劳动模范李素丽的售票服务不仅给人购票乘车的方便，还使乘客感受到自尊、温暖、体贴和愉悦；相反，素质低下的售票员会给人带来烦恼、冷淡、不安全感。顾客的知识水平、道德修养、处事经验、社会阅历等基本素质，也直接影响服务质量效果。如同是听课，有人津津有味，受到巨大的启发，产生丰富的联想；有人则昏昏欲睡，收获甚微。同是旅游，有人乐而忘返，有人则败兴而归。

服务品质的差异性会导致“企业形象”混淆而危及服务的推广。同一企业的若干分店，如果是销售产品，易于统一企业形象；如若销售服务则会产生各分店服务质量优劣不等的差异性，由于这种差异性的存在，提供劣质服务的分店对整个企业带来的负面影响，将大大盖过大多数优质服务分店所形成的良好企业形象，最终对整个企业产生负面效应。

4. 不可储存性

服务的不可储存性(perishalility)是指服务产品既不能在时间上储存下来，以备未来使用，也不能在空间上，将服务转移带回家去安放下来，如不能及时消费，即会造成服务的损失。如车船、电影、剧院的空位现象。其损失表现为机会的丧失和折旧的发生。

服务的不可储存性是由其不可感知性和生产消费不可分割性决定的。不可储存性表明服务无须储存费用、存货费用和运输费用。但同时带来的问题是，服务企业必须解决由于缺乏库存所引致的产品供求不平衡问题。服务业在制定分销战略、选择分销渠道和分销商等问题上将有别于实体商品。服务的不可储存性也为加速服务产品的生产、扩大服务的规模提出了难题。服务业只有在加大服务促销、推广优质服务示范上积极开发服务资源，才能扭转被动服务需求状态。

服务的非实体性，意味着建立库存具有很多限制。当然，从某种程度来说，服务人员及其技能是可以储存的，设备也可以储存(必要时可提供额外的产能)。但一般而言，在服务业，今天没有用完的或闲置的东西往往就必须废弃，而不能留给以后的超负荷需求来使用。

5. 所有权的不可转让性

服务所有权的不可转让性(absence ownership)是指服务的生产和消费过程中不涉及任何东西的所有权的转移。服务在交易完成后便消失了，消费者所拥有的对服务消费的权利并未因服务交易的结束而产生像商品交换那样获得实有东西的结果，服务具有易逝性。如银行存款，并未发生货币所有权的转移；空中飞行服务，只是解决乘客由此地到彼地之需，也未形成任何东西所有权的转移。

这一特征是导致服务风险的根源。由于缺乏所有权的转移，消费者在购买服务时并未获得对某种东西的所有权，因此感受到购买服务的风险性，而造成消费心理障碍。为了克服消费者的这种心理障碍，服务业的营销管理中逐渐采用“会员制度”，以图维系企业与顾客的关系。顾客作为企业的会员可享受某些优惠，从而在心理上产生拥有企业所提供的服务的感觉。

在上述五种特征中，不可感知性是最基本的特征，其他的特征都是由这一基本特征派生出来的。服务的这五个特征从各个侧面表现了服务与实体商品的本质区别。服务的特征可用图 3-4 显示。

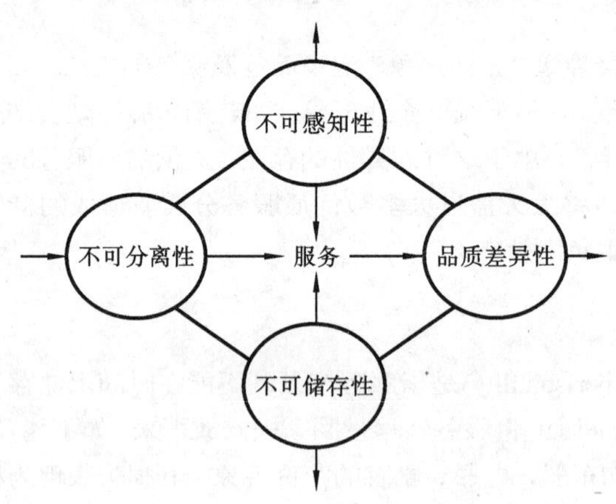

图 3-4 服务的特征

资料来源：蔺雷，吴贵生. 服务创新[M]. 北京：清华大学出版社，2003.

服务是无形的，但研究服务时往往对服务所依托的综合要素进行研究，并以“服务产品”的特定概念予以表达。服务产品是服务劳动者的劳动以活劳动的形式所提供的服务形成的，它是结合服务场所、服务设施、服务方式、服务手段、服务环境等同劳动资料、劳动对象的范畴要素综合构成的。显然，服务产品既有物的要素，也有非物的要素；既有有形要素，也有无形要素。在服务产品的交换中，因为只有部分要素改变其所有权，而另一部分要素只出售使用权，所以同一服务产品可以不间断地多次出售。

服务产品的流通方式不是产品向消费者的运动，而是消费者向产品的运动。服务产品的分销受到地域的限制，进行远距离推销难以奏效。

服务与产品的区别很难去量化描述，画连续谱是一个最常用和最有效的认识服务的工具。从前面的学习我们知道，服务和产品的重大区别之一就在于两者的有形程度的不同。服务与产品之间只在于有形性程度的不同，从高度无形到高度有形之间存在一个连续谱，如图 3-5 所示。

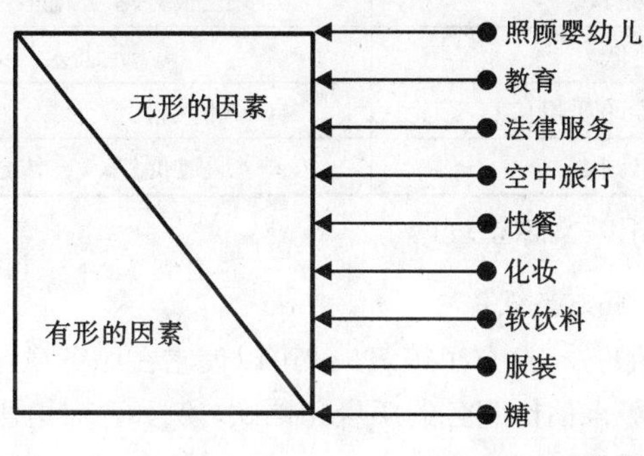

图 3-5　服务与产品——无形与有形的连续谱

资料来源：蔺雷，吴贵生. 服务创新[M]. 北京：清华大学出版社，2003.

3.2.2　针对服务产品特征的营销策略

1. 服务产品的无形性及其营销策略

服务是无形的产品，是看不见，带不走的，并且往往是生产和消费同时进行。无形性有其有利的一面，如服务产品总是带有某种特殊的或专门的技艺性、知识性，而这种技艺性、知识性越强、越独特，对顾客的市场吸引力也就越强。因此，服务营销人员应当注意利用服务无形性有利的一面，也就是增强服务的某种特殊的或专门的技艺性和知识性。例如，商业服务营销可以考虑：

(1) 在服务中加强商品知识的介绍和商品的使用演示；

(2) 提高商业服务的文化性、艺术性；

(3) 聘请专家坐堂咨询，如中药店聘请老中医、眼镜店聘请光学专家等。

服务产品的无形性，还具有不利的一面。这是因为服务购买者很难事先感知和估计服务的质量和效果。即使对服务不满意的顾客，在投诉时也难以拿出有形的证据，这就不利于顾客的购买决策，不利于服务营销的管理。针对服务无形性的营销策略选择，如表 3-1 所示。

为了克服服务无形性带来的不利一面，可采取增强服务有形化的营销策略。

1) 设定服务质量标准，使服务无形转化为服务有形，制定适当的服务质量标准

如美国著名的迪士尼公司针对不同的顾客群，找出他们对服务的要求；然后根据这些要求，以顾客满意为重心逐条提出对应的服务事项；汇集服务质量手册，进而向服务人员进行训练、指导、现场演练、角色扮演等，使服务人员按照服务质量标准，规范自己的行动。

表 3-1 针对服务无形性的营销策略选择

消费者的特殊理解	营销者的应对手段
消费之前很难形成准确预期	简化服务/服务产品有形化
购买风险大于实物商品	设立标准、细分档次，降低购买失误风险
很难做到产品比较	把服务落实到感官上，使服务有感化
广告可信度更低	促进人与人沟通(口碑)
价格、设施、布局等传递质量信息	以价格树立形象，以设备技术赢得竞争
很少有品牌忠诚	通过促销、宣传建立信任，赢得人心

资料来源：作者根据相关文献整理。

2) 建立服务等级

无形的服务一旦有了等级，就可以使它在服务质量上产生某种有形感。顾客可以根据等级来估价服务的质量和档次。例如，对电影院评定等级，将宾馆服务分为不同的星级。

3) 注重服务的场所环境

服务是无形的，场所环境是有形的。改善服务的场所环境，可以对服务质量和档次起到一定的烘托作用。

4) 重视服务品牌

在服务产业，品牌一般就指店名、招牌，店名、招牌和服务等级一样，可以使服务有形化，可以代表一定的服务水平。如麦当劳醒目的“M”形金黄色招牌，就是其优质、快捷服务的象征，它让越来越多的人走进麦当劳的快餐店。

2. 服务产品的不可分离性及其营销策略

针对服务不可分离性的营销策略选择，如表 3-2 所示。

表 3-2 针对服务不可分离性的营销策略选择

消费者的特殊感受	营销者的应对手段
服务无法与生产者分离；服务消费必须亲自到场	将消费与生产分离(如自动售货、远程教学、电子银行等)
消费风险大；服务质量事后验证	运用高技术、新设备，选择高素质人员提高服务质量
有些服务不需要客户在场(如餐饮、保洁等)	吸引消费者参与服务过程，进行责任质量监督
服务供需具有地域限制	通过地域选择战略靠近主要消费群；通过营销宣传扩大服务覆盖面；把服务生产过程分散化，形成规模效益

资料来源：作者根据相关文献整理。

3. 服务产品的多变性及其营销策略

服务产品的多变性，是指人的因素在服务营销中具有很大的影响和作用。服务营销中人的因素比较显著。首先表现在同类人员之间在服务水平上的差距比较大，服务人员的差异直接影响服务。其次表现在服务者与被服务者之间的沟通和交流，以及顾客的参与和配合，影响着服务的完成。

服务营销人员应当积极利用人为因素有利的一面：

(1) 大力发展特色服务，用创特色的办法来激发人员的创造力；

(2) 发挥服务明星的示范作用；

(3) 加强服务人员的角色训练，服务人员如果能进入角色达到某种“忘我”的“演剧”状态；

(4) 在制订营销计划时，应充分考虑到顾客参与配合的问题。

而且，由于服务的多变性，服务产品比物质产品更难以标准化、规范化。服务质量的高低和效果的好坏，常常因人因时而异，不容易稳定。

加强服务的规范化和提高服务营销的稳定性，可以考虑以下营销策略，如表 3-3 所示。

1) 建立服务保证制度

这是达到服务规范化最有效的一个策略。服务保证，是营销者就其服务质量向顾客作出一定的承诺。从市场学的观点看，服务保证具有很好的营销作用：①提出保证可以降低顾客购买服务的风险，增强顾客的信心；②服务保证的内容一般是顾客最敏感的问题，这就有利于营销活动针对顾客的需要，抓住顾客的心理；③保证条款的公布，为顾客对服务的意见反馈提供了依据，有利于服务质量的反馈控制。

2) 制定服务规范

企业在制定服务规范时，应广泛考虑各种因素，选择切合顾客需要的设计构思，然后将构思转变成规范。同时还要加强服务规范的培训，并尽量保持服务规范的相对稳定，不宜经常变动。

3) 加强第一线的管理

服务规范的执行，必须依靠第一线的管理人员。因为服务人员一般都比较分散，尤其像大型的服务企业，离开班组管理，就很难保证整个规范的有效实施。在当今国际航运业的激烈竞争中，新加坡航空公司曾连续数年荣获服务世界第一的声誉，其成功的奥妙就在于依靠良好的班组管理提供稳定的高水准服务。

表 3-3　针对服务多变性的营销策略选择

消费者的服务质量观	服务管理者的应对措施
服务提供的只是一种虚无的活动	无形服务有形化
消费与服务同步进行，并同步检验质量	分解服务步骤，简化服务过程，提高质量预见性
服务质量检验具有主观性	通过使用高职业化的人员提供个性化服务，变可变性为机遇
对服务生产的控制能力取决于对服务性质的理解和经验积累(即姜是老的辣)	对人员的筛选、培训和激励进行投资，并作为宣传题材
服务的可变性加大了质量评价的风险	用机械代替人工
过程标准化和档次明细化能降低质量风险	控制生产过程，制定一定的操作标准和服务档次

资料来源：作者根据相关文献整理。

4. 服务产品的不可储存性及其营销策略

由于服务和消费往往是同时进行的，服务不能储存，也无法以存货来调节供需。对企业来说，服务过量是一种浪费，而生产能量不足又无法满足顾客的需求。企业

可采取影响需求和调节供应的策略(见表 3-4)，以使需求和供给达到良好的配合。

1) 在需求方面可采取的策略

(1) 运用高峰期和非高峰期的差异价格。差别性定价可以把高峰期间的一些需求转移到非高峰期间。例如，降低夜早场电影的票价，对周末使用出租汽车采用折扣价格等。通过收取不同费用来疏导集中的需求量，使供需趋于平衡。

(2) 非高峰期的推广促进。对那些固定成本高、流动成本低的企业，尤其要重视这一策略的运用，否则会造成大量生产能量闲置。非高峰期的推广促进，主要在于营销人员发展某些新构思、创造新需求。如麦当劳公司开设“麦克松饼”早餐服务，旅馆开设周末小型度假业务等。

(3) 发展互补式服务。采取这一策略目的在于把顾客从高峰期需求量过于集中的服务项目吸引到其他补充性的服务项目上来，以便消除瓶颈现象；或者是企业由于自身生产能量的限制，为排队或等候的顾客提供更多的选择。如顾客在银行等候工作台和自动出纳机时，可让其坐进提供咖啡的供应室；饭店在顾客等台的过程中，提供水果拼盘等小食品或报刊等。

(4) 实施预约制度。这是企业对顾客需求进行预测和管理的一种有效制度，实质上也是预先出售企业的生产能量，确保为顾客提供服务等级和服务质量。

2) 在供应方面可采取的策略

(1) 使用临时工作人员。企业面临变动不大的需求，可使用全日制的固定员工应付所有的经营业务。如果一旦需求高峰来临，企业则可按日或按时使用临时工作人员，解决高峰期的需求增加量。

(2) 采取效率最大化措施。在需求高峰期间，有的企业只要增加少量的附加成本，就可以增加生产能量。例如增添一些传递性关键设备或改进工作步骤，就可创造出更大的产出。

(3) 对员工进行多工种培训。这使企业能在需求高峰期间有更多的人员胜任某种服务项目，以便增大企业的生产能量。

(4) 加强顾客参与。顾客参与可作为企业的一个投入量被加以使用。一般来说，顾客分担的工作职能越多，企业需要的员工相对就可减少，无形中也增加了企业的生产能量。如自选商场、自助餐厅等。

(5) 与其他企业共同分配生产能量。对有些投资昂贵又不经常使用的机器设备和技术，可以考虑联合起来共同购买和使用，以降低成本。如同一机场对若干航空公司的不同航线，共同使用入机口、舷梯、行李装运设备及地勤人员。

表 3-4 针对服务无存货性的营销策略选择

消费者的特殊消费心理和行为	营销者可以考虑的方案
企业若不在生产时销售就会失去服务收益，而消费者对此并不关心	预定系统；通过刺激手段调节需求流量；人员弹性
购买结束的同时，产品的概念已留在消费者记忆中	自助；只提供服务主要内容的介绍
在服务供不应求时消费者才意识到服务没有库存的特点，被迫排队等候	补充或扩展服务；人员弹性；引导需求的时间结构

资料来源：作者根据相关文献整理。

另外，服务产品还具有以下三个特点，在制定营销战略、选择营销战略时应给予充分重视。①服务产品的复杂性。服务业是一个门类繁杂的产业群，在整个服务市场上销售的服务产品复杂多样，特点各异。②服务产品的相互替代性。首先，服务产品同其他工农业实物产品之间有着很强的相互替代性；其次，各类服务产品之间往往可以相互替代。③服务产品生产中应用科技的不平衡性。

3.3　服务过程与服务文化

3.3.1　服务过程

1. 服务过程及其步骤

服务过程是指一个产品或服务交付给顾客的程序、任务、日程、结构、活动和日常工作。服务产生和交付给顾客的过程是服务营销组合中一个主要因素，因为顾客通常把服务交付系统感知成服务本身的一个部分。服务业公司的顾客所获得的利益或满足，不仅来自服务本身，同时也来自服务的递送过程。因此，服务体系运行管理的决策对服务营销的成功十分重要。

在制造领域，作业管理被称之为生产管理，它着重强调的是制造。现在，越来越多的银行、航空公司、旅馆、货运业者、准零售业者、休闲中心、保险公司和许多其他类型的服务业公司，都认识到作业管理已成为成本控制、制度改善和顾客服务水平方面的重要投入因素。所谓“作业”，是指运用某种手段将资源投入，经由合并、重塑、转化或分割等方式，从而导引出有用的产出(产品与服务)。作业管理的目的在于探讨和协调各种系统设计、作业规划、执行与控制之间的关系。

顾客往往可以由与服务人员关系的质量来判断服务质量，并从中获得满足。显然，服务人员的自我态度，训练的质量与其对服务的知识水平，对于顾客的需求满足与否影响甚大。但服务人员毕竟只是服务系统的构成要素之一，他们虽可以尽其所能协助顾客，但却无法完全补偿整体性服务系统的不完善和低效率。

就作业管理而言，服务人员和服务系统之间存在相互交替作用。如果将服务人员的自由决策权去除的话，可能会使服务系统的运作更经济，并形成较为统一的一致性质量。但是，这样却会牺牲服务人员的工作满足感。因为工作一旦例行化、制度化，将降低服务人员发挥其能力，并减弱他们的工作动机，而且可能妨碍他们最终向顾客提供的服务质量。

在高接触度服务业，顾客也参与服务递送过程，因此服务系统的设计，也必须考虑到顾客的反应和动机。顾客对服务业公司的要求，会影响到服务表现者的行为。要调整对服务系统的管理，可能要先调整顾客的行为，或者将顾客行为从服务系统中完全除去。

对顾客服务包括七个步骤，以促成作业管理变迁的实施成功。

(1) 取得顾客信任。顾客接受变迁的意愿，是服务业公司被顾客认为值不值得信赖的一种函数。

(2) 了解顾客习性。这一点有助于对任何变迁的合理性进行更成功的展现。

(3) 测试新的服务程序和设备。通过实地试用获取对顾客了解与其反应的评估。

(4) 了解消费者行为的决定因素。了解消费者为何会采取某种行为。

(5) 教导消费者如何运用服务的各种创新。顾客可能会对变迁有所抗拒，尤其是对服务的器械化，因此需要对他们进行训练和引导。

(6) 利益促进及试用激励。接受度通常是顾客对各种利益观念的一种函数，如果接受度不明显，则设法促进很重要。

(7) 监测并评估成效。持续不断地进行监测、评估和修正。

2. 服务竞争过程

服务在社会经济活动中的重要性是与日俱增的，社会经济越发达，服务的地位越突出。服务既是企业间竞争的焦点，也为企业的发展提供机遇，无论是对于服务业来说还是对于以产品营销为主体的企业来说，服务都将成为企业价值和利益的核心。服务的这种突出的核心地位是由市场驱动和技术驱动这两个原因决定的：一方面顾客已经不满足于用技术手段解决需求问题，他们要求企业提供更多的形象价值、人员价值、超值服务，尽量减少顾客的时间成本、精神成本、精力成本，这迫使企业向顾客增加服务；另一方面技术的发展，尤其在信息技术领先发展的条件下，企业的创新服务变得更加便捷，使企业的服务高性能化、智能化。显然，现代社会企业间的竞争实质上是服务的竞争。服务竞争的成功是企业成功及发展的金钥匙。

服务竞争的过程也是企业核心价值集中于服务的过程。在这个转移中企业将获得服务机遇。服务机遇是顾客与企业各种资源相互作用而使企业形成的商机和发展因素。例如，在航空旅行中服务机遇包括：

(1) 乘客电话询问航班信息；

(2) 乘客向航空公司预订航班机票；

(3) 乘客抵达机场服务台；

(4) 乘客排队等候登机；

(5) 售票员接待乘客；

(6) 售票员办理票务；

(7) 乘客寻找登机通道；

(8) 导乘员指示登机通道；

(9) 乘客在候机室等待登机；

(10) 检票人员检票；

(11) 乘客登机后所受到的接待；

(12) 乘客寻找自己的座位；

(13) 乘客安放自己的行李；

(14) 乘客就座及其他事项。

在上例中可见，企业的任何营销活动都存在着创造和提供优质服务的条件和机遇，成功的企业善于捕捉和运用服务机遇，做好服务工作，从而形成竞争优势。服务是使企业做得与众不同的基础，也是获取竞争优势的基本条件，因而企业树

立服务导向观念是非常重要的。管理者树立服务为先的导向后，就会认真思索服务特有的本质同性，就会在管理中采用新的营销方式和服务方式。

案例 3-1 **新加坡航空公司服务世界一流**

我在新加坡的一位生意伙伴和好朋友，一直向我推荐新加坡航空公司。不过，直到最近我才有机会搭乘新加坡航空公司的班机。

一上飞机，看到的是新加坡航空公司空姐灿烂的笑容，服务人员也以香槟欢迎乘客。机舱内的菜肴堪称美食，飞机准时抵达新加坡，服务人员也没有忘记预祝乘客在新加坡逗留期间一切顺利。让我印象深刻的是：服务人员怎么能够记住每个乘客的名字?

我很快便通过海关。在输送带等候行李时，我听到广播叫我前往新加坡航空公司服务柜台，心里开始忐忑不安。

柜台的值勤人员告诉我，我的行李误了机，不过已经寄放在下午 2 时抵达的下一班飞机(当时是上午 7 时 45 分，所以我并不用等太久)。她的同事问了我一些细节后，还给了我 150 元购买所需的盥洗用具。另外，我一到酒店便收到一个电话留言，通知我行李将会在下午 3 时 30 分左右送到。

我的朋友时常自豪地告诉我，新加坡人集体办事很有效率。我个人觉得新加坡航空公司的服务真是世界一流。

我在 4 月底搭乘新加坡航空公司回英国，一切同到新加坡时一样顺利。班机在下午 3 时 15 分抵达伦敦希德鲁机场(Heathrow Airport)后，我便到英国米特兰航空公司(British Midland)柜台办理转机到曼彻斯特的手续。飞机将在 5 时起飞。

当时，柜台人员告诉我，他们不能确定新加坡航空公司是否能够及时处理好我的行李。如果我到了曼彻斯特时行李不见踪影，就必须填妥领取行李的表格。

而事实上，我根本不用担心。新加坡航空公司真是有效率，我到了曼彻斯特机场，看到输送带上的第三个行李就是我的。

我已经决定成为新加坡航空公司常客飞行计划的会员。

3.3.2 服务文化

1. 服务文化的特征

所谓服务文化，是企业在长期的对客户服务过程中所形成的服务理念、职业观念等服务价值取向的总和。即服务文化是以服务价值观为核心，以创造顾客满意、赢得顾客忠诚、提升企业核心竞争力为目标，以形成共同的服务价值认知和行为规范为内容的文化。服务文化是一个体系，是以价值观为核心，以企业精神为灵魂，以企业道德为准则，以服务机制流程为保证，以企业服务形象为重点，以服务创新为动力的系统文化。

2. 服务文化的功效

服务文化实质上是对服务这种特殊资源的认知和开发程度，具有独特的功效。

服务文化是路标系，服务文化对于企业经营活动具有导向功能；服务文化是文化场，是一种看不见摸不着但确实能感受到的文化氛围；服务文化是共振链，它有激活组织的功能，牵一发动全身，一个环节服务不到位将影响整个组织的服务功效，将会产生 1=100，100-1=0 的效应；服务文化是免疫系统，使企业时时注重观念机制创新，提高危机应变能力，不断提升服务品质，努力满足客户多变的需求，在为客户创造价值中提升自己的竞争力。服务文化是一种心理契约，是一种无形但又能量巨大的监督制约力，它能辐射到制度和计算机涉及不到的所有地方，规范人们的行为；服务文化是推动服务升级创造顾客忠诚的助推器，推动服务革命和服务转型，改造流程优化机制，促进传统服务向现代服务延伸和跨越，建立服务客户的高效畅通的绿色通道。服务文化是兴奋剂、润滑剂，使好的硬件可以因为软件(文化)的润滑和运用而具有生命力与活力，使枯燥平凡的服务充满神奇的文化魅力，让人觉得温馨亲和，使消费者眼动心动激动行动，由满意到忠诚，由头回客变为回头客、常来客、忠诚客，而忠诚的顾客是企业最重要的资产和健康运行的保证。

案例 3-2　**用方便创造财富**

2000 年，北京的麦当劳食品有限公司推出一项新举措，在所属 57 家麦当劳餐厅内代售公交月票。麦当劳在对北京发售月票网点的调查后知晓，北京有 600 多万人使用月票乘公交车，而发售月票的网点只有 88 处，乘客深感不便。于是他们便“拾遗补缺”干起了“代售月票”的营生，为广大乘客创造便利条件。此举一推出就吸引了大批食客络绎而来。

其实，这种“好人好事”麦当劳做了不少，并且一直在做。早在 1999 年高考前夕，在麦当劳宽敞明亮的餐厅里就坐着不少手拿书本只要一杯饮料就呆上好几个小时的考生，面对此景，麦当劳不但未赶他们走，反而特意为这些学子延长了营业时间。

毋庸讳言，麦当劳以其优良品质、快捷服务、清洁环境和物有所值而闻名，这些既是其品牌个性，又是它长期奉为经典的经营信条。根植于此，麦当劳的形象广受世界各地人们的喜爱和欢迎。

同样的例子还有美国的达美乐比萨连锁店，由于推出一项“比萨外送到家”的便利服务并最终将其确定为主要业务，该企业在美国公众中占据了牢牢的一席之地。事实上，今天，无论是麦当劳代售公交月票和为学子延长营业时间也好，还是达美乐比萨外送到家也罢，带给我们的一个最重要的启示就在于：任何一个行业都可以凭借方便公众而创造优势。这种方便，可以涉及从公众购买到使用、到售后服务的方方面面。越是细小之处，越是容易凸显一个优秀企业的个性，也越是容易打动公众的心。

3. 服务文化：无时不在的文化

无时不在的服务是一种文化情感的交流和沟通，您就是服务文化的创造者、传播者。

服务是一种为满足他人需求进行的劳动活动，是一种人与人之间相互影响、相互作用的互动行为。服务的提供者和消费者是千姿百态多种多样的、有思想有情感的个体或群体。因此服务的过程是一种心理活动，是一种文化的交流沟通和折射，文化支撑服务，服务本身蕴藏着丰富的文化，不同文化底蕴的企业和员工所提供的服务将会出现完全不同的结果。我们处在服务的包围之中，并在这种包围中进行文化的沟通。服务与文化具有天然情结，有服务就有文化，任何服务的背后反映的是一种文化，服务的竞争是文化的竞争。我们倡导追求的是以顾客为中心的与国际接轨的高品位服务文化，这样的文化才有魅力，才有竞争力。

4. 服务文化是文化与管理的融合

企业要想在竞争中有效地发展，必须将有限的资源予以极大化的应用，这需要员工的有效行动——朝向共同目标的行动，而构建服务文化则是最有效的手段。一些企业通常采取制定规章制度以及运用奖惩措施配合或采取各项检查与监督的手段，以要求员工去做或避免做某些事情，这些方法是可行的、必不可少的，但也是有限的。其原因是：①当组织人数增加到超过管理者能直接掌控的程度时，管理者便无法应付层出不穷的各种情况；②员工的工作时间与地点所覆盖的范围远远超过管理者所控制的范围；③知识工作者或服务提供者的工作形态具有相当的隐讳性，无法直接从外表看出情况，例如计算机工程师到底在发呆还是在思考程序，服务员是热情工作还是应付；④服务工作具有无形性、突变性、随机性、不可恢复性(不能像产品做不好重来)、不标准性，需要员工随机处置，创造性地艺术服务；⑤管理效率等于让部属产生有效行动主管所需付出的心力。采取高度监督的方式，主管需付出极大的心血，而且部属也十分被动。要彻底解决这些问题，服务文化是最佳的工具。当初创者或其核心层对企业使命、核心目的，及经营信条等作出了趋同解释后，员工们通过行动诠释这些理念，并且一步步深化它们，使它们成为一种信仰，一种无须强调也可自觉指导员工行为方式的文化。这时，理念的作用构成了我们周边环境的一部分，我们不会时刻意识到自己在呼吸，但一旦空气有了异味，我们都能及时反应。

服务文化侧重于经济服务背后的文化力的渗透和催化作用，是旨在使每一个员工自觉执行的文化管理科学；服务文化的建设能有力地提高服务管理效率。再好的硬件也要靠软件的润滑支撑才有生命力，再严密的制度也有缺陷和死角，管人永远应该用文化的微妙提示来管，计算机永远管不了人的情感世界和人的觉悟。如果建设了一个大家共同认可的价值观，有了高度认同的企业精神，那么企业的交易成本就会降低。

5. 服务文化带来的回报

每个企业都有自己的文化，但这些文化中，鱼龙混杂定位不准，有些主题不突出，特色不鲜明，员工不认知，还没有充分展现文化的独特魅力。甚至一些落

后的文化还在影响和侵蚀着先进的文化，企业宝贵的无形资源正在流失，领导者的良好创意得不到有效的执行。有的企业兼并重组成立集团了，企业发展了、扩张了，但人们貌合神离，文化沟通的障碍处处掣肘，许多企业领导对此着急上火，苦无良策。原因就在于没有及时建设与之相匹配的企业服务文化。服务文化已成为企业进入全球化的“护照”，没有“护照”的企业，将不能在世界通行。

建设服务文化是企业发展的趋势，是成长的需求，同时也是企业和企业家成熟的表现，服务文化建设的投入将给企业带来一系列的、持续不断的、丰厚的回报。观念突围、文化对接，确立理念、调整心态；渗透思想，统一行为；建成强势个性文化，形成企业无形资产；凝聚优秀人才，打造忠诚团队；提升服务品质，培育忠诚顾客；企业再造适应变化；打造服务品牌，提升文化形象；减少沟通成本，提高管理效率；形成文化典范，提供共享经验；提升经营者的文化品位，展示企业家的个人魅力。

随着知识经济时代的到来，面对全球化、市场化和信息化大潮，服务和文化成为决胜的利剑，而充分发挥两者的共生互动性，打造具有优良适应性和卓越创新性的服务文化，以文化提升服务，用无形资产盘活有形资产，将文化力转化为竞争力，以文化力启动经济力，成为企业在新时代的全新选择。

本章小结

不同学者对服务含义的认识略有不同，服务是具有无形特征却可给人带来某种利益或满足感的可供有偿转让的一种或一系列活动。服务不是实物，但却经常依赖实物来表现出来。服务可以从以下角度进行分类：基于服务领域的划分；服务推广的顾客参与程度分类法；综合因素分类法；服务营销管理分类法；学术分类法。服务内涵的复杂性，决定了人们考察服务时从不同的视点介入，因而导致不同的分类法，各有利弊。

服务表现出不同于有形产品的以下特性：不可感知性(无形性)、不可分离性、品质差异性(多变性)、不可存储性和所有权的不可转让性。不可感知性包括两层含义：与实体商品相比较，服务的特质及组成服务的元素，许多情况下都是无形无质的，让人不能触摸或凭视觉感到其存在；消费者消费服务后所获得的利益，也很难被察觉，或是要经过一段时间后，消费服务的享用者才能感觉出利益的存在。服务的不可分离性是指服务的生产过程与消费过程同时进行，服务人员提供服务于顾客之时，也正是顾客消费、享用服务的过程，生产与消费服务在时间上不可分离。服务的品质差异性是指服务的构成成分及其质量水平经常变化，难以统一认定的特性。服务的不可储存性是指服务产品既不能在时间上储存下来，以备未来使用，也不能在空间上，将服务转移带回家去安放下来，如不能及时消费，即会造成服务的损失。服务所有权的不可转让性是指服务的生产和消费过程中不涉及任何东西的所有权的转移。服务的这五个特征从各个侧面表现了服务与实体商品的本质区别。针对服务的特性，企业应采取相应的营销策略。

服务过程是指一个产品或服务交付给顾客的程序、任务、日程、结构、活动和日常工作。对顾客服务包括七个步骤，以促成作业管理变迁的实施成功：①取得顾客信任；②了解顾客习性；③测试新的服务程序和设备；④了解消费者行为的决定因素；⑤教导消费者如何运用服务的各种创新；⑥利益促进及试用激励；⑦监测并评估成效。服务在社会经济活动中的重要性是与日俱增的，社会经济越发达，服务的地位越突出。服务既是企业间竞争的焦点，也为企业的发展提供机遇，无论是对于服务业来说，还是对于以产品营销为主体的企业来说，服务都将成为企业价值和利益的核心。服务竞争的过程也是企业核心价值集中于服务的过程。在这个转移中企业将获得服务机遇。服务文化，是企业在长期的对客户服务过程中所形成的服务理念、职业观念等服务价值取向的总和。服务文化是一个体系，是以价值观为核心，以企业精神为灵魂，以企业道德为准则，以服务机制流程为保证，以企业服务形象为重点，以服务创新为动力的系统文化。服务文化实质上是对服务这种特殊资源的认知和开发程度，具有独特的功效。无时不在的服务是一种文化情感的交流和沟通，每个人都是服务文化的创造者和传播者。服务文化是文化与管理的融合，服务文化给企业带来无限回报。

关键术语

服务　不可感知性(无形性)　不可分离性　品质差异性(多变性)　不可存储性　所有权的不可转让性　营销策略选择　服务过程　服务竞争过程　服务文化

思考题

1. 服务的特征及其在不同行业的表现。
2. 选取特定行业，结合服务的特征，讨论企业应当选取何种营销策略。
3. 谈谈你对服务过程的认识。
4. 企业应当如何培育和发展服务文化?

案例研讨

形形色色的香港银行

在香港，金融业之兴旺发达，用“银行多过米铺”这句话来形容毫不过分。在这一弹丸之地，数千家各类银行散落在各个角落，竞争达到白热化程度。在这一狭小而竞争过度的市场空间中，为了立稳脚跟，并把自己手中的蛋糕越做越大，各银行使出全身解数，走一条细分市场、利用定位策略突出各自优势之路，使得香港的金融业呈现出一派繁荣景象。

汇丰银行，定位于分行最多、实力最强、全港最大的银行。这是以自我为中心，实力展示式的诉求。20世纪90年代以来，为拉近与顾客的情感距离，它改变自己的定位策略。新的定位立足于“患难与共，伴同成长”，旨在与顾客建立同舟共济、共谋发展的亲密朋友关系。

恒生银行，定位于充满人情味的、服务态度最佳的银行，通过走感情路线赢得顾客心。突出服务这一卖点，也使它有别于其他银行。

渣打银行，定位于历史悠久的、安全可靠的英资银行。这一定位树立了渣打银行值得信赖的“老大哥”形象，传达了让顾客放心的信息。

中国银行，定位于有强大后盾的中资银行。直接针对有民族情结、信赖中资的目标顾客群。同时暗示它提供更多更新的服务。

廖创兴银行，定位于助你创业起家的银行。它以中小工商业者为目标对象，为他们排忧解难，赢得事业的成功。香港中小工商业者是一个很有潜力的市场。廖创兴敏锐地洞察到这一点，并切准他们的心理：想出人头地，大展鸿图。据此，廖创兴将自身定位在专为这一目标顾客群服务，给予他们在其他大银行和专业银行所不能得到的支持和帮助，从而牢牢地占有了这一市场。

渣打银行历史悠久，可谓香港金融界的“大哥大”，采取的是先入为主的定位策略，但它若一直以老大自居，无视竞争环境变化，不改变定位策略，其市场终有一天会被后来者蚕食。汇丰银行已意识到了这一点，在强调实力的同时，也强调情感定位，拉近与顾客的朋友伙伴关系。中国银行则在强调实力的同时，更注重加强民族感情，灌输这样一个概念：中国人应支持中国自己的银行。恒生银行不跟其他银行拼实力，而是抓住服务的空隙，强调以优质服务占领顾客的心。廖创兴银行虽小却自强，抓住中小工商业者这一空当大做文章，终于打得一片天下。

从上可知，无论是一个多么饱和、竞争多么激烈的市场，总会有许多空隙，我们只要从不同角度去寻找，总能找到进入市场的“切合部”。例如，从经营理念上可以从消费者、竞争者的角度换位审视市场；从企业的微观角度看，会发现服务繁简的市场空隙、价格高低的市场空隙，以及顾客的性别、年龄、阶层和服务的品牌、形象、渠道、有形展示等方面创造的市场空隙。消费者的需求差别给企业创造了如此众多的市场机会，以致企业选择目标市场进行正确定位成了市场营销成败的焦点。

案例思考题

1. 比较分析香港银行形形色色的市场定位各自是基于何种市场环境和战略考虑。

2. 试述服务企业在选择特定的目标市场覆盖策略时，应着眼于企业内外部哪些重要的特征和要素。

参考文献

1. 陈步峰，杨文清，吴丽霞. 服务文化：全球竞争的通行证[J]. 有色金属工业，2004(5)：52-53.
2. 陈胜. 麦当劳：用方便创造财富[J]. 管理工程师，2003(1)：26-27.
3. 马龙龙，李智. 服务营销与管理[M]. 北京：首都经济贸易大学出版社，2004.
4. 雷达. “疯狂”的海底捞服务[J]. 市场营销案例，2008(17).
5. 克里斯托弗·H. 洛夫洛克. 服务营销[M]. 3 版. 陆雄文，庄莉，译. 北京：中国人民大学出版社，2001.
6. 蔺雷，吴贵生. 服务创新[M]. 北京：清华大学出版社，2003.
7. 约翰·海蓝. 新加坡航空公司服务世界一流[N]. 联合早报，2005-05-23.

第 4 章　服务市场的特征

4

本章提要

1. 掌握服务市场的范畴。
2. 了解服务市场的发展趋势。
3. 熟悉服务的相关环境与服务市场的关系。
4. 掌握服务市场的一般特点。
5. 掌握服务市场运行的特点。
6. 熟悉《服务贸易总协定》的主要内容和基本原则。
7. 了解服务利润链的基本理论。

引　例

夏普怠于告知消费者屏幕种类引发质疑

如今越来越多的消费者在选择电视机时会考虑液晶电视，而液晶电视的面板又往往是被关注的焦点。国庆节刚买了夏普液晶电视机的管先生就因为屏幕的种类不详在心里打起了小鼓。

原装屏？台湾屏？

液晶屏幕主要有日本夏普屏、台湾屏等几种。日本夏普屏一般在日本境内生产，劳动力成本较高，市场售价也相对提高了，而台湾屏有许多都是在内地进行组装的，相对成本低，价格也低。

管先生告诉《浙江市场导报》记者，这台夏普 LCD-32PX5 液晶电视是 10 月 3 日买的，11 月 1 日在收看时发现，屏幕上的像素点都是以直线排列的，而据他了解日本夏普屏的像素点排列应该是呈蜂窝状的。为此，他非常恼火，因为购买时，商家承诺该型号使用的一定是日本夏普屏。

导报记者网上查询得知，关于鉴别方法最多提到的就是像素点排列，从管先生提供的屏幕照片看，也的确是呈直条状的。

导报记者电话联系了夏普商贸(中国)有限公司上海分公司。售后服务部的丁先生表示，夏普 32 寸的液晶电视通常会通过粘贴一个标识，以告诉消费者使用的屏幕为日本夏普的原装屏，这款 LCD-32PX5 尽管也采用的是日本夏普屏，但由于其面板使用了钢琴烤漆，所以无法粘贴标识。而对于管先生的判断方法，他表示不赞同，并认为通过像素点排列判断，通常无法直观辨别屏幕种类。

商家应尽告知义务

从售后服务部丁先生的解释中，导报记者注意到一点，即夏普公司从未对外正式公布过粘贴鉴别标志的就是日本夏普屏，销售人员也只是在消费者问及时才会告知。而 LCD-32PX5 型号从外包装到内部说明书都没有明确表明使用的是日本夏普屏，仅仅在售卖现场的宣传彩页内作了说明，在消费者索要的时候提供。

“彩页并不是每位消费者都拿得到，而且也并不是每位消费者都会去询问和索要的，而说明书是每台电视机必备的，反而没有在上面表明，这样的操作能不能保证消费者的知情权？”导报记者问。丁先生答称，屏幕只是电视机的一个部件，公司主要宣传的是液晶电视，因此不会单独将屏幕拿出来说。

据了解，市场上液晶电视的售价从几千到几万不等，管先生买的这台 32 寸液晶电视机花了 7000 余元，与同类商品相比价格较低。丁先生则表示，价格高低并不能说明问题。

“台湾屏观念”须正名

从事电视机制造行业多年的张工程师则认为，通过像素点排列判断屏幕种类的确是不科学的。一般来说，可以看看运动状态的图像质量好不好，或者更简单的方法就是打开电视机后盖，在屏幕的里侧都有一个生产厂家的英文标签，可以从这个进行直观的判断。

此外，他还想呼吁，其实很多消费者对台湾屏的认识是不全面的，目前台湾屏的产销量为业界的老大，已占全球产量的 50%，甚至已经赶超了日本屏和韩国屏。其中几项生产技术指标也已超过日本屏。此外，目前包括索尼、夏普在内的生产厂家也都在使用台湾屏。而台湾屏的价格低廉也正好为厂家希望降低成本找到一个出口，因此台湾屏并不是劣质产品的代名词。

但张工程师也表示，消费者在购买液晶电视时不能光听信商家一面的广告宣传，口说无凭，应该拿到可信的书面凭证，以避免产生不合理的差价。

4.1 服务市场的范畴与相关环境

服务业即第三产业在国民经济中比重的上升标志着现代经济的发展。现代服务业走出传统的限制后，呈现出千姿百态的繁荣兴旺局面。国际服务业的蓬勃发展构成了国际服务市场，中国服务市场的开放与发展必然形成与国际服务市场相互渗透、互相交织的趋势。发展服务业与开放服务市场是相辅相成的，开放开发国内的服务市场与拓展国际服务市场亦具有一致性。

4.1.1 服务市场

1. 服务市场的范畴

服务市场是指提供劳务和服务场所及设施，不涉及或很少涉及物质产品的交换的市场形式。传统的服务市场是狭义的概念，即生活服务的经营场所和领域。主要指旅社、洗染、照相、饮食和服务性手工业所形成的市场。

现代服务市场是一个广义的概念，所涉及的行业不仅包括现代服务业的各产业，而且包括物质产品交换过程中伴生的服务交换活动。现代服务市场所涉及的服务业的范围包括下述方面：

(1) 金融服务业，如银行、金融、信托等；

(2) 公用事业，如供水、供电、供气、电话、电信和水陆空运输；

(3) 个人服务业，如理发、美容、照相、洗染、修补、旅游、医疗保健、电影、电视、文艺和殡葬等；

(4) 企业服务，如情报资料、技术咨询、广告业务和设备租赁等；

(5) 教育慈善事业，如宗教及其他非营利企业所提供的服务、体育会福利等；

(6) 各种修理服务，如修理各种日用品；

(7) 社会公共需要服务部门，如国际组织、社会团体等；

(8) 其他各种专业性或特殊性的服务行业。

服务产业与第三产业基本吻合，但服务市场的范畴与第三产业的外延并不完全吻合。有些范畴如国家机关、军队、警察被划归第三产业，但这些内容并不构成服务市场的范畴，抑或说，这些特殊的第三产业不构成服务市场交换的对象。

服务市场或称服务产品市场，是服务产品交换关系的集合。它既是市场体系的一个组成部分，又是商品市场形成、发展和完善的条件或经济环境。任何时候，在消费品中，除了以商品形式存在的消费品以外，还包括一定量的以服务形式存在的消费品。在传统经济条件下，服务市场伴随着商品市场而存在；在现代经济条件下，服务市场迅猛拓展，成为独立于实物商品市场之外的有机部分，并充当市场体系中具有生命活力的组成因素。

2. 服务市场的发展趋势

服务市场是伴随商品市场出现的，但它的发展却是在第二次世界大战以后的几十年间，尤其是在20世纪的后20年间。纵观服务市场的发展变化过程，它显示出三大趋势。

1) 服务市场规模扩大快，服务营销发展速度高

1970年，国际服务贸易的出口额仅为710亿美元，而2006年则高达27 108亿美元，36年间增长了37.1倍，其年平均增长率不仅高于同期世界GDP的年平均增长率，而且高于同期世界商品贸易出口额的年平均增长率。根据世界贸易组织统计，服务贸易在整个国际贸易中的比例已经从20世纪70—80年代仅10%多上升到90年代的约20%，至2004年服务贸易在整个国际贸易中的比例峰值达19.1%。鉴于服务贸易的平均增长速度高于货物贸易的平均增长速度，预计到21世纪30年代，服务营销将成为国际市场的主要对象和内容，尤其是世界上一些较发达国家，服务经济将进入全盛时期。

2) 服务领域不断拓宽，服务市场结构日臻完善

第二次世界大战以前，国际服务市场的主要项目是劳务输出，其他服务业的国际交换发展缓慢，所占比重也很低。第二次世界大战以后，随着发达国家三次

产业革命的完成，电讯、金融、运输、旅游、各类信息业、知识产权等迅速发展，国际服务市场迅速向这些领域扩张。在国际服务市场上，一般将服务市场划分为国际运输服务市场、国际旅游服务市场和其他国际服务市场，这三类服务市场所占比重在发生明显的变化。上述比例变化表明，国际服务市场上的第三部分子市场即其他服务贸易呈上升的趋势，这部分子市场包括金融、保险、信息、商贸等领域的服务营销，这些领域在 20 世纪 70 年代尚处于弱势状态，到 90 年代则升成强势，这反映了发达国家的服务营销中资本密集、技术密集、知识密集的服务业所占比重的提高，同时也表明国际服务市场的结构正发生变化，整体经济发展水平在提高。

3) 国际服务市场中依然存在着区域间的差异，发达国家的领先地位与发展中国家的滞后状态形成反差

国际服务市场受世界整体经济的影响，是一个发展不平衡的市场。发达国家服务营销的发展遥遥领先，发展中国家服务营销实力弱小。服务贸易主要在欧美发达国家中进行，发展中国家只能在国际缝隙中求生存、求发展。

4.1.2 服务的相关环境与服务市场

(1) 人口环境与服务市场。
(2) 技术环境与服务市场。
(3) 社会文化环境与服务市场。
(4) 政治法律环境与服务市场。
(5) 竞争环境与服务市场。

4.1.3 服务市场的一般特点

1. 购买的盲目性

服务商品的无形、不可触摸性，使得消费者在接受服务之前很难判断服务产品的质量。因此，服务市场的购买盲目性比实物消费品市场表现得更为突出。

2. 购买的习惯性与易转移性

对于消费者而言，解决盲目性的常用办法是先寻找几家声誉较高的服务点接受服务，以切身体验（有时是询问和观察其他消费者接受服务后的情况）判断出较高质量的服务商，继而成为该服务商的常客，形成习惯性购买。从某种角度来说，服务商品市场的购买习惯性特征是消费者对无形服务商品购买缺乏自信心的体现。服务产品的差异性特征，决定了不仅不同的服务商的服务质量存在差异，而且同一服务商在不同的时间受设施、环境等因素的影响也会出现服务品质的差异。然而，消费者对服务的质量要求则是始终如一的，矛盾因此而产生。而矛盾的结果往往是顾客出现购买转移。可见，购买的易转移性是服务市场的又一特征。

3. 服务与消费的同步性

在服务市场，服务与消费通常是同步进行的，即人们在完成服务商品购买的

同时，就已完成了消费。因而买卖双方的行为对彼此影响较大。购买方行为的细微变化会影响服务方的情绪及服务质量；服务方的语言与动作行为对消费方稍有冒犯，也会影响购买方对服务质量的正确感受，引起购买方的不满情绪，从而出现消费者的购买转移。

4. 消费需求的不均衡性

受消费者个人生活习惯、时间安排、兴趣爱好等因素的影响，在不同时间、地区，消费者对服务的需求呈现出不均衡性。如在餐馆，中午与晚上就餐的人多，而其他时间人少；在旅店，节假日人多，平常人少等。如果顾客需求小于服务供给，就意味着生产能力的浪费；反之，当服务需求超过供给能力，又会因服务产品无法贮存而使顾客失望，导致顾客的流失。因此，如何协调不均衡的需求与服务，已成为服务市场营销首要解决的问题之一。

4.2 服务市场的运行

4.2.1 服务市场运行的特点

服务市场运行中的供求机制有别于商品市场。其突出特点是，服务产品的生产能力与购买能力之间的矛盾在通常情况下难以暴露，只有在矛盾相当尖锐激化的时候才反映出来，在一般情况下，人们不大注意也不太关心服务市场的供求关系，这表明服务市场的供求弹性大，服务市场运行的自由度高。例如海港由于泊位少，装卸能力不足，在平时难以觉察，直到压船压港，问题积压严重时，才暴露出海港泊位少、装卸能力不足的矛盾。

服务市场运行机制中的这一突出特点是由以下原因形成的。

(1) 服务设施、设备的设计能力与实际能力是不同的量，实际能力大于设计能力。例如，火车的实际能力可以通过增加车皮、车次的方法来提高，火车的实际能力的提高可以缓解火车载重服务供应不足的问题，从而化解运输活动中的供求矛盾。

(2) 自我服务和社会服务处于相互转换之中，社会服务不足，可转向以自我服务为主，社会服务发展，自我服务可相对减少。例如，外卖服务加强，许多家庭会停止或减少自炊自食的家务活动；相反，各家各户可用自炊自食的自我服务抵消社会外卖服务的不足，从而使服务的供求矛盾得以化解。

(3) 服务产品与一般实物商品可以相互替代，这也起到了化解服务供求矛盾的作用。例如，对于修理、干洗、整烫等服务活动，消费者可通过购买新的商品而免除对旧商品的整理服务。

服务市场的运行对于推动实物商品市场具有积极作用，或者说，服务市场同时为实物商品市场提供各方面的服务，即：

(1) 为消费者购买消费品提供基本保障服务；

(2) 为商品的空间转移和时间停滞提供服务；

(3) 为实物商品提供信息、广告、通信、咨询等多种服务。

4.2.2 服务市场运行的规则

全球服务贸易自由化是服务市场运行的目标。为了推动这一目标的实现，世界贸易组织的前身关贸总协定于第八次谈判(即乌拉圭回合)缔结了《服务贸易总协定》(GATS)。该协定全面规定了服务市场运行的条件、内容和原则。

1.《服务贸易总协定》的主要内容

《服务贸易总协定》包括三个方面的内容：

(1) GATS 的基本原则和条款规定；

(2) GATS 的附件规定的部门协议；

(3) 各缔约方在服务贸易市场准入承诺的减让表。

以上内容由序言和 6 个部分 29 个条款以及 7 个附录构成。

序言阐明了发展服务贸易的重要性，发展服务贸易的目的及实现的途径，以及对最不发达国家的特殊考虑。

正文分 6 个部分：

第一部分(第 1 条)范围和定义；

第二部分(第 2—15 条)一般责任和纪律；

第三部分(第 16—18 条)承担特定义务；

第四部分(第 19—21 条)逐步自由化；

第五部分(第 22—26 条)制度；

第六部分(第 27—29 条)最后结尾。

附录分别为：

(1) 关于免除第 2 条的附录；

(2) 根据本协议自然人提供服务活动的附录；

(3) 空中运输服务；

(4) 多种服务；

(5) 海运服务谈判；

(6) 电讯服务；

(7) 基础电讯谈判的附录。

2.《服务贸易总协定》的基本原则

1) 最惠国待遇原则

GATS 第 2 条规定：有关本协议的任何措施，每一成员方对于任何其他成员方的服务或服务提供者，应立即无条件地给予不低于其给予任何其他成员方同类服务或服务提供者的待遇。这一原则既是世贸组织多边贸易体制的基础，也是国际服务市场多边服务贸易的基础。这一原则的核心是体现公平竞争精神，保证各缔约方的服务和服务提供者在享受他国服务贸易市场开放的利益时，能够与其他成员的服务和服务提供者处于同等的竞争条件。

2) 透明原则

GATS 第 3 条规定：除非紧急情况下，每一成员方应迅速将涉及或影响本协议实施的所有普遍适用的措施，最迟应在它们生效以前予以公布，如果它是涉及或影响服务贸易的国际协定签订国，则该项协定也必须予以公布。

3) 发展中国家更多参与原则

GATS 第 4 条第 1 款规定：通过发展中国家国内服务业力量的加强及其效率和竞争力的提高，特别是在通过引进商业性技术方面，在促进销售渠道和信息网络的改善方面，对各部门市场准入的自由化及对发展中国家有利提供服务出口的方式方面，促使发展中国家更多地参与国际服务贸易。

4) 市场准入原则

GATS 第 16 条第 1 款规定：在有关通过本协议第 1 条所认定的服务提供方式的市场准入方面，每一成员方给予其他成员方的服务和服务提供者的待遇，应不低于根据其承担义务计划中所同意和规定的期限、限制和条件。同时，还具体规定了若干措施。

5) 国民待遇原则

GATS 第 17 条第 1 款规定：每一成员应在其承担义务计划表所列的部门中，依照表内所述的各种条件和资格，给予其他成员方的服务和服务提供者的待遇，就影响服务提供的所有规定来说，不应低于给予其本国相同的服务和服务提供者。

6) 逐步自由化原则

逐步自由化原则一是要求所有成员方应就旨在使服务贸易自由化逐步达到较高水平问题进行连续多轮谈判，以提高进入市场的有效性并减少不利影响；二是要给发展中国家更多的灵活性，自由化进程要取决于各成员方相应的国家政策目标，以及各成员方及其整体和个别服务部门的发展水平。中国作为世界贸易组织的成员国，其服务市场的运行不能不受到该原则的制约，中国服务市场不能不引以为戒，融入国际服务市场系统。

4.2.3 中国服务市场的开放

1. 中国服务市场开放的背景

1) 国际服务业的发展和各国间服务贸易的激增要求中国服务市场的开放

如前所述，各国服务业的发展迅猛，服务业的产值占国内生产总值的比重提升很快。各国间的服务贸易额激增，服务业成为各国推动国民经济良性发展的主导行业。我国香港地区也是服务业高度发达的地区。1996 年香港服务业收益占 GDP 的 84%，服务贸易出口达 388.5 亿美元，进口 221.6 亿美元。过去十年香港服务贸易年平均增长率为 16%，服务出口收益年平均增长率为 17%。这表明，服务贸易的主导性和国际化成为时代潮流，预示着世界经济发展沿着提升服务产业的比重的历史方向发展，中国不能背离这一历史规律。

2) 中国经济对外开放的历史进程已将服务市场的开放提到新的议程

自 1978 年中国实行改革开放以来，中国的对外开放经历了三个相互联系的阶段：第一阶段，以第一产业和第二产业市场的开放为主，辅之以第三产业即服

务业市场的开放；第二阶段，以第三产业(服务业)市场的开放为主，辅之以第一产业和第二产业市场的开放；第三阶段，以资本市场开放为主，辅之以第一、第二、第三产业市场的开放。这既是时间上先后继起的三个阶段，也是各具特色、各有偏重的三个阶段。新世纪正是我国实施服务市场对外开放的有利时机。

中国服务领域的开放程度同发达国家相比还显得偏低，但与发展中国家相比并不太低，在 12 个大国中居第 6 位，处于中等程度。所以，在服务贸易的开放上，尤其在金融和电信的开放上，应按照我们自己的时间表行动。只要我们与大多数发展中国家同步开放，就比较稳妥。

3) 中国进入世贸组织后发展国际贸易必然要推动服务营销活动的开展

中国自始至终都是乌拉圭回合的服务贸易谈判的参加国。1994 年乌拉圭回合谈判结束后签订了《服务贸易总协议》，1997 年世界贸易组织又通过三项重要的服务贸易方面的协议，即《基础电信协议》、《信息技术协议》和《金融服务贸易协议》，这些协议都将推动国际服务贸易与商品贸易并重发展，甚至达到以服务贸易为主、商品贸易为辅的格局。中国要融入国际大市场不能不推进服务市场的对外开放。

2. 中国服务市场开放的战略选择

中国服务市场开放的战略设想是：根据 GATS 确定的“发展中国家可以根据其经济发展水平，适度开放服务市场，逐步实现服务贸易自由化”的原则，实行坚持开放的指导思想和对外开放、适当控制的方针。并在开放事务活动中遵循积极开放的原则、对等的原则、对不同行业和不同地区采取分步骤的原则和适当保护的原则等。

中国服务市场开放的步骤是：从区域规划上，先沿海地区，尤其是北京、上海、广州等重要城市，然后逐渐扩展到其他地区；从行业规划上，先开放销售、旅游等传统服务业，然后开放金融、电话等服务业。

目前，我国服务市场虽有不同程度的开放，但较之发达国家而言，开放的程度仍很低。20 世纪 80 年代中期以来，我国先后对餐饮、饭店、房地产、交通运输、能源、金融保险、分销、民用航空、专业和商业服务等陆续予以开放。

3. 中国服务市场开放的影响因素

中国服务市场开放的战略选择受多种因素影响，其中主要因素有四项。

1) 经济发展阶段及经济结构状态的影响

人类社会经历了三次大分工，形成了农业、工业和服务业三大部门，各国经济发展阶段相应出现农业经济社会、工业经济社会和服务业经济社会。中国尚处于从农业经济社会向工业经济社会发展的阶段，服务业的发展尚未构成主导，未进入产业结构的优化、高级化状态。国民经济总体发展水平与服务市场的开放程度必然会存在一定的对应关系。当经济发展水平尚处于不高状态的情况下，服务市场的开放也会受到一定的制约。

2) 服务业所属行业的发展规模和竞争力的影响

服务市场的开放靠的是服务业的竞争力和市场吸引力。现代服务市场最具吸引力的是金融市场、电信市场、旅游市场、运输市场等。中国这些行业的行业质量(即行业在国民经济中的地位及其对国民经济影响的重要程度)决定了我国在进行服务市场开放时要考虑国家经济安全，而不能随心所欲地、简单地进行。行业的规模(即行业在国民经济中所占比重)也是影响因素，因为必须从国家财政收入和安排就业人数方面进行考虑。行业的竞争力弱小，开放度就不宜过大；当行业竞争力得到提高后，开放度才能相应地扩大。

3) 比较成本和资源禀赋因素的影响

国际贸易中的比较成本和资源禀赋学说适用于指导中国服务市场的开放。中国服务市场的开放必须考虑市场开放后是否有利于形成和发挥技术优势、资金优势和资源优势，是否有利于降低成本而获取比较成本利益。任何国家都不可能在服务业的各个行业都具有比较成本和资源优势，这就决定了中国服务市场的开放要有所选择。

4) 服务营销行为方式的影响

服务营销的行为方式包括对开放活动的谈判策略、企业在服务业的进口或出口上的不同立场、服务营销的策略措施等。企业服务营销的行为方式决定了中国服务市场开放的实现程度。

4.3　服务利润链

4.3.1　服务利润链的理论渊源

服务利润链源自于以下三项理论研究的成果。

1. 顾客忠诚

长期以来，经理们普遍认为市场份额是决定利润的最主要因素。20 世纪 70 年代中期，一项名为 PIMS(profit impact of market share，战略与绩效分析)的研究证实了这一点，根据这项研究发现，市场份额与公司利润有着较大的相关性，市场份额扩张，利润必然增长，反之则利润减少。

然而英国营销学者赛斯与其学生瑞查德却发现，随着时间的推移，市场环境已发生了巨变，PIMS 研究所依据的一些前提假设已不能反映当今的实际情况，因而 PIMS 研究所得出的结论也就失去了可信性。他们对这一问题进行了实证研究，通过对样本企业所采集的数据分析发现，顾客忠诚比市场份额对企业的赢利能力及成长影响更大。这一发现使学术界开始将研究的热点转向顾客忠诚方向，如顾客忠诚的决定因素等。此外，顾客满意、提供给顾客的价值等相关课题也得到了重视。以上所述的一些研究工作为服务利润链的研究打下了基础。

2. 战略服务观点

20 世纪 80 年代中期，赫斯科特根据其研究提出了一系列观点，被称为战略服务理论。这一理论由四个基本因素所构成。

(1) 目标市场细分。包括目标市场细分的共同特征是什么；哪些变量可被用

来进行市场的细分，人口统计变量还是心理变量；各细分市场的相对重要性怎样，它们各自有哪些需求；这些需求是否已被满足，由谁满足。

(2) 服务概念。包括从为顾客所提供的结果的观点来看，服务的最重要的要素是什么；服务的这些最基本的要素是如何在目标细分市场上被识别的；这些要素对服务的设计、提供有何影响。

(3) 经营战略。包括经营战略的最基本要素是什么，是经营、融资市场、组织、人力资源还是控制；主要的努力应放在哪一个方面；投资方向是什么；质量与成本如何控制；服务在竞争中的作用是什么。

(4) 服务提供系统。包括服务提供系统的特色是什么，人、技术、设备在其中各起什么作用；系统所提供的最大服务能力是多少；这一服务提供系统在多大程度上为公司创造差别化竞争优势。

战略性服务观点所提出的一个被服务利润链所利用的观点是顾客所获得的价值是结果与成本之差。此外，这一理论所提出的一系列概念对服务利润链的提出也起到了一定的作用。

3. 员工及顾客忠诚的决定因素

与赛斯与赫斯科特所做的研究几乎同时，彻莱斯格对员工及顾客忠诚的决定因素问题进行了研究。他在研究中发现，有些企业只付给其员工低工资，提供极少的培训及其他个人发展机会，结果员工"跳槽"率很高，员工忠诚度很低，最终造成顾客忠诚度低下，企业利润下降，形成所谓"失败循环"。为打破这一"失败循环"，彻莱斯格与其同事进行了实证实验，他们为一个企业设计了一系列激励制度，并观察了实验结果。结果发现，这个企业打破了"失败循环"，内部员工的满意逐步转化为对公司的忠诚，员工对公司的忠诚反映在实际工作中就是工作质量与效率的提高，这就进一步反映出为顾客所提供价值的增高，使顾客满意与忠诚，最终直接导致了公司利润的提高，从而使公司步入了良性循环。

彻莱斯格的研究证明，员工的满意与忠诚和顾客的满意与忠诚之间有着直接联系，从而为服务利润链的提出打下了基础。

4.3.2 什么是服务利润链

简单地说，服务利润链理论认为，在利润、收入增长、顾客忠诚、顾客满意、提供给顾客的产品与服务的价值、员工能力、员工满意、员工忠诚及效率之间存在着直接联系。它们之间的相关关联如图 4-1 所示。

根据赛斯及瑞查德所做的调查表明，利润与顾客忠诚、员工忠诚与顾客忠诚、员工满意与顾客满意之间存在着更为紧密的联系。此外，市场份额虽然未在此服务利润链中出现，但数据分析结果表明，在少数行业中市场份额是比顾客忠诚更为重要的一个利润决定因素。

1. 顾客价值方程式

如图 4-1 所示，服务利润链的核心是顾客价值方程式。顾客价值方程式认为，提供给顾客的产品及服务的价值等于结果与提供结果的过程的质量同价格与顾客成本之比。顾客价值方程式是从顾客的眼光来看产品与服务的价值，这一观点将直接影响顾客的购买决策。同时，以顾客价值方程式来定义的价值与顾客满意有着直接的联系。

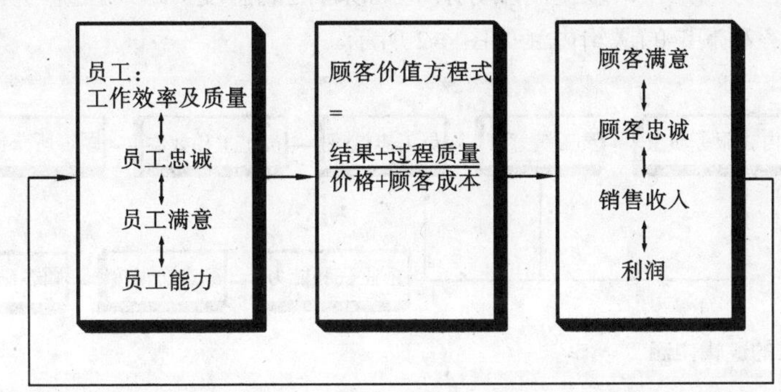

图4-1　服务理论链内部的相关关联

资料来源：李梅，金兆林. 现代企业的服务利润链管理[J]. 科技进步与对策，2003(3)：97-99.

1) 过程质量与结果

提供产品及服务的过程质量是价值的决定因素之一。人们往往会重视结果，而忽视过程。然而事实证明，提供产品及服务的过程是决定价值的关键因素之一。当然，相对于某些产品及服务而言，过程不如结果对顾客的决策重要。在另一些情况下，价格及顾客的成本是比过程质量决定提供给顾客的价值、顾客的满意和忠诚更为重要的因素。

2) 价格与顾客成本

低价格并不必然表明高价值，具有高价值的产品及服务可能有低价格，也可能有高价格。事实上，顾客需求及心理的复杂性决定了其对价格反应模式的复杂性，对于同一样产品及服务，顾客会愿意付出不同的价格，这可能取决于在特定的时间、地点此项产品及服务的相对重要性。由于价格仅是决定价值的因素之一，因此价格同样可以受到顾客成本的影响。所谓顾客成本是指顾客取得产品及服务的难易程度。如果产品及服务有较强的易得性，那么顾客成本较低，顾客就会对价格产生不敏感性，这样就会增加公司的利润。

2. 服务利润链的内在逻辑

随着市场竞争的日益激烈，企业的优势已不再局限于产品或服务本身，与产品和服务紧密相关的企业内在服务质量已受到了越来越多的重视。服务利润链的提出，以及对服务利润链内在逻辑的深刻理解，有助于企业提高营销管理水平，增强企业的竞争优势。

前文已对服务利润链的概念作了介绍，服务利润链是一种表明利润、顾客、员工和公司四者关系的链，其内在逻辑表述如下。

企业获利能力的强弱主要是由顾客忠诚度决定的；顾客忠诚度是由顾客满意度决定的；顾客满意度是由顾客认为所获得的价值大小决定的；价值大小最终要

靠工作富有效率、对公司忠诚的员工来创造；而员工对公司的忠诚取决于其对公司是否满意；满意与否主要应视公司内部是否给予了高质量的内在服务而定。

服务利润链从企业内在服务的角度出发，帮助管理层在制定营销战略时，改进各方面工作，以提高服务水平和顾客的满意度，最终拉开与竞争对手的差距。服务利润链的逻辑内涵如图 4-2 所示。

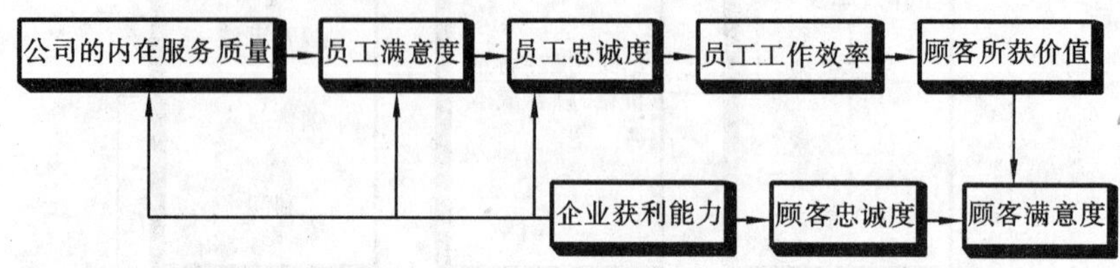

图 4-2 服务利润链的逻辑内涵

资料来源：作者根据相关文献整理。

4.3.3 服务利润链的要素分析

1. 顾客忠诚度的提高能促进企业获利能力的增强

顾客忠诚度的提高能大大促进企业获利能力的增强，这在服务行业中尤为突出。近 20 年来，软件行业、银行业等服务行业的发展都证明了这一点。那么，究竟哪些人能被视为忠诚的顾客呢?一般来说，具备以下三个特征的顾客可被视为忠诚的顾客：

(1) 不购买或极少购买其他公司的产品和服务；

(2) 重复购买本公司的产品和服务；

(3) 推荐他人购买本公司的产品和服务。

美国的一些学者曾做过调查，发现忠诚的顾客所提供的销售收入和利润占据了公司销售额和利润总额的很高比例。这些收入不仅是实际所有利润的主要来源，而且还弥补了公司在与非忠诚顾客交易时所发生的损失。另外，调查还发现，忠诚顾客每增加 50%，所产生的利润增幅可达 25%~85%。因此可以说，忠诚顾客的多少在很大程度上决定了市场份额的“质量”，它比以实际顾客多少来衡量的市场份额的“规模”更有意义。无怪乎一些优秀企业的中高层管理人员对市场份额的质量较规模更为重视。事实上，也正是由于前者更能体现出公司真正的发展潜力，所以管理人员应该将提高顾客忠诚度作为营销管理的首要任务。

2. 顾客忠诚度是由顾客满意度决定的

顾客之所以对某公司的产品或服务表现出忠诚，视其为最佳和唯一的选择，首先是因为他对公司提供的产品和服务满意。在经历了几次满意的购买和使用之后，顾客的忠诚度就会随之提高。

事实证明，满意程度的差别会导致顾客忠诚度的更大差别。1991 年，施乐公司(Xerox)曾对全球 48 万个用户进行调查，要求他们对公司的产品和服务给予评价。评分标准从1分到5分，分别表示其满意程度。结果发现，给4分(满意)和给5分(非常满意)的顾客的忠诚相差很大——给5分的顾客购买施乐设备的倾向性高出给4分顾客的6倍！这一发现使施乐后来一直致力于名为“革新者”的新战略计划的制订和实施。1992年，他们提高了公司的发展目标，希望到1996年末，力争达到顾客100%的非常满意率，从而大幅度提高顾客忠诚度。

从施乐的调查中我们不难发现，顾客的忠诚源于他们对公司产品和服务的满意。因此，提高顾客满意度成为管理层追求的目标之一。

3. 顾客满意度由其所获得的价值大小决定

什么是价值?营销学中的价值一词通常是指顾客获得的总价值与顾客为之付出的总成本之间的差距。

顾客获得的总价值是指顾客购买某一产品或服务所获得的全部利益，它包括产品价值、服务价值、人员价值和形象价值等。顾客总成本是指顾客为购买某一产品所耗费的时间、精力、体力以及所交付的货币资金等。因此，顾客总成本包括货币成本、时间成本、精神成本和体力成本等。

顾客在购买商品和服务时，总希望把有关货币、时间等成本降至最低限度，而同时又从中获得更多的实际利益，以使自己的需要得到最大限度的满意。因此，顾客所获价值越大，其满意度也就会越高。

当然，不同顾客对产品价值的期望是不同的，也就是说，价值的大小是相对的，价值是因人而异的，它基于顾客对产品和服务方式的理解。同样一种产品或服务对不同的顾客而言，其价值水平很可能相差很远。例如一台傻瓜相机对于专业摄影人员而言，其功能自然远不能满足他们的要求；但对普通顾客而言，傻瓜相机无疑为他们提供了方便的选择，其使用价值自然要高于前者。既然顾客满意度是由其所获得的价值大小决定的，那么应如何来提高价值呢?

4. 提高价值源于企业员工高工作效率

价值最终是由人来创造的。企业员工的工作是价值产生的必然途径，而员工的工作效率无疑直接决定了他们所创造的价值的高低。

5. 员工忠诚的提高能促进其工作效率的提高

为什么忠诚度高的员工会有很高的工作效率呢?这是由其所具备的特征所决定的。忠诚意味着对公司未来发展有信心，为能成为公司一员而感到骄傲，十分关心公司的经营发展情况，并愿意为之长期效力。

可见，正是由于对公司未来发展的信心和对经营状况的关心所形成的一种内在动因，促使忠诚度高的员工自觉担当起一定的工作责任，为企业努力地工作，其工作效率自然相应提高。它比其他任何外在动因更能使高效率工作得以长期保持和发展下去。

相反，对公司缺乏忠诚的员工给公司造成的损失也是显而易见的。首先是人才流失造成的损失，不忠诚的员工很容易“跳槽”，从而使公司在招聘、培训上花费更多的成本。但这只是一种直接损失，与公司可能遭受的间接损失相比，只

是很小一部分——缺乏忠诚心的员工往往工作效率低下，最终导致顾客满意率降低，而由此产生的不良影响，有时是难以估量的。因此，培养员工的忠诚，以提高工作效率，对公司发展具有深远意义。那么，员工的忠诚度又是如何产生的呢?

6. 员工的忠诚取决于员工对公司的满意

正如顾客忠诚度取决于他们对公司产品或服务的满意度一样，员工的忠诚同样取决于员工对公司的满意度。

根据 1991 年美国一家公司对其员工所做的调查，在所有对公司不满意的员工中，有 30%的人有意离开公司，其潜在的离职率比满意的员工高出 3 倍。这一结果显示出员工忠诚度与其满意度之间的内在关系——对公司满意的员工不会轻易离职，他对公司的忠诚自然从其对公司的回报中得以体现，而不满意公司现状的员工则不会对公司表现出太多的忠诚，希望获得更为满意的工作的展望会促使他跳槽。

那么，究竟是什么促使员工感到满意的呢？是薪金、红包还是良好的工作环境呢？

7. 公司内在服务质量是决定员工满意与否的主要因素

促使员工对公司满意的主要因素一般包括两个方面。首先是公司提供的外在服务质量，如薪金、红包、福利、舒适的工作环境等，这一切是人们能实际看到的。其次，正如马斯洛的需求理论所讲述的那样，人们在满足了基本生理、安全需求之后，对自我价值的实现、对互相尊重的要求便会被提出，因此公司提供的内在服务质量便显得更为重要。

那么，内在服务质量究竟是指什么呢?它是指员工对工作及对同事所持有的态度和感情。如果员工对工作本身满意，同事之间关系融洽，那么这种内在服务质量是较高的。

(1) 员工对工作本身满意与否取决于其完成预定目标的能力以及在这一过程中所拥有的权力。因为自我价值的体现是以能力为基础的，而自我价值的实现又是以权力作为保障的。因此，当员工具备了上述两项条件时，自然会因达到预期目标而对工作满意，对企业满意，并最终对企业忠诚。

(2) 员工之间的关系也在很大程度上决定了公司内在服务质量的高低，这主要表现在两个方面。①员工之间的人际关系，如果同事之间能维系一种和谐、平等、互相尊重的关系，那么身心就会愉快，在这样的人际关系环境中工作，本身也是一种幸福。②员工之间的相互服务，公司应明确“内在顾客”的重要性，即各位员工所做的工作实质上都是在为公司内其他员工服务，而在相互服务的过程中，尤其应提倡团队精神与合作态度。总之，只有上述两方面相结合，才能创造出良好的员工关系。

4.3.4 服务利润链在营销管理中的作用

服务利润链对企业提高营销管理水平，增强自身竞争优势，能起到较大的推动作用，其原因在于以下两方面。

1. 服务利润链揭示了顾客忠诚度与企业获利能力的强相关关系

这一关系的揭示，使营销人员从一个崭新的角度出发去理解营销管理中的一个重要方面——提高顾客满意度。在很多行业中，以“顾客满意”为企业宗旨常常是随处可见的。而其真正意义恰如服务利润链所揭示的那样，顾客满意对公司的实际获利能力和公司未来的发展潜力都具有重要的意义。离开了顾客满意，再辉煌的经营状况也会隐藏着危机。所以，营销管理人员在制定利润和市场份额目标时，只追求市场份额的规模是远远不够的，市场份额的质量才真正代表着利润的含金量。

围绕提高顾客满意度，服务利润链为我们找到了实际而有效的途径——提高顾客所获得的价值。很明显，营销管理人员可以从两个方面入手：一方面可以通过改进产品、服务及企业形象来提高产品的总价值；另一方面可以通过降低生产与销售成本，减少顾客购买产品的时间、精力与体力的耗费，从而降低顾客的货币与非货币成本。当然，正如前文所述，价值是相对的，所以企业应根据不同顾客的需求特点，有针对性地设计和增加顾客总价值，降低顾客总成本，即提供一种“个性化”的服务设计。例如，对于工作繁忙的消费者而言，时间成本是最为重要的因素，因此企业可以尽量缩短消费者从产生需求到具体实施购买，以及产品投入使用和产品维修的时间，以满足其速度快的消费要求。

2. 服务利润链提出了“公司内在服务质量”的概念

这一概念的提出，为企业实施内部投资确立了方向。在营销管理中，企业一切活动的最终目的都是更好地为顾客服务，但企业为了达到这一目的，首先还必须明确为“内部顾客”——所有公司内部员工服务的重要性。因为公司为外部顾客提供的产品和服务都是由内部员工完成的。为了更好地支持员工完成外部服务，公司当然必须首先为他们提供完善、良好的内部服务。公司内部服务包括两大方面：　是外在服务质量，即有形的服务质量；二是内在的服务质量，即无形的服务质量。但正如服务利润链所揭示的那样，员工对公司的满意度大部分还是来源于员工对公司内在服务质量的满意度，它不仅包括员工对工作本身的态度，还包括他们对同事之间关系的感受。从服务利润链的这一环节出发，我们不难找到提高公司内在服务质量的途径。

(1) 为员工提供发展、提高其能力的机会，如实施员工教育、培训计划，更系统、深入地对员工进行培训，以挖掘其潜力；重新进行工作设计，在工作中不断提高其各方面的能力。

(2) 为员工的工作尽可能创造良好的条件，以帮助他们高效地完成工作。例如为销售人员配备电脑，以便他们能随时掌握有关顾客和公司产品的情况，从而使他们能及时做出最佳销售计划等。

(3) 赋予员工适当的权力。员工要完成工作，必须被赋予权力，而权力范围的设计是否适当，会直接影响工作的质量，所以公司要针对每位员工的特点和工作本身要求，适当地赋予权力。

(4) 倡导内部协作的公司文化。公司内部人际关系和谐的一个很重要的方面便是倡导团队精神和协作态度。因为公司目标的完成需要每位员工的努力，所以内部协作是必不可少的。

从以上分析可以看出，服务利润链提出的内在服务质量的概念，为企业内部对人和物的投资确立了方向。每个企业都可针对自己的实际情况，有所侧重地实施提高内部服务质量的方法。当然，其最终的目的，还是更好地提高外部服务质量，以增强企业获利能力。

综上所述，服务利润链对提高企业的营销管理水平的意义是重大的。它从一个崭新的角度开拓了企业经营的视野，为企业的长期发展提供了一种新的途径。

4.3.5 服务利润链的系统管理

服务利润链为企业提高营销管理水平，促进利润增长提供了一条很好的思路。服务利润链所揭示的一系列因素的相互关系，无疑将对营销管理人员具有启示作用。然而企业应如何利用服务利润链进行管理，以增强企业的绩效呢？简单地说，可以采取七个步骤：①服务利润链中各相关因素的测定；②对各相关因素进行分析，并将结果与员工沟通；③建立一个全面的业绩衡量系统；④设计出有效的措施来帮助经理改进服务利润链的绩效；⑤对业绩考核结果的承认与奖励；⑥将业绩结果在各业务单位之间进行沟通；⑦鼓励有关“最好的做法”的内部信息、沟通。

1. 相关因素的测定

企业进行服务利润链管理，首先应当测定服务利润链中的相关因素，并对企业的现状进行估计。测定相关因素的方法有很多，企业应视本行业及产品的特征来选择有效的测定方法。

例如，顾客忠诚度可以用在一定时间段内顾客从本企业购买产品或服务占其总购买量的百分比来确定，也可以用顾客在一定时间段内购买本企业产品或服务的频率来确定，还可以用顾客在一定时间段内购买本企业产品或服务的购买量来确定。当然，还有其他一些方法。例如，美国的第七大银行班克苑(Banc One)银行的净资产收益率是银行平均水平的两倍，该行对其顾客忠诚度的测定是以顾客与银行的关系的深度为标准的，而顾客与银行的关系深度是由顾客购买该行的金融服务品种的多少来衡量的，比如支票、借款、存款等。

此外，对顾客忠诚度的测量也可以通过问卷调查来完成。通过对问卷的精心设计，来取得更为可靠的测定结果。例如，上文所述的班克苑银行的一些部门在以前是通过问卷调查来测定顾客忠诚度的，今天这一职能已集中于总部统一进行，总部定期向 125 000 名顾客发问卷调查。这一调查的结果对该行的决策过程提供了有用的信息源泉。

员工忠诚度的测量较为复杂。通常的一个测定方法是员工的离职率，离职率越低，员工忠诚度越高，反之则忠诚度越低。以员工离职率测定员工忠诚度须注意的一个问题是，应将员工的自愿离职与非自愿离职区分开来。这是由于非自愿离职属于招聘失误问题，而自愿离职才反映了员工忠诚度问题，这是两个不同的概念。

员工满意度的测定应由定期的问卷调查来完成。一方面员工忠诚度与员工满意度的衡量指标不同，另一方面员工一般不愿表明是否有离职的倾向，因此对员工满意度的调查也是管理层对员工忠诚度测定的一个有用指标。

2. 沟通因素测定结果

当企业对服务利润链中的各相关因素进行测定之后，就需要对这些因素进行相关分析，以发现在自己的企业中服务利润链所起的作用及这种作用的程度如何。在做出这些研究之后，企业应将因素的测定结果反馈给员工，并与员工进行沟通，使员工对此理解并在以后的工作中予以配合。

3. 建立全面的业绩衡量系统

美国学者凯浦伦与诺尔顿根据他们所做的一项研究发现，现在流行于大公司的业绩衡量系统大多以财务指标为主，如利润、净资本收益率等。然而，这一业绩衡量系统有较大的缺陷。它将重点侧重于过去决策的结果，而忽视了对未来财务绩效有影响的因素。于是两位学者建议改进这一业绩衡量系统，将人力资源管理、技术创新、顾客满意与忠诚等一些相关因素加入此业绩衡量系统。

服务利润链本身就是一个良好的业绩衡量系统，不过在将它应用到具体的行业和公司上时，应该根据具体条件进行修正。

为保证全面业绩衡量系统的可信性，各业务单位的经理应参与这一系统的建立过程。例如，美国一家公司建立了一个管理信息控制系统(MICS)，这一系统储存了下属各业务单位的业绩评估结果，并定期进行比较。这一系统所采用的业绩评估方法就是由各业务单位经理参与做出的。

4. 设计有效改进措施

全面的业绩衡量系统建立之后，企业就应设计出有效的业绩改进措施，以推动服务利润链形成良性循环，最终提高企业业绩。这些措施可能包括：改进人力资源管理，重构业务过程，组织调整，发展新的技术，执行新的公司政策等。

5. 对业绩考核结果的承认与奖励

与业绩衡量系统相关的承认与奖励系统对业绩的提升至关重要，一个有效与合理的承认与奖励系统有助于激励业务经理及员工努力工作，提高效率，从而推动服务利润链形成良性循环。

6. 沟通业绩衡量结果

业绩衡量结果应与各部门及员工进行沟通。各业务单位的业绩衡量结果与公司总的业绩结果的可分性取决于各公司不同的文化。然而，今天越来越多的公司采取了开放式的公司管理风格。例如上文所述的那家美国公司，它把用管理信息控制系统所定期测定的各部门业绩结果向全公司进行公布，使每个员工都了解这一结果。这一做法使公司内部形成了相互竞争的局面，并使各部门之间形成相互学习的良好氛围。

7. 鼓励有关“最好的做法”的信息沟通

在将业绩衡量结果与员工沟通之后，应培养一个良好的氛围，使业绩优秀的员工和部门愿意将其做法与其他部门和员工沟通，使这一“最好的做法”在公司内部得以推广，从而在将来提高公司总体的业绩表现。

本章小结

服务利润链概念的出现，是服务营销理念兴起的有力注脚。服务利润链贯彻了服务营销的精神实质，阐述了公司、员工、顾客及利润四者的相互关系，指出了它们之间的强相关关系。企业通过对服务营销理论的把握，可以采取适当的策略来推动服务利润链，使之向有利于企业利润增长的方向运转，形成良性循环。同时，对服务利润链的把握与理解也有助于企业提高营销管理水平，确定企业的内部投资方向与管理重点。

关键术语

服务市场　　服务利润链　　服务环境　　目标市场细分
顾客价值　　顾客忠诚度　　服务质量

思考题

1. 服务市场的发展趋势是什么？
2. 服务市场运行的特点是什么？服务市场运行机制中的这些特点是怎样形成的？
3. 影响中国服务市场开放的因素有哪些？
4. 什么是服务利润链？
5. 服务利润链在营销管理中的作用有哪些？

案例研讨

MP3 市场凸显五大特点

2005 年上半年，国内 MP3 市场继续保持了高速增长的发展态势。由于 MP3 价格的继续降低和各大厂商积极的市场推广，以及产品性能不断提高，市场继续保持很好的增长。赛迪顾问分析结果认为，2005 年上半年中国 MP3 市场主要有 5 大特点。

上半年同比增长超过 100%

国内 MP3 市场经过 2004 年的迅速成长，在 2005 年已经开始走向成熟，2005 年上半年销售比较平稳，受节日市场和行业采购影响出现波动，但总体变化不大。2005 年上半年国内 MP3 市场实现总销量 281.25 万台，比 2004 年同期增长 107.72%，实现销售额 22.11 亿元，同比增长 76.32%。

价格竞争不断升级

对比连续6个季度的平均价格的变化情况，可以看出，在2004年第三季度，国内MP3市场平均价格出现明显下降，到2005年第一季度出现了一个价格的峰值，期间大容量MP3市场比例提高，价格出现上升的势头。但进入2005年第二季度之后，随着更多厂商逐鹿MP3领域，价格出现了明显下降。这期间的变化表明，价格竞争的产品开始升级，大容量MP3和彩屏MP3等成为价格竞争的主流产品。

大容量MP3稳步增长

2005年1—6月份，128M存储容量的MP3销量占整体MP3市场的58.1%，但是已在逐步萎缩中；256M存储容量的MP3正快速成长为市场主流，销量比重达到29.7%。

2005年6月相比2005年1月，128M存储容量的MP3占据整体市场的69.0%。而随着256M存储容量的MP3与128M存储容量的MP3之间价差逐渐缩小，加上主流MP3播放机厂商都加大了对256M存储容量的MP3播放机市场推广的力度，市场出现明显变化，128M的MP3已经下滑到6月的50.7%，256M的MP3已经从2005年1月的22.4%上升到36.4%，而且256M以上存储容量的MP3的比重还在稳步增长之中。

市场竞争格局存在变化

在上半年的国内MP3市场，前5名的品牌集中度高达49.1%，它们是爱国者、三星、朝华、DEC中恒和BenQ。国内MP3市场上，活跃着不同成分的厂商，传统的IT厂商进一步加强对MP3产品的市场推广；一些家电厂商则将进入MP3领域作为数字化路线的一部分，以高调的姿态涉足MP3市场；一些渠道厂商为了摆脱对原有MP3厂商的过度依赖，也推出自有品牌。

全年销售将可达680万台

第三季度MP3将进入传统的销售旺季，销量增长幅度将在20%～25%之间，而第四季度则是市场销售高峰期，再加上2006年1月份春节的影响，12月份又将是一个MP3的销售高峰期，因此2005下半年销量有望实现30%～40%的强劲增长。据预测，2005年全年MP3市场规模预估为640万～680万台。

案例思考题

案例中体现了MP3市场的哪些特征?

参考文献

1. 李梅，金兆林. 现代企业的服务利润链管理[J]. 科技进步与对策，2003(3)：97-99.
2. MP3市场凸显五大特点[N]. 中国电子报，2005-09-08.
3. 夏普怠于告知消费者屏幕种类引发质疑[N]. 浙江市场导报, 2007-11-19.

第5章 服务消费者特征

5

本章提要

1. 了解服务消费的发展趋势。
2. 能够运用所学相关知识分析服务消费者的购买心理和行为。
3. 掌握服务消费者的特点。
4. 熟悉顾客对服务进行评价的依据。
5. 掌握产品与服务评价过程的差异。
6. 了解顾客满意度与品牌忠诚度的相关内容。
7. 了解购买服务的决策理论及模型。
8. 了解顾客服务体验模型的理论内容。

引 例

中年简朴者：一个新的消费者类型

请关注2008年的the middle-aged Simplifier。这类消费者发现自己被买回来的太多物品所包围。面对金融危机，他们越来越怀疑是否值得这么去做。奢侈购物、挥霍消费以及“战利品”文化将会随风而去。未来的消费者会更多地购买易耗物品，而不是购买乱七八糟堆满房间的耐用品：比如短暂而昂贵的体验，而非家用的笨重物品。

20世纪90年代的经济繁荣刺激了消费，使人们都能获取比以往更丰富的商品，奢侈品变身成了“必需”品。数百万人玩彩票，拼命追求他们所认为的“富人和名人的生活方式”。随着不太有钱的人变得更有钱，他们购买贵重物品的压力在增加。随着他们购买贵重物品，原来的有钱人继而购买更多物品的压力也在增加——第二套房子、大屏幕电视，以及最新的运动用汽车。在占地上千平方英尺、象征着成功的大房子中，最高档次的当数比尔•盖茨(Bill Gates)在西雅图外边修建的占地四万平方英尺、价值5 000万美元的宫殿。2006年，35%的新房占地面积超过2 400平方英尺，而1986年只有18%。具有讽刺意味的是，当美国平均家庭人口在减少的时候，这些豪宅的数目却在增加，而它们的主人多为一半时间消耗在旅途上的商务人士。

这些大房子需要更多的物品去填充，这对于家用电器业和家庭装修业是个好消息。甚至百货制造商也从中受益。配备了更大冰箱的更大房子，可以放置更多的存货。发达经济体的低出生率，已给渴望获得利润增长的耐用消费品公司带来了压力。产品质量的提升，意味着这些商品不容易损坏。因而销售耐用品要依靠两个方面的努力：一方面，开发价格高、性能好，且多为定制化的新产品，以便吸引消费者将现有的用品替换掉，而不要等到其损坏(手机就是一个好的例子)；另一方面，将以前的商用产品，如传真机和打印机，销售到家庭中去。

随着世界经济的下滑，简朴者消费细分市场会比以往增长更快。简朴者有四个特征。

(1) 他们觉得自己拥有的物品超过了自己所需。当然，他们可能会收集瓷制雕像之类的东西作为兴趣爱好，但他们与什么东西都不肯扔掉的人完全不同，后者会把阁楼和地下室塞满“从来不知道什么时候会用上”的东西。

(2) 他们想要“收集”体验而非拥有物品。他们向亲朋好友赠送体验而非物品作为礼物。体验可能看起来转瞬即逝。除非以“柯达”瞬间的方式，否则它们无法储存；但它们不会束缚你，不需要维护，而且能让喜欢多变的本能迅速得到满足。面对经济衰退，在外吃饭，出国旅游，学习一种新的体育运动，会被证明比预想的更能恢复经济。

(3) 他们的物品让他们觉得难堪。他们的“揽胜”(Range Rover)不再告诉世人，他们是久经世故的城市及乡村社会名流。他们中简直有太多人在路上展示他们的社会地位了。更糟的是，现在他们代表了不负责任的“油老虎”一族。

(4) 他们拥有财富，但他们确信不再需要引人注目。他们租用汽车，租用他人的假日房屋，并且乐意在生活的其他方面也借用外部资源。如果市场营销人员不停地施压，让他们花钱购买所有物而非教育、医疗等社会商品，他们会予以拒绝。

他们是正在将运动用汽车卖掉的消费者。其中包括婴儿潮时期出生的人，他们不如以前自信，他们讨厌给巨大房子里的不用空间开空调，他们更喜欢有建筑特色和私密空间的小房子，因为它们更有魅力，而又不需太多维修。他们的家庭成员比较分散，不能方便地共享家庭假日房屋，通常不愿意劳神去保存他们永远也不用的东西。新经济已使得消费者更容易扔掉他们的东西。电子拍卖网站，即家门口旧货甩卖的高科技替代品，将简朴者与那些还未养成类似习惯的人聚集在一起。

日益增长的简朴者细分市场给市场营销人员带来了挑战。这些有钱人重视质量胜于数量，不会随着钱财的增加而相应购买更多商品。他们越来越不情愿消费，导致发达经济体的预期需求增长进一步受到抑制，从而使经济恢复放缓。这就需要制造消费品的跨国公司进一步致力于那些仍旧以商品为王的新兴市场。

5.1 服务消费的心理和行为

随着人们服务消费的逐年增长，消费者的服务消费行为日益频繁。服务消费行为及消费者的心理活动是企业有效地制定服务营销战略和开展推广活动的重要依据。服务消费行为不同于有形产品的消费行为。服务购买过程及其决策过程受消费者购买服务时的心理状态影响，也有别于一般有形产品的购买过程及决策过程。研究服务消费行为及心理活动是服务企业及一般企业营销活动中不可忽视的重要环节。

5.1.1 服务消费的发展趋势

在新的世纪，随着社会经济的发展和人民生活水平的提高，服务消费呈现出四大发展趋势。

1. 服务消费在消费结构中所占的比例呈上升趋势

与我国城乡居民的恩格尔系数下降的趋势相一致，人们用于基本物质消费的比重呈下降的趋势，而用于服务消费的比重呈上升的趋势。

据国家统计局1999年10月22日公布的数据表明，我国城市恩格尔系数已由20世纪80年代的57%下降到48.6%。在城市居民的平均消费支出中实物支出呈下降趋势，精神服务支出呈上升趋势，具体情况表现为：

食品支出427元/月；

日常用品支出175元/月；

文化教育支出124元/月；

休闲旅游支出113元/月；

住宅消费支出呈上升趋势。

现在，我国大部分地区尤其是城市已基本实现小康。与温饱型消费不同，小康型消费的消费结构、高生活质量的需求日益旺盛，老百姓逐步成为服务消费的主体。就普通家庭而言，日常的服务消费就相当可观：一部电话月支出几十元；请个保姆或钟点工几百元；请家教又是一笔开销；把液化气罐扛上楼，多数是请人代劳。还有如休闲、娱乐、旅游、保健等开销，都属于服务消费。随着人们生活水平的不断提高，老百姓的服务消费开销会越来越大，需求越来越多样化。

2. 服务消费的领域呈多元化扩大的趋势

服务消费已经不仅仅局限于购买产品的过程或之后所享受的种种待遇，也不只停留在传统的服务业所提供的消费上，而是扩大到社会各种领域，包括社会文化娱乐、人际交往、社会组织系统、高新科技领域等。例如，随着改革的深入，后勤服务社会化势在必行。这也为进一步开拓服务消费提供了前所未有的机遇。在计划经济体制下，企业办社会乃是普遍现象，职工的生老病死统统由企业包揽，使企业不堪重负。如今，企业为适应市场经济的要求，为减轻负担，纷纷走后勤服务社会化之路，将内部医院、食堂等机构剥离出去，推向社会。有的单位还专门成立物业公司，从社会招聘人员从事后勤服务工作，就连学校也开始这样做了。顺应后勤服务社会化的这一改革趋势，社会服务可以发挥重要作用。

3. 服务消费市场是个巨大的潜在市场，服务消费品呈不断创新的趋势

服务性行业，是劳动力密集型产业，是容量最大的吸纳劳动力的场所。发展服务消费，对于缓解目前巨大的就业压力，促进改革、维护社会稳定，具有特别重大的意义。在发达国家，第三产业的从业人员超过70%。如同实物消费品生产需要不断开发新产品一样，服务消费品也在不断创新。凡是老百姓感到不方便、不称心，或需要提供帮助的地方，都是服务消费的潜在市场，只要认真加以开发，

就能创造出许多新的服务品种来。

例如商业保险服务，现已有 38%的家庭购买了这项新型的服务。根据经验数据，一般月收入 1 000 元左右的家庭就达到了购买商业保险的支撑点。随着人们收入的增加和保险意识的增强，保险服务消费市场将进一步拓展。

又如，银行卡、快餐等注重时间价值的消费迅速兴起，大受欢迎；区域性传播媒体(有线电视、有线广播等)和互联网的接触频率也大大提高，成为人们享受服务消费的新宠。

4. 服务消费正在向追求名牌的境界发展

随着消费者自我保护意识的增强，服务消费进入了追求名牌服务产品消费的阶段。现在，服务消费市场秩序较乱，缺乏规范，欺诈性行为时有发生，严重损害了消费者利益，以致让消费者望而生畏。这种现象，在娱乐业尤为突出。这个问题不解决，服务消费就不可能有大的发展。物质产品要创名牌，服务产品也要提倡创名牌。许多企业正借鉴国外服务企业的先进管理经验和经营方式，努力提高从业人员的素质，逐步形成一批服务规范、信誉好、消费者信得过的名牌服务企业，以推动整个服务消费市场向更高境界发展。

5.1.2 服务消费者的购买心理

1. 消费者行为的心理学分析

1) 消费者行为的动机

消费者行为，是指消费者受需求动机的影响而作出购买决定，修改购买方案，完成购买过程的行为。消费者行为过程既是消费者的思维、心理过程，也是不断采取行动、产生方案、解决问题的过程。消费者行为是与产品紧密联系在一起的，多样化的产品引起了消费者的购买，而消费者的反应又成为各种产品生产和销售的动力。并且，由于消费者的偏好具有多样性，且消费层次、结构存在重叠现象，因此对产品异质性的要求也日益提高。

从动机上看，人们将购买消费产品时最基本且普遍存在的原因和动力，称为基本动机；将消费某种产品时，引起人们购买或消费的最主要、最直接原因和动力，称为主导动机，是其他产品很难替代的特性，与产品的具体特征有关，也就是异类产品和存在异质性的同类产品。同一种产品的消费动机具有多样性和组合性，每一位消费者的动机可能不同。消费者的基本动机和主导动机也并不是固定不变的，像追求美的动机，既可以表现为基本动机(如图书的装帧漂亮、家用电器外表美观)，也可以表现为主导动机(如服装、首饰的整体美观)。不同消费群体的主导动机与基本动机也可能出现转换，如农村消费者和城市消费者在购买服装时其主导动机很可能不同。以主导动机作为产品定位的基础，体现了“以消费者为中心”的产品设计观念。如果产品定位与形象建立不是从消费者的动机出发，而只是从厂商的利益出发，就很容易导致失败。

2) 消费者的需要层次论

根据马斯洛的需要层次论，人类的多种需要可分为五个层次，并且是逐级

上升的，即生理需要、安全需要、归属和爱的需要、尊重需要以及自我实现的需要。后来马斯洛又补充了两个层次：认识和理解的需要、审美的需要。当下一级的需要获得相对满足以后，追求上一级的需要就成为驱动行为的动力。而低级需要(生理、安全)仅要求从外部使人得到满足，高级需要(社交、尊重、自我实现)则是从内部使人得到满足。因此，只有后者才是行为真正的动力，是产生行为的动机。

随着商品经济和市场经济的不断发展完善，消费者的生理和安全需要基本上得到了满足，而高层次的需要则在很大程度上由于消费者个体的差异和社会、文化、经济、心理因素的影响，变得复杂化、多样化。因此，消费者在选择产品时，会提出各种各样的要求，注重的方面也各自不同，从而促使厂家和商家改进产品功能，在扩大产品和无形产品的各个方面下工夫、找特色，推动产品的异质化。即使是满足低层需要的产品，如食品，也转而在其包装、营养、健康及服务、促销等外延方面做文章，以达到当前个性化消费的要求。

2. 消费者购买心理的特征

消费者日益提高的生活质量和消费水平导致消费者对商品及服务的需求、购买心理多样化。呈现出下述基本特征。

(1) 追求时髦，喜欢新奇。一般情况下人的心态是“喜新厌旧”的，企业的商品要经常翻新，就算是一成不变，也必须更换包装，加上一个新字，否则便没人买。现代人对“旧”和“老”都很忌讳。他们不仅对服务内在质量要求高，而且喜欢服务的新奇。

(2) 讲究保健，崇尚自然。现代社会，不仅老年人重视健康投资，而且中青年也相当重视健康投资。市场上的健康食品、保健饮料、健身器具、旅游物品等成为消费商品中的新宠儿。同时，由于人们生活在机械化时代，他们四周都是人造的东西，许多食物都是加工的。对此，他们一般有逆反心理，要返璞归真，要回归自然。因而，近年天然食品商店生意兴隆，里面卖的是没有加工的黄豆、小麦之类，这些天然食品需要企业周到的服务，以让消费者接受。

(3) 突出个性，倾向高档。现在，中青年一代消费者喜欢在生活上表现出自己的个性。市场上的消费品，每年差不多都有新的流行款式，尽管大众化的流行款式不会消失，但是现在越来越多的人喜欢按照自己的观念进行消费，表现出与众不同。由于收入相对较高，教育水准也较高，因此对高档商品有较大的购买欲望，从而使一些名牌服饰、手表、珠宝、高档食品等，都占有很高的市场份额。

(4) 注重方便，讲究情趣。根据现代生活节奏快速化的趋势，生产厂商开发商品也越来越注重如何使消费者节约时间，如快餐业的兴起。同时，消费品轻、薄、短、小也成为一般潮流。例如，节油车、超薄型照相机、小包装方便食品，都受到人们的青睐。现代社会由于工商业务过于繁忙，人们的日常生活像机器运转一般，刻板而缺乏乐趣。因此，大多数人热衷于追求生活情趣，以使自己成为有情趣的现代人。例如家庭音响、唱片，一应俱全。聚餐、聊天、会友时，欣赏音乐是绝对不能少的。一个家庭的唱片少则几十张，多则上百张。有人认为，游乐场是孩子去的地方。其实，去游乐场的人中年轻人占了绝大多数，玩是一方面，更多的人是为了“宣泄”。文化娱乐需求需要相应的服务。

但是，中国是个大国，消费者的收入水平、支付能力和购买习惯仍然存在着差异性。表现在市场上，消费者对商品和服务的需求呈现出多层次、多样化的发展趋势。据有关部门对百名消费者的问卷调查显示，消费者购买商品和服务大致有以下几种倾向。

(1) 追求质量。有 52%的消费者在购买商品时把质量放在首位，即使价格偏高或式样普通，也愿选购好的商品。特别是买一件数千元的大件耐用商品时，必须慎重考虑质量问题，质量好可免去购后发生退换、维修等烦恼。

(2) 追求实用。有 51%的顾客在购买商品时，追求实际使用价值，不过分挑剔新颖、美观、色调等。例如，购买电冰箱时，虽然是普通型的，但要求冷冻室大、节电、不易出故障，实用即可。

(3) 追求方便。有 32%的顾客在购买商品时，注重使用方便、维修便利，以方便省时为标准。例如，为了日常生活的方便，在购买商品时愿意选择售后服务好、跟踪安装、跟踪调试、跟踪维修的企业产品。

(4) 追求价廉。有 27%的顾客以价格低廉的商品为购买目标，这些顾客多为中、老年人和低收入户。他们在观念上保持着俭朴的传统，对款式、花色、功能等均无过多的要求，在同类商品的选择中，多以价格低廉的商品替代价格较高的商品。

(5) 追求信誉。有 10%的顾客对商品的生产厂家和信誉很重视，对质量好、信誉高的商品长时间保持使用，有的商品几乎已经成为习惯性消费品。例如护肤类、鞋类、洗涤类、牙膏等。

(6) 追求新奇。有 5%的消费者在购物时追求新颖新奇，注重新花色、新款式、新产品。这些人往往对广告联展的促销活动很敏感，容易接受新事物，多为青年人。

(7) 追求名牌。有 3%的消费者在购买商品时注重名牌、高档、豪华，以上千元的时装、数百元的皮鞋来显示自己的高贵和“派”。该消费群体多为白领阶层。

产品及服务市场上消费者表现的上述种种心理状态是多样的、变化的，服务营销的决策者、管理者及营销人员要善于具体问题具体分析，并采取针对性的措施。

5.1.3　服务消费者的特点

20 世纪 70 年代中期，西方营销学研究普遍采用心理细分法，并基于此几乎对所有市场上存在的消费心理都进行了很多研究。莱瑟和哈格斯收集了 12 国的研究结果，对各种消费心理加以比较、分析和归纳，抽象概括出 7 种各国都有的基本购买者类型。下面就是他们总结出来的各种人群的定义，所谓定义不过是为了尽量概括其消费心理特征。

运通信用卡、DINERS 和其他信用卡经营企业把这套消费者分类体系当做自己营销战略的参照。

1. 消极购买者

他们兴趣不多，生活方式简单，变化不大。他们除了工作或者管理自己的住宅外就没有什么其他活动，他们对采购没有什么特别的满足感。对于在各种服务中进行筛选的可能性不感兴趣，不指望销售人员帮助自己进行选择。这些人一般是年龄较大的人。他们喜欢到选择并不复杂的零售店里购买，特别注重“合适划算”。研究人员提出，要成功地对这类人销售，就要通过销售点内部的布局和装修以及人员促销，简化其选择过程。

2. 积极购买者

他们的生活方式非常活跃，很多时间都是在户外度过的。他们喜欢自己动手，乐于多走一些销售点，对各种选择方案进行评估。对于他们来说，价格是筛选的一个重要变量。由于兴趣广泛，他们喜欢购买过程，以表示自己的生活方式，而不只是为了找一个合适的解决办法。在他们的价值追求中，要找的是价格、时尚和选择面之间的平衡。这类购买者属于中间阶层，他们寻找的服务和产品是价格合理但同时又反映出高层社会身份的东西。对他们的服务促销应强调产品的独特性、服务与其社会地位的一致性，还需要表明这些产品和服务具有良好的价格与价值(好处)之比。

3. 服务购买者

他们在购买的时候要求得到销售人员的良好服务。他们寻找的销售点是销售人员服务质量好、专业知识多，并且服务态度亲善。如果他们在销售人员那里碰了钉子，他们就会毫不犹豫地另寻他处。服务购买者是能够给企业带来更大收益的购买阶层。他们不愿意用很多的时间精力去做调查对比，宁愿出更高的价钱，所以只要销售点能保持良好的服务质量，就能够保持他们的忠诚。

4. 传统购买者

他们与积极购买者相似，愿意在户外进行多种活动，通常喜欢自己动手。但是，所不同的是他们不喜欢采购，不喜欢花钱，可能是因为接受教育的程度比较低；面对多种选择，他们很可能选择最简单的方案。他们不愿意作复杂的选择，只愿意缩短选择决策时间。在经济萧条时期，他们不得不优先考虑价格问题，因为他们比其他购买者阶层更喜欢讨价还价。他们对现代化很不敏感，对销售点的要求是“让人感觉像在自己家一样的氛围”。

5. 个性购买者

他们几乎是不得不觉得自己与众不同。这些人对新产品和新服务非常敏感，不十分社会化(即不爱交际)。产品目录就是他们最好的信息渠道。他们在很多选择方案中进行筛选，总要力图表现自己的个性。这些人对于品牌和销售点不很忠诚，虽然听广播看电视的时间不很多，但却是这类媒体广告宣传的有效接受者。他们喜欢自己亲身了解新的产品和服务。在购买产品和服务之后，保持其忠诚就成了生产者和分销者的问题。为了达到这个目的，企业必须不断创新，树立在本行业的先锋形象。

6. 价格购买者

他们对价格十分敏感，愿意做大量调查寻找最便宜的产品和服务。他们相信各种广告提供的信息。在寻求最便宜的价格时忽略产品和服务的质量、选择余地和有关人员的服务态度。由于他们关注价格，只有那些采取薄利多销策略的企业才能吸引这类购买者。事实上，能够对这类购买者实现大量销售的企业在固定成本之外所实现的销售边际利润是很小的，服务行业尤其更是收益甚少。企业吸引这类顾客的办法就是降低成本，保持自己的低价位水平。

7. 过渡型购买者

他们是刚刚进入家庭购买时期的顾客，还没有形成自己比较固定的风格，没有确定购买中的价值观念。他们兴趣广泛，愿意尝试一切新鲜的事物。他们不愿意用很多的时间去寻找最低价格。一旦对一种产品或服务发生了兴趣，就会努力设法得到它。这类人还在形成经验的过程中，而这些经验对他们今后的家庭生活方式会产生不小的作用。他们很容易被那些宣传如何有利于将来行使职业和社会职能的新产品和服务的广告宣传所吸引。

总之，莱瑟和哈格斯指出，消极的和积极的、传统的和现代的购买者是他们研究过程中到处都遇见的购买者群。个性购买者也有相当的普遍性，而价格购买者和过渡型购买者则只在某些研究中存在，这两类人的特点和性质很不稳定。过渡型购买者的态度取决于形势状况，这个阶层的“成熟的年轻人”的生活方式和个性都受着其他成年消费者的影响。“成熟的年轻人”是对产品和服务最不忠诚的，一个广告或者一种促销形式是很难吸引他们的。

案例 5-1 14 种族群——您属于哪一种消费者类型？

80%以上持积极、务实的消费心态

日前，新生代市场监测机构宣布在中国消费者细分市场的分群深度研究上取得重大成果。基于在美国、日本业界领先的消费者生活形态的分类研究模型 VALS(Value and Life Style)，通过 1997 年以来在中国内地进行的关于居民媒体接触习惯和产品/品牌消费习惯的连续调查积累的大量翔实的数据，新生代对中国的消费者进行了心理层面上的分析，建立了适应中国市场经济时代复杂的经济态势下的中国消费者生活形态模型——CHINA-VALS。

中国消费者被分为 14 种族群

这一模型把中国消费者按消费心理因素分为 14 种族群。其中，理智事业族、经济头脑族、工作成就族、经济时尚族、求实稳健族、消费节省族 6 种族群为积极形态派，占整体的 40.41%；个性表现族、平稳求进族、随社会流族、传统生活族、勤俭生活族 5 种族群为求进务实派，占整体的 40.54%；平稳现实派包括工作坚实族、平稳小康族、现实生活族 3 种族群，占 19.05%。

最大族群为随社会流族

从整体分析，包括积极形态派和求进务实派的11种族群占中国消费者整体的80%以上，反映中国消费者普遍持有积极、务实的消费心态。而14类消费者在消费者总量的比例大多都在6%～8%之间，分布均匀，其中随社会流族(13.95%)、经济时尚族(8.54%)在14类消费者中所占比例最大。而以随社会流族、经济时尚族为代表的随社会流族、经济时尚族、平稳小康族、工作成就族、平稳求进族、工作坚实族占整体的47.9%，共同构成位于社会中层的中国消费者人群。这与中国整个社会发展态势以及典型消费形态相吻合，也验证了CHINA-VALS模型的精确与精准。

新生代的专家还根据97条有关生活形态测试的语句获得的数据进行分析，在深入到消费者生活形态和消费心理层面上综合消费者的分层(以教育程度、职业、收入等为标准)，"画"出了14类消费者的心理"肖像"。理智事业族事业成就欲望强，饮食生活超脱社会水平，男性占七成；而随社会流族个人主观性较弱，易受他人影响，男女比例、年龄分布较均匀，工作倾向也不明显。而不同族类的人在消费行为上也有显著的不同：理智事业族高收入倾向明显；随社会流族习惯"货比三家"。

据悉，新生代市场监测机构这种对中国消费者14族群的划分方法，很大程度上改善了市场细分的效果，以这种市场细分为基础，该公司还可以从消费者的产品及品牌消费习惯、媒体接触习惯、人口统计变量等多个角度针对具体的某一族群进行详细的分析。

中国消费者生活形态模型——CHINA-VALS源于新生代自1997年开始的关于居民媒体接触习惯和产品/品牌消费习惯的连续调查CMMS项目，此项目通过PPS抽样和入户访问的形式连续5年调查了涵盖全国30个重点城市的15~64岁消费者，2001年调查的样本量达70 684个，涉及消费者生活形态的方方面面。

5.2 顾客对服务的认知

5.2.1 顾客对服务的评价

1. 服务评价的依据

消费者购买服务产品一般是理智行为，即购买前要对有关信息进行收集、评价、比较和选择。这个全过程与购买有形产品没有什么区别，但两者在依据条件和具体评价程序及把握上存在着明显的差异。总体而言，对服务产品的评估较之对有形产品的评估复杂而困难，这是由服务产品的不可感知性决定的。区分消费者对服务过程和有形产品评价过程的不同，主要依据以下三个特征：

(1) 可寻找特征；

(2) 经验特征；

(3) 可信任特征。

可寻找特征是指消费者在购买前就能够确认的产品特征，比如价格、颜色、款式、硬度和气味等。像服装、家具和珠宝等产品有形有质，具有较强的可寻找特征。而像度假、理发、餐饮则不具备可寻找特征，而只具备经验特征。

经验特征是指那些在购买前不能了解或评估，而在购买后通过享用该产品才可以体会到的特征，如产品的味道、耐用程度和满意程度等。饮食只有品尝后才知其味，理过发后才知理发师的技术和服务水平，听过课后才了解教师的水平和能力。

可信任特征是指消费者购买并享用之后很难评价，只能相信服务人员的介绍，并认为这种服务确实为自己带来期望所获得的技术性、专业性好处的服务特征。比如，诉讼寻找律师，投诉者无法判断律师的服务水平，只能听信律师的分析，其他技术性、专业性服务如家电维修、汽车修理、保健等都具有这类特征。

消费者对有形产品到无形服务评价过程有一个从易到难的变化序列，这个变化序列表现为图 5-1。从图 5-1 可以看出，从有形产品到无形服务，是一个从易于评价到难于评价的序列。易于评价的有形产品是图中 A 段，有较多的可寻找性特征，消费者易于对这类产品进行评价；图中 B 段即部分有形产品和无形服务，其感知性逐步降低，不具备可寻找特征，消费者购买时只能按照经验特征估计产品的质量；C 段则是不可感知性的服务产品，消费者评价此类产品时需要依赖其可信任特征的考察，才能辨别产品的优势。

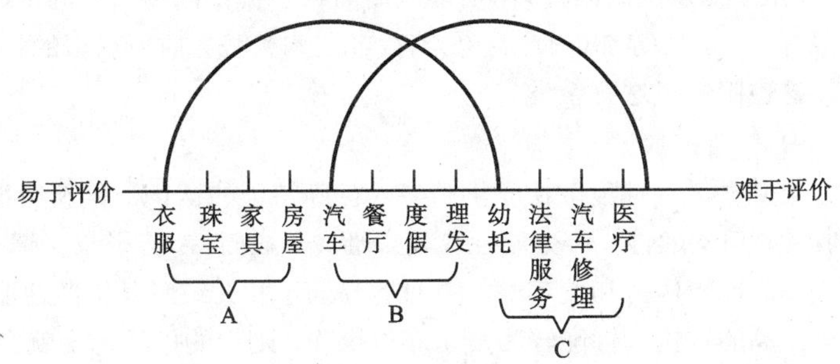

图 5-1　消费者评价产品、服务序列

资料来源：菲利普·科特勒. 营销管理[M]. 3 版. 梅清豪，译. 北京：中国人民大学出版社，2005.

2. 产品与服务评价过程的差异

消费者购买产品和服务的评价过程的差异性主要表现在七个方面。

1) 信息搜寻

消费者购买有形产品通常从两类渠道获取信息：一是人际渠道，二是非人际渠道，即产品本身、广告、新闻媒介等。消费者购买服务产品则更依赖于人际来源。原因有三点：①大众媒体多适合于传递有关有形产品可寻找特征方面的信息，服务产品多为经验特征和可信任特征，只适合于消费者向社会相关群体获取；②服务提供者往往是独立机构，它们不会专为生产者产品做经验特征的广告，而生产商与中间商所采用的联合广告往往侧重于产品本身的性能、质量，而不会专门为服务做广告；③消费者在购买服务之前很难了解到服务的特征，为了避免购买的风险，乐意接受相关群体口头传播的信息，以为这样的信息可靠性强。

服务信息的收集并不完全排斥非人际来源，如音像、电视、电影、戏剧等文化服务，广告及其他新闻媒体的宣传往往是消费者采取购买行动的重要原因。

2) 质量标准

在购买有形产品时，消费者可以凭借产品的款式、颜色、商标、包装和价格等多种标准来判断产品的质量，而购买服务时，消费者只局限于价格和各种服务设施等方面。在管道维修、楼房管理、草坪剪修等服务行业，消费者在购买服务之前只能获得价格方面的信息，只能通过价格的高低来判断服务的质量；而对于理发、法律咨询和健身等服务，消费者则要根据有形的服务设计包括办公室、场所、人员及其设备等来判断产品质量。

毋庸讳言，服务质量的判断标准的单一性或连带性容易造成假象，对消费者形成误导。在许多情况下，服务质量不一定与价格成正比关系，服务场所的设计和设备也不一定保证良好的服务质量。

3) 选择余地

消费者购买服务的选择余地较之购买一般消费品小，这是由以下原因造成的：①服务品牌单一，它不如零售店陈列的消费品那样琳琅满目；②在同一个区域中，限于需求的有限性，不可能同时有很多提供同种服务的不同企业可以选择，如银行、干洗店等都很有限；③消费者在购买服务前所获得的相关信息也是有限的，这也限制了选择余地。

4) 创新扩散

创新扩散的速度取决于消费者对创新特征的认识，创新特征包括相对优势、兼容性、可沟通性、可分离性和复杂性。一般而言，一个创新产品比现有产品具有较高的比较优势和兼容性，并且容易演示和介绍，其扩散速度就会快；反之，一个产品的结构和性能较为复杂难以操作，则它的扩散速度就会慢一些。由于服务具有不可感知的特征，很难被演示、讲解和相互比较，而且每一个消费者对同一服务的看法和感受又各不相同，所以服务比较复杂难以沟通。再者，新的服务可能同消费者现有价值观和消费行为不可兼容，因为许多消费者可能已习惯于自我服务。例如，一家幼儿园开展提供早餐服务。然而，许多家庭不会采用这项服务，因为这些家庭习惯于为自己的孩子烹制早餐，而要改变这些家庭的习惯是十分困难的。

5) 风险认知

消费者购买商品和服务都要承担一定的风险，相比之下，消费者购买服务所承担的风险更大，消费者对风险的认知更难。这是因为：①服务的不可感知性和经验性特征，决定消费者在购买商品之前所获得的有关信息较少，信息越少伴随的风险会越大；②服务质量没有统一性标准可以衡量，消费者在购买产品过程中的不确定性增强，风险更大；③通常情况下，服务过程没有担保和保证可言，即使顾客在消费过程中或消费后感到不满意，也会因为消费过服务而无法重新更改或退换；④许多服务都具有很强或较强的技术性或专业性，有时即使在享用过服务之后，消费者也缺乏足够的知识或经验来对其进行评价。

6) 品牌忠诚度

消费者购买服务较之购买商品，品牌忠诚度更高。这取决于以下因素：①转移品牌的成本；②替代品的适用性；③购买风险；④以往的经验。

消费者购买服务受获取服务信息困难的影响，难以全面了解到有关替代品的情况，对替代服务能否比现有服务更能增强满意度亦无把握，因而不如仍选择原有的服务。同时，消费者转移对服务产品品牌的选择也会增加更多的费用支出，例如病人到第一家医院看病可能首先要对身体进行系列检查，如果中途想换另一家医院，那家医院可能又要重新做一次身体检查，这样，消费者增加了不必要的开支。而且，消费者知道，购买服务将要承担更多的风险，他们当然不会轻易转换品牌，而只能忠实于原有服务品牌。在消费服务过程中，消费者往往心存由于老顾客的身份而获取更多优惠的侥幸。服务提供者要充分利用消费者的这种心理来稳定老顾客，与顾客建立良好的合作关系。

7) 对不满意的归咎

消费者对购买的商品不满意，不是归咎于中间商，就是归咎于生产厂商，一般不会归咎于自己。但是，若购买服务则不然，由于顾客在很大程度上参与服务的生产过程，消费者会觉得对服务后果的不满意负有一定的责任，或是自悔选择对象不当，或是自责没给服务提供者讲清要求，或是为没能与对方配合好而自咎。服务质量既是服务提供者的事，又取决于消费者的认同与看法，这为企业引导和调动消费者配合完成服务过程提出了更高的要求。

5.2.2 顾客满意度

1. 顾客满意度

顾客满意度(customer satisfaction)的概念，源自于日本企业提出的顾客满意战略。对顾客满意度的基本内涵应从个人层面和企业层面两方面来理解。

从个人层面上讲，顾客满意度是顾客对某项产品或服务的消费经验的情感反应状态，这种满意不仅仅体现在对一件产品、一项服务、一种思想、一次机会之上，还体现为对一种系统、一种体系的满意。在整个消费过程中，顾客不仅追求对经济收益的满意(在金融服务中体现在对最高货币增值率和最低存贷成本等利益的追求)，而且追求对社会性和精神性的满足(如奔驰汽车带来的权威、地位满足)。

从企业层面讲，顾客满意度是企业用以评价和增强企业业绩，以顾客为导向的一整套指标，它代表了企业在其所服务的市场中的所有购买和消费经验的实际和预期的总体评价，它是企业经营“质量”的衡量方式。企业营销管理层面上的顾客满足程度研究，实际上是对其服务的市场中所有顾客个人满意度的研究与顾客群体行为满意过程研究的综合。

服务营销中的顾客满意是以构成顾客满意度的各个要素为评价基础的。综合的顾客满意有三项影响因素，即顾客经历的服务质量、感知价值和顾客期望的服务质量。这三项影响因素决定了企业的顾客满意的水平，由于顾客满意水平的不同，导致了顾客对于某项服务的不同反映，即顾客满意概念框架的两个结果变量：

顾客抱怨和顾客忠诚度。

增强顾客满意度的最终目的是提高顾客忠诚。顾客满意是一种态度，而顾客忠诚是一种购买行为，代表了企业的赢利能力，顾客满意并不等同于顾客忠诚。因此，企业在对顾客满意度进行调查研究时也应同时研究顾客忠诚度，推动满意的顾客向忠诚的顾客转化，实现企业长期赢利。

服务营销中，顾客满意度的研究是在对顾客的服务期望和实际经历的调查基础上，分析顾客满意构成要素。在这一基本框架的基础上，可以从效用和心理形成过程这两个角度对顾客满意度进行分析，以深入发展有关顾客满意度的研究。通过对顾客满意度的效用分析，可以将顾客满意度定义为顾客购买的总价值与购买的总成本之比，从这两方面对顾客满意度进行分析。通过对顾客满意度的心理形成过程进行分析，分析这一动态过程中影响顾客满意度的一系列因素。

2. 服务营销中顾客满意度的价值——成本分析

市场营销的基本理论设定顾客的市场行为产生于顾客的各种动机，而动机源于顾客的需要。顾客之所以愿意付出钱和精力消费服务，首先在于有这种服务的需要，而他只购买某企业的服务的直接动力是他对该企业服务的预期总价值大于预期总成本。

顾客满意度从消费效用的经济学角度分析，可以表示为顾客消费服务而获得的总价值与消费服务所付出的总成本之比。

顾客购买的总价值是指顾客在消费服务的过程中得到的一组利益，这组利益可归纳为：技术性服务价值、功能性服务价值、员工价值和企业形象价值。顾客购买的总成本是指顾客为了获取一组利益而不得不付出的货币成本、时间成本、精神成本和体力成本的组合。对这些总价值和总成本的权衡，决定了顾客对服务效用的满足情况。

3. 顾客消费服务的总价值分析

1) 技术性服务价值

这是顾客选购、比较等市场行为的基本因素。技术性服务是指服务过程的产出，是服务结果。能从所购买的服务中得到什么是顾客消费服务的利益取向，技术性服务价值是服务提供的基本价值。例如，航空公司的技术性服务是指为顾客提供运输服务，产品维修部的技术性服务是为顾客维修所购买的产品，这些技术性服务价值的大小对顾客满意度起着极大的影响。

2) 功能性服务价值

这是构成顾客总价值的重要因素。功能性服务是指顾客在服务过程中如何得到技术性服务的，企业为顾客提供功能性服务的过程与顾客消费过程同时进行。例如，酒店在为顾客提供客房这样的服务结果的同时，还为顾客提供了“热情周到的态度”、“使顾客有个舒适的睡眠”等功能性服务。随着人们生活观念、生活节奏、消费收入的变化，顾客在消费服务时，不再仅仅停留在对技术性服务价值的变化上进行选择决策，而是对服务的顾客化程度、可靠程度等功能性服务价值给予了越来越多的关注。企业应注重以下提升功能性服务价值的条件：①切实了解不同环境和条件下顾客追求功能性服务价值的差异；②树立亲和服务的价值观念；③保持及时服务的时间观点；④健全方便顾客的服务手段。

3）员工价值

员工价值是指服务企业员工的就业理念、业务素养、工作效率、应变能力、态度亲和程度等所产生的价值。从企业决定顾客购买总价值大小的角度来看，员工价值属于技术性服务的附加价值。员工价值的重要性在于：具有专业知识并具有热情、专注和忍受力等个性态度特征的员工会使顾客的整个消费过程轻松愉快，并使顾客产生希望再次交往的消费冲动。员工价值高的企业的员工往往能为顾客提供超值服务，提高顾客满意度。

4）企业形象价值

对于企业来说企业形象价值是宝贵的无形资产，对于顾客来说企业形象价值是顾客购买到的满足感和荣誉感的支撑力量，是企业理念、品牌、标识、技术、质量、包装、服务态度等对社会公众的感官带来的有形评价。

4. 顾客消费服务的总成本分析

当顾客购买的总成本不变时，企业可以通过增加上述四方面的价值提高顾客满意度。当顾客购买的总价值不变时，企业则可以通过降低顾客购买的成本提高顾客满意度。顾客消费服务的成本是顾客为了获得期望的消费服务总价值而投入的时间、金钱和各项努力的总和。

1）货币成本

货币成本直接的表现是服务价格，是构成顾客总成本大小的主要且基本的因素。只有当服务的货币成本低于或等于顾客所预期的货币成本时，顾客才会产生现实的购买行为。传统的服务营销常常把控制价格作为竞争手段，但由于在低价位基础上的顾客忠诚度不稳固以及企业收益下降等原因，低价策略的运用范围日趋缩小，取而代之的是以顾客感知价值为基础的合理货币成本控制。

2）时间成本

时间成本是指顾客消费过程中所消耗的时间量，以及为获取服务赶到服务地点的时间量。一般来说，顾客消费服务的等待时间越长，反映出他所付出的时间成本越高。过长的等待时间会引起顾客消费总价位的损失，使顾客可能产生放弃消费该服务的意愿。由于时间成本是效率的函数，要使顾客的时间成本下降，就必须在保证顾客价值获得不变的前提下，提高企业的工作效率。

3）信息成本

信息成本是指顾客为作购买决策，获取有关服务的可获性、效用、风险性等信息时所付出的金钱。企业应充分利用广告、产品说明书、员工介绍等沟通活动，主动地降低顾客消费服务的信息成本，从而增加消费的净价值。

4）精神成本和体力成本

这两者都是非经济性成本，是在以上各项经济性成本支出的同时伴随发生的精神和体力消耗。企业可通过有形展示的设计，改善经营现场的消费舒适性，通过渠道网点分布的再设计等工作为顾客消费服务节省精力与体力，同样对顾客消费服务的净价值、顾客满意度产生良好的影响。

综上所述，服务企业向顾客销售的不是服务本身，甚至也不是利益，而是顾客追求的价值，服务向顾客提供的净价值是顾客消费服务的全部意义所在。顾客是以自己的标准来衡量事物的价值的，如果想留住顾客，令顾客满意，企业就必须从顾客的角度来评价服务提供的价值收益和成本付出，以此来决定服务的管理和改进。

5. 服务营销中顾客满意度的消费——评价过程分析

在以顾客为导向的服务营销过程中，理解和把握顾客的消费心理、购买行为以及评价过程是企业研究顾客满意度的重要前提。服务营销中顾客消费和评价行为不同于有形商品消费的相应行为。服务营销中顾客的整个消费过程是由购前阶段、消费阶段和购后评价阶段三部分组成，在每个阶段中均存在着影响顾客最终满意度的一系列关键要素。

1) 购前阶段

购前阶段是从消费者意识到某种服务需要开始到消费者购买服务之前的一系列活动。其主要活动内容是信息收集、风险判断与最后的方案选择。因此，在购前阶段，信息的充分性、决策的风险性是影响顾客满意的主要因素。

(1) 信息的充分性。即顾客从人际来源(person source)和非人际来源(non-person source)获取的服务信息是否足以使顾客作出理性的消费决策。由于服务类消费的经验信息大多要向亲友或专家获取，因而顾客更依赖信息的人际来源，比如说口头宣传被认为是服务消费中较为可靠的一种消息来源。顾客在信息不充分的条件下，进行方案选择的余地就会大为缩小，而且即使在消费阶段得到了优于预期的服务，顾客仍会产生不满足的感觉。

(2) 决策的风险性。即顾客作出决策造成自己不希望得到的，或是产生不愉快感的后果的可能性。不同的企业在顾客决策的风险性方面具有不同的特点，比如金融服务中顾客主要承担四个方面的决策风险：财务风险、绩效风险(现有服务无法像以前的服务一样达到顾客的要求)、人身风险和社会风险。保尔发现，在顾客认为购买服务将要承担更多风险时，他们不会轻易转换品牌，因为品牌忠诚度是顾客减少购买风险、节约购买支出的一种手段。

2) 消费阶段

消费阶段是指顾客实际消费服务的阶段，由于服务的不可分离性，消费阶段与购买阶段是同时进行的。消费过程体现为顾客与服务人员及其设备相互作用的过程。在消费阶段，现场管理的有序性、服务流程的高效率、沟通的有效性是影响顾客满意的主要因素。

(1) 现场管理的有序性。包括营销人员对经营现场的有形展示的布置、对顾客参与服务的管理、对顾客与顾客相互影响的管理。有序的经营现场给顾客留下经过管理的印象，是顾客判断服务质量的重要依据。

(2) 服务流程的高效率。即服务人员及时向顾客提供所需服务的反应性及服务效率。高效率的服务流程可以缩短顾客等候服务的时间，可以精简各服务步骤，能够尽快给顾客以决策答复，在服务的标准化、熟练度、顾客化方面给顾客留下正面的印象，最终影响顾客满意度。

(3) 沟通的有效性。服务中的沟通是双向的，既包括服务人员主动向顾客介绍参与服务的方法和传播服务的可信任特征，也包括顾客向服务人员清晰表达自己的要求。因此，要取得有效的沟通，企业不仅要通过服务人员的工作帮助顾客进行有关知识积累，取得顾客的配合，合理提高顾客对服务过程的控制力，从而提高顾客满意度，而且还要帮助顾客能够明确提出自身的服务要求，避免顾客对消费结果产生不满。

3) 购后评价阶段

顾客对服务的评价不仅是在购买之后的阶段，在消费过程中，评价过程就已经开始。它产生于顾客作出消费决策的一刹那，并延续到整个消费过程。顾客评价的结果是他们对前两个阶段满意感受的积累与明确化，但购后阶段中的一些特有因素对这一评价结果也产生影响。

(1) 投诉、抱怨渠道的畅通度。即企业是否意识到引导顾客表达不满的需要，并设立有效的投诉、抱怨传递渠道及建立管理这些投诉、抱怨的组织。为了保证该渠道的畅通度，一方面企业应建立相关组织包括在服务现场设立投诉专柜，安排解释质疑的专家，使顾客的不满呼声得以发泄，并对不良的服务质量进行补偿，另一方面还须对顾客的投诉做出实质性的答复和补偿，并将改进结果及时向顾客反馈。只有这样才能真正达到渠道通畅。

(2) 消费后跟踪接触度。即企业在提供服务后仍主动跟进顾客的意见、建议、需求的及时性、频率与深度。企业的跟踪接触越及时，对顾客的最终评价影响越大，太早太晚都会降低跟踪接触的效果。对顾客消费后的跟踪接触应及时并保持一定的频率，这对企业挽留初次消费者，巩固已有顾客群，了解顾客需求变化趋向都有帮助。

(3) 对口碑营销的激励。能主动向亲友、熟人介绍该服务的特色与收益是忠实顾客的重要特征。企业采用物质上或精神上的方式对这些行为进行奖励无疑会强化顾客的口头宣传，同时顾客会对自己以往的消费决策给予肯定，加强对企业的信任度，提高对企业的忠诚度。

从过程分析的角度来看，顾客最终的满意度是顾客在各消费阶段的满意度的综合，服务营销者可针对各阶段的顾客满意关键因素制定营销策略，从而提高整体的顾客满意度。

5.2.3 品牌忠诚度

1. 品牌

菲利普·科特勒在其《营销管理——分析、计划、控制》一书中将品牌定义为：“一个名字、名词、符号或设计，或是上述的总和，其目的是要使自己的产品或服务有别于其他竞争者。”

美国哈佛大学商学院大卫·阿诺认为：“品牌就是一种类似成见的偏见，成功的品牌是长期、持续地建立产品定位及个性的成果，消费者对它有较高的认同。一旦成为成功的品牌，市场领导地位及高利润自然会随之而来。”

美国可口可乐中国公司副总裁朱正中认为：“品牌是借着市场各种方法使某

种产品提高其价值并且可与其他类似产品分别出来的手段。简单地说，品牌是造成一种好形象，以便和消费者或顾客沟通。”

美国 S&S 公关公司总裁乔·马克尼认为：“品牌是一个名字，而品牌资产则是这个名字的价值……”

中国学者李飞认为：“名牌是能引人注意、带来利益并产生价值的牌号。”

学者庄继达认为：“名牌是一个全优的综合概念，它要求在质量、款式、价格、服务、信誉和市场占有率方面均有优异的表现。名牌识别上的优势是其取得市场强势的基础，并能转化为营销优势。”

学者余明阳认为：“所谓名牌，就是社会公众通过对组织及其产品的品质和价值认知而确定的著名品牌。”

王方华、高松等认为：“品牌不是商标，而是一种承诺。它识别出与某个具体产品相关联的某项承诺，并表明了此项承诺的来源。”

2. 品牌忠诚度

目前，在西方较为普遍接受的定义是：“品牌忠诚度是指由于质量、价格等诸多因素的影响，使消费者对某一品牌产生感情，形成偏爱并长期重复购买该品牌产品的程度。”

王方华、高松等认为：“品牌忠诚度是指消费者通过信息沟通及产品的直接使用经验，识别、接受并信任某个品牌的承诺，并转化为最终购买和重复购买行为的程度。”

这一定义可以从以下几个方面进行理解。

(1) 品牌忠诚度的评定主体是消费者。品牌忠诚是指消费者对品牌的忠诚，它反映出消费者对该品牌的信任、支持和偏爱。

(2) 品牌忠诚是通过消费者对品牌承诺的识别、接受与信任产生的。而对品牌承诺的识别、接受与信任，来自于消费者的信息沟通与直接使用经验。

(3) 品牌忠诚度是品牌忠诚的程度，它包含量化的概念。

3. 品牌忠诚营销

品牌忠诚营销是20世纪90年代中期西方营销学界新提出的营销理论，其核心就是通过维持和提高品牌的忠诚度，促进产品的交换，增加品牌的销量，从而实现利润增长和公司长期的发展。

品牌忠诚营销理论认为，我们常常把品牌看做是资产，但实际上真正的资产是品牌的忠诚。如果没有忠诚的品牌消费者，品牌就失去了其存在的意义，只不过是一个没有价值的商标和没有意义的符号。正是由于品牌忠诚的存在才赋予了品牌的价值，才有了品牌资产的概念。因此，品牌忠诚的目标是赢得并维护品牌忠诚消费者，提高品牌忠诚度，扩大品牌的销售量和品牌的价值。从品牌营销的观点看，销售并不是最终的营销目标，它仅是与消费者之间建立持久的有益的品牌关系的开始，也是建立品牌忠诚、提高品牌忠诚度的契机。

品牌忠诚营销的核心是维持与提高品牌忠诚度。品牌忠诚营销包括四个重要因素：识别、吸引、维护和加强品牌的忠诚。营销者必须通过一切手段与策略的应用来识别、吸引、维护和加强品牌的忠诚，提高品牌忠诚度。根据研究表明，品牌销量符合 20/80 定律，即 80%的品牌销量由 20%的忠诚消费者所消费。同时，品牌忠诚度每提高一个百分点，就会导致该品牌利润的大幅度增长。

品牌营销认为，吸引一个新的消费者的花费大大超过保持已有忠诚消费者的花费，美国学者斯拉特和马弗发现，吸引一个新的消费者的花费是保持一个已有的消费者的 4~6 倍。而美国营销学者德斯特科和德特斯在其合著的《努力保持消费者》一书中写道："在汽车行业，一个终生忠诚的消费者可以平均为其所忠诚的品牌带来 14 000 美元的销售额；在应用制造业，一个终生忠诚的消费者价值超过 2 800 美元；地方超级市场每年可以从忠诚的消费者那里获得 4 400 美元左右。"

5.3　服务购买及其决策过程

5.3.1　服务购买过程

1. 购前阶段

购前阶段是指消费者购买服务之前的一系列活动。当消费者意识到有某种服务需求时，这一阶段就开始了。这种需求不断增强，促使消费者着手准备购买。这时，消费者开始从各种渠道搜集有关信息，他们首先会回忆以往所了解或者体验到的有关知识，试图从中找到解决办法，同时向亲戚、朋友和邻居征求意见和建议，或者翻阅报刊、向专家咨询等，最后将确定出最佳的选择方案。

以一个顾客选择餐馆吃午饭为例。他面临的第一个问题是"在什么场合下吃饭"。无疑，不同的餐馆适合不同的顾客。他单独一人吃与同朋友一起吃饭可能有不同的要求。如果一个人吃饭，像麦当劳、肯德基一类的快餐店兴许就可以了。而如果是和朋友一起，则会选择较好一些或者是上档次的餐馆。吃饭的场合确定下来之后，紧跟的问题是"哪些餐馆可以选择"。从理论上讲，顾客可选择的餐馆有很多，而事实上，他通常根据其以往的经验和知识只选择有限的几家。不过，究竟他会选择哪一家还要考虑一系列因素。这一过程通常是很难描述出来的。

2. 消费阶段

经过购买前的一系列准备，消费者的购买过程进入实际购买和消费阶段。对于有形产品而言，消费过程通常包括购买、使用和废物处理等不同过程。然而，由于服务具有生产和消费同时进行的特点，消费者购买服务的过程也就是其消费服务的过程。在这一过程中，顾客不是同其消费客体打交道，而是同服务提供人员及其设备相互作用。

有形产品的使用是完全独立于卖方影响的，至于消费者何时使用、怎样使用以及在哪里使用都是他们自己的事，同产品的提供者没有任何关系。对于服务来讲，则有着不同的情形。

服务生产与消费同时进行的特征意味着服务企业在顾客享用服务的过程中将起着重要作用。离开服务提供者，服务的消费过程是无法进行的，因为服务提

供者同顾客一道构成了消费过程两大主体。同时，各种服务设施的作用也不容忽视，这些设施是服务人员向顾客提供服务的工具，它们给顾客的印象还将直接影响到顾客对企业服务质量的判断。

此外，由于服务传递过程的延长，顾客对产品的评价不单单是在购买之后的阶段，而在消费过程中就已经发生。

3. 购后评价阶段

让顾客满意是企业营销过程的最终目的，而顾客的满意度则来自于他们对服务质量的评价。在提高服务质量一章中，我们将研究影响顾客评价服务质量的各种因素，顾客对服务质量的判断取决于体验质量和预期质量的对比，而预期质量受市场沟通、企业形象、顾客口碑及其需求影响。

从购买过程的层面上看，服务的消费过程有别于有形产品的消费过程，因为后者一般包括购买、使用和处理三个环节，而且这三个环节的发生遵循一定的顺序并有明确的界限。比如，顾客从超级市场购买一瓶洗涤剂，在洗衣服时使用，当所有的洗涤剂用光之后就把空瓶子扔掉。而服务的消费过程则有些不同。一方面，在服务交易过程中并不涉及产品所有权的转移，因此服务的消费过程也就没有明显的环节区分，这些所谓的环节都融合为顾客与服务人员互动的过程；另一方面，服务不可感知(无形性)的特点，使得废物处理的过程同整个消费过程没有关系。

所以，服务的购后评价是一个比较复杂的过程。它在顾客作出购买决策的一刹那间就开始了，并延续至整个消费过程，因而顾客的评价不仅受到前述因素的影响，而一些来自社会和环境方面的因素也将起很大作用。在某种意义上，顾客的评价如何将取决于企业能否善于管理顾客与顾客、顾客与员工、顾客与企业内部环境以及员工与内部环境之间的关系。

5.3.2 购买服务的决策理论及模型

购买服务的决策理论包括风险承担论、心理控制论和多重属性论。这些理论是西方学者于 20 世纪 60 年代提出来的。这些理论为服务营销决策和消费者购买服务的决策行为提供了理论依据。

1. 风险承担论

风险承担论就是用风险认知的概念来解释消费者购买行为。所谓风险承担是指消费者在购买服务的过程中较之购买商品具有更大的风险性，因而消费者的任何行动都可能造成自己所不希望或不愉快的后果，而这种后果则由消费者自己承担。消费者在进行购买服务的决策中要尽可能降低风险，减少风险，避免风险。

消费者作为风险承担者要面临四个方面的风险，即财务风险、绩效风险、物质风险和社会风险。

(1) 财务风险是指由于消费者决策失当而带来的金钱损失。

(2) 绩效风险是指现有服务无法像以前的服务一样能够达到顾客的要求水准。

(3) 物质风险是指由于服务不当给顾客带来肉体或随身携带的用品的损害。

(4) 社会风险则是指由于购买某项服务而影响到顾客的社会声誉和地位。

风险承担论认为，购买服务的风险大于购买商品的风险之原因源于服务的不可感知性、不可分离性和服务质量标准的难以统一等。消费者购买服务，一要有承担风险的心理素质，二要有规避风险的意识。消费者规避风险或减少风险、降低风险主要采取以下策略。

(1) 忠诚于满意的服务品牌或商号。根据自身经验，消费者对购买过程中满意的服务品牌或商号不随意更换，不轻易去否定或背离自己认为满意的服务品牌或商号，不贸然去承受新的服务品牌带来的风险。

(2) 考察服务企业的美誉度和信誉度。优质服务企业往往会形成好的口碑，口碑是社会消费群体对企业服务的评价。好的口碑即企业信誉度和美誉度的体现。消费者无法去测定企业的信誉度和美誉度，但可借助消费群体的口碑去判断其服务风险的大小。好的口碑，尤其是从购买者的相关群体获得的信息，对购买者具有参考价值和信心保证。

(3) 听从正面舆论领导者的引导。正面舆论领导者通常是一个群体中能够给人以较好意见的人。正面舆论领导者是具有相关知识，对社会消费行为负有责任感，并在社会消费活动中有影响力的专家。听从舆论领导者的引导意见有助于消费者减少、降低购买服务的风险。

(4) 对于专业技术性服务，购买者想降低风险就要从内部和外部两个侧面降低购买的不确定性及其后果，要通过加强调查研究、借助试验、大量收集服务企业的内部和外部信息等方式避险。

风险承担论一方面客观地正视了消费者购买服务有风险性的事实，另一方面明确地为消费者规避、减少、降低风险提供了依据。这一理论为密切服务企业与消费者的关系，化解在服务购买过程中可能出现的矛盾具有理论指导意义。

2. 心理控制论

心理控制论是指现代社会中人们不再仅追求满足基本的生理需求，而要把追求对周围环境的控制作为自身行为的驱动力的一种心理状态。这种心理控制包括对行为的控制和对感知的控制两个层面。

行为控制表现为一种控制能力。在服务购买过程中，行为控制的平衡与适当是十分重要的。如果控制失衡就会造成畸形，损害一方利益。如果消费者的控制力强，则服务企业的经济地位势必受到损害，因为消费者讨价还价能力强，则意味着企业利润的相对减少；如果服务人员拥有较多的行为控制权，则消费者会因为缺乏平等的交易地位而感到不满意，对于服务企业而言，其经营效率就会随之下降。

在服务交易过程中，并不只表现为行为控制这一个层面，还要从深层次的认知控制加以分析。服务交易过程中的行为控制是交易双方通过控制力的较量和交易，以消费者付出货币和控制权而换得服务企业的服务为目标。交易双方都在增强自己的控制力，在彼此趋近于平衡的状态下取得成交。但交易双方对服务质量标准的认知的不一致性，导致交易双方对交易结果难以获得十分满意的最佳感

受。这是感知控制层面所要解决的问题。

感知控制是指消费者在购买服务过程中自己对周围环境的控制能力的认知、了解的心理状态。消费者对周围环境及其变化状态感知控制越强，则对服务的满足感越强，对企业的满意度也就越高。

服务交易过程既是交易双方行为控制较量的过程，也是感知控制竞争的过程。从本质上讲，服务交易的成败，顾客满意度的高低，主要取决于服务企业对感知控制的能力和举措。企业服务人员的感知控制能力与其工作的满意度具有正相关关系，也与消费者的满意度具有同样的正相关关系。

心理控制论，尤其是感知控制对于企业服务和服务企业具有重要的管理意义。这一理论要求企业在服务交易过程中，应该为消费者提供足够的信息量，尽可能让购买者对服务提高认知度，使购买者在购买过程中感觉到自己拥有较多的主动权和较大的控制力，充分地了解服务过程、状态、进程和发展，以减少风险忧虑，增强配合服务过程完成的信心。例如，民航服务活动中，如若飞机误点，航空公司应该及时解释飞机为何误点、何时起飞、食宿安排等相关问题，以使乘客能提高认知控制能力，减少埋怨，配合服务。

3. 多重属性论及其模型

多重属性论是指服务业具有明显性属性、重要性属性及决定性属性等多种属性，而且同一服务企业由于服务环境和服务对象的差异性，其属性的地位会发生变化。明显性属性是引起消费者选择性知觉、接受和储存信息的属性；重要性属性是表现服务业特征和服务购买所考虑的重要因素的属性；决定性属性则是消费者实际购买中起决定作用的明显性属性。服务的这三重属性是依次递进的。决定性属性一定是明显性属性，但对某服务而言不一定是最重要的属性，重要的属性不一定是决定性的属性。

例如，旅馆的多重属性分别如下。

(1) 旅馆的明显性：店址、枕边放一枝花、商号、建筑物特征等。

(2) 旅馆的重要性属性依次为：安全、服务质量、客房及浴室的设备、食品及饮料的质量、价格、声誉、形象、地理位置、环境安静程度、令人愉快舒适的物品、餐馆服务、额外享受、保健设施、建筑物艺术风格。

(3) 旅馆的决定性属性可能为：服务质量、安全、安静程度、预订服务、总服务台、客房及浴室的状况、形象、令人舒适愉快的物品、高档服务、食品与饮料的价格及质量、地理位置、声誉、建筑艺术、保健设施、客房特点等。

决定性属性是决定消费者选择结果的那些属性，这些属性与消费者偏爱和实际购买决策关系最为密切，尽管决定性属性不一定是最重要的属性，但它必须是区别于同类企业的属性。安全是民航服务中最重要的属性，但对于每个乘客来说，安全并不是决定乘客选择哪个航运公司的决定原因。

服务的决定属性是选择服务企业的最主要属性，其权重要高；重要属性是消费者选择服务的重要因素，其权重略低于决定属性，但不能拉开距离过大。消费者对服务的选择就是依据多重属性论对服务属性进行综合考察而得出最佳选择，从而建立多重属性模型。

服务的多重属性模型又称消费者对服务的期望值模型，可用下式来表示：

$$A_{jk}=\sum_{i-1}^{n}W_{ik}B_{ijk}$$

式中：A_{jk} 代表消费者 K 对品牌 j 的态度；W_{ik} 代表 K 消费者对 i 品牌属性给予的权重；B_{ijk} 代表 K 消费者对 j 品牌所提供的 i 属性的信念强度；n 代表属性数。

多重属性模型可用来测算消费者所选择的服务对象的综合服务能力或服务质量，具体测算办法是：

(1) 初步选取若干个条件基本接近的服务对象，假定为 A、B、C、D、E 五家服务公司；

(2) 根据各属性在服务交易中的重要程度分别给予权数，各权数的总和应为 1；

(3) 通过调查，让消费者给这几个服务对象分别予以评估，评分按 100 记；

(4) 据评分结果，对五家公司的综合能力或综合服务质量进行计算；

(5) 将五家公司的计算结果进行比较，从而决定选取积分最多的企业作为选择对象。

例如，某乘客决定进行国际旅游，要对所熟悉的五家航空公司状况进行比较，即可采用此法，为简便起见，列表示意，见表 5-1。

表 5-1　五家航空公司多重属性模型

公司 属性	A	B	C	D	E	权重
安 全 性	100	100	90	80	90	0.5
正点程度	100	80	70	60	80	0.2
价　　格	90	90	100	100	90	0.1
机　　型	100	100	90	80	70	0.1
空姐仪表	90	90	100	60	100	0.1

根据表 5-1 可计算出消费者对每一家航空公司的评价，具体计算如下：

A=100×0.5+100×0.2+90×0.1+100×0.1+90×0.1=50+20+9+10+9=98；

B=100×0.5+80×0.2+90×0.1+100×0.1+90×0.1=50+16+9+10+9=94；

C=90×0.5+70×0.2+100×0.1+90×0.1+100×0.1=45+14+10+9+10=88；

D=80×0.5+60×0.2+100×0.1+80×0.1+60×0.1=40+12+10+8+6=76；

E=90×0.5+80×0.2++90×0.1+70×0.1+100×0.1=45+16+9+7+10=87。

测算结果，A 航空公司综合评分高，应为首选对象。

又如，如果是考核各航空公司的服务质量，可设定乘客对各航空公司的预期质量和感知质量进行测算，以 A 航空公司的服务质量的测算为例，见表 5-2。

A 公司预期质量总值=100×0.5+100×0.2+90×0.1+100×0.1+90×0.1
=50+ 20+9+10+9=98；

A 公司感知质量总值=100×0.5+90×0.2+85×0.1+100×0.1+90×0.1
=50+18 +8.5+10+9=95.5。

由此可知，A 公司的乘客感知质量与预期质量比较接近，相差仅 2.5，其他 B、C、D、E 公司照此测算，假定测算结果为表 5-3。

表 5-2 A 航空公司质量测算表

服务质量 属性	预期质量分值	感知质量分值	权重
安全性	100	100	0.5
正点程度	100	90	0.2
价格	90	85	0.1
机型	100	100	0.1
空姐仪表	90	90	0.1

在上述五家航空公司中，A、B 两个航空公司的感知质量与预期质量的分值较接近，其他若干家预期质量本来就逊一些，感知质量与预期质量的分值差也大于 A、B，因而 C、D、E 不能作为选择对象，A、B 可作为选择对象。

表 5-3 各公司预期质量与感知质量比较表

质量类别 公司	预期质量分值	感知质量分值	差额
B	94	92	2
C	88	85	3
D	76	70	6
E	87	80	7
⋮	⋮	⋮	⋮

资料来源：吴晓云，等. 服务营销与服务营销学[OL]. 贝思可咨询，[2006-08-22].

5.4 消费者购买动机类型及其在市场营销中的应用

如何对消费者的购买动机进行分类对市场营销有着重要的作用。分类过粗，类型过于简单，不利于针对消费者的购买动机制定相应的营销策略，使得制定出的策略缺乏针对性、指导性；分类过于细致，类型过于具体，也会使得制定出来的营销策略过于繁杂，不便于操作。因此，对消费者的购买动机进行适当分类是十分必要的，有助于企业制定出有效的沟通策略，有助于营销者正确地指导销售人员运用有关购买动机的特点有针对性地进行推销活动。

5.4.1 购买动机的基本模式

消费心理学认为：一个人在一定的环境刺激下产生需要，需要产生购买动机，由购买动机激发人的购买行为。其基本模式如下所示。

需要→ 动机→ 行为

在现实生活中，每个消费者的购买行为都是由其购买动机引发的，而动机又是由人的需要而产生的。例如，人饿了就会想吃饭，渴了就想要喝水，冷了就想要添衣。这就是人的需要产生动机、动机引起行为的表现。营销学界的权威，美国西北大学的菲利普·科特勒教授又把人的需要进一步地进行了划分。他认为人的需要可分为需求、欲求和需要三个层次：需求是指人们对生活的最基本要求，人们为了生存就需求食物、衣服、房屋、安全、归属感、尊重和其他一些东西，这些需求是存在于人类本身的生理组织和社会地位、状况之中的。欲求是指对于那些能满足更深层次需求的物品的企求，比如一个人饿了就会需求食物，而南方人就会对米饭产生欲求，北方人则会对馒头产生欲求。在不同的地区，同样的需求可以有不同的满足方式。面对同样的需求，不同时间的欲求也不相同。比如人们需求食物，早晨可能会欲求肠粉，中午可能会欲求米饭。人们需求尊重，十几年前可能会购买瑞士名表，这几年可能会购买皮尔·卡丹西装，过几年可能会购买名车。需要是指有支付能力和愿意购买某种物品的欲求，光有欲求没有支付能力不行。因此，欲求在购买力做后盾时就变成了需要，很多人都会欲求一部奔驰轿车，但只有少数的人有能力和愿意购买。

购买动机是指为了满足一定的需要而引起人们购买行为的愿望或意念，是推动购买活动的内在动力，也就是说，需要是消费者产生购买行为的原动力，离开需要的动机是不存在的。但是并不是所有的需要都能表现为购买动机，而是要具备一定的条件，这些条件主要表现在以下两个方面。

(1) 只有当需要的强度达到一定程度后，才能引起动机，进而引起、推动或阻止人的某种活动。人的需要是多方面的，甚至是无止境的，但是由于客观条件的限制，人的需要不可能同时全部获得满足。对于消费活动来说，只有那些强烈的、占主导地位的消费需要才能引发购买动机，促成现实的购买活动。

(2) 需要产生以后，还必须有能满足需要的对象和条件，才能产生购买动机。比如有的消费者想买红旗 CA7560 型高级轿车，但是这种车属于元首接待车，在市场并不是有钱就能买到的。当然，对于一般消费者来说，也就不可能产生购买红旗 CA7560 型高级轿车的动机。因此，对于市场营销来说，研究消费者的购买动机比研究消费者的需要会更直接、更有效地激发消费者的购买行动。

5.4.2 购买动机的基本类型

消费者的购买动机是复杂的、多样的。从大的方面来看，有生理性购买动机和心理性购买动机：生理性购买动机是由先天的、生理的因素所引起的，为满足、维持、保持、延续和发展生命等需要而产生的各种购买动机；心理性购买动机主要是由后天的社会性或精神需要所引起的，为满足维持社会生活、进行社会生产和社会交际、在社会实践中实现自身价值等需要而产生的各种购买动机。但是可以说，在人的购买行为中，往往既有生理性的购买动机又有心理性购买动机，相互交织在一起，并不好区分。而且，如果光是这两种购买动机就显得非常粗略了，不便于制定出有指导性的营销方案。这就需要更具体地加以研究。具体说来，消费者的购买动机主要有十种。

1. 求实动机

这是以注重商品或劳务的实际使用价值为主要目的的购买动机。消费者在购买商品或劳务时，特别重视商品的实际效用、功能质量，讲求经济实惠、经久耐用。而对商品的外观造型、色彩、商标、包装装潢等不大重视。在购买时大都比较认真仔细地挑选，也不太受广告宣传的影响。一般而言，消费者在购买基本生活资料、日用品的时候，求实动机比较突出，而在购买享受资料及较高档次的、价值大的消费品时，求实动机不太突出。此外，也要看消费者的消费支出能力和消费的价值观念。

2. 求新动机

这是以注重商品的新颖、奇特和时尚为主要目的的购买动机。消费者在购买商品时，特别重视商品的外观、造型、式样、色彩和包装装潢等，追求新奇、时髦和与众不同，而对陈旧、落后于时代的东西不屑一顾。在购买时受广告宣传、社会环境和潮流导向影响很大。具有这种购买动机的消费者一般来说观念更新较快，容易接受新思想、新观念，生活也较为富裕，追求新的生活方式。

3. 求美动机

这是以注重商品的欣赏价值和艺术价值为主要目的的购买动机。消费者购买商品时特别重视商品对人体的美化作用、对环境的装饰作用、对其身体的表现作用和对人的精神生活的陶冶作用，追求商品的美感带来的心理享受，购买时受商品的造型、色彩、款式和艺术欣赏价值的影响较大。强调感受，而对商品本身的实用性要求不高。这样的消费者往往文化素质较高，追求生活品位。但从现在的情况看，也有这样两个趋势：①随着人们生活水平的提高，收入的增加和用于非食物方面开支比重的增大，求美动机越来越强烈了；②随着时间的推移，人们的休闲时间增加，越来越多的人注重求美的动机了。

4. 求廉动机

这是以注重商品价格低廉，希望付出较少的货币而获得较多的物质利益为主要特征的购买动机。价格敏感是这类消费者的最大特点，在购买时不大看重商品的外观造型等，而是受处理价、优惠价、大特价、清仓价、“跳楼价”等的影响较大。一般而言，这类消费者收入较低或者经济负担较重，有时也受对商品的认识和价值观的影响。近年来还有一种趋势，就是在目标市场营销中，较低档次的消费者对于较高档次的消费品而言，往往是求廉购买。比如在广州不少的时装专卖店，本来是面向高收入者的，他们讲究时装的质地、款式、时髦与否、服务、购物环境等，普通大众一般是不会光顾的，但在换季时大减价清仓处理，普通的消费者就会去抢购，这就是求廉动机的激发。

5. 求名动机

这是一种以追求名牌商品或仰慕某种传统的名望为主要特征的购买动机。消费者对商品的商标、商店的牌号等特别重视，喜欢购买名牌产品，在购买时受商品的知名度和广告宣传等影响较大。一般而言，青年人、收入水平较高的人常常具有这种购买动机。

6. 好胜动机

这是一种以争强好胜或为了与他人攀比并胜过他人为目的的购买动机。消费者购买商品主要不是为了实用，而是为了表现比别人强。在购买时主要受广告宣传、他人的购买行为所影响，对于高档、新潮的商品特别感兴趣。

7. 显耀动机

这是一种显示地位、身份和财富势力为主要目的的购买动机。消费者在购买商品或从事消费活动时，不太重视消费支出的实际效用，而格外重视由此表现出来的社会象征意义，通过购买或消费行为体现出有身份、权威或名流的形象。具有显耀动机的人与具有好胜动机的人相比，通常所处的社会阶层高，而又经常与下一阶层的人在一起，为了与众不同，常常购买具有社会象征意义的商品。

8. 求同动机

这是一种以求得大众认可为主要目的的购买动机。消费者在购买商品时主要以大众化为主，跟上潮流即可，人有我有，不求创新，也不要落后，有时也称为从众动机。在购买时受购买环境和别人的经验、介绍推荐影响较大。

9. 便利动机

这是一种以方便购买、便于使用维护为主的购买动机。在购买价值不高的日用品时，消费者常常具有这种购买动机。对于这类日用消费品，消费者经常购买，经常使用，购买时也不太认真挑选，讲求便利是其主要特征，他们对服务也有一定的要求。

10. 偏爱动机

这是一种以某种商品、某个商标和某个企业为主的购买动机。消费者由于经常地使用某类商品的某一种，渐渐产生了感情，对这种商品、这个商标的商品或这个企业的商品产生了偏爱，经常指名购买，因此有时也称为惠顾动机。再广泛一点说，有人喜欢购买日本货，有人喜欢购买国产货等都是属于偏爱动机。企业注重服务，善于树立产品形象和企业形象往往有助于培养、建立消费者的偏爱动机。

5.4.3 诱导的产生

购买动机产生之后，就要设法激发购买行为的产生。一般情况下，市场营销者要针对自己所营销的产品类型和特点、市场的分类、目标市场的不同以及市场定位的情况，了解、分析消费者购买自己所营销产品的动机到底是什么，购买的角色如何等，要确定如何才能激起消费者的购买动机，以引导其购买行为。

在现实生活中，由单一动机引起消费者购买行为的情况为数不多。消费者的购买行为往往是在多个动机共同驱使下进行的，是种种有意识和无意识动机总和

的结果。动机总和基本上有两种情况。①几个动机共同作用于促进购买行为方向，购买的动机得到强化，动机总和为各个动机之和，使消费者产生更为强大的推动购买的力量，很容易产生购买行为。在这种情况下，营销者要清楚了解消费者都会有哪些购买动机，如何激发？营销者要善于激发那些指向相同的购买动机，以使指向购买的动机得到强化，起到事半功倍的效果。②有的动机促进购买行为，有的阻碍购买行为。即存在方向相反相互抵触的动机，动机总和不是各个动机之和，要比动机之和小，但只要不为零，就说明动机总和所代表的动机是存在的，要发生作用。这时占上风的动机力群决定购买行为。如果动机总和处于平衡状态，会怎么样呢？此时，消费者在购买与不买之间徘徊，处于犹豫不定、优柔寡断的状态。要使消费者决定购买或不买，就需要加入外力。如果所加的是倾向购买的外力，就会强化购买的动机，对购买行为往往产生决定性的影响。如果所加入的外力倾向不购买的话，就会加大阻碍购买的动机，使消费者决定不购买。比如某消费者与妻子一起逛商场时，对电脑学习机发生了兴趣，他想让孩子早点学会电脑，赶上潮流，但是又对电脑学习机是否真的有用产生了怀疑，而且觉得价格也太高了点。正在犹豫之时，他的妻子在一边说："不要买了，邻居××为她的孩子买了一台电脑，那个孩子整天打游戏，根本不是用于学习，听说最近她孩子的学习成绩也下降了。"于是他也就决定不买了。所以说，当作用于消费者头脑中的动机相抵、总和平衡之时，外力的加入——诱导就显得极其重要了。

5.4.4 诱导的方式

诱导是消费者对购买处于犹豫不决的状态时采用的有效的沟通方式，此时的诱导如果运用得当就会起到"四两拨千斤"的作用。

如何对消费者的购买动机进行诱导，进而影响其购买行为呢？一般而言，要围绕着影响消费者购买的环境因素进行诱导，也要根据影响购买行为的主要动机类型进行诱导。

1. 品牌强化诱导

消费者对于购买某种物品已经作出了决定，但是挑选哪个品牌好心里没底，在购买现场会表现为这个品牌的情况问一问，那个品牌的说明书也拿来看一看，可还是下不了决心。此时运用品牌强化诱导方式，售货员可以突出介绍一个品牌，详细说明它的好处，以及其他消费者对这个品牌的认识、感受，就可以促进消费者的购买。而如果这个品牌介绍一下，那个品牌也介绍一下，最后消费者还是不知选哪一个好。

2. 特点补充诱导

当消费者对选择某一品牌已有了信念，但是对其产品的优缺点还不能一时判断时，应采用特点补充诱导方式，在消费者重视的属性之外，再补充说明其他一些性能特点，可以通过品牌之间的比较进行分析，帮助消费者进行决策。比如消费者在购买冰箱时，重视外观的好看与否、容量的大小、噪声的高低，但如果这些因素进行了比较之后还不能决定，可以提示消费者××牌的冰箱环保性能优越，还可以左右开门，方便在不同地点使用等来补充产品的优点，刺激其购买。

3. 利益追加诱导

消费者对产品带给他的利益是感性的、有限的，这就使得消费者对商品的评价具有局限性，此时应利用利益追加诱导方式，增加消费者对某一品牌、某一品种商品的认识，提高感知价值。还以冰箱为例，某消费者已对某三门大冰箱表示了浓厚兴趣，对于品牌、容量都比较满意，但是对于中间那个门的作用认识不足。这时厂家推销员过来介绍：中间那个门里面有个温度控制开关，可以把温度调高，扩充冷藏室的容积(空间)；也可以把温度调低，扩充冷冻室的容积(空间)。还有一个更重要的作用，一般而言冷冻室温度过低，把生肉等食物放进去以后会迅速冷冻，使得味道变差一些，但可以保持较长时间，中间那个门里放进熟食、熟肉，两三天内食用绝对不会改变味道，又不用拿出来化冻，可以作为熟食的专用柜。这个消费者一听，马上就下定了购买的决心。

4. 观念转换诱导

消费者对某一品牌的印象不深，往往是由于这个品牌的商品在消费者认为比较重要的属性方面还不突出，不具有优势。此时可以采用观念(信念)转换诱导方式，改变消费者对商品的信念组合，这也是心理再定位的方法。即要改变消费者对商品属性重要性的看法，比如购买冰箱时，消费者把质量放在第一位，价格放在第二位，容量放在第三位，而××牌的价格不占优势，使得顾客在购买时难以下决心，此时就应告诉消费者，价格不是主要的，容量比价格更重要，容量选择过小以后要改变就很难了，而即使一次购买时价格略高一点，钱还可以以后再挣。这样就会改变消费者对本企业冰箱价格高容量大的不好的看法，认为容量大比较适合需要，进而对价格也就不那么敏感了。

5. 证据提供诱导

有时消费者对于选择什么样的商品、选择什么品牌的商品都已确定下来了，但是还没有把握，怕风险而犹豫不决。此时可运用证据提供诱导方式，告诉消费者什么人买了，有多少人买了这种商品，促使从众购买动机的强化，消除消费者的顾虑，也可以促成购买行为的产生。有效的诱导，除了方式方法之外，还要掌握好时机。一个人说话的内容不论如何精彩，如果时机掌握不好，也无法达到应有的效果。因为听者的内心往往随着时间的变化而变化，要对方听你的话或接受你的观点、建议，都要把握住适当的时机。这就好比一个参赛的棒球运动员，作为一个击球手，虽然有良好的技术、强健的体魄，但是如果没有掌握住击球的“决定性的瞬间”，迟了早了，都很难打出好球。

要想使诱导取得成功，还要注意克服一些不利因素的影响。比如消费者对推销员、售货员的不信任，会造成对产品的不信任，对介绍内容的不信任，销售现场的环境也会影响诱导的效果。

5.5 顾客服务体验模型

任何服务体验的中心环节是服务遭遇。所谓服务遭遇(service encounter)，是指顾客直接接触服务组织的某些方面并与之发生交互作用的活动，而这通常处于服务营销人员所营造的环境之中。借助自动化通信技术，服务体验也可发生在距离服务提供者相当遥远的顾客身上。

意欲理解与把握服务体验，首先应识别那些影响顾客服务感觉的要素。在影响顾客服务感觉的要素中，有的较为显而易见，如服务人员的彬彬有礼；有的较为模糊，如建筑物墙壁的颜色。另外，并非所有服务体验受相同要素的影响。可尽管如此，界定一些相对独立且意义重大的影响要素，还是有利于服务体验的描述与分析。基于对服务体验的关键构成要素的识别，服务营销人员能够制定行之有效的服务体验分析模型。这些分析模型像交通图一样指引着服务营销人员去分析顾客服务体验的影响要素。

服务体验分析模型具备以下主要功能。

(1) 它们帮助服务营销人员从单个构成要素的层面来理解服务体验。

(2) 由于服务体验分析模型中包括一些多数服务所共有的要素，故其有利于不同类型服务间的借鉴与学习。

(3) 它们能识别出一些服务组织在设计自己的产品时所应注意的具体问题。

(4) 它们能详细说明顾客服务体验的诸要素之间的关系。

总之，一个好的服务体验分析模型将为抽象的服务体验融入诸多客观现实的内容。

5.5.1 服务体验的构成

任何服务体验都由四个要素构成：①服务员工；②服务设施；③服务顾客；④服务过程。尽管各种服务体验都包括这四种要素，但四要素对服务体验的贡献程度却因服务而异。在一些服务体验中，员工就扮演着不太重要的角色，例如相对于牙医来说，电影院工作人员对观众欣赏影片的影响就很小。员工既包括那些与顾客直接接触的人(如服务生、出纳等)，也包括那些虽在顾客的视线之外，但同样为服务的提供作出贡献的组织成员(如厨师、银行会计等)。服务设施既包括顾客所能接触到的设施(如餐厅、银行大厅等)，也包括那些顾客一般很少接近的设施(如饭店的厨房、银行的保险柜等)。顾客是指服务的接受人(如用餐人、存款人等)与那些与其共享服务设施的人。服务过程是指为提供服务而从事的一系列活动(即在用餐或存款时，顾客与服务组织所采取的各种行动)的活动顺序。服务体验的四个构成要素将在后面的章节中进一步研究，在此，只需认识到它们的广泛影响，认识到它们如何共同营造顾客的服务体验。

服务体验的四个构成要素，皆在服务体验的形成过程中扮演着重要的角色。譬如，在描述航空服务时，人们不可能不涉及飞行员与空中小姐(员工)、座位与飞机(服务设施)、飞机中的旅客(顾客)和飞行期间的事件发生序列(服务过程)。服务体验的每一个构成要素又可进一步细分为一些更为具体的内容，如飞机设施对服务体验的影响又可从噪声大小、舒适程度、通风情况、照明情况、机龄、装饰格调、休息室装备和机上阅读材料等多个方面予以评价。然而，对不同的服务互动过程而言，并非所有的服务体验构成要素皆对服务体验施加同等重要的影响。以美国的邮递销售商 L.L.Ben(http://www.llbean.com)为例，在它的顾客根据商品目录来电话订购商品时，服务设施对其服务体验的影响不大。为兼容这些特殊情况，任何服务体验分析框架都应允许各构成要素的重要性有所不同。

5.5.2 服务体验分析的理论模型

1. 服务营销组合

营销组合，是指组织在识别可控制营销因素的基础上，根据顾客的需求来确立营销因素的最佳组合。早期的营销理论，几乎皆由营销组合概念来驱动。在有关营销组合的诸多观点中，最具影响力的当属 4P 营销组合。Booms 与 Bitner 建议，对服务组织来说，应在 4P 的基础上增加另外三种营销因素，即人员、有形证据和服务过程，故服务营销组合就是在传统的 4P 营销组合的基础上增加上述 3P。服务营销组合中所新增加的 3P，抓住了服务营销的本质，指明了服务产品与有形产品的差别，也为我们提供了一种剖析服务体验及其构成要素的理论模型。

2. 服务剧场模型

把服务比作一场戏剧，服务剧场模型拥有与舞台产品一样的构成要素：演员、观众、设施、前台、后台与表演。演员(服务员工)是那些为观众(顾客)生产服务的人。设施(服务环境)是表演活动或服务的展示地。演员在前台面对顾客所从事的活动，需要后台的大力支持。虽然后台行为一般不为顾客所知，但针对服务体验所从事的大量计划与执行工作却发生于此。设施的设计，既要考虑演员需要，又要考虑观众需要。设施或者能保证演员与观众的面对面交流，或者为他们提供远距离交流的路径，如电视、收音机、电话、信件、互联网等。演出的整体表现是演员、观众与设施之间动态互动的结果。尽管服装、道具、剧本与角色等其他戏剧特征，也能在服务中找到其对等之物，但由于它们对服务体验的影响不明显或不很重要，故在此不再描述。

服务剧场模型可引导人们获得几个重要发现。譬如，服务演员(旅馆接待员、理发师、售票员等)会发现，除了他们的业务水平，其外表与举止也会影响顾客对服务的感觉。服务员工的服装、服饰、风度与完成必要工作的能力，都会影响顾客对所接受服务的评价，其影响程度丝毫不亚于演员的舞台着装与角色扮演。又如，设施设计人员会发现，服务设施的景色、道具与设备、照明、温度、色调等，都会影响到顾客对服务的期望及其对服务质量的评价。

由于绝大多数服务的产出伴有前台与后台的共同作用与相互影响，故成功的前台表现依赖于后台行为的大力支持。假若没有后台的不懈努力，演员的上台时机可能出现偏差，演出各部分的衔接可能出现中断，演出设备可能出现故障。另外，把前台与后台相隔离，也是相当关键的。一旦观众设法步入后台，那可能就

意味着一场灾难。因为在许多服务的运作过程中，其后台行为简直与前台表现大相径庭，人们不妨想一想饭店的餐厅与厨房操作间之间的显著差别。当然，在某些情况下，组织也可反其道而行之，允许顾客接近后台以形成差别化。以著名的服务企业 Benihana (http://www.usrg.com)和 Jiffy Lube (http://www.jiffylube.com)为例，它们将一些传统的后台活动置于顾客的视界之内，如饭菜准备、汽车加油等。在这种情况下，企业必须注意此类后台行为的设计与执行，因其已演变为前台行为。

总之，服务剧场模型认为，服务组织的产品具备多种戏剧特征。该模型的突出优点是，它在用人们所熟悉的戏剧表演来描述服务体验。另外，类似于戏剧产品，服务表演是诸多戏剧性要素相互影响的全形展示，改变或重新设计任何一种要素，都可能营造出不同的服务表现与顾客的服务体验。

3. 服务产出模型

服务产出模型由 Langeard，Bateson，Lovelock 与 Eiglier 等人于 1981 年提出。根据服务产出模型(见图 5-2)，服务体验包括不可见组织与系统、可见要素和服务利益包。不可见组织与系统，是指那些在顾客的视线之外为服务的产出作贡献的要素。可见要素包括无生命环境(服务发生的有形设施)、接触员工(为提供服务而与顾客发生直接交互作用的职员)、顾客 A(接受服务的顾客)与顾客 B(在场的其他顾客)。顾客所得到的服务利益包，由其与接触员工和无生命环境的交互作用来培育，如接触员工的彬彬有礼与业务水平、环境的舒适程度与格调等，都会影响到顾客的服务体验。而顾客与接触员工和无生命环境的交互作用，又需要幕后行为的支持，且受到其他在场顾客的显著影响。譬如，房间预订处理、房间清扫与保暖或制冷设施的维护等幕后行为，会显著地影响一个旅馆的顾客接待服务的质量。同时，其他房客的数量与行为特点，也会影响某房客对旅馆服务的总体体验。

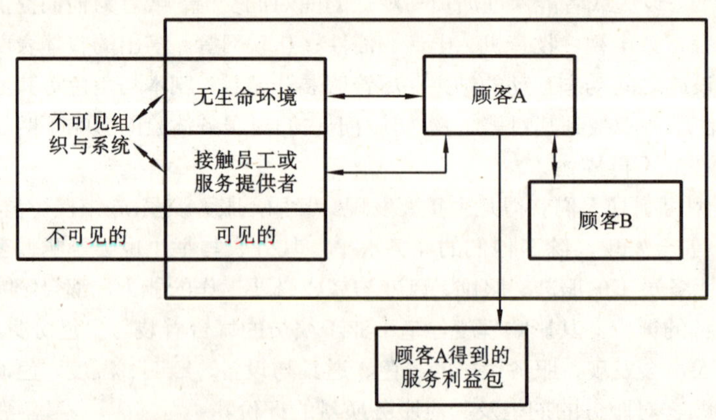

图 5-2 服务产出模型

资料来源：雷蒙德·P. 菲斯克，史蒂芬·J. 格罗夫，乔比·约翰. 互动服务营销[M]. 张金成，等，译. 北京：机械工业出版社，2001.

总之，服务产出模型认为，服务是众多要素共同努力的最终结果。和前面已介绍的理论模型一样，服务产出模型也清晰地归纳与提炼出一些服务体验的影响因素，对这些因素加以变革与调整，皆能创造出新型的服务产品。服务产出模型的优点之一，在于其可操作性。从一定意义来说，服务产出模型更加接近现实地剖析了服务体验的构成要素，使服务体验的剖析与服务产品的设计与生产联系起来。

4. 服务生产系统模型

对服务体验的详细描述，可见诸 Gronroos 在 1990 年提出的服务生产系统模型。与服务产出模型和服务营销组合一样，该模型也识别出一些服务体验的关键构成要素。不过与前两者有一些显著的不同，该模型的特色，在于其包括了一些更为深层次的东西：①其向组织内部延伸，把企业使命及服务理念看做服务组织进行服务设计的重要影响；②向顾客延伸，把顾客带入服务体验过程的期望及其影响因素(如个人需要、营销沟通等)考虑在内。这些因素的融入，有利于剖析顾客与服务组织间的交互作用。

服务生产系统模型可用图 5-3 表示。图的中间是一条可见性线，由其把服务体验的互动部分(可见)与支持部分(完全不可见)分开。互动部分包括三项内容：①接触人；②有形资源与设备；③系统与运作资源(如填点菜单、排队等顾客参与服务生产时所必须遵守的程序准则)。支持部分在幕后对服务互动给予支持，它也包括三项内容：①技术；②管理与控制；③支持功能与人员。服务生产系统模型认为，服务体验的大部分内容来自可见性线之后的支持部分。以汽车维修服务为例，当顾客来取车时，顾客与店员之间的互动效果，受组织的

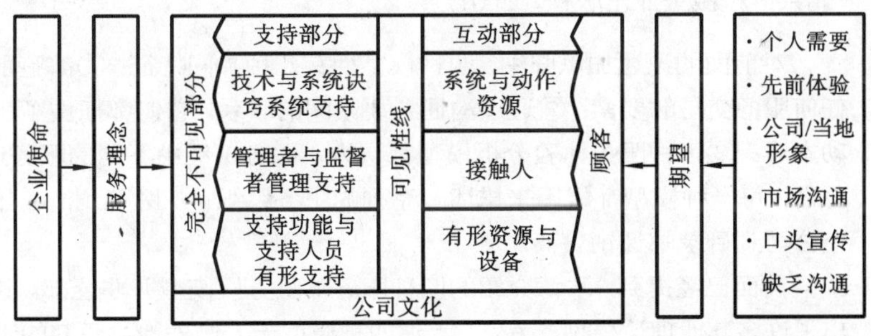

图 5-3 服务生产系统模型

资料来源：雷蒙德·P. 菲斯克，史蒂芬·J. 格罗夫，乔比·约翰. 互动服务营销[M]. 张金成，等，译. 北京：机械工业出版社，2001.

服务文化与技巧、管理状况与维修技术水平影响。假若一维修店向顾客事先做出优质服务的承诺，且这些承诺在设计组织的运作支持部分时得到体现，那么店员与顾客之间的互动将非常顺利，甚至是愉快地进行。维修将按事先承诺的具体要求来完成，而顾客的期望也将得到完全满足。假若维修店未做承诺或做出的承诺得不到可见性线之后部分的支持，那么店员与顾客的互动过程中有可能发生极不愉快的事件。顾客对维修及时性的不满，对维修费的不满，对维修效果的失望等，

都会将顾客与店员间的互动改变为一场激烈辩论，甚至是互相侮辱。

与其他三种模型相比，服务生产系统模型更为全面，因为其另外考虑了顾客期望等因素；服务生产系统模型更为细致，因为其在支持部分里还考虑了管理控制等要素。然而，服务生产系统模型的缺点也是源于其全面与细致，它增加了人们理解与使用该模型的难度。和其他三种模型一样，该模型可用来分析与描述任何形态的服务体验。

5. 服务体验分析模型间的比较

四种服务体验分析模型的比较如表 5-4 所示。

表 5-4 四种服务体验分析模型的比较

一般模型	服务有形组合(新 3P)	服务剧场模型	服务产出模型	服务生产系统模型
服务设施	有形证据	设施：前台与后台	有形区、无形区	支持部分(不可见的)、互动部分(可见的)
员工	人员	演员	接触员工	接触员工
顾客	人员	观众	顾客 A(中心顾客)、顾客 B(其他顾客)	顾客
服务过程	服务过程	表演	服务利益包	各要素的固有功能
	Booms and Bitner(1981)	Grove and Fisk (1983)	Langeard 等 (1981)	Gronroos (1990)

资料来源：雷蒙德・P. 菲斯克，史蒂芬・J. 格罗夫，乔比・约翰. 互动服务营销[M]. 张金成，等，译. 北京：机械工业出版社，2001.

对前面的论述加以归纳，四种模型拥有几种共同特征：①都鉴别出一些伴随任何服务交易的要素；②通过沟通各要素间的联系，它们都抓住了服务体验的互动本质；③每种服务体验分析模型都认为，服务可经由不同的服务过程来呈递。总之，每一种模型都能用来描述一系列的服务组织，从医院到汽车维修店，从航空公司到目录邮递销售商。

前面已经提到，本章介绍的四种服务体验分析模型并非全部。其他学者还提出了许多其他理论模型。另外，上述四种模型无一例外地将研究的重点放在面对面的服务体验上，即顾客与服务提供者必须在一特定有形设施内谋面。而事实上，并非所有的服务以这种方式提供。譬如，收音机与电视广播、公用事业、互联网等服务，既不需要服务员工与顾客的互动，也不需要顾客必须到服务的生产现场。上述四种模型也许提供了一些不能适用于任何服务、任何场合的服务维度，但其研究范围的宽泛，仅仅意味着其超出了理解某些服务之所需。

本章小结

服务体验是顾客评价的中心环节。为了促成成功的服务体验，服务管销人员必须理解参与服务生产与提供的组织要素之间的合作模式。根据本章介绍的理论模型，读者在设想服务体验

时可采用以下四种方法之一：①作为营销组合的新增因素；②作为一场戏剧演出；③作为服务产出系统；④作为服务生产系统。理解服务体验，需要分析员工、顾客、服务设施与服务过程。每种理论模型都对服务体验的构成要素加以剖析，以帮助服务营销人员在分析各要素的基础上确定要素间的最佳组合，从而保证其服务组织对顾客需求的满足。

关键术语

服务消费　消费者行为　服务评价　顾客满意度　品牌忠诚度
购前阶段　消费阶段　购后评价阶段　购买动机　诱导

思考题

1. 购买服务产品评价的依据是什么？
2. 购买服务的决策理论包括哪些内容？
3. 试以一项服务活动为例，说明消费者购买服务的期望值模式。
4. 用本章介绍的每种理论模型来剖析顾客在理发时的服务体验，并加以对比与比较。哪种更有效呢？

案例研讨

调查表明中国消费者的五种面貌

日前，根据全球市场资讯权威机构 AC 尼尔森最近的一项调查表明：在当今复杂的市场环境当中，中国消费者呈现五种不同的面貌。

近期，AC 尼尔森在北京、上海和广州三个主要的城市进行了一项电脑辅助电话访问调查。参加调查的 1 500 多名消费者被问及他们对洗发水、方便面、瓶装水、牙刷、手机和 CD 随身听等某些大众消费品所偏好的品牌以及认为应该支付的价位。

“调查结果很有启发性”，AC 尼尔森中国区董事长艾励达先生说，“我们首次明确发现中国各种消费群体对于某些品牌有其特别的偏好，并且他们由于各自的价值观念而表现出不同的消费习惯”。“中国有 5 类消费者，可以称之为敢于冒险者(占 14%)、努力耕耘者(占 22%)、价格至上者(占 27%)、潮流追随者(占 26%)和时代落伍者(占 10%)”，艾励达先生解释说，“我们可以根据消费者类型进行市场细分”。敢于冒险者乐于尝试新事物，喜欢购买最新技术和新潮的东西；努力耕耘者则以质量为第一位，愿意花钱买高质量的品牌；价格至上者讲究物有所值，为买得合算情愿等到商品降价；潮流追随者容易受到广告影响；时代落伍者也要买品牌，但国际品牌还是国内品牌对他们来说区别不大。调查结果表明：商家应该更加注重市场细分，避免陷入价格竞争和盲目广告投放。

调查所覆盖的三个城市当中，上海以价格至上者为主，有 31%的受访者属于这类群体；而在广州，潮流追随者占所有受访者的 1/3；北京是唯一一个各类消费者群体分布较为平均的城市。

案例思考题

消费者的含义是什么？消费者有哪几种分类？案例中消费者的五种面貌是什么？应该采用哪种服务诱导方式刺激其消费？

参考文献

1. 约翰·奎尔奇. 中年简朴者：一个新的消费者类型[OL]. 王素梅，译. 商业评论网，[2008-12-02].
2. 范卫华. 14 种族群——您属于哪一种消费者类型[OL]. 新华网，[2002-07-09].
3. 调查表明中国消费者的五种面貌[N]. 国际金融报，2002-04-01.
4. 雷蒙德·P. 菲斯克，史蒂芬·J. 格罗夫，乔比·约翰. 互动服务营销[M]. 张金成，等，译. 北京：机械工业出版社，2001.

第三篇　规 划 篇

第 6 章将介绍服务营销的 9 个主要规划步骤，其中重点介绍服务营销组合的实施。同有形产品营销一样，服务质量也是服务营销中的核心问题之一。因此，第 7 章重点介绍服务质量的测定及其相关概念、服务质量管理框架、管理模型和管理原则。

第 6 章　服务营销规划

本章提要

1. 理解服务营销规划的内涵。
2. 了解服务营销规划的内容及过程。
3. 掌握服务营销组合七要素。

引　　例

犹大医院的服务营销计划

那是在 1987 年，医疗提供者面临着迅速变化的竞争和调整的环境。这些市场的力量促使犹大医院的高级经理们在组织内部各部门发行了一本《清算责任》的小册子。说得更精确一些就是，组织的每一部分都参与了一个要求他们证明自己对组织的贡献大于从组织取得的收益的成本收益分析。

这本《清算责任》导致了犹大医院的营销活动方向的变化。这家医院在传统上使用了一套集中化方法，在这套方法里存在着一个部门对各种运作单元的营销活动负责。而新方法认识到了医院有各种各样的产品线(例如心脏医疗、门诊病人的照料、器官移植以及显微外科手术和辅助工作等)，而每一条产品线都应有一个经理对其负责。这些经理对他们的产品线的营销活动、收益、开支以及利润等负责。

对具体到每一条产品线的营销计划的开发的需要引发了医院高级管理层的讨论。他们为每一条产品线的营销沟通计划开发了一个有财务责任的整合的方法。

下面四条方针就是为每一个营销方案所设定的。

(1) 每一个方案都应该有清晰的目标。犹大医院的心脏医疗服务是众多产品线里第一个应用新方法的。心脏医疗沟通计划的目标是重新确立犹大医院在本地区的心脏病医院里第一的位置。成果应当用在总人口中认为犹大医院是最主要的心脏医疗提供者的人数所占百分比来衡量。

(2) 广告将集中于具体的产品线，而且要以一种为大众服务而设计的形式出现。举一个例子，一个长 30 秒的心脏医疗广告将通过一个人的轮廓和处在这个人胸腔中心的心脏而会

意地显示出射击场的靶子。就在电视观众听到枪响的声音并且看到出现在心脏上的弹孔时，他们被提出了警告："当你的胸腔疼痛的时候，请立即到犹大医院的心脏急救中心来，将对你心脏的损害最小化……因为忽视胸腔的疼痛就像在和上膛的枪作游戏。"

(3) 犹大医院整合的沟通计划为医院职员和潜在的病人之间的私人接触提供了机会。多达几千次的私人接触被安排在医院的健康信息中心里进行。从战略高度考虑，建在城区的有着很高交易额的购物商业街上的信息中心配备了已注册的能为来访者提供多种服务的护士。例如，健康信息中心的来访者可以量血压或者检查胆固醇，也可以利用医院的图书馆阅读有关治疗糖尿病的资料。

(4) 整合沟通计划通过一个数据库导向的病人追踪系统履行了财务责任。这个系统使管理层能够从在医院的第一次接触起，就对所有遇到过的病人的状况进行追踪。例如，最初的接触或许是对健康信息中心的一次访问，或许是为了回应"心脏专题"而打的电话，也可能是一次对急救室的不幸的造访，或是一次被接受入院。

这个营销沟通计划也提升了医院在消费者心中的形象。调查研究也显示，认为犹大医院是最好的心脏护理服务提供者的人数占总人口的百分比在 1990—1995 年之间得到了实质性的增长。而同期认为犹大医院的主要竞争者是最好的提供者的人数所占的比重却下降得非常厉害。

6.1 服务营销规划概述

6.1.1 服务营销规划的内涵

服务营销规划是对服务企业战略行为的谋划。与有形产品企业一样，服务企业的成长过程必然经历幼稚期、成长期、成熟期和衰退期等几个发展阶段。要保证服务企业健康而迅速地成长，就必须对企业行为进行理性的、长远的、整体的规划。服务企业千姿百态，就各个企业的个性而言，其战略方针的选择和营销组合的安排会有差别；但就其共性而言，服务企业选择战略方针及进行营销组合配搭方式则是有一定规律的。

服务营销规划本质上是一系列的逻辑行为，它设定营销目标并制定计划方案来实现这些目标。因此服务营销规划是说明企业怎样配置营销资源，为什么这样配置，这些资源何时发挥作用以及如何整合营销资源使其产出最大。

需要注意的是，当经营活动并不是那么复杂的时候，服务性企业不需要营销规划也能够生存和发展。实际上，很多正处于发展阶段或一些机遇很好的企业，认为把精力花费在营销规划上有点得不偿失，因此他们在经营中很少关心营销规划。然而，对大多数企业来说，未来的经营环境越不确定，企业就越应该进行营销规划。

6.1.2 营销规划的方法

对营销规划的方法人们已经研究了很多年，在这里，我们将介绍几种最常见的营销规划方法，并对这些方法进行研究，指出它们各自的优缺点。下面将给出六种营销规划的决策模型。

1. 计划模型

对确定的问题按顺序进行最优方案搜索，从而得到营销规划决策。这一过程中需要有准确的数据作为支撑。

2. 解释模型

这种模型认为，企业是各种关系的聚合体，这些关系具有共同的价值观、信仰和理念。这种“解释模型”可以帮助利益攸关者理解企业及其所处环境，剔除与解释模型不相适应的信息，解雇与解释模型不相适应的员工。这样可以形成一种独特的企业文化，它能激励每个员工热情地投入工作，为实现企业的未来目标而奋斗，而不受异常行为的影响。

3. 政策模型

企业不直接选择战略，而是在利益攸关者之间的妥协、冲突和谈判过程中形成规划战略。战略是谈判、讨价还价和冲突的产物。

4. 逻辑增量模型

这种模型认为，规划战略是由“分战略”构成，每个分战略解决不同的战略问题。

5. 生态模型

这种模型认为，环境因素对企业的影响最大，需要对环境进行如实描述，不容任何偏差。适应环境的企业将得以生存，该模型影射了达尔文的自然选择理论。事实上，不仅仅是外部环境因素对规划战略的选择有影响，决策者对信息不确定性的自感无力也影响着规划战略的选择。

6. 理想领导模型

该模型认为，在进行规划的时候，要完全根据领导的意图进行制定。领导者可以不亲自制定规划决策战略，但他对战略的重视、个人影响将决定规划战略的未来发展趋势。

一般来说，任何一家服务性企业都不可能仅仅选择一种规划决策制定模型。更一般的情况是，服务性企业要混合使用好几种模型来制定自己的营销规划。因此，服务性企业在制定其营销规划的时候，应该以一种模型为主，综合考察其他的决策模型，并且时刻牢记任何一种模型都有其自身的优势和劣势。

6.1.3 服务营销规划过程

服务营销的决策者在确立了明确的营销理念后，就要把理念转化为行动，将营销的构想付诸实现。这是一个系统过程，总的来说它分为四个主要阶段：第一阶段，确定规划战略；第二阶段，环境分析；第三阶段，制定营销策略；第四阶段，资源配置、监控和详细计划。

营销规划过程的四个阶段可分为如下九个步骤，表 6-1 显示了服务营销规划的过程。

表 6-1 服务营销规划过程

阶段	步骤
第一阶段 确定规划战略	1.企业使命
	2.企业目标
第二阶段 环境分析	3.营销评审
	4.SWOT 分析
	5.主要假设条件
第三阶段 制定营销策略	6.营销目标与策略
	7.估算结果
	8.制订应变计划
第四阶段 资源配置、监控和详细计划	9.营销预算与实施

资料来源：菲利普·科特勒. 营销管理[M]. 3 版. 梅清豪，译. 北京：中国人民大学出版社，2005.

1. 企业使命

对所有的企业来说，有一种使命意识是很重要的。企业使命可以用一份简要的、高度个性化使命说明书来表示，它能让服务性企业的利益攸关者清楚地知道企业的目标与发展方向。

2. 企业目标

企业目标的作用是利益攸关者可以用它来衡量企业使命实现与否。在许多以营利为目的的服务性企业中，目标是以利润的形式来表述的，因为大家认为利润是衡量企业经营效果的有效指标。而对于一些非营利性企业(如政府部门和慈善机构)来说，通常以经济效益、资金筹集或项目完成情况等指标来描述目标，目标的选择更倾向于运营情况的实际评价。

3. 营销评审

营销评审的目的是得到所有有关的数据，这些数据能够决定服务性企业现在或将来在所选定的竞争市场上的经营准备程度。

大部分所得到的数据来自于企业外部，这些数据主要与经营和经济环境有关，与市场和竞争分析有关。企业不仅要分析当前的环境，还要考虑未来的发展。其内部信息源也可以提供许多信息，可以用来帮助分析企业的优势和劣势。

4. SWOT 分析

SWOT 分析(优势、劣势、机会和威胁分析)的目的来自于从营销稽核中得到的大量信息。将这些信息按照这四个大的标题进行分类，企业可以发现外部的机会和威胁，并与企业当前的优势和劣势进行衡量。一旦掌握了足够的信息，营销规划的方向也就一目了然了。

5. 主要假设条件

营销稽核和 SWOT 分析只是反映了现实情况，而企业处于复杂的环境中，还应当对企业未来的环境进行一些假定。这些假设条件可能是竞争对手的数量、政治环境、特定市场的一般经济走势等。

6. 营销目标与策略

SWOT 分析和主要假设条件给营销规划人员提供了大量的数据，他们可以根据这些数据制定营销目标与策略。营销目标主要关心向什么市场提供什么服务。可能的几种选择如图 6-1 所示，该分析矩阵是安索夫先生提出来的。

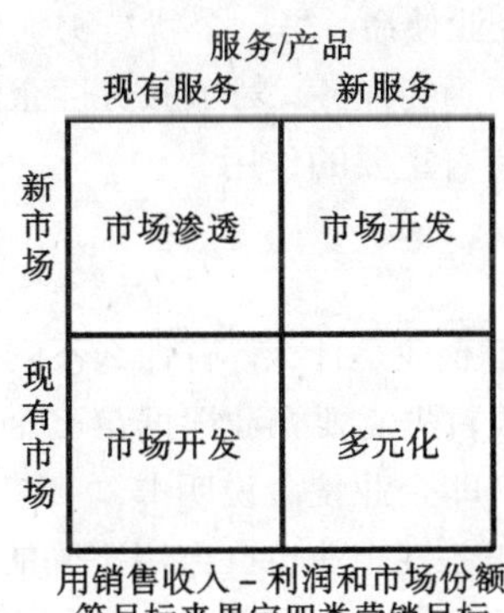

图 6-1 营销目标矩阵分析图

资料来源：菲利普·科特勒. 营销管理[M]. 3 版. 梅清豪，译. 北京：中国人民大学出版社，2005.

很明显，表示当前业务的那个象限(向现有市场提供现有的服务)，代表企业最熟悉的业务领域，也是风险最小的领域。相反，多元化(向新市场提供新服务)象限是企业最不熟悉，也是最危险的业务领域。

7. 估算结果

如前所述，营销目标与策略是为企业目标服务的，因此第六步的结果应该尽可能精确。如果估算结果远远超过企业的目标，那么企业就应该树立一个更高的目标。相反，如果估算结果远远低于企业的目标，那么就要考虑调整营销组合。

8. 制订应变计划

在这一步，为了明确是否存在其他更好的营销目标和策略组合能实现(或超过)企业的目标，我们需要重新评估先前所做的 SWOT 分析和最初的主要假设条件。如果还存在一定的差距，企业就应该考虑最初的企业目标是否脱离现实，应该相应地对企业目标进行调整。

即使最初的营销目标与策略恰好是企业所期望的，也要考虑制订应变计划，

因为最初的方案往往不是最好的。制订应变计划的过程可以帮助我们找到最合适的、回报最大的营销目标与策略。

9. 营销预算与实施

一旦营销目标与策略达成一致，就可以计算出不同营销活动方案的成本了。广告投入、销售人员费用、分销费用等也就可以确定，并可以进行相应的预算分解。

6.2 服务营销规划的内容

6.2.1 确定服务营销规划战略

这里我们主要探讨服务营销规划的第一阶段内容。这个阶段包括两个方面的内容：一个是确定企业使命，另一个就是明确企业目标。这两个方面的内容是任何一家企业都应该明确的任务。对于服务性企业来说，明确自己的企业使命，确定自己的企业目标有着重要的作用。

1. 服务业的企业使命

企业使命说明了企业是什么，有什么不同，代表了什么，以及往哪个方向发展。企业使命的形成首先需要企业根据自己企业的战略规划，对自己进行定位，然后做出书面文件，即企业使命说明书。

考虑到不同的服务性企业也许会用不同的词语来定义企业的使命，如业务定义、信条、企业经营哲学、企业信仰、远景规划、企业目标等，本书把使命定义为企业长远目标的描述，它勾画了企业当前和未来的美好前景，概括了企业的价值取向和信仰，以及区别于竞争对手的特征。使命有助于企业界定跟它相关的主要市场的关系，明晰企业的发展方向和目标，这样可让企业的各阶层组织能独立地作出更正确的决策。企业使命并不一定要以文字形式表现出来，但是为了不冒被误导或丧失影响力的危险，最好还是以文字的方式将其明晰化。

企业使命说明书的目的是给服务性企业的各类有利害关系者一个明确的目标感和方向感。在服务机构中，使命说明书是协调活动的一个重要工具。它提供了一个框架，使在机构不同部门运作的员工以协调的方式共同工作来实现总体目标和企业的宗旨。使命说明书的决定通常产生于公司的策划层，从本质上讲，它是在营销规划中被考虑到的，所以营销规划的后续步骤将专注于实现机构整体目标。

在那些没有采纳正式的使命说明书制定公司策划体系的机构中，策划活动可能是被营销活动所导向的，即营销规划可能是公司整体策划活动的第一步。这种情况下，使命说明书是作为公司策划活动的一部分来制定的。如果一个公司的战略性计划已经存在，并且使命说明书也已成为这过程的一部分，那么我们则建议更新使命说明书，以确保它是专注于顾客并且满足顾客需求的。

2. 企业目标

确定企业目标是企业制定明确战略的重要组成部分，企业有了明确的目标，有明确的方向，才会产生内在的驱动力。

1) 市场地位

(1) 服务产品的销售额；

(2) 企业所占的市场份额；

(3) 服务质量应达到的水平；

(4) 服务拓展的可行性。

2) 创新目标

(1) 服务营销方式上的创新；

(2) 服务营销手段上的创新；

(3) 服务营销理念上的创新。

3) 生产率水平

(1) 服务劳动效率；

(2) 资本产出率。

4) 资源开发利用

(1) 建筑物、设备的利用率；

(2) 技术开发目标；

(3) 原材料和部件成本的减缩。

5) 利润率

(1) 利润及利润率的预期；

(2) 利润的使用与扩大投入；

(3) 风险奖励；

(4) 吸引新资本。

6) 管理者的业绩和发展

(1) 管理者业绩的目标与具体指标；

(2) 管理者培训、学习和晋级。

7) 职工的业绩和态度

(1) 职工业绩的目标和指标；

(2) 职工服务态度规范。

8) 公共责任

(1) 对社会发展和公益事业的贡献；

(2) 对社会生态环境保护的贡献。

不同的服务行业应设置不同的具体目标，例如银行可设置以下目标：

(1) 利润率；　(2) 服务效率；

(3) 增长率；　(4) 企业形象；

(5) 吸纳资金；　(6) 市场运作；

(7) 市场份额；　(8) 多种经营；

(9) 员工素质；　(10) 技术改进；

(11) 股东价值；　(12) 管理发展；

(13) 服务组合；　(14) 关系市场。

企业目标有的可以通过量化的方法来体现。例如，一个银行表达其企业目标可以这样：

(1) 利润——到 2015 年赢利翻一番；

(2) 增长——到 2015 年年收入增加一倍；

(3) 创新——每两年开发一个新的服务项目，而且它将占启用后两年内至少 10%的全部销售年收入；

(4) 形象——提升知名度和美誉度，到 2015 年知名度提升到 50%，美誉度提升到 30%；

(5) 服务——增加咨询和延伸服务的附加值，到 2015 年年总收入由 15%增长到 25%；

(6) 员工——新增员工 20%，综合素质提高 20%。

服务性企业通过不同的方式来制定目标。当企业为了其他目标而牺牲顾客利益的时候，就会产生一种相应的企业“文化”。同样，当企业为了顾客利益而牺牲其他目标时，也会产生另一种企业“文化”。英国航空公司在其私有化前后的情况就足以说明这点。该公司将自己定位为航空行业，结果是公司的目标强调技术上的效率，顾客利益只是第二位。英国航空公司私有化之后，赢利状况发生了变化，私有化使企业改变了目标，并且公司认识到未来的成功依赖于公司满足顾客需求的程度。然而，转变企业文化的过程通常都是很痛苦的。企业文化植根越深，改变起来就越难。英国航空公司对企业文化进行了成功的转型，现在成为世界上一流的航空公司。

制定企业目标应该以对顾客市场的深入理解为基础，这说明营销规划要立足于顾客的需求。所以，无论是从上而下的企业目标，还是从下而上的企业目标，都是制定顾客驱动的营销规划的根据。

6.2.2 环境分析

服务营销规划的第二阶段包括三个部分：确定营销规划的主要假设条件、进行营销评审以及进行 SWOT 分析。这三个步骤是紧密联系在一起，一步一步进行的。

1. 主要假设条件

做任何一种规划时，无论它考虑得多么完美、多么周详，总有一些因素是规划制定者所考虑不到的。因为影响一份规划的因素有很多，所以决策者在制定规划的时候，总会确定一些主要的假设条件。假设条件能够为设定目标与策略奠定前提和基础，并且在制定规划的过程中，应该先区分哪些信息是事实，哪些信息是要进行假设的。

对于服务性企业来说，其关键的假设条件主要包括以下几点：

(1) 总体经济情况；

(2) 服务行业基本情况；

(3) 服务行业中本企业的竞争者；

(4) 企业内部因素；

(5) 人口预测；

(6) 技术因素及其他相关因素。

企业确定假设条件的目的是找出那些影响企业营销策略成功与失败的关键因素。主要假设条件对未来营销规划运营环境进行了预测，它不仅能够影响规划的制定过程，还影响到规划的实施过程。同时，为了避免忽略了某个假设条件，最好的方法是把企业确定的假设条件明确成文，使假设条件明晰化，这样企业驾控起来也比较方便，可以保持假设条件的合理性。

2. 营销评审

营销评审的目的是收集所有必要数据，从而确定如何在所选择参与竞争的每个营销细目获得成功。数据收集包括两类：企业外部环境的评价和内部评估。这些数据与现有情况和未来可能发展趋势相关联。营销评审所做的分析包括对图 6-2 所列四个分类的综合、全面、系统的考察和分析。在每一个分类中还可以再次划分为若干个细目。例如，经济变量可以划分为通货膨胀、收入、价格、存款和贷款限制等。

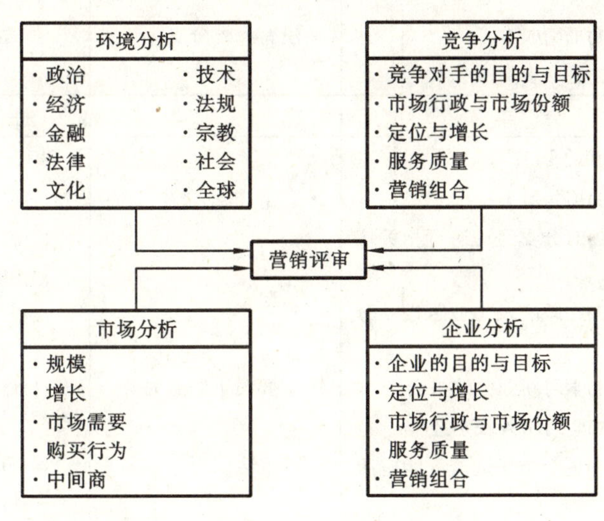

图 6-2 营销评审

资料来源：作者根据相关文献整理。

通过营销评审，服务性企业可以理解自己是如何与外部环境进行联系的，它还可以指出企业外部的机遇、威胁和企业内部的优势与劣势。营销评审应该是系统地、公正地对企业的营销运作情况进行分析与评估。这样，营销评审可以向管理人员提供许多信息，他们根据这些事实在特定的环境中为企业选择一个合适的位置。简而言之，营销评审给出了这样一个问题的答案：“企业现在在哪里？”需要强调的是，营销评审是营销规划过程中一个必不可少的环节，其结果应该独立成文。

3. SWOT 分析

SWOT 分析的目的是把营销评审中有意义的数据分出来，从而发现必须通过怎样的管理才能最佳地满足在所选择的每个市场的各个环节内顾客的需要，识别那些对企业营销战略形成和实施有潜在影响的趋势、力量和条件。

SWOT 分析应该主要说明相对于竞争对手而言企业的内部优势与劣势，还有关键的外部机会与威胁，也应该包括对企业的好、坏表现的原因总结。SWOT 分析要让人读起来有趣、精确，它应该只包含相关的、重要的信息。SWOT 分析应该有高度的创造性，因为新奇的、与众不同的方法才能使企业与竞争对手之间拉开档次。表 6-2 是一家金融企业的 SWOT 分析。

表 6-2　一家金融企业的 SWOT 分析

优　势		劣　势	
•员工素质较高	相应策略： (1)提升吸引顾客的能力； (2)实施员工维系计划； (3)对工作优异者给予回报	•分支机构决策权太小	相应策略： (1)提升分支机构管理水平； (2)良好的培训和沟通； (3)给下层经理更多权限
•客源丰富，存款基数大	(1)平衡成本； (2)进一步降低成本	• 没有海外分支	尝试在海外设立分支机构
机　会		威　胁	
• 经济发展	相应策略： (1)招聘员工； (2)对分支经理进行相关培训； (3)在政府及工业区设立分支机构	• 竞争加剧	相应策略： (1)强化营销部门的职能； (2)制定营销规划； (3)提升顾客服务质量； (4)加大广告投入
•开发顾客的资金需求	(1)学习新业务的机会； (2)学习国外成熟经验； (3)进行市场调查，明确服务概念； (4)开发新服务	• 重要员工的流失	(1)进行企业内/外薪酬调查； (2)调整员工的工资/改善员工工作环境； (3)内部营销激励

资料来源：作者根据相关文献整理。

6.2.3　制定营销策略

环境分析阶段得到了许多重要的数据，这些数据可以满足营销策略制定之需。但是，服务型企业面临的环境是复杂多变的，为了使企业发展更加平稳，还需要服务营销规划的第三阶段的内容，制定营销策略。这一阶段也包括三个小环节：营销目标与策略；估算结果；制订应变计划。其中，营销目标与策略的制定是营销规划中最重要的一环节，这个步骤没有实施好，接下来的步骤都会缺乏凝聚力与核心。

1. 营销目标

营销规划的前期步骤完成之后，设定营销目标的工作变得相对比较容易了。然而不幸的是，现实情况却常常不是这样，因为企业并不总是以符合逻辑的方式来完成任务的。逻辑的工作过程应该是这样的。

1) 设定总体营销目标

总体营销目标与企业目标相关，它关注企业长期的赢利性。通过设定总体营销目标，可以增进各个部门之间的联系，并在员工中间树立起共同的期望。

2) 为各个关键领域设定目标

对于那些发挥关键作用的领域，需要为它们设定更确切的目标。

可以基于销售量、地理扩展和服务扩展等因素来设定目标。

营销目标应该满足以下几个标准：

(1) 相关性——营销目标与企业的使命和目标相关；

(2) 具体——营销目标明确、清晰；

(3) 可衡量性——营销目标可以量化；

(4) 时间范围——营销目标有一定的期限；

(5) 挑战性——营销目标必须是可实现的，但同时对个人和组织有挑战性；

(6) 重点突出——营销目标只关心企业参与的市场与服务产品。

2. 营销策略

前面说过，企业要实现的诸如市场份额、销售量之类的指标就是营销目标。企业为实现营销目标而使用的方法就是营销策略。营销策略是实现特定目标的总体策略，包括为实现营销目标而采取的方法、时间计划以及资源分配，但并不描述行动的具体过程。服务性企业营销目标与营销策略之间的关系如图6-3所示。

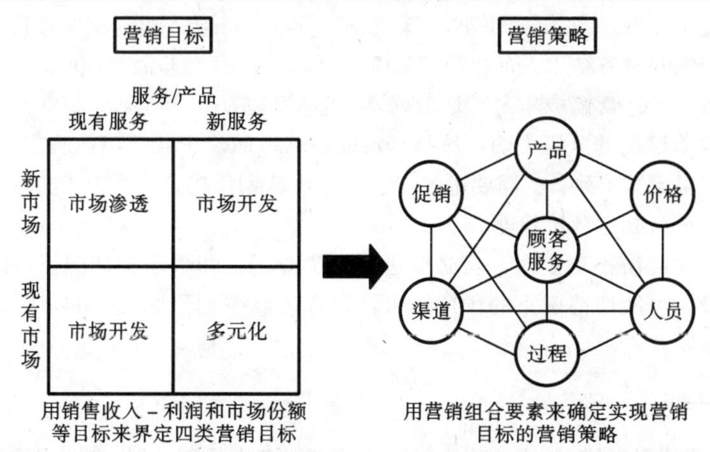

图6-3　服务性企业的营销目标与营销策略

资料来源：作者根据相关文献整理。

制定营销策略是营销规划的第六步，是营销规划的主要内容，它基本上包括如下这些内容：

(1) 服务产品的关键因素，如数量、质量、设计、品牌等；

(2) 可接受的价位、顾客可能的讨价还价与折让；

(3) 广告与销售推广，如销售促进方法、媒体类型、媒体费用；

(4) 企业可以采取的主要销售方式、销售培训等；

(5) 中间商，如分销渠道；

(6) 顾客所需服务的层次；

(7) 提供服务的特殊程序；

(8) 与员工相关的策略问题。

营销策略是实现营销目标的方法，一般包括营销组合的七个主要要素，如表6-3所示。

表6-3 营销策略组合要素

要　素	营 销 策 略
服务产品	删减、增加、修改、设计、包装服务/产品的一般策略
价格	细分市场中服务/产品的定价策略
分销渠道	分销渠道与中介选择的一般政策
促销	顾客沟通的一般政策，如广告、销售人员、销售促进、公共关系、展览、直邮
人员	人员(作为服务提供过程一部分)管理的一般策略
有形展示	将无形的服务有形化，以影响顾客的感觉和评价的策略
服务过程	关于服务是如何产生及提供给顾客的过程的一般策略

资料来源：曹礼和. 服务营销[M]. 武汉：武汉大学出版社，2004.

3. 估算结果

这一步的目的是评价营销策略是否会产生预期的结果。

企业一旦为不同细分市场制定了营销目标与策略，就要评价实施这些策略所产生的财务结果。企业应该明确以下这些内容：①企业预期的销售收入；②销售成本；③营销成本；④运营成本；⑤管理费用。

这样的分析表明，选择一定的策略之后，企业就可以确定可能实现的回报。如果无法得到，就需要进一步深入分析营销策略，看看为了实现预期目标应该如何重新制定营销策略。

经济不稳定时，有必要进行三类分析，即最乐观情况下、最悲观情况下和最大可能性情况下的预期结果。这样可以得到预期结果的范围，还可以得到边际误差。

4. 制订应变计划

即使最初制定的营销目标和策略能产生预期结果，企业也要考虑是否还有更为有效的营销组合能产生更好的结果，这是非常重要的。因此，在最后作出营销组合决策之前，企业应该运用诸如计算机模型之类的技术来制定一些可替代的、应急性的营销组合。考虑到前面提过的各种不同假设情况都有可能发生，在营销规划过程的这个阶段企业也需要制订应变计划。当然，企业没有精力与时间为每一种可能情况都制订应变计划，但至少要明白：

(1) 针对未来估计过于乐观、有可能发生实际危险的两种情况，企业应该制订防御性的应变计划；

(2) 与上面的情况相反，在市场中找到可以利用的机会时，企业应该制订进攻性的应变计划。

6.2.4　资源配置、监控和详细计划

前面介绍了如何提炼和利用营销评审信息来制定营销目标与策略。通过这些信息，就能得到战略层面的营销组合，服务性企业通过实施这些营销组合可以达到预期的结果。接下来就是服务营销规划的最后一个阶段——资源的配置、监控与详细计划。

1. 营销预算与规划实施

企业制定的营销组合即将实施，那么下面需要考虑的问题就是营销组合的预算。一般而言，总体营销预算是可知的，然而企业还需要更为详细的营销预算分解结果，因为服务性企业需要严格评估未来三年内(或者规划期间)所实施的营销策略。

2. 年度收入预算

年度收入预算是由销售量所决定的，因此准确的销售预测是年度收入预算的基础。营销规划人员应该尽可能科学地计算年度收入，同时预算结果也要基本符合销售人员和其他专业人士的看法。

销售预测包括以下一些内容：

(1) 主要服务产品的销售范围与组合；

(2) 国内与国外市场对服务产品的需求量；

(3) 供给量与需求量之间的关系；

(4) 需求的季节性；

(5) 某些服务产品的市场特性。

3. “营销能力”预算

从本质上讲，“营销能力”预算与规划期间企业营销人员所负责的服务和产品有关。企业需要细致地研究每一种服务产品所需的营销资源，要了解企业的人力资源、物资和设备的状态。在“营销能力”预算过程中，如果不与其部门的经理进行交流与讨论的话，营销规划人员是不会得到什么有用的结论的。为了保持输出结果的一致性，应该考虑以下这些内容：

(1) 在每个主要细分市场上企业提供服务的质量水平；

(2) 所需人力的能力的不同，要估算出详细的人力需求；

(3) 可能影响销售的因素；

(4) 工具的供给，零件和维护设备的供应；

(5) 最有效的原料采购过程；

(6) 通过重新设计服务产品来改善服务提供的有效性；

(7) 维持营销效果的其他开支，如广告。

4. 资本费用和资金预算

在营销规划期间有必要制定长期的资本费用预算。这涉及营销规划期间所需要的全部资本资产，例如企业开设新的服务点或者是扩展机构所需要的投资。

现金或资金预算应该包括：①现金流；②短期借款；③多余资金的临时性投资；④对资本市场状况和利率的研究；⑤临时债务准备。

由此可见，制定预算要很现实。如果想实现目标，制定预算时就要强调跨职能部门的参与，而不是仅仅让一个职能部门来完成这项任务。预算制定不能只顾一个方面，要制定全面的动态预算系统，这对于企业的营销和财务管理人员来说都是很严峻的考验。

5. 制定营销方案

一旦企业对营销预算达成了一致，接下来要做的工作就是制定第一年度的营销计划实施方案，确定需要完成的任务细节，以及相应的时间要求。

在制定营销方案之前，企业要清楚各种行动会产生什么样的后果。如果以"顾客的眼光"来审视自己，企业将会得到更多的启发。如图 6-4 所示，顾客是通过企业的行为来评价企业的。

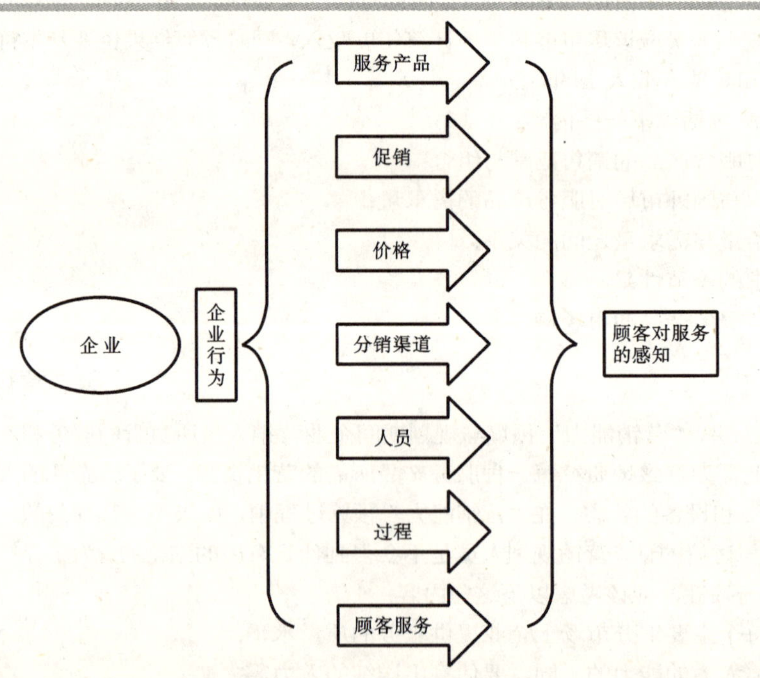

图 6-4　企业行为

资料来源：作者根据相关文献整理。

营销计划实施方案要为所有的营销组合要素和管理制订计划。然而，并不是所有的营销计划都需要制订七个要素各自的子计划。在有些情况下，人员和过程要素会被归入到其他要素的计划之中。无论企业针对这些要素制订了各自的计划，还是把这些要素混合在其他的子计划当中，重要的是企业要把所有的组合因素都作为规划过程的一部分予以考虑。这样，我们将不会武断地决定应该为哪些营销组合要素制订计划。

6.3　服务营销规划信息收集

从前面几节中我们可以看到，一个组织不是随意就可以决定着手制定营销规划的。根据我们的建议步骤来制定营销规划要耗费相当多的时间和精力，以往人们也许会认为这些不值一提。完善的营销规划可为组织带来成功的希望，但也并不是说不花一毛钱就可以轻易地得到完善的营销规划。有前瞻性的组织对此认识得十分清楚，愿意花钱来组织营销规划的制定，并确保整个组织都为营销规划的制定贡献力量。在这种情形下，营销规划是组织重要的规划活动之一，它在重塑组织行为过程中发挥着重要作用。

缺乏远见的组织认为营销规划仅仅是流于形式的一种负担，认为营销规划仅仅是一些文字工作，最终以规划的形式体现出来而已。这些组织认为营销规划可有可无，无伤大碍。这种轻率的、机械的看法完全扭曲了营销规划的本质。

营销规划从来都不是对企业没有触动，也从来不是一个简单的、不为人知的建议。如果营销规划直接针对企业的活动，那么它就会变得很复杂。营销规划还能引发企业对许多问题的思考。总而言之，营销规划事实上是解决企业面对的实际问题，而不是一种观点，它是企业活动的中心。

在营销规划过程中会遇到许多组织阻力，例如：企业短视的经营观点；缺乏企业高层的支持；缺乏营销规划的规划；缺乏一线管理人员的支持；营销规划主旨不明晰；过分依赖数字，营销规划太细太超前，流于形式；不能区分战略营销规划和营销规划实施方案；不能把营销规划融入企业规划系统当中，把营销规划交给规划人员去完成，不能确定什么才是营销规划的内容。不过，在我们对营销规划进行解释的过程中，不难发现许多阻力源于人们对营销规划过程不甚了解，源于人们不知道如何制定营销规划。

防止出现这些潜在阻力显然是十分重要的，但更重要的是企业必须有效地组织营销规划。本节将讨论如何对营销情报进行收集，主要包括以下几种：营销情报系统(marketing intelligence)、营销调研和数据库营销(database marketing)。

6.3.1　营销情报系统

随着决策制定环境的不确定性不断增加，对信息的需求越来越大。事实上，许多管理人员把信息缺乏作为决策制定延迟的借口。理论上来讲，计算机技术的发明和发展大大推动了营销信息的收集与应用。不幸的是，事实并非如此。研究结果显示，营销信息的收集与应用是企业管理中最为混乱的现象之一。一般而言，企业很难知道要作出什么决策，很难知道制定决策需要哪些重要信息。因此，建

设一个成功的营销情报系统必须从明确管理信息需求出发。

事与愿违的是，这看似简单明了的事情却被复杂化了，许多管理人员不能从诸多杂事中甄别出关键的成功因素，他们被杂事牵扯了太多的精力，从而无法明确管理的信息需求。例如，这些管理人员不太清楚市场份额的含义与重要性，高估或低估了服务水平对企业经营的战略影响。如果没有正确的指导，他们只能提供一大堆没有意义的数据信息，需要信息的人很难区分出哪些信息是重要的，哪些信息是不重要的。这也就是许多管理人员不堪重负的原因，尽管这有点夸大其词。在这些企业中，相应的结果是，营销情报系统的输出结论很少有人问津。相反，管理人员固守陈规，制定营销决策时只是依靠直觉和预感。

为了建设一个有价值的营销规划情报系统，需要采取以下四个步骤。

(1) 列出现有数据和信息的详细清单。

(2) 要求每位管理人员分别列出必须作出决策的重要项目，以及制定这些决策需要哪些重要信息。

(3) 比较这两份清单。去掉所有冗余的信息需求，比如说，去掉那些不会用到的信息。整合所有余下的管理人员/信息组合，使其既能满足各位管理人员的需要，又能使产生的信息量最少。

(4) 建立理想的营销情报系统。

6.3.2 营销调研

尽管营销情报系统可以提供数据来辅助常规决策的制定，但管理层随时需要一些新的、特别的信息。这便需要企业进行营销调研。营销调研的作用被美国市场营销协会定义为“系统地收集、记录和分析与商品和服务营销问题相关的数据”。因此，可以说营销调研是一种方法，它研究营销的整个过程，但它不能与市场研究混为一谈，市场研究特别是指针对市场所开展的研究活动。营销调研可以帮助解决许多问题，如销售渠道方面的问题、服务项目竞争优势分析、顾客偏好和定价。实际上，营销调研可以帮助解决一切与以企业能力来满足顾客需求相关的问题。通过收集和分析适当的数据，市场人员可以在已知风险(而不是在不确定)的条件下作出决策。

一般可通过两大类营销调研方法获得信息。

1. 非反应式调查方法

这类方法是以对所有观察到的现象或外部数据进行解释为基础的，它不依赖于直接从被访问者处获得数据。如非参与式观察、消费者专题讨论、零售审计、文献研究、行业资料调研、企业内部数据研究等。

2. 反应式调查方法

运用这种方法时，目标受众对测试条件或访问人员提出的问题作出反应式回答，如问卷调查、市场测试、小组讨论、实地调研、深度访谈、实验室研究。所有营销调研方法都有其内在的优点和不足之处。

6.3.3　数据库营销

传统意义上数据库建设都很庞大，花费不菲，但效益发挥迟缓，大多被认为是费力不讨好的。因此，现今许多运行的营销情报系统只是销售汇报系统而已。不过，随着直接营销、电话营销和销售业绩管理的重要性不断提升，许多企业开始积极着手顾客数据库的建设。数据库建设常常是规划制定人员战略信息需求和直接营销人员、电话营销人员和销售经理们战术信息需求的折中方案。

建设数据库最棘手的难题之一就是融合企业内部和外部市场的信息，常见的问题是销售客户分户账中记录的数据几乎没有能把顾客需求和细分市场联系在一起的详细数据。表 6-4 列举了一些常见的数据库营销中所遇到的问题。

表 6-4　数据库营销常见问题

外部市场信息	企业内部会遇到的问题
购买什么	企业内部有丰富的会计账目信息。不过，却没有有关产品和服务类别的信息。产品通过什么途径或渠道销售出去的信息通常也没有
谁购买	企业内部系统记录了谁是付款人，谁接受企业提供的服务。但很少记录是谁决策购买，谁影响购买的决策。即使购买者的详细信息记录在案，也很难知道他们的特征，如年龄、性别等。 企业内部储存的信息大多以服务销售提供的数量来记录，而不是以顾客购买不同类型服务的频数来记录
为什么购买	融合企业内部和外部市场信息需要： (1) 融合会计信息和顾客信息； (2) 融合服务提供能力信息和顾客需求信息； (3) 融合外部市场变量信息和全部记录信息； (4) 从数据源(如销售代表研究)采集、收集数据，而不是从销售客户账目中获取数据。 企业内部系统记录的信息中很少有顾客购买原因的信息。一些访问研究能提供诸多线索，如顾客对广告活动的反应。 顾客满意度研究也能说明一些问题。现场销售和电话销售的分析报告也能提供许多有价值的结论

资料来源：作者根据相关文献整理。

6.4　服务营销组合概述

6.4.1　服务营销组合

服务营销组合是服务企业依据其营销战略对营销过程中的七要素变量进行配置和系统化管理的活动。营销组合能够便利管理者控制所有的变数条件,并使之系统化，因为这些变数会影响到市场交易。服务市场营销组合的形成过程，大致与其他形态的市场相似，其过程主要是：

(1) 将产品分解成部分或细节组合；

(2) 将各细节组合调整成为营销组合。

每一公司所采用的独特营销组合应随条件(如需求水平、服务提供的时代)的变化而变化，营销组合过程也是随着变动的市场状况和需求不断修正和调整其构成要素的。不可避免的是，营销组合各种不同成分之间，会有所重复且相互关联。因为在作决策时，考虑组合中的一项内容，就不可能不考虑到它对其他组合项目的牵制和影响。

表 6-5 列出了营销管理者在制定服务业市场营销组合时，必须格外注意的某些重点，每项要素将在以后章节里有较详细的分析。

表 6-5 市场营销组合制定重点

要　素	内　容
1. 产品(product)	(1)领域(range)，(2)质量(quality)，(3)水准(level)，(4)品牌名称(brand name)，(5)服务项目(service line)，(6)保证(warranty)，(7)售后服务(after sales service)
2. 价格(price)	(1)水准(level)，(2)折扣(discounts，包括补贴 allowances 及佣金 commissions)，(3)付款条件(payment terms)，(4)顾客的认知价值(customer's perceived value)，(5)质量/定价(quality/price)，(6)差异化(differentiation)
3. 地点或渠道(place)	(1)所在地(location)，(2)可及性(accessibility)，(3)分销渠道(distribution channels)，(4)分销领域(distribution coverage)
4. 促销(promotion)	(1)广告(advertising)，(2)人员推销(PS)，(3)销售促进(SP)，(4)宣传(publicity)，(5)公关(PR)
5. 人员(people)	(1)人力配备(personnel)：①训练，②选用(discretion)，③投入(commitment)，④激励(incentives)，⑤外观(appearance)，⑥人际行为(interpersonal behavior)；(2)态度(attitudes)；(3)其他顾客：①行为，②参与程度(involvement)，③顾客/顾客之接触度
6. 有形展示(physical evidence)	(1)环境：①装潢(furnishings)，②色彩(color)，③陈设(layout)，④噪音水准(noise level)；(2)装备实物(facilitating goods)；(3)实体性线索(tangible clues)
7. 服务过程(process)	(1)政策(policies)，(2)手续(procedures)，(3)器械化(mechanization)，(4)员工裁量权(employee discretion)，(5)顾客参与度(customer involvement)，(6)顾客取向(customer direction)，(7)活动流程(flow of activities)

资料来源：市场营销组合[OL]. MBA 智库百科.

1. 产品

服务产品所必须考虑的是提供服务的范围、服务质量和服务水准，同时还应注意的事项有品牌、保证以及售后服务等。服务产品中，这些要素的组合变化相当大，这种变化可以从一家供应数样菜色的小餐馆和一家供应各色大餐的五星级大饭店的比较中看出来。

2. 定价

价格方面要考虑的因素包括：价格水平、折扣、费用和佣金、付款方式和信用。在区别一项服务和另一项服务时，价格是一种识别方式，因此顾客可从一项服务中获得价值观。而价格与质量间的相互关系，在许多服务价格的细目组合中，

是重要的考虑对象。

3. 分销渠道

提供服务者的所在地以及其地点的可达性在服务营销上都是重要因素，地点的可达性不仅是指实物上的，还包括传导和接触的其他方式。所以，销售渠道的形式以及其覆盖的地区范围都与服务可达性的问题有密切关系。

4. 促销

促销包括广告、人员推销、销售促进或其他宣传形式的各种市场沟通方式，如公关。以上四项是传统组合要素，服务营销人员显然有必要增添更多的要素，如人、有形展示和过程。

5. 人员

博登在设计营销组合时，曾将人的要素包括在内，不过只限于人员推销的情况。因此，他的设计中有关人的要素至少还有两项被忽略。

(1) 在服务业公司担任生产或操作性角色的人(如在银行做行员或在餐馆做厨师)，在顾客眼中其实就是服务产品的一部分，其贡献也和其他销售人员相同。大多数服务公司的特色是操作人员可能担任服务表现和服务销售的双重任务。换言之，服务业公司的服务执行者工作得如何，就像一般销售活动中销售能力如何一样重要。正如布隆得奇和马歇尔所指出："在服务业公司，服务的销售和递送之间是不易区分的……换言之，服务本身就是一件产品，在服务被递进的同时，顾客所能见到的所有功能，都成为服务产品的一部分。由于顾客一直能接触到服务公司的所有部分，所以无论操作、产品、销售或营销人员都和服务的售出关系密切……"

据此，营销管理必须和作业的处理工作方面协调合作，才能影响并控制顾客和公司工作人员之间的某些关系。公司工作人员的任务极为重要，尤其是威斯所说的"高接触度"的服务业务方面，即营销管理者也应注意起用人员的筛选、训练、激励和控制。戴维森也指出，在服务业，成功的秘诀在于认清与顾客接触的工作人员才是公司最关键性的角色。

(2) 对某些服务业而言，顾客与顾客间的关系也应重视。因为一位顾客对一项服务产品质量的认知，很可能是受其他顾客的影响。例如，一个旅行团中的特殊成分结构，或者一家餐厅的其他食客的行为都可能影响顾客所得到的服务产品。在这种情况下，管理者应面对的问题，是在顾客与顾客间相互影响方面的质量控制。

6. 有形展示

在市场交易中，没有有形展示的"纯服务业"极少，因此有形展示的部分会影响消费者和客户对于一家服务营销公司的评价。有形展示包括以下要素：实体环境(装潢、颜色、陈设和声音)；服务提供时所需的装备实物(比如汽车租赁公司所需要的汽车)；实体性线索，如航空公司所使用的标识或干洗店将洗好衣物加

上的“包装”。

7. 过程

人的行为在服务业公司很重要，而过程(即服务递送过程)也同样重要。表情愉悦、专注和关切的工作人员，可以减轻顾客必须排队等待服务的不耐烦感，或者平息技术上出问题时的怨言或不满。但工作人员的良好态度，对出现的问题是不可能全部补救的。整个体系的运作政策和程序方法的采用、服务供应中器械化程度、雇用人员裁量权用在什么情况、顾客参与服务操作过程的程度、咨询与服务的流动、订约与侍候制度等都是经营管理者要特别关注的事情。

在许多服务经营中，表现、人和过程是密不可分的。营销管理者必须重视服务表现和递送的过程顺序，将其归入营销组合中。对于从事服务业营销活动的公司机构，这方面也是相当重要的。将生产或操作角色分开的传统作风，现在可能已经不合适了。从事服务业经营的管理者们，通常都扮演综合性的经营角色，即人事、生产、营销和财务等功能可说是无所不包。

6.4.2 服务营销组合的特殊性

服务的特性决定了服务营销组合的特殊性。首先表现在服务营销组合由七项要素组成，而不仅仅只是产品、价格、渠道和促销这四项要素。这是由以下三方面因素决定的。

1. 服务的无形性

服务的无形性特征，决定了服务营销组合中有形展示的重要性。服务是以非实体形式存在的消费品。没有体积、重量、颜色和形状等，无形性致使顾客无法深入了解服务产品进而制约顾客购买服务的意愿。此外，由于服务消费属于体验消费或过程消费，而非占有，顾客对服务的价值较难认知和判断，如高难度手术、高科技讲座等。如上所述，服务的无形性必然会加大消费者的购买风险，对企业营销工作构成了巨大挑战。因此，服务企业的重要任务之一，就是化无形为有形，为消费者创造条件，使其认识和了解服务的有形展示，从而降低顾客的购买风险，推动服务产品的购买。

2. 服务的不可分性

与有形产品不同的是，服务的生产和消费是同时进行的。服务人员提供服务的同时，也是顾客消费服务的过程。服务生产和消费的不可分性，使得服务的提供者成为服务中不可或缺的一部分，同时也是影响服务质量的因素之一。 一方面，由于服务人员自身情况的差异，在相同的服务环境下，不同服务人员在提供同一种服务时，服务质量会有所差别；另一方面，即使是同一服务人员在不同时间和环境下，提供的服务也很可能表现出不同的质量水平。在这种情况下，顾客容易对服务企业的服务质量产生不一致的评价，并对服务质量的可靠性产生怀疑，从而损害服务企业的形象和声誉。因此，在制定服务营销规划时，企业需要考虑服务人员的因素，如通过内部营销，激励员工形成以顾客为导向的意识，从而激发其为顾客提供优质的服务。因此，控制好人员的因素就可增强顾客的满意度，从而提高产品的美誉度和服务绩效。

3. 服务的不可储存性

服务的不可储存性意味着对服务的过程（即服务的递送过程）管理也同样重要。在服务需求的高峰期，可能会出现需要压力过大的现象，这时候就要求服务企业尽量加强服务过程的控制，以缓和供给不足的矛盾。此外，整个服务体系的运作，如果采用规范和标准化的制度和程序，则可以充分利用现有资源，包括人员、设备等，提高使用效率，从而缓解供需矛盾。

6.4.3 服务业营销策略的制定关键因素

1. 业种问题

业种即行业的种类。服务业可依据其经营方式划分为若干个业种。业种的区分和描述是制定营销策略的依据。例如，以“设备基础”还是“人为基础”区分服务。依此区分，“设备基础”服务行业可能是自动化的(如自动洗车)、由非专门技术人员操作的(如干洗店等)或者由专门技术人员操作的(如电脑);“人为基础”服务行业包括使用技术性劳力的(如家电修理)、非技术性劳力的(清洁服务)或者专业性劳务的(会计等)服务。以此种方式区分服务业，关键是回答两个问题：①这项服务如何实现？②什么样的设备或人来进行这项服务？

从这个例子可以发现，“人为基础”的行业在拟定策略时，必须注重卖主和买主间的互动关系，可能的话应通过维护与强化交易关系中的个人因素，使得两者之间关系更加密切。在专业性服务业方面，这点尤为重要。

2. 购买动机

策略制定的一个重要步骤是确认目标市场，了解顾客需求以及顾客购买动机。显然，这些问题是所有营销导向的企业都会面临的，不过服务公司的问题可能稍有不同。例如，对于消费者行为，虽然做出了许多理论上的解释，可是很少有人探讨消费者对服务的决策和基本选择模式。不过，有人对于特定类别服务业做过专门的研究，并发现：专业服务的买主是“购买”卖主的才能，因此当买主在作决定时，他可能会去评估服务公司的业主或代表人的行为和个性，此外他也要评估该公司本身，即所在地、声誉和外观等。具体包括以下要素：

(1) 所需时间总量；

(2) 顾客对情境的控制；

(3) 顾客所需的努力程度；

(4) 顾客对分阶段的依赖程度；

(5) 服务的效率；

(6) 与人接触参与的程度；

(7) 发生意外的风险大小。

3. 竞争反应

每个服务公司都必须先考虑如何进入市场，然后考虑如何建立并维持其竞争地位。要发展并维持具有特色的地位，方法虽然很多，但在服务业中实行起来并不容易，因为所提供的服务往往会缺乏一个强有力的实体核心。要建立坚强的竞争地位，一个重要的方式是利用“服务差异化”，借此在消费者的心目中创造服务公司及其服务的鲜明形象，并在市场上形成一种具有特色的定位，即消费者对服务产品和服务企业在市场上比较性地位的概念或形象。

4. 业务效率

许多劳动力密集的服务业试图以机械化、规范化，或者利用各种科技及系统方法来提高业务效率。当然，在提高效率方面，服务业所面临的问题比制造业更多。虽然有些服务业可以用传统的“以资金取代劳动力”的解决方式，但这并不是在所有的服务业领域中都行得通，尤其是“以人的要素为基础”的服务业，是不能以资金取代劳动力来解决问题的。各种策略性的挑战，在服务业市场总是与其他市场有所不同的。

5. 产品开发

产品规划和开发对服务业公司而言是一个重要问题，因为要建立一个具有防卫性的竞争地位是很不容易的。尤其对于服务业而言，更为抽象而不易把握。另外，为了向顾客提供搭配均衡的服务类别，产品规划也很重要。一般而言，服务业公司在研究与开发产品规划方面的发展都不如制造业。不过，服务业公司没有理由不采取系统的方式从事研究开发工作。当然，要测试、开发和规范化服务产品，有一定的困难，尤其是所谓的“以人为基础”的服务业，往往缺乏真正的创新，而以模仿居多(如航空公司和银行业的服务)。

因此，服务公司在策略上受到的挑战，包括如何导入更系统的新服务产品开发程序，以及如何设计高度非实体及创意性服务。服务产品的开发可以采用收购方式，不过是否适合采用收购方式，则因业种而定，若与制造业的收购相比较，则可能必须用不同的标准来评价。以收购方式追求增长，对服务业而言，是一个风险性问题，不过风险性因情况而异。越偏重于“以人为基础”的服务，风险就越大。其中，由专业人才或高度技术性人员提供的服务，风险性更大。因此任何公司要收购服务业的话，就必须有办法能争取到熟练的服务导向的经理来经营才行。

6. 对其他决策的影响

在服务业公司中，生产策略和人事策略是分不开的。不同部门所做的替代性决策及其产生的互动效应必须取得谅解。事实上，公司不同功能部门的相互关系，在服务业中会较为密切。

例如，在服务业公司为提高生产效率而用设备取代人力时，反而可能降低营销效率。因为顾客可能会认为，个人服务的量减少后，服务质量会全面降低。这种后果可能会加剧，顾客们也会认为这种改变是服务本身性质的改变，他们会重新考虑这种服务满足其需要的程度。服务公司功能性策略之间经常容易产生冲突，如生产决策往往造成营销上的不利后果，反之亦然。以上这些要害问题都解决以后，营销策略规划将进入新的阶段，即开始制定“营销组合”。

本章小结

服务营销在正确的营销理念的指导下，要通过对企业营销活动的规划将理念转化为行动。服务营销规划按一定的程序进行，一般分为九个步骤。服务营销规划程序与产品营销规划程序有相似之处，也有区别。

服务营销信息收集是制定营销规划的重要组成部分和先决条件。它一般采用营销情报信息系统、营销调研以及数据库营销等手段。

服务营销组合较之产品的市场营销组合，不仅组合因素多了人员、服务过程和有形展示三个因素，而且还表现为服务营销组合步骤是人的直觉和理性研究的结果。服务营销组合受业种、购买动机、竞争反应、业务效率和服务产品开发等因素影响。服务营销组合实施的成败对企业营销规划的实施和完成具有至关重要的影响。

关键术语

服务营销规划　SWOT 分析　企业目标　营销策略
资源配置　服务营销组合　营销评审

思考题

1. 简述营销评审、SWOT 分析法、服务营销组合的概念。
2. 简述服务营销规划的程序。
3. 服务营销规划与产品营销规划有何异同?
4. 服务营销规划的重点内容有哪几部分?
5. SWOT 分析法如何展开？分别形成哪些战略?
6. 试举例说明 SWOT 分析法的运用。
7. 服务营销组合具有哪些特殊性？为什么?

案例研讨

百事可乐成功的秘诀

一个公司的产品，在市场上扩大其占有份额，主要靠什么？靠降低价格吗？毫无疑问，降价能在短时期内起到一定作用，因此企业家常常使用这个方便的手段。但应该认识到，这种手段的作用非常有限，迄今为止，还没有一家公司领先降低产品价格，长期有效地提高了市场占有率，成为世界名牌。

我们来研究一下百事可乐与可口可乐互相竞争的历史。可口可乐公司创办之后，一路顺利发展，很快成长为美国最大的饮料公司。但与它差不多同时创立的百事可乐公司，却屡遭破产厄运，在百事可乐早年的历史中，曾经三次请求可口可乐收购自己，而对方却没有答应！

百事可乐公司艰难地生存着，这时候公司来了一位新的领导迈克。20 世纪 40 年代初，迈克采取了一系列旨在扭转公司经营状况的政策，这些改革中最核心的一条就是降价，同样价格的饮料，百事可乐的容量是可口可乐的两倍。百事可乐的销售额节节上升。第二次世界大战前，在美国市场上，每有 10 瓶可口可乐售出，才有 2 瓶百事可乐售出。而在第二次世界大战结束后，每有 7 瓶可口可乐售出，便有 2 瓶百事可乐售出。1945 年，百事可乐的利润达到创纪录的 634 万美元，每股股票的价格也前所未有地达到 40 美元。

但是第二次世界大战结束后，美国人不再想过紧巴巴的日子，他们抛弃了“便宜加大碗”的百事可乐，重新去喝他们认同的可口可乐。百事可乐铺天盖地的广告中都在宣传自己价格低的优点，但消费者却无动于衷。在消费者的心目中，百事可乐成了一种便宜货，只可以作为厨房里解渴的东西，而不可以摆在客厅招待客人。这时百事可乐在市场上节节败退，到 1948 年时，公司的净利下降到 208 万美元，股票价格降到 8 美元，与可口可乐的市场份额之比降到 1:6，甚至低于战前的 1:5。

这时，百事可乐的董事会调换了企业的领导人，斯蒂尔掌握了公司的决策权。他上任第一天就发布禁令：禁止再在广告中出现“售价相同，享受双倍”的字样。他组织化学家精心修改了百事可乐的配方，使百事可乐成为一种味道更温和的饮料。在百事可乐新的广告中，百事可乐总是与绅士和贵夫人做伴，被盛在精美的银餐具中。战后美国的减肥热兴起时，百事可乐的广告宣称：“百事可乐可以使您在心旷神怡之余不必担心增加体重。”百事可乐提高了售价，市场占有率迅速攀升，在 10 年时间里，百事可乐与可口可乐的市场份额之比由 1949 年的 1:7 上升到 1959 年的 1:3。

在战后美国饮料市场上，价格已经不是决定竞争胜负的主导性因素，在价格相差不是很悬殊的情况下，消费者购买一种饮料时，首先考虑的是品牌、档次与质量。百事可乐成功的关键是它修订了自己的竞争策略，得到了消费者的认同，并在此基础上，它提高了售价，获得了巨大的成功。市场的一般规律也是如此。欧洲商标协会对全球 4 900 家公司的市场数据进行研究后得到结论说，名牌在赢得市场份额方面的效力，起码是优惠价格的两倍。这是那些采取价格战的公司所望尘莫及的。

案例思考题

百事可乐扩大市场份额的战略给我们带来哪些启示？

参考文献

1. 王琪延，黄江明. 世界名牌公司扩张史(第二册)[M]. 北京：台海出版社，1998.

2. 曹礼和. 服务营销[M]. 武汉：武汉大学出版社，2004.

第 7 章　服务质量规划与管理

本章提要

1. 掌握服务质量的概念。
2. 知道服务质量是如何测度的。
3. 掌握服务质量的管理框架。
4. 运用质量差距模型来分析服务企业的服务质量。
5. 掌握质量管理的原则。

引　　例

重"附加价值"轻"核心价值"营销法遭尴尬

投诉公布带来的尴尬

春节刚结束，民航局 2 月初公布的 2003 年度消费者投诉情况通报就引起南方航空公司一阵不大不小的尴尬。这家国内客运量最大的航空公司刚刚在 2004 年 1 月中旬获颁美国优质服务协会(The American Academy of Hospitality Sciences)的最高服务奖项——"五星钻石奖"，这次却在民航局通报的乘客投诉数量排列中名列榜首。

"已经有很多电话询问这个情况了，但投诉的绝对数量最多并不能说明太多问题，我们每年所服务的乘客数量也是最多的。"南航宣传部部长助理蔡先生在接受记者电话咨询时这样回答。在民航局公布的 2003 年度 626 起消费者投诉中，南航以 102 次投诉位居第一，其次是国航集团的 95 次投诉和东航集团的 92 次投诉。上述三家国内最大航空集团中每一家每年乘客运载量都接近或超过 2000 万人，应该说， 在统计学意义上讲通报中公布的投诉数目差别几乎可以忽略不计。

"问题是各大航空公司的服务确实亟须改善，我认为公布的投诉数目与航空公司的实际服务水平相比简直太少了。"刚从虹桥机场下飞机的宝钢技术中心李先生说。因为出差的关系，李先生平均每个月要乘两趟飞机，他并没有选择哪个航空公司的习惯，订票时主要根据飞机起飞的时间是否方便而定。"但是，不管哪个航空公司，十趟中至少有两三趟是不能按时起飞的，经常动不动就延误 1~2 个小时。"李先生说。

与李先生的感觉相对应，在本次民航局公布的投诉情况通报中，航班不正常的投诉也是最高的，占航空公司投诉总数的40%以上，主要包括航空延误和取消、机器故障、飞机调配和合并航班后出现服务问题引起旅客投诉。此外，售票差错、退票、超售以及行李运输延误、破损、丢失也是旅客投诉的热门问题。

李先生表示自己虽然经常碰到各种随意延迟或取消航班的情况，但在整个 2003 年度里他没有进行过一次投诉。李先生经常碰到同行的乘客因为航班误点当场找航空公司工作人员理论的情形，但这种理论往往没有任何实际效果。“该误点的时候还是会误点，投诉有什么用呢？”李先生反问道。

李先生称其对民航服务已经见怪不怪了，这种态度也代表了国内大多数乘客的心态。尽管不满，向民航局进行投诉或在互联网上发帖子曝光航空公司劣质服务事件的情形只占少数。“比如延时的情况，三大航空公司可能有的好一些，有的差一些，基本也差不了多少。其他航空公司如厦门航空、海南航空服务可能好一些，但飞机少，时间方面弹性不够，给消费者留下的选择空间也并不多。”李先生说，但他旋即又补充道，“如果哪家公司能保证不延机，我肯定尽可能坐这家公司的飞机。”

抛去具体的数字不谈，至少南航获得服务行业“五星钻石奖”乘客所期望的服务水平没有在这次民航通报中表现出来。事实上，接踵而至的服务大奖和投诉数目最高开始暴露出南航在其服务战略方面存在的一些问题。

服务战略迷失

“‘五星钻石奖’花落南航，标志着世界级专家对南航服务的认可。”南航集团总经理颜志卿在 1 月份美国优质服务科学协会总裁约瑟夫·欣辉来华颁奖时表示。此前，国航早在1995 年就获得了该会颁发的“五星钻石奖”，东航也在 2000 年获得了这一奖项，2001—2003年获得此项荣誉的国际航空公司有新加坡航空公司、德国汉莎航空公司和牙买加航空公司，此外中国消费者熟知的连锁酒店香格里拉也多次获评“五星钻石奖”。

“五星钻石奖”的评选过程是，首先由酒店、航空公司、餐厅等各服务行业内的候选企业向美国优质服务科学协会提出申请或由该协会的理事公司推荐，候选企业递交材料后会有专业人士以及经常全球旅行的高级商务客人代表组成评审团，最终评选出本年度全球最卓越的企业、酒店、餐厅和个人。“但这并不能保证最优秀的服务企业每年都向该组织递交材料要求评审。”某业内人士指出，并举例说，口碑甚佳的英国航空公司和全球安全飞行冠军澳大利亚 Qantas 航空公司都不在“五星钻石奖”的名单之列，就说明了这个问题。

无论该“五星钻石奖”的权威性如何，一个明显的事实是，注重在高级商务服务级别上对企业进行考察的“五星钻石奖”颇合南航现时服务战略的胃口。除对呼叫中心等一些基础设备进行投资外，2003 年 10 月，南航开始实施“服务品牌首选工程”，先后推出了“蓝天使者”和“头等舱形象大使”，专门为头等舱旅客和公务舱旅客打造“半蹲式服务”、“尊称姓氏”、“空中点餐”等一系列全新的服务，其中“半蹲式服务”还因为是否有损乘务员的尊严问题而在媒体上引起广泛的争议。

尽管南航在对自己高级商务服务大力推广和宣传之余，也配合民航局参加诸如“始发航班百竞争”和“正点行动”等克服航班延迟的活动，但屡屡曝光的飞机延时事件和劣质服务态度使航空公司的服务承诺和服务声誉受到广泛的质疑。民航局此番公布的消费者投诉名单，南航排在首位，已经为其服务战略敲响一记有力的警钟。

服务之花为谁开

在菲利普·科特勒的《营销学原理》中，服务如同普通产品一样，其对消费者的价值被剥离成核心价值、基本价值和附加价值三个部分，被菲利普·科特勒形象地描述为“服务(产品)之花”。服务的核心价值、基本价值和附加价值分别代表花蕊、花萼和花瓣，共同撑起消费者对某项服务的美好体现。

就民航业来说，其服务的核心价值与长途汽车业并无二致，都是“搬运”顾客，即将乘客从一个地方运送到另一个地方。而在民航业里，因其用飞机这种特定的载体来运送消费者，与飞机相关的任何消费者能体会到的价值感都称之为基本价值，如飞行的快捷性、安全性、经济性等(这些基本价值和别的运输方式相比较，可能为正值，也可能为负值)。而与民航业核心价值、基本价值无关的其他价值称之为附加价值，比如在飞机上饮食是否美味、乘客是否体会到尊贵服务等都归结于此类。

根据“服务之花”的归类法，在南航的例子中，我们可以看出，消费者不满甚至投诉一般起因于南航为其提供的基本价值方面，但南航自身强调的服务内容却多在附加价值上，这是南航目前产生服务战略定位偏差的由来。

对比美国西南航空公司的做法，其因为专注实现民航服务的最基本价值，如强化航班的快捷性、经济性，在压缩了绝大部分诸如餐饮、座位安排等附加服务之后，反而赢得了消费者的青睐，成为全世界最赢利的航空公司。在世界航空业普遍不景气的宏观环境下，各大航空公司纷纷仿效美国西南航空公司压缩附加服务、专注于服务核心和基本价值的做法。

为什么如此？因为各大航空公司面临市场不景气的压力，纷纷裁员和压缩开支，资源变得更加有限。资源有限的前提下，航空公司不可能把服务的所有方面都做到最好，因而各大航空公司开始将服务战略收缩到企业的核心和基本层面上来。当然，等到经济回升，由于航空公司实力和市场的复苏，部分航空公司再为特定的顾客群提供世界级的附加服务，那也是建立在航空公司为顾客服务基本价值实现得很好的基础上。

南航等作为服务和管理水平正在上升的国内航空公司，确实应该慎重思考如何进行服务营销战略定位的问题。

7.1 服务质量概述

服务质量与前面已经说明的服务一样，也是非常复杂的。尽管在商品发展上，厂家会使用一种创意战略来增加商品组成的质量，如创造时尚、形象、生活风格之类的抽象辅助内容，但传统的商品质量总是与其技术规格相联系的。

在经历一系列服务过程时，生产和消费总是不能完全分开，且消费者常常积极地参与服务的生产过程，这使其变得极端复杂。然而，为了发展服务管理和建立营销模型，弄清消费者真正寻求什么以及他们如何评价服务是至关重要的。一些西方学者在 20 世纪 70 年代经过大量研究后发现，人们很难把一种良好的服务思想与一种稳定的、广泛的和易于辨别的消费者利益联系起来，而且把这种服务思想作为一种构造良好的规范模式来加以实施尤为困难。

建造一种服务质量模型需要些什么，也就是说怎样才能使一种服务质量模型被消费者所理解，只有当服务的提供者了解到消费者如何评价服务时，才可能知

道该如何利用这些评价，以及如何朝着所预想的方式影响这些评价。因此，须弄清楚服务观念、提供给消费者的服务及消费者利益三者间的关系。

7.1.1 服务质量发展研究

进入 20 世纪 70 年代，服务质量越来越为人们所关注。1972 年芬兰、瑞典文经济管理学院市场营销系主任葛罗斯教授用英文写了一本服务营销学专著，书中介绍了一种对服务质量的定位方法，同时还介绍了“可感知服务质量”的观念和总体服务质量模型。他认为，“可感知服务质量”方法依然是服务质量研究和理论发展的基础。当然，也使人试图从其他侧面去研究服务质量问题。

服务管理领域和服务经营领域一样，很强调质量问题。然而，在这些领域中，服务质量问题尚未使用系统模型来加以说明。

尽管质量控制是在 20 世纪内建立起来的，然而传统的组织一直把商品的质量问题放在十分重要的地位。为了证实这一观点，有的学者引证了美国质量控制协会(ASQS)1977 年第 42 届年会的会议记录，总计达 775 页，但在其收集的论文中却只有 3 篇涉及服务的主题；而欧洲质量控制组织 1977 年第 31 届年会长达 1 167 页的会议记录中，共有 102 篇论文，却根本未提及服务的问题。由于服务的特征，许多与商品有联系的质量技术诀窍没有被提及，或者说，没有被服务组织直接采纳。当然，从另一方面来讲，这些诀窍对服务也是非常有用的。

直到 1977 年，才在瑞典召开了首次服务质量研讨会。这次会议是由瑞典卡尔斯坦德大学服务研究中心与美国亚利桑纳州立大学服务营销研究中心联合发起，并由斯堪的那维亚航空公司提供资助，共同联合举办的。会上宣读的 25 篇论文和有关资料已于 1990 年编辑成册后正式出版发行。

虽然人们常常提到要把提高质量作为一项内部目标，但对服务质量究竟指的是什么却不加明确的解释。仅仅谈及“更好的质量”，却没有定义究竟什么是“更好的服务质量”。消费者如何看待服务质量以及如何才能改进和增强服务质量并没有引起人们的足够重视。人们只是把改善服务质量放在嘴上。深入研究影响制造厂商和服务公司的利润因素，全面分析所得数据资料后，得出如下结论：消费者说质量是什么就是什么，而且一种特定产品或服务的质量就是消费者所理解的那个样子。质量和特定的服务质量是如此复杂的现象，以致我们通常所使用的模型无法全面地去描述它。管理者必须把质量这个词拆成可管理的部件，只有这样才能给质量定义给出有竞争性的定位。

质量定义过于狭隘常常是一种冒险行为，因为这样可能会极大地局限质量项目的范畴。例如，一件商品或一项服务的技术规格常常被认为是这件产品的质量——至少是可感质量最重要的部分。公司的技术定向成分越高，则这种冒险的可能性越大。实际上，消费者通常把质量视为一个广泛得多的概念，而且其质量意识更多地由非技术因素所左右。因此，公司必须以消费者的方式去定义质量，否则就会在质量方面采取错误的行动，白白地投入大量的时间和金钱。应该永远记住这一条，消费者认为质量是什么就是什么。

7.1.2 服务质量测度

服务或多或少是不确定的，而且是一个生产和消费活动同时发生的非常主观的经验过程，其相互作用包括了在消费者与服务提供者之间发生的一系列真实的行为，这种买卖双方的相互作用将明显地对可感服务施加关键的影响。

正如消费者所理解的那样，服务质量存在两方面的测度：一种是技术或全局的测度；另一种是功能或相关过程的测度。旅店要为顾客提供房间和床位；餐馆要为食客提供食品；航空公司要把旅客从一地运送到另一地；业务咨询公司要为客户设计一套新的组织方案；工厂要把产品从仓库运送给消费者；银行的顾客可以从银行得到贷款的资格；制造商为其机器提供技术服务；零售店处理一位不满意顾客的申诉等。很明显，所有这些公司、企业的运营成果都是质量体验的一部分。

消费者如何对待为他们提供服务的公司，他们之间的相互作用如何，他们对他们个人以及对质量的评价等，这些显然都是很重要的。实质上，这多半被认为是所提供的产品质量。然而，这并不完全正确，它仅仅是质量测度的一部分，被称为服务生产过程结局的技术质量。这正是当服务生产过程和买方—卖方相互作用结束之后所留给消费者的印象。通常(并非总是)，这一测度并不能够使消费者对质量进行较客观的衡量，因为这种衡量方法的特点是，它仅对一个问题的技术方面加以解释。

然而，因为在服务的提供者与消费者之间存在着很多的相互作用，其中包括或多或少的可成功处理的真实时刻，所以并不能把质量的技术测量作为消费者认可的、全部的质量观念。除了质量的技术测度的影响外，消费者也将明显地受到所接受到的技术质量的方式以及服务过程结局的影响。例如，银行取款机、餐馆或企业咨询员的表现，服务员、银行出纳员、旅行社接待人员、公交司机、空中小姐、水管工人及维护机械师的形象举止，这些服务人员如何执行其任务，他们的言谈举止、行事方法等，这一切都影响着消费者对服务者的看法。

进一步说，对于那些自助型的服务或者需要消费者完成的与生产有关的活动，消费者参与的内容越多，则他们可能认为这项服务越好。此外，一些消费者同时享受同样的或类似的服务时，他们就会认同这种服务方式。但是，这样一来，消费者的数量增加会造成排长队等候，从而挫伤某些消费者的积极性；而且，他们也可能对买卖双方相互作用的环境产生积极影响。

综上所述，消费者受到两个方面的影响：①他们接受怎样的服务；②他们在参与生产和消费的过程中有怎样的切身体会。这就是质量的另一个测度，它和买卖双方相互作用的“真正时刻”密切相关，而且也与服务提供者的职能密切相关。所以，此测度被称为服务过程的功能质量。至此，正如图 7-1 所示，我们有了两个基本的质量测度：消费者如何看待质量，消费者如何认同质量，即技术结果或过程结局(技术质量)和服务过程的功能测度(功能质量)。显而易见，功能质量测度不像技术测度那样被客观地评估，它经常被主观臆断。

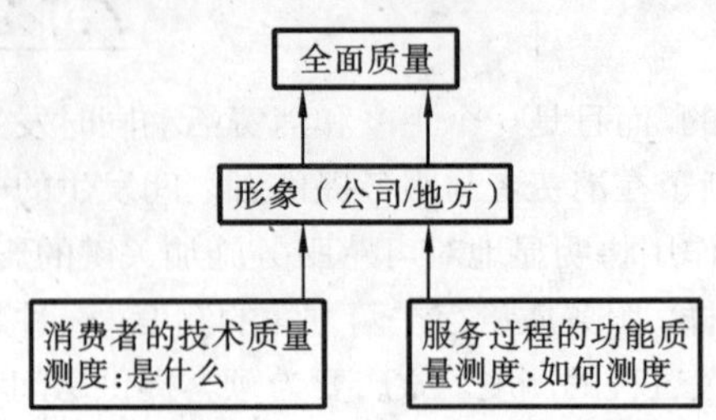

图 7-1 服务质量的两种测度

资料来源：作者根据相关文献整理。

通常，服务的提供者并不能隐藏到品牌和分销商的背后。在大多数情况下，消费者能够了解提供服务的公司及其资源情况和运营方式。因此，对绝大多数服务来讲，公司的整体或局部形象是最重要的，它会以各种不同的方式来影响消费者对质量的理解，如果服务提供者在消费者的心目中有良好的形象，那它即使犯了小错误也会得到谅解，但如果屡屡犯错，也会把好的形象破坏掉。反之，如果服务提供者在消费者心目中的形象不好，那么和形象好的公司比起来，其错误的影响力要大得多，因此我们可以把公司的形象视为质量目标的过滤器。

质量的两个测度(质量是什么和如何保证质量)不仅仅运用于服务业。为消费者提供的技术产品(一台机器或一件商品)是该消费者对完整的技术质量理解的一部分。而按消费者的特定需求来“定制”的内容则是增加了功能属性的附加值，因此它是消费者体验到的功能质量的一部分。

诸如传递、物业管理、技术服务、申诉的处理、消费者培训等提供附加价值，其中的技术属性部分增加技术质量，而功能属性部分增加功能质量，功能质量和技术质量都对完整的质量理念产生影响。

当今，质量常常被认为是成功的最关键因素之一。事实上，根据来自同类制造厂家和服务公司信息资料库的最新出版物——营销战略的利益影响的有关内容，可以发现，消费者对质量的理解对于企业获得成功而言至关重要。应该说，公司的竞争优势取决于所提供的产品和服务的质量。

克莱斯勒公司总裁李・艾柯卡就曾经坦诚地说过：“任何人在本公司的工作保障都来源于质量、生产率和满意的顾客。”这对于制造商和服务组织同样适用。然而，由于服务项目中的质量有很复杂的特点，人们必须对此有更清楚的了解。在服务中，质量无疑是竞争优势的基础，但质量的哪一个测度在绝妙完整的质量概念中更重要呢?如果不能正确地回答这个问题，那么就可能采取错误的行动，这样就无法取得最佳的竞争位置。

人们经常把技术质量测度视为最重要的因素。其实，这仅仅适合那些有能力开发出最好的技术方法的公司。如果一家公司成功地开发出一种其竞争对手无法比拟的技术方法，那么它采取技术质量战略就是有效的。但今天，这种情况已经越来越少了，因为为数众多的公司能够具备相同或相似的技术质量。此外，形成并保持技术优势是很困难的，因为在许多行业中，竞争者能够很快引入相似的技术方法。甚至当一个公司取得优异的技术方法时，如果这种优势被疏于管理或处理不当，则会被买卖双方之间的相互作用所摧毁，即被服务过程中令人不满意的功能质量所抵消，该公司也可能走向失败。

因此，公司常常不可能通过技术战略的方式来取得竞争优势。相反，对绝大多数公司来讲，执行服务战略是一种可能的选择。这意味着，改善买卖双方之间的相互作用成为质量内容的基础。发展功能质量测度可以给消费者增加附加价值，由此产生了必需的竞争优势。尽管对改善功能质量方面的投资可能不会立即见效，但它作为一种竞争策略则有助于公司长期增长目标的实现。

用更简练的方法来强调这种观点我们可以这样表达：如果能为顾客提供更多更好的服务，你就能够击败竞争对手。当然，这并不是说不应该把技术质量问题放在心上，也不是说在服务竞争中无须再改进技术质量了。

案例 7-1 **无可挑剔的服务**

美国联邦快递的服务质量很少让顾客失望，无论是电话、邮寄柜台中心，还是司机上门收发邮件，都让人无可挑剔。在当今社会里，能提供这样服务质量的公司实在少有。虽然这个公司的员工面临工作、时间的压力，但他们总是彬彬有礼乐于助人，总让顾客觉得不仅做了买卖，还体会到了服务的价值。

某办公室在一个周五请联邦快递在下午来取一份快递信件。联邦快递承诺于当天下班前来取。可时间一分一秒地过去了，仍未见取件员的踪影。职员开始着急起来。于是，该职员打电话询问原因。原来是电话接听人员发错指令派错地址，把他们给漏掉了。该职员责问这件事情该如何处理，只听他们安慰道："别担心，我们会全力处理，保证按您的原订计划把急件按时在星期一送达目的地。"

星期六一大早，职员们在办公室忙碌之际，一位联邦快递的专线主管人员出现了。他身着便服，一看并不当班。他取了邮件，为昨日的误点连声抱歉，并保证亲自将这件邮件送到圣地亚哥机场，以便赶上下一班飞机。他真的说到做到，周一早晨10点30分，邮件被准时送到了他们的顾客手上。

请问，这难道只是一种电话叫送服务吗？联邦快递的服务绝对超出了这个范围。

其实，并不要求你做的十全十美，你只需要在平时点点滴滴的小事中为顾客服务增添一些内在价值就可以了。

7.1.3 可感知服务质量

前面我们已经讨论了质量的两个基本测度——顾客心目中的质量是什么以及如何对待质量问题，我们也注意到，质量在很大程度上可以被主观察觉。然而，质量概念的形成过程较之更为复杂，并不能仅凭质量测度的经验就判断出质量的好、中、坏。

图7-2表明，质量体验是如何与传统的营销活动相联系，最终形成一种可感知服务质量。当我们认为除服务公司之外，商品制造者的服务也是其所提供的产品的一部分时，就可以更恰当地谈及完整的可感质量了。当亲身体验的质量满足

了消费者对质量的期望时，即可获得良好的可感质量。若预期的质量没有能够实现，则即使是用某种客观方式测量的亲身体验的质量是良好的，其全面的可感质量仍然很低。预期的质量是由许多因素形成的，这些因素包括市场传播、口头传播、整体／局部的形象以及消费者的需求。市场传播包括广告、直邮、公关和销售活动等，这些都是由公司直接控制的。形象和传闻的因素则不直接受公司控制，外部对这些因素也可能产生影响，但基本上是前面那些公司行为(例如广告支持)的作用形成的，当然消费者的需求对他们的预期质量概念的形成也有重要影响。

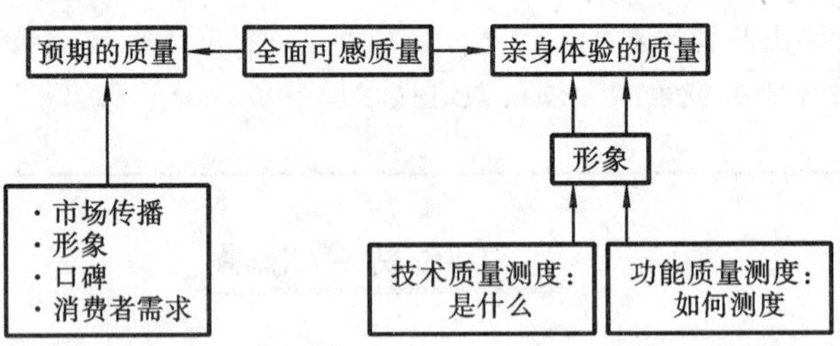

图 7-2　全面可感质量

资料来源：作者根据相关文献整理。

当包含功能质量方面的质量进程被执行时，若公司同时开展的广告攻势在某些其他方面承诺过多或不足，那么可感知服务质量仍可能是最低的，甚至使公司的声誉下降。全面可感质量的水平并不仅仅由质量的技术和功能测度水平所决定，更取决于预期的质量与亲身体验的质量之间的差距。因此，每一个质量程序应该不仅仅包括过程中的操作，而且也包括对市场营销和市场传播所负的责任。

公司形象在消费者对服务质量的理解中扮演着中心的角色，它对服务公司和其他组织一样重要，因此以适当的方式来理解形象是至关重要的。遗憾的是，人们一直都不能很好地理解究竟该如何发展公司的形象以及是什么原因引起形象的变化等问题。

7.1.4　服务质量与“关键时刻”

我们在前面已经强调过，消费者与服务提供者的资源和运营方式相遇的情形对质量体验来说是关键性的，这些买方—卖方的相互作用或服务接触决定着功能质量测度的水平。此外，在这些相互作用中产出的绝大部分或全部技术质量都转移给了消费者，在服务管理中这种情形被称为“关键时刻”。

“关键时刻”这一概念字面上的含义是，服务的提供者有机会对消费者展示其服务质量的时间和地点，它是一种机会的“关键时刻”。机会是很重要的，如果错过机会，消费者已离去，就再也不会有更好的人为可感知服务质量增加价值了。“机不可失，时不再来”，如果质量问题已经出现，再采取更正的行动为时已晚。为了尽可能挽回，必须创造出一个新的“关键时刻”。例如，服务的提供者能够主动地接触顾客，改正错误，或者至少解释为什么事情会出差错。当然，这比起管理要素的“关键时刻”来，会增添很多麻烦，而且也可能不太见效，但这毕竟是对过失的一种补救。

实际上，当消费者光顾某一服务组织时，他要经历整串的“关键时刻”。例如当使用航空公司的服务时，旅客要经历大量这样的时刻：从到达机场开始，至验过行李离开机场结束。

服务的生产和传递过程必须要有严密的计划和管理，避免严重的需要处理的“关键时刻”发生，以致导致难以预料的质量问题风险。

7.2 服务质量管理

7.2.1 服务质量管理框架与服务设计

图 7-3 描述了服务质量的一般框架结构形式。它涉及三组参与者：A 为管理阶层；B 为雇员；C 为顾客(文中的符号和数字指图 7-3 中的符号和数字)。具体框架顺序如下。

(1) 管理阶层负责制定各项有关政策，然后分析有关市场需求和顾客要求。

(2) 分析内在质量标准和理解雇员行为绩效。

(3) 通过(2)中的分析决定质量标准。

(4) 在组织内部进行这种标准的营销，并据此规范自己的操作。

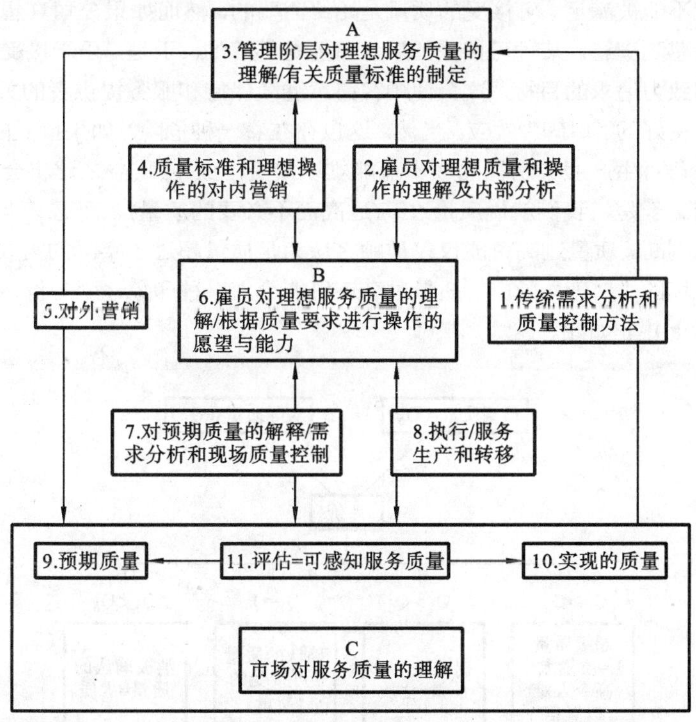

图 7-3　服务质量管理框架

资料来源：作者根据相关文献整理。

(5) 管理阶层制定对外营销计划和质量控制办法。

(6) 在雇员这一档次上，质量和操作标准应当满足组织实行的要求。各部门的雇员了解质量要求并在一定程度上愿意和能够按需求进行运作。

(7) 与顾客接触的雇员(所谓接触人员)会感知来自市场的信号。因此，有机会立即、灵活地对顾客的要求作出反应。当初始需求质量出现问题时，他们可以跟踪分析顾客的要求和愿望，以及控制买卖之间达成的价格。

(8) 他们也理所当然地参与了生产和提供服务。

(9) 当顾客决定公司所提供的服务质量是否可以接受时，顾客心里有一个质量要求。

(10) 顾客在购买服务时也当然了解这种服务的质量，这依赖于顾客与公司的接触过程中认识到了什么以及如何认识的。

(11) 服务质量是由顾客来评价的，而且这种评价就是顾客可感全面质量，或者说如果我们仅从服务运作来看，这就是顾客可感全面服务质量。正如前面所讨论的，这并不仅仅依赖于公司是怎么做的，还应该考虑公司的对外营销计划(如广告战略)对顾客产生的预期影响。

图 7-4 概括性地描述了质量评价过程的可能后果。从原则上说，有几个可能的后果——质量的低下、可接受的质量、乐于接受的质量和过高的质量等。良好的质量，当然要求至少要等于预期或者高于预期的质量。否则，顾客的质量预期就不能被满足。可接受的质量是始终需要的，然而如果公司真想使顾客对服务质量感到满意，某种可接受的质量可能是不够的。于是，乐于接受的质量应当是公司致力追求的目标。这会使顾客愿意继续保持和服务提供者的关系，而且还将产生良好的“口碑”效应。当然，这也存在着一种危险。如果接受的质量要求过高，公司对生产服务所需的成本可能难以接受，成本-收益之比将会很低或可能是负值。于是，我们就说质量过高(过高而不必要的质量)，而这又不能从经济原因加以判断。质量过高可能仅仅被顾客认为是质量超过了实际的需要，这又可能产生较坏的“口碑”效应。质量过高还可能给人一种印象：服务价格定价过高，而实际上并非如此。

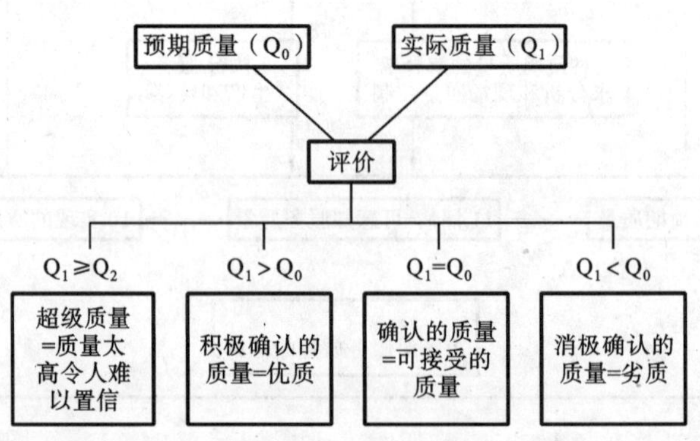

图 7-4 质量评价选择

资料来源：作者根据相关文献整理。

7.2.2 认真设计服务

在商品投入市场之前，产品的开发与设计是保证商品质量的重要目标。然而，一些研究质量的学者评论说，我们至今尚未听说过“服务设计者”这个称谓。但是，早在 15 年前，也就是说早在服务观念正式得到发展以前，有的专家就注意到，“新的服务产生了”。不幸的是，时至今日仍有许多这样的情况存在，即在投入生产之前，服务没有被仔细认真地设计过。然而，如果想保持良好一致的服务质量，就必须事先做好服务设计，而不是当错误发生之后才把服务设计作为一个改正错误的目标。

缺乏服务设计过程的主要原因是没有服务设计的传统，即使有一个有计划的设计过程，也没有在一位“内行”的控制之下进行服务设计，而这些“内行”是真正懂得市场需求和消费者偏好的。在私营行业中，尽管没有像制造业工厂那样正式的设计部门，但却常常是由经营部门负责与设计有关的各项事宜。在公共行业中，有受过专门法律培训的人负责服务设计工作，而这些人往往会认为，法律事务要比消费者利益和使消费者满意更加重要。在一些私营服务行业中，例如保险业，这种情况也可能发生。因此，服务业的发展变得僵化，逐渐失去服务业的特色，更多地体现了工业生产的特点。

如果一项服务没有经过精心的设计，就会出现质量问题。对于什么是服务以及服务应该如何起作用这些问题，消费者与服务的提供者之间很容易产生截然相反的看法。正是这种观念的差异造成期望服务与经验服务之间的差距，所以消费者的可感知服务质量就会下降。

然而，当今出现了一些新的服务设计方法，其中最著名的是产生于 1974—1977 年间的“服务蓝图”。例如，由美国市场营销协会在芝加哥举行的 1979 年服务营销学术会议上，全部议题都是利用此方法来对新的服务进行设计和开发的。同样，其他的方法也正在发展之中。

7.2.3 差距分析模型

1975—1977 年间，西方一些学者设计了一种所谓的“差距分析模型”，此模型用于分析质量问题的起源，帮助管理者了解如何改进服务质量。图 7-5 即是差距分析模型。

该模型说明了服务质量是如何形成的。模型的上半部分包括了与消费者有关的内容，下半部分则展示了与服务的提供者有关的内容，期望的服务是消费者过去的经历、个人的需求以及“口碑”传播共同作用的结果。而且，它还受厂商的营销传播活动的影响。而且，所经历的服务——在此模型中被称为“可感知服务”——是一系列内部决策和活动的产物。

管理层对消费者期望的理解引导其制定服务质量说明。“服务质量说明”即服务传送时，服务组织所必须遵循的原则。当然，消费者所经历的服务传送和生产过程被称为与过程相关的质量因素，而把此过程中所接受到的技术方法称为与结果相关的质量因素。如图 7-5 中所示，我们可以预料，被感知的服务与期望的服务一样，都受市场传播的影响。

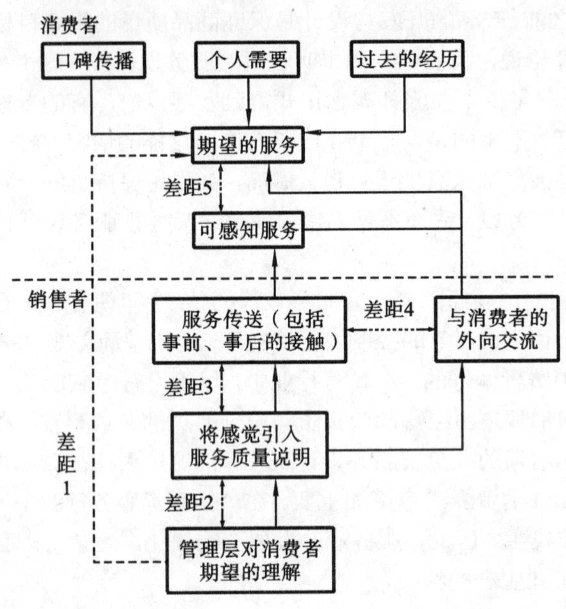

图 7-5 服务质量的概念性模型——差距分析模型

资料来源：作者根据相关文献整理。

这个基本模型说明，在分析和计划服务质量时需要考虑哪些步骤，而且探明了产生质量问题的可能根源。图 7-5 中，还显示出基本结构中不同因素间的五项差距，即所谓的质量差距。这些质量差距是由质量管理过程中的偏差造成的。当然，最终的差距，即期望的服务与所经历的服务之间的差距(图中差距 5)，是服务过程中出现的其他差距共同作用的结果。这五种差距带来的结果及其产生的原因将在下面讨论。

7.2.4 对质量差距的管理

1. 管理者理解的差距(差距 1)

这个差距表明，管理者对期望的质量的理解不够准确。这个差距是由下列因素引起的：

(1) 来自市场调研和需求分析的信息不准确；

(2) 对有关期望的信息作了不准确的解释；

(3) 未作需求分析；

(4) 向上传递给管理者的有关与消费者接触的信息不好或不存在；

(5) 由于组织层次过多而造成的向上流动的信息中断或歪曲。

纠正这个差距的一些方法各具特色。如果问题是由管理不善引起的，则显然需要改变管理，或管理一方提高对服务竞争特征的理解。在绝大多数(并非绝对)情况下，后一种行为更应受到重视，这是因为按常规情况，问题的发生并非由于真的缺乏竞争，而是由于管理者缺乏对服务竞争的性质和需要的理解或重视。

任何一种纠正方法都应包括对服务有更好的研究，以便使消费者的需求和愿望得到较好的发现和重视。

仅仅通过市场调研和接触顾客得到的信息在内部进行流动是不够的，至少是不充足的，还必须采取措施打开或改进内部的信息渠道，这样的结果甚至可能对企业的组织结构产生影响。

2. 质量说明的差距(差距 2)

这个差距表明，服务质量说明与管理者对预期质量理解的不一致程度，其产生原因如下：

(1) 计划错误或不完备的计划步骤；

(2) 对计划管理不善；

(3) 组织中缺乏清晰的目标设置；

(4) 最高管理层未充分支持对服务质量的规划。

差距 2 由差距 1 的大小所决定，而且潜在的与计划有关的问题各不相同，因此都对其产生影响。然而，即使组织中存在着关于消费者预期的充分而准确的信息，质量说明计划依然可能失败。造成此结果的唯一站得住脚的理由是，高层管理者未对服务质量真正承担起义务，即没有视质量为最优先考虑的问题，而从消费者的角度着想，质量在当今服务竞争中是一个非常重要的取胜因素。因此，管理层在其议事日程上把对质量的承诺放在优先位置是十分必要的。

当然，问题可能出在计划进程本身，那些提供服务的人也感到自己对质量说明应承担义务，这在目标设置和规划路线上必须加以考虑。如果上层在制订计划中没与那些直接生产服务的人合作，那么所得的计划必定是不完善的。理想的做法是，目标和说明不仅得到管理者、规划者的赞同，而且也要得到生产者的赞同。另外要记住，说明应具有一定的柔性，这样才不致损害雇员在涉及风险的情况下采取灵活行为的愿望，否则也会对服务质量有损。

简而言之，对于缩小质量说明的差距，管理层与服务制造者都要坚信，服务质量远比过于僵硬的目标设置和规划程序重要得多。

3. 服务传送的差距(差距 3)

这个差距是指服务在制造和传递过程中未达到质量说明的标准程度。产生此差距的原因如下：

(1) 质量标准过于复杂或过于僵硬、死板；

(2) 雇员不赞同说明书的标准，理由是优良的服务质量似乎要求行为的差异性；

(3) 质量标准与现有的企业文化不一致；

(4) 对服务营业管理不善；

(5) 缺少内部促销措施或内部市场营销不完备；

(6) 技术与体制不利于按照说明书规定的质量标准获取较高绩效。

此处的问题繁多且变化多端，通常造成服务传送差距的原因是复杂的，很少

是只由一个原因引起的，故纠正方法也总是很复杂。造成此差距的原因大致可分成三类：管理与监督；雇员对说明与规定、对消费者的愿望与需求的理解；缺乏技术和营运系统的支持。

与管理和监督有关的问题可能很多。例如，管理者的方法也许不能鼓励或促进质量行为，或者管理控制系统与优质服务甚至质量标准说明书发生冲突。在任何组织中，如果控制和奖励系统的确立与质量说明的计划截然分离(这种情况最常发生)，那么发生服务传递差距的风险则孕育其中，而且这种风险很大。在很多情况下，错误或不重要的行为难以监控，有时违背质量标准的行为甚至可能受到控制系统的鼓励或者奖励。当然，这会将雇员置于极度尴尬的境地。企业文化在某种程度上是由其控制和奖励系统决定的。虽然还存在着其他更为重要的决定因素，但是目标和质量标准由于与现存的企业文化不适应而不能贯彻执行。这里的纠正方法包括，需要对管理者对待下属的方式、管理系统控制和奖励工作绩效的方式以及与企业文化和内部促销有关的许多重大问题给予充分注意。

从上述讨论中可知，雇员可能认为，他们作为服务提供者的角色是模棱两可的。我们已经提到过那种尴尬的局面：质量标准对服务的要求与现有的控制和奖励系统双方相互冲突，尤其使服务人员感到为难的是，如果一个或多个顾客要求提供与服务标准所设想的完全不同的服务，他们感到顾客的愿望或需求是正当而且可以满足的，但又不能有针对性地采取措施。这就贻误了顾客想要的服务，而且实际上也扼杀了雇员能为顾客提供高质量服务的良好动机。

纠正这些问题的办法是在员工中消除一切导致这种可能性的原因。一方面需要改变管理系统以便与质量标准说明书一致；另一方面还得要求加强雇员培训，以便使他们认识到，由于诸如战略性考虑或利润的原因会造成工作上的局限，这就再一次使内部营销问题成为提高服务质量的关键。

此外，员工的技能和态度也可能产生问题。这可能指把不合适的人选安排到了第一线，或公司尚不具备适应指导操作规程和系统的合格人员，在此种情况下，纵然质量标准和系统十分正确也无济于事。因此，纠正的办法是改进补充新员工的渠道，以杜绝人事方面的错误决定。

另外，雇员们的工作负荷也是个问题。例如，因为过多的文字工作或管理任务，使说明书中规定的质量标准难以执行。因此，服务人员不能像期望的那样把足够的注意力放在顾客身上。纠正的方法可以是，明确雇员的分工，对特别重要的事给予格外注意，以便不影响服务质量。

最后一点，技术或营运系统(包括决策和其他渠道)可能不适合雇员。当然，问题可能出自员工身上，但更可能是引进的技术、营运或管理系统出了问题。技术和系统可能是错误的，它们刚好不支持质量行为；也可能技术和系统是对的，但未被正确地介绍给与之共处的员工。纠正的方法是，或者在技术和系统上作正确的改动以支持质量标准说明书的贯彻执行，或者加强对员工的培训和内部营销管理。

4. 市场传播的差距(差距 4)

此差距是指市场传播行为中所许诺的与实际提供的服务不一致的程度。此差距是由以下原因造成的：

(1) 市场传播计划未能和服务运营活动相结合；

(2) 在传统的市场和服务活动之间缺乏协调；

(3) 经济组织没有按照质量标准说明书进行生产，但市场推销传播却按原来的质量标准进行宣传；

(4) 经济组织中存在一种内在的浮夸倾向，宣传时又过分加以渲染。

造成“市场传播差距”的原因可分成两大类：一是计划和外部市场传播活动失控，两者间缺乏巧妙的配合；二是常在广告与市场传播中出现的内在浮夸倾向或过分许诺。

对于前一个原因，可以通过创建一种服务运营和服务传送体系加以解决，这一体系有利于协调计划和外部市场传播活动之间的关系。例如，至少每个主要市场传播活动必须认真、仔细设计，使其适应服务生产和服务传送的要求。通过这个办法可达到两个目标：一是使市场传播中的许诺变得更可靠，与现实更贴近；二是更好地兑现在外部竞争中所做的承诺。同时，还会带来一些其他附加效应，越过其他竞争者。而后一个原因即经济组织夸大其词，究其根源是在市场传播时，过分地使用浮华而夸张的语言以招揽顾客所造成的。因此，只有通过提高市场传播计划管理，才能处理好这个问题。解决这个问题的最有效方法是建立更好的计划程序和更严格的监督管理体制。

5. 可感知服务质量差距(差距5)

此差距意味着可感知服务和所经历过的服务与预期的服务不相一致，这个差距会导致如下结果：

(1) 从反面验证质量(质量差)和质量问题；

(2) “口碑”极差；

(3) 败坏企业名声，影响公众形象；

(4) 失去生意。

当然，差距5也可能是一种正面影响，可能导致好的质量或特别好的质量。如果可感知服务质量差距发生，原因可能和我们这一章讲的其他情况差不多。当然，也许还有其他因素同我们这里所说的有关。

差距分析模型能引导我们分析找出质量问题的症结所在，以发现合适的方法去缩小差距。正像一些西方学者在1979年分析专门服务质量差距后所总结的那样：“差距分析是判定服务活动中厂商和顾客之间不协调性的一种直接和合适的途径。分析这些情况是制定使预期与实际相一致的战略战术的一种逻辑基础，这样做可以提高顾客满足感和正面质量评价的合理性。”

7.2.5　4Q与可感知服务质量模型

近年来，美国和欧洲的一些学者在商品质量和服务质量研究成果的基础上，建立了两个质量模型，旨在帮助制造厂商和服务公司实施质量管理。这两个模型分别采取自身途径来描述如何提高质量。其中之一是4Q模型，该模型是建立在如下观念之上的：每个人都能对质量作出贡献，而影响企业质量的来源很多。而

另一个是“可感知服务质量模型”，它侧重研究质量感觉方面的问题，它的体系如图 7-6 所示。

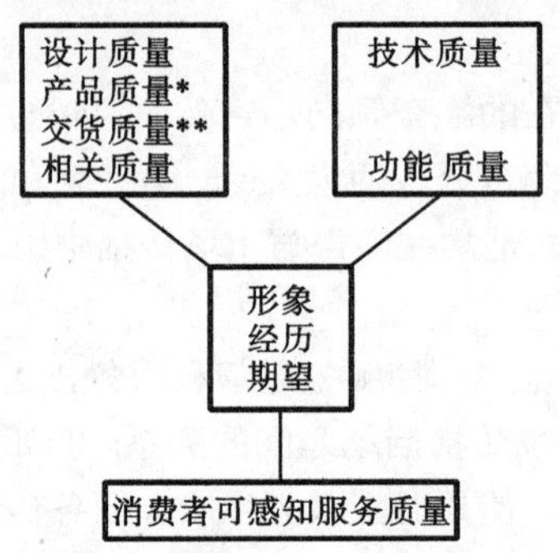

图 7-6　4Q 与可感知服务质量模型

注：*无形的 / 有形的，不相互影响 / 相互影响的

**自己所有的 / 转包的

资料来源：作者根据相关文献整理。

图 7-6 的左边是质量的四个来源，即设计、产品、交货和相关因素。管理和处理这些商业问题的方法对消费者如何感受质量会产生重要的影响。不仅商品或服务产出的技术质量，而且买卖双方相互影响过程的功能质量也受到这些质量来源的影响。

商品或服务的设计对技术质量产生一定影响，但是这种作用可能也是功能质量的一种来源。例如，消费者或潜在消费者可能会进入这种设计过程，由此可能提高技术质量，但对它自身也有质量影响。它可能使消费者认为，这一特殊厂商对他们产生特殊兴趣而做出额外努力，以解决他们的问题。这就是相互影响过程中的功能质量影响。

对服务业而言，生产是服务质量的源泉。产品的技术质量是全部生产过程的最终结果。但这一过程的本质部分会由参与整个过程之中的消费者亲眼所见，于是买卖双方的相互作用就产生了。产品对功能质量有影响，对生产也同样如此。当然，这里是产品决定技术质量，但消费者偶尔也能亲自见到生产过程，如向消费者介绍生产设备和生产过程，消费者通过这些方式感觉产品的相互影响方式、产品来源和机制以及产品生产过程等。这些都是一种功能质量影响。

对服务业而言，在许多情况下很难把交货和生产区分开来，交货多多少少是整个生产过程中的一部分。因此，以上我们说的关于产品质量的各个方面同样可以应用于交货，但对一个厂商来说，交货却形成一种独立的功能。当然，交货的产出是买者收到的商品，这是一个与产出相关的交货技术质量问题。此外，这一质量还是一种同过程相互联系的质量因素。交货采取的方式、速度，卡车司机的行为等，这些都属于功能质量范围。交货业务可以由经济组织自身负责，也可以由承包者承担。所以，承包商的所作所为总是代表着服务公司或厂商的意志，这一点很重要，因为在顾客看来，承包商的失误就是服务公司和

生产厂家的失误。

最后，在服务公司以及生产厂家中，卖方雇员和买方之间的关系表现为前者是提供质量的来源。这些关系对质量的影响主要是与功能和过程相联系的。顾客越明智，卖方与顾客的关系就会引导得越好，因此对质量的影响也越好。

综上所述，消费者可感知服务质量模型暗含着这样一层意思：顾客的质量期望总是先于亲身经历的公司真正提供的商品或服务，他们已对公司形象有些认识，这对公司本身的形象影响很大，同时又充当一个过滤器的角色。一个坏印象显然容易使公司在公众中产生不良的形象，而良好的、著名形象则是一块遮盖布。“消费者可感知服务质量”是在消费者期望或实际印象之间比较的结果，同时也考虑了经济组织在公众中的形象和影响。

服务管理必须观察和理解公司不同职能对质量产生的影响。应该记住：有多种影响质量的来源，生产只是其中之一。在开发和执行如设计、生产、交货以及计划管理买卖双方之间的关系时，必须辨别出是技术问题还是功能问题。

7.2.6　现代服务质量管理原则

从“消费者可感知服务质量”模型和框架，以及如何管理服务质量这些问题中，我们可以得到一些关于现代服务质量研究的重要原则。其中一些问题是集中对商品质量进行管理所做的研究。当然，若说服务质量研究已最明确地指出了这些问题的重要性，也并非完全恰当。

1. 质量是一种消费者的感觉

质量不能只是管理决定，还必须依赖于消费者的需要和期望。进而，质量不是客观衡量的计划，而是消费者或多或少对所计划的东西的感觉。

2. 质量不能与生产和交货过程隔离开来

服务产出过程中的产品只是消费者感觉的服务质量的一部分，产出和交货过程本身被积极参与其中的消费者所感知，对过程的感觉以及对买卖双方相互作用过程的感觉就成为总体质量的另一部分。以一种竞争性的观点来讲，所谓功能质量范围通常和所谓技术质量同样重要，甚至更重要。

3. 质量是在买卖双方交易的过程中产生的

因为全面服务质量中功能质量范围的存在，买卖双方交易，包括许多“关键时刻”和机遇等就成为可感知服务质量的关键因素。由于买卖交易同时发生，在这些地方消费者与服务提供者会面，因为不是在质量设计和计划部门的场所中，质量也就在同时同地产生。因此，质量的计划和设计必须达到当地人能接受的程度，技术质量方面以及怎样创造质量的总体设计当然要集中于计划，但经济组织和消费者之间的分界也必须包括在质量管理和设计之中。否则，设计好的质量只能留下一些次品，不能使消费者对质量感到满意。

4. 每个人都对消费者可感知服务质量作出贡献

因为质量是在买者和卖者交易时创造和产生的，所以大量的雇员参与了质量

的生产。进一步讲，消费者接触雇员，以便更好地得到服务，这在服务过程中要依靠其他人的支持，这些提供支持的人也对最终消费者可感知服务质量负有责任。因此，大量的雇员都能对提高服务质量作出自己的贡献。如果某个直接或间接与消费者接触的人没有做好工作，服务质量就会下降。

5. 组织者要在整个组织过程中对质量进行监控

因为质量是由贯穿于组织中心的大量人员和功能产生的，因此在质量产生的每一点，对质量绩效都必须加以监测和保证。这项工作任务量大，而且相互分离的各部门和组织中不同职能人员心理上容易产生消极作用，位于中心地位的质量控制和管理人员不能按常规方法做这项工作。这一情况也会促使相关厂商从注意质量保证而转向生产高质量的产品和服务，使其不再担心生产维修和监督生产过程中的欺诈行为，一旦问题发生，总有一批专家出来解决并加以批评。如果质量能被每个人当做一种内在效果功能来感受，这样的参谋职能对质量保证、监督和质量设计都是有益的，但是经济组织自己必须做好质量保证工作。

6. 外部市场营销必须与质量管理相结合

与真正的检验质量标准一样，消费者对质量的感知有一种预期功能。消费者所体验到的质量和质量改进可能被市场传播活动所削弱，因为这种传播活动使消费者相信质量改进要比实际情况好得多。于是，消费者的期望和实际创造的质量经常不一样，虽然有所改进，但感觉到的质量还是不好。如果市场传播活动能够与质量改进过程相协调，这些错误就能避免。所以说，外部市场营销主要是指市场交流，它必须与质量管理紧密结合。

本章小结

服务质量是服务营销的核心问题。服务质量是预期服务质量与感知服务质量的比较。

服务质量的测定有两个方面：功能质量和技术质量。服务质量的测定首先要对预期服务质量和感知服务质量分别予以量化，然后将量化的结果进行比较。

服务质量管理的关键是进行服务质量差距的管理。服务质量差距模型从管理认识差距、质量标准差距、服务交易差距、营销沟通差距、感知服务质量差距等五个方面分析了差距形成的原因及其管理。由于质量来源于设计、生产、交易与消费者关系等方面，因而影响服务质量的因素也应从这些方面进行分析。

因为服务质量有其特殊性，因此对服务质量的管理有一些管理原则。

关键术语

服务质量　　服务质量规划　　服务质量测度　　服务质量管理

质量差距　　服务质量模型

思考题

1. 解释下列概念：服务质量、感知服务质量、技术质量、功能质量。
2. 服务质量包括哪些内容？它与产品质量有哪些区别？
3. 服务质量测度的标准是什么？
4. 服务质量测度有哪些步骤？
5. 如何运用服务质量差距模型来分析质量差距？
6. 以餐饮业为例，说明如何测度服务质量。

案例研讨

雀巢：永远与顾客站在一起

在法国，当人们正在欢度暑假时，企业要想推动业务很难。遍布全法国的野营区，正吸引许多家庭驾车到法国边境或西班牙、意大利等地踏青。可是，在旅途中多了一个小婴儿，走到哪里都要推着婴儿车，那可怎么办？

一、替顾客着想

雀巢公司针对有婴儿的父母在外旅游不便的问题，找出了能使旅行中的父母及婴儿的度假品质得以改善的好办法——在高速公路沿途设置“休息站”。在休息站里，父母们可以为婴儿喂食，或是更换尿布……

雀巢公司在热门旅游线的 8 个地点，建起了一座座炫目、洁净的休息站，仿佛在等候、欢迎这些家庭的光临。这些休息站因令人熟悉的雀巢蓝白色调和可爱的蓝色“泰迪熊宝宝”(雀巢婴儿食品公司的象征标志)，在旅途中成为相当醒目的建筑物。

如果你就是有婴儿的父母，看到这样的邀请函会有何感想：“带着婴儿的旅途是漫长并且劳顿的，当喂食时间来临、宝宝闹情绪时，好梦必然会被毫不留情地打断。请到我们的休息站来吧！”

法国雀巢为旅游者提供雀巢“瑞利斯休息站”，这些休息站是专门为母亲及婴儿们设计的场所。在这里你可以发现，那些受过专业训练的服务人员正热切地等待你们的光临，这些专业人员能提供一切您所需要的服务咨询与协助，包括喂食、更换尿布等。雀巢还为旅客准备了一些小卡片，介绍旅途中应该注意的一些问题，特别介绍了怎样呵护自己的孩子。可以说，旅客没有准备好的东西，雀巢都为他们准备好了。

这些休息站有 64 位专职人员等候 12 万名宝宝的光临，并将 60 万份婴儿食品分配给这些宝宝们。此外，这里还有免费的纸尿布、供宝宝们用餐的调整型桌椅等。

传统广告中有苹果般粉颊的婴儿以及睡眼惺忪的母亲，与雀巢瑞利斯休息站对父母们所做的一切会产生相同的效果吗？休息站对雀巢公司的影响是相当大的。它具有一种真诚服务的精神及品牌展示的功能。这些休息站为旅客们提供了无微不至的服务，也省下了雀巢在大众媒体上的广告费用。但最重要的是，休息站工作人员与母亲们那段超过了 20 分钟的交谈。尤其是在宝宝们用餐的时刻，这些休息站内的服务人员会主动与母亲们交谈，建立一种非比寻常的顾客关系。

这些父母们回家后会把他们在休息站所受到的待遇告诉他们的亲朋好友，由此而形成的口碑效应可想而知。如果每一个到过休息站的父母，与同样有婴儿的两三位朋友们共同分享这些经验，雀巢公司便已达到传达信息给成千上万主要顾客的效果了。而且，这种效果是任何大众媒体广告所无法相比的，自然能获得好的营销业绩。

二、与顾客站在一起

为了帮助那些初为人母的年轻妈妈照顾她们的宝宝，雀巢公司开设了“雀巢婴儿咨询免费长途专线电话”。在每周6天、每天10小时的时间内，任何关心婴幼儿营养问题的父母们都可以随时打这个专线电话，并且可以得到专家们提供的婴幼儿营养建议。这些经严格专业训练的咨询人员，每天大约向两万名母亲提供一流的服务。

雀巢公司因此每年都会收到约500名受惠母亲们的感谢信。这也是“告知，不推销”策略所赢得的市场。由此，雀巢公司赢得了法国新一代妈妈们的心，培养了一批又一批忠诚的顾客。雀巢公司始终与顾客站在一起。在婴儿成长的每一个阶段，给予无微不至的帮助。

雀巢公司保存并随时更新来自各妇产科的约22万名母亲的姓名、地址等基本资料。雀巢与这些母亲们联系的第一封信函中，还包括一些回复问卷式的卡片。透过这些卡片，这些新生儿的母亲可将婴儿姓名以及有兴趣的资料告诉公司。根据这些资料，公司将在未来幼儿成长的六个主要时段(3个月、6个月、9个月、周岁、18个月及满2周岁)，分别邮寄包裹给这些婴儿的妈妈们。

雀巢公司的这六个邮件，都是货真价实的包裹，他们不像一般广告邮件只附一些样品食品及促销赠奖券，里面还附有“泰迪熊”图案的可吊挂式图卡，以及小儿科医师对幼儿成长阶段的建议资料。

在宝宝们满周岁时所收到的包裹中，可以得到他们的第一本书——《好好睡吧!》。这本书用厚卡纸印制，内容以泰迪熊历险记为主题。为了庆祝这个重要的日子，雀巢公司寄上了巧克力蛋糕制作材料，以及“蓝色泰迪熊”图案的一岁蜡烛，而卡片上，还将烘培巧克力蛋糕的食谱告诉父母们，并鼓励他们以“雀巢婴儿可可粉”做蛋糕给全家人共同享用。当母亲节到来时，雀巢会以婴儿的名义寄上一份贴心的小礼物给母亲们，如一束玫瑰或写满热情关爱的小卡片。

雀巢公司之所以能成功地建立品牌及顾客忠诚，主要有以下几点：

(1) 与顾客的各种沟通都表达对个人深切的关爱；

(2) 跟得上时间的步伐，当婴儿逐渐成长时，雀巢能适时提供适当的产品信息给顾客；

(3) 把产品销售放在一边，将真诚的帮助融入每一次具有教育意义的沟通中；

(4) 在婴儿的每一个重要阶段提供雀巢真诚的友谊。

案例思考题

雀巢优质的服务质量体现在哪里？它是怎样建立品牌忠诚度的？

参考文献

1. 徐继业. 重“附加价值”轻“核心价值”营销法遭尴尬[N]. 21世纪经济报道，2004-02-12.

第四篇　策 略 篇

产品市场生命周期理论的产生对于有形产品市场的营销策略研究具有重要意义，它同样适用于服务企业的市场营销。第 8 章中系统阐述了服务产品的生命周期模型，以及与之相对应的品牌策略。维护和提高品牌资产是服务产品管理的重要内容。

在服务市场上，服务定价虽与有形产品定价的概念和方法有相通之处，但也有很多不同的特点。第 9 章将重点介绍服务业经常采用的定价方法以及相应的定价技巧。

分销渠道作为产品营销中应用普遍的概念已经为大家所熟知。第 10 章将通过案例和理论，分析服务企业的场地位置和分销渠道决策，并介绍目前最新的服务产品分销渠道创新。

面对服务产品的无形性，如何通过合适而有效的营销沟通来界定和生动地表现一个服务企业的个性特征，突出服务产品的竞争优势，是第 11 章将会解决的问题。第 11 章将分析不同沟通工具的作用，解释沟通组合，并从技术层面上分析企业的促销手段。

服务性行业是人的产业，服务企业人员素质的重要性明显超过了生产制造业。第 12 章将人员视作营销组合中的一个独立元素，引进人力资源的理论来研讨如何管理好服务企业的员工，以最大化推进企业服务营销计划。此外，该章节也将以“顾客满意”为核心，“员工满意”为基础，解释“内部营销”这一新鲜话题。

第 13 章将对有形展示从不同的角度进行分类，同时介绍有形展示的管理战略和营销策略。

第8章 服务产品与品牌策略

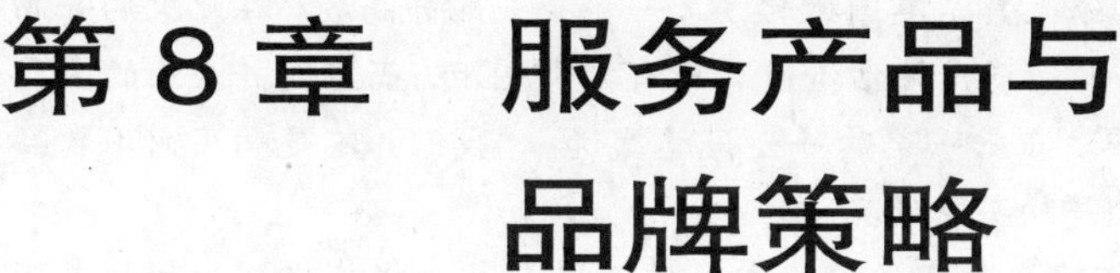

本章提要

1. 理解服务产品与有形产品的区别。
2. 理解服务产品的生命周期模型。
3. 理解服务产品品牌的概念及影响因素。
4. 掌握服务产品的品牌忠诚度的概念及对服务型企业的重要作用。
5. 掌握如何去维护和提高服务产品的品牌忠诚度。

引 例

品牌的历史回顾

品牌出现在18世纪末19世纪初欧洲工业革命以后，是资本主义发展的产物。1870年，美国罗利拉公司就曾大肆宣传“雄鸡”牌口嚼烟丝，并配有商标图案。这一时期，由于仿造与假冒别人牌号现象的出现，为对牌号进行法律保护，各国纷纷出台了商标法。世界上最早的商标法是法国制定的《关于工厂制造场和作坊的法律》。但是该法律不是全国统一的法律。全国统一的法律形成于1857年，即1857年法国制定的《关于以使用原则和不审查原则为内容的制造标记和商标的法律》。随后，英国、德国、美国、日本都建立了自己的商标法，这标志着商标的产生以及成熟化。自此，品牌运作有了法律依据和保护，品牌发展变得日益规范有序。

19世纪末20世纪初，西方国家的生产力发生了实质性的变化。电力的出现使电动机器代替了人工操作和蒸汽机作业，高效率机器的普遍采用，使企业规模不断得到扩大，西方国家企业界掀起了合并热潮。企业规模的扩大、生产能力的提高，使卖方市场走向买方市场，商品竞争走向白热化。尤其是社会财富日益富足，消费能力急剧增加，人们对产品质量的要求越来越高，对品牌的选择便成为一种精神与信心的需求。由此，品牌作为竞争手段的作用就被突现出来。

科技革命的推动、企业规模的扩大以及市场竞争的压力使得大批世界品牌诞生于这一时期。1886 年可口可乐诞生；1895 年吉列剃须刀问世；1898 年，伊士曼发明了小巧简便的照相机，并定名为柯达相机；1901 年，伊士曼公司正式改名为伊士曼柯达公司；1908 年，亨利·福特推出了福特 T 型汽车；1913 年，雪铁龙公司成立；1916 年，美国人威廉·波音与韦斯特·维尔特创办了太平洋航空公司；1917 年改名为波音公司；1919 年烟草巨子菲利普·莫里斯公司创立；1924 年，万宝路香烟问世；1962 年，戴姆勒-奔驰公司成立。

进入 20 世纪 80 年代，西方国家尤其是美国掀起了又一轮企业购并高潮。在此次购并高潮中，人们发现企业的购并价格与其净资产评估价值总是有较大差距，而且购并企业的主要目的是获取被购并企业产品的品牌。正如一名购并公司总裁说："我们并不是购买通用食品公司，也不是购买它的工厂，我们是购买它的品牌。"

当走入超市，看到同种产品不同品牌间的价格以及销量差异，并将其换算为利润差距时，我们就会发现品牌的财务价值。1987 年，品牌资产这一概念诞生，品牌资产成为一个法律概念，品牌被赋予了更为广泛的意义，越来越多的公司将品牌价值正式入账。品牌资产这一概念极大地影响了西方商业社会，经济学家杂志认为 1988 年是品牌年。

1993 年 4 月 2 日，菲利普·莫里斯公司总裁迈克尔·迈尔斯为了夺回失去的市场份额，决定将每包万宝路香烟的价格削减 40 美分。这一举动震动了西方企业界与学术界。由于万宝路是当时品牌价值排名第一的品牌，如果像万宝路这样的品牌都需要以降价来进行竞争的话，品牌的存在还有什么意义呢？于是，西方学术界普遍出现了对品牌的存在价值进行质疑的思潮。

通过进一步的研究发现，虽然由于降价使万宝路品牌价值下降，利润减少，但同时也使其夺回并扩大了市场份额，并赢得了不少烟民的偏爱。有些学者认为，万宝路品牌非但没有弱化，反而得到进一步加强。他们发现，即使是强势品牌也不能随意对待消费者。

8.1 服务产品的内涵

8.1.1 服务产品与有形产品

企业经营战略的实现必须依靠市场营销组合，而营销组合决策的首要任务就是向市场提供符合顾客需要的产品。服务产品有别于实体产品，它对企业如何制定营销组合有着基础性的影响。因此，我们必须研究服务产品的内涵、服务产品的生命周期及其推陈出新，并在此基础上创造出具有市场竞争优势的服务产品品牌。

产品是指能够为顾客提供某种利益的客体或过程，是消费者购买时所追求的某种需要和欲望。产品不仅包括有形的实体，同时还包括可以给买主带来附加利益和心理上的满足感及信任感的售后服务、保证、产品形象、销售者声誉等。一般的概念认为，有形商品和服务是描述产品两种类型的次级分类。有形商品的概念比较容易把握，因为产品是实实在在的、有形的实体，其式样、包装和功能等都由企业事先设计好了，顾客所购买到的也正是企业所提供的。而服务产品的情形则有着很大不同。由于服务产品大都是无形的、不可感知的，顾客购买服务的过程实质上是感知服务的过程。既然是感知的过程，其伸缩性就很强，这意味着企业提供的服务产品同顾客所感知到的服务产品可能是两码事。然而，究竟什么是服务、什么是有形商品却有点难以区分，正如科特勒所指出的，服务产品往往依附于有形的物品上，而有形商品里面也包含有服务的成分。服务作为一种产品常常被认为是各种有形和无形服务的集合，一起构成总服务产品。

在定义服务产品时，经常发生词义上的混淆，因此我们再强调一下产品的概念。本书中的产品(product)，指为顾客提供某种价值的物体或者过程的一个整体，商品(goods)和服务(service)是产品的两种类型。

产品概念包括四个层次。

第一层次：核心产品。

第二层次：期望产品。

第三层次：增值产品——边缘产品。

第四层次：潜在产品。

为了叙述的方便，我们也把产品的后三个层次(期望产品、增值产品、潜在产品)统称为边缘产品，有时也叫“附加服务”。

(1) 核心产品。它由基本服务产品组成，如旅馆房间内过夜用的床、快餐店提供的食物和饮品、航空公司提供的安全准时到达的运输服务、医院提供的对病人的治疗等。

(2) 期望产品。它与普通产品一起构成需要满足的起码购买条件。如当顾客购买机票时，他除了希望得到飞机上的一个座位外，还有一些附加元素，包括舒适的等候区、快速优质的服务、美味可口的食物、洁净的厕所和准时到达等。

(3) 增值产品。就是一个产品与其他同类产品区分开来的附加产品。比如餐厅提供的免费报纸、酒店赠送给新入住客人的水果。

(4) 潜在产品。它由已经或能够被消费者利用的所有潜在增加的特征和利益组成。包括新用户利用重新定义的产品和扩展现有产品的应用潜力，还包括建立更换成本，使得顾客更换他们现有服务提供者不是很困难或者费用很大。比如，顾客将自己的计算机作为传真机和家电的控制系统使用。

为了使大家对以上层次有更深一步的了解，下面就看看个人计算机是如何划分四个层次的(见表 8-1)。

表 8-1　个人计算机产品的四个层次

产品层次	顾客的观念	营销者的观念	个人计算机的例子
核心产品	必须满足顾客的基本需求	使人产生基本的购买欲望	数据储存；运行；调出
期望产品	最小的期望系列	营销人员对有形和无形产品的决策	品牌的名称；保修；服务支持
增值产品	超过顾客所期望的和所习惯的	对价格配送和促销其他组合的决策	免费软件、以旧换新；赠送附带产品；经纪人网络；用户俱乐部
潜在产品	对顾客有实用潜力的产品因素	无论市场变化还是新用途的出现，营销行为仍能吸引顾客	使其成为操作平台；对其他设备进行监控；可用做传真机等

资料来源：菲利普·科特勒. 营销管理[M]. 3 版. 梅清豪，译. 北京：中国人民大学出版社，2005.

服务产品应该是价值满足的综合体。人们购买服务产品解决问题，并且其附加价值与感觉到的做到这些服务的能力成正比。买主认为，价值与他们所得利益相关。期望产品的增值提供了创造产品差异性并因此增加顾客感知的附加值的方法。

在服务营销中，产品、服务与有形商品是具有一定区别的概念。严格地说，产品是一个大概念，它是指能够为顾客提供某种利益的客体或过程，而服务和有形产品则是产品概念下的两个小概念。菲利普·科特勒认为：服务产品往往依附于有形的物品上，而有形产品里面也包含有服务的成分。所以，简单地说“服务企业向顾客提供服务产品”，或是用“出售物”的概念来避开语义上的混乱则显得片面。尽管如此，在许多服务市场营销学文献中，“服务产品”和“服务出售物”这两个概念仍然是交替使用的。表8-2说明了服务产品与有形产品的重要区别。

表8-2　服务产品与有形产品的比较

服务产品	有形产品
非实体	实体
形式相异	形式相似
生产分销与消费(核心服务阶段)同时进行	生产分销与消费分离
顾客参与生产过程	顾客一般不参与生产过程
即时消费	可以储存
所有权不能转让	所有权可以转让

资料来源：菲利普·科特勒. 营销管理[M]. 3版. 梅清豪，译. 北京：中国人民大学出版社，2005.

在有形产品的营销过程中，服务产品大都是无形的、不可感知的和易腐的。产品可以生产后储存起来，以备随时取用；而服务的取用则意味着在需要哪种服务之时，由生产它的生产系统提供使用。此外，被服务的顾客往往参与到生产过程之中，并也提供一部分自我服务。顾客购买服务的过程实质上是感知服务的过程，其伸缩性很强。

服务产品与有形产品的区别在于它有以下特点：

(1) 许多服务项目都是在消费过程中提供的，如乘飞机、乘车、乘船和在饭馆吃饭；

(2) 有些服务项目具有时间制约性和批次性，虽非易腐品，却有易腐性，如飞机、火车上多余的空座位，就会因过时而“腐烂”，失去价值；

(3) 服务性产品季节性强、敏感性高，如时装会随时间流逝而过时，虽实物很好，却会因放弃不用，或沦为“二手货”而廉价抛售；

(4) 有些服务项目难以标准化，如医生为病人动手术；

(5) 有些服务产品难以或政府不允许出口，如西湖十景、桂林山水等只能是国内外旅游者亲临其境。

实际上，产品与服务很难完全分离，既没有纯产品，也没有纯服务。两者是

"你中有我，我中有你"。这意味着企业提供的出售物同顾客所感知到的服务产品是不同的。因此，服务企业必须把顾客感知到的产品同自己所提供的出售物连接起来。

8.1.2 服务产品中的顾客利益

顾客利益是指在购买过程中，顾客所追求的并非服务本身，而是这种服务能给自己带来的利益和好处。服务产品的顾客利益是我们理解服务产品概念的基础。服务产品的本质只有顾客才能感知得到，虽然企业能够确定产品的功能及其给顾客带来的好处，而顾客所购买到的只是他们所需要的部分。制造者可以决定这一产品的功能，甚至可以借由广告决定一些心理利益，但消费者却只在一特定时间，从该产品中拿走他所需要的那一部分而已。

区别服务业公司所提供的是什么，和消费者可以从中获得的利益又是什么，具有十分重要的意义。例如，一位消费者从一家餐厅及其装备中获取了各种形式的"享用"，包括食物、饮料、服务、气氛等。另外，消费者也要从一系列可能提供的范围中进行挑选。贝特森说："对于任何公司厂商而言，'消费者利益观念'就是一种功能性、效用性和心理上的属性。将这种消费者利益观念和产品本身之间区分开来是很重要的。"

贝特森分析了消费者利益观念的两种特性。①与实体性产品不同，一项服务只要没有服务递送体系，就不可能存在。所以，服务递送体系的设计和运作非常重要，在服务产品的界定上是最为基础的要素。②消费者利益观念可以决定服务递送体系中，什么需要质量管理，什么不需要。一般而言，服务产品和服务递送体系不可分割。贯彻消费者利益观念使服务业的营销管理者面临许多新的问题。

(1) 提供的服务必须基于消费者或使用者所追求的需要和利益，但是消费者和使用者对于他们所要求的东西往往并不很清楚。在对于所需东西的表达上，有时可能不清楚，究其原因可能是"不知道希望要的是什么，对要求的东西不曾要求过，或者没有预知未来需求的能力"。

(2) 消费者所诉求的利益可能因使用服务的经验好坏、新的期望、服务使用或消费时所发生的变化而随时改变。

(3) 服务业营销管理者在寻求服务利益为重、消费者为主的措施方式，以及在各种措施应偏重什么等方面，出现一些实务衡量上的问题。此外，处置各个服务要素之间比重的交替性也是必要的。

所以，消费者利益观念的界定，对于所有服务产品的设计和递送决策至关重要。服务营销管理者必须注意掌握顾客所寻求的利益是什么。这种利益对于服务营销的成功很关键，但又都不易捉摸。"购买专业服务就是买了它的不确定性。"消费者从服务获得的是"利益"或"非实体性无形物"，而服务管理者所提供的仍只是"非实体性无形物"。

综上所述，在服务市场营销中，服务产品的概念从某种意义上可以进行如下区分：一是服务企业所提供的出售物，二是顾客感知到的产品。而对顾客来说，只有能给他们带来利益的后者才是真正意义上的服务产品。企业提供的出售物同

顾客所购买到的产品之间的区别给服务企业市场营销带来一些困难。一方面，顾客利益概念要求企业的服务应该基于顾客的需求及其所追逐的利益，然而顾客可能由于缺乏足够的知识、经验和能力而不能清楚地表达其需求，从而使企业无法准确甄别出顾客利益之所在；另一方面，顾客在享用服务的过程中获得或好或坏的体验，这些体验将会导致顾客追求新的利益，从而使企业难以把握顾客的利益之所在。

8.1.3 服务产品中的服务观念

服务观念是服务业公司基于顾客追求而提供的普遍化利益。一般情况下，服务观念至少可以协助营销管理者回答两个问题：我们从事的是什么样的业务？我们所要提供满足的需要和欲求是什么？

“服务创意”或“服务观念”的含义不尽相同。对于服务营销管理者而言，基本的工作是在界定服务观念之后，接着将观念解释为服务项目以及服务递送体系的设计。服务观念是服务业产品的核心。服务观念可以分成两个层次：①一般性服务观念，它是指提供的基础性服务产品(例如，汽车租赁公司提供的是暂时性交通问题的解决)；②特定性服务观念，是特殊性服务业的核心，如餐厅中提供的烛光晚宴便属于特殊性服务。

服务观念必须解释为服务处方。此解释的过程，不但给出了服务观念的清晰定义，即服务业公司是针对何种消费者利益而提供服务，何种服务属性最能显现消费者利益，也提出了服务过程的注意事项，即客户当事人的面对面接触应形成一种网络。或者说，服务观念的定义是服务提供者将一种产品和服务出售给消费者时加上的这些东西的相关重要性。这样的解释才能使管理者了解，影响消费者决定的那些非实体性无形物以及难以捉摸的、暗示性的成分是什么，才能设计并提供整套服务，并强调这套服务的重要构成。他们强调创造产品过程的重要性，其中的一个层面(即消费者与工作人员、设备和实体环境的相互作用)以及递送系统在设计的时候一定要将“顾客在场”列为重要考虑。而制造业的生产过程则是与消费者隔绝的，同时制造业的基本设计是为了产出实体物品的有效生产。

8.1.4 服务产品的市场生命周期

产品市场生命周期理论的产生对于有形产品市场营销过程的研究具有重要意义，不过它同样适用于服务企业的市场营销。服务产品的市场生命周期是指某一种服务产品从进入市场、稳步增长到逐步被市场所淘汰的过程。

图 8-1 显示典型的产品生命周期现象，其中包括生命周期的两个关键要素，即营业额和利润，以及在变化过程中两者之间的关系。从这些模式中得到的主要结论是：①管理者必须开发新产品以弥补“缺口”(gap)，并维持营业额和利润的成长；②生命周期的每一阶段，对营销策略和利润潜量而言，都可说提供了显著的机会和值得研究的问题。但是，有许多产品和服务营业额的成长与衰退历史并不完全是依循图中所示的普遍化模式，而存在一些基本模式的不同变体。

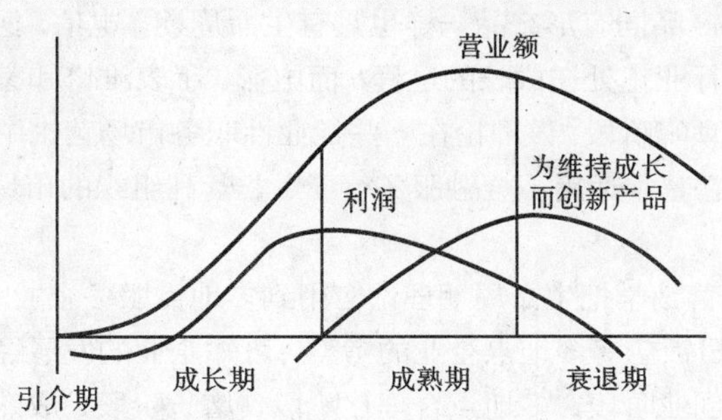

图 8-1 产品生命周期现象

资料来源：菲利普·科特勒. 营销管理[M]. 3 版. 梅清豪，译. 北京：中国人民大学出版社，2005.

图 8-2 中，①产品或服务在市场中一开始就建立了一定的位置，并能持续维持几乎相同的销售水平；②产品或服务由于有超越竞争的优势，因此能继续找到新的顾客而使生意兴隆，历久不衰；③产品或服务虽以竞争者之中占优势的佼佼者开始，但后来被更优势的对手击败而消逝；④产品或服务在进入衰退期时得益于某种促销活动或削价政策而展现新的生机，甚至使销售增长曲线更胜于变动之前的状况；⑤产品或服务在衰退期出现新生机而进入所谓的"第二周期"，但第二周期的业绩表现显然不如第一周期。

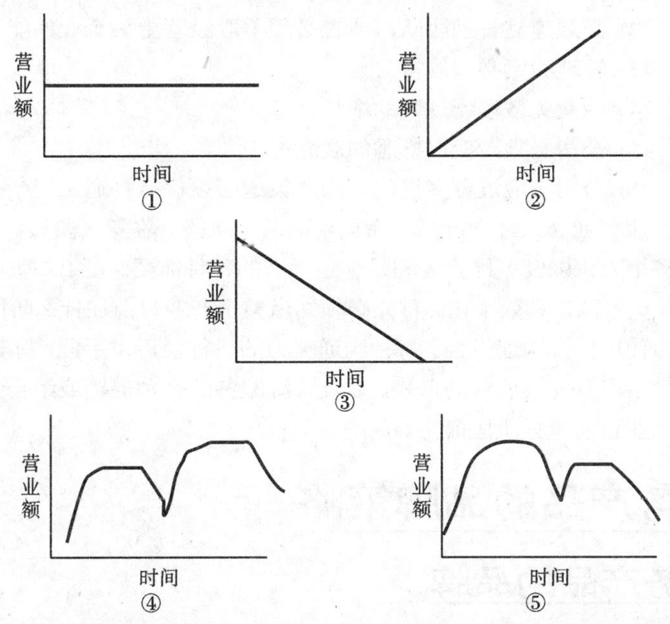

图 8-2 产品生命周期的变形

资料来源：菲利普·科特勒. 营销管理[M]. 3 版. 梅清豪，译. 北京：中国人民大学出版社，2005.

服务产品同有形产品一样也具有生命周期，电信、医疗保健、租赁和户外娱乐等服务行业正处在成长的过程，而电影、手表维修和家庭服务等行业则已经发展过了其顶峰阶段。该理论在一些行业性职务市场营销中的适用性也已经被学者所证实。它基本适用于金融服务行业、非营利组织的市场营销，艺术领域中也具有适用性。

服务营销学把生命周期理论应用到多地点服务企业时进行了延伸。通过对麦当劳、假日饭店等多地点企业的考察，可知企业的发展经历了其生命周期的五个阶段，即创业阶段、多地点合理化阶段、增长阶段、成熟阶段以及衰落或再生阶段。在每一个阶段，学者们都从服务企业五个主要职能，即服务或控制职能、经营职能、市场营销职能、开发职能和行政管理职能等进行详细的分析和解剖，从而揭示出在生命周期的不同阶段上，服务企业各个职能所表现出的特点以及企业所面临的目标、决策、问题和组织转移任务。

对生命周期每一阶段以及这五个主要功能领域的考察，是为了验证一家服务公司的生命周期定位，从而找出未来的主要目标、决策、问题以及公司组织的必要调整转换。学者们的分析更进一步地深入考虑服务公司经过每一生命周期阶段时其成本结构上的不同改变。根据这些分析研究，一家多地点服务业公司的成功增长，取决于其主管的管理及控制现在与未来的能力。随着公司经营生命周期的各个阶段的变化，有必要采取一定的措施来合理安排自己的产品：

(1) 管理阶层必须了解管理的四项基本功能，即新服务的开发、业务、营销和观念发展；

(2) 必须建立管理团队，或者必须争取经营更大企业的能力；

(3) 管理激励必须维持；

(4) 应避免散漫无规则的增长；

(5) 公司必须改变已熟悉的观念；

(6) 公司不应过分多样化，沟通渠道必须保持畅通。

服务业必须经历产品生命周期的两个阶段。在第一阶段，以手工完成作业，服务个人化以及多样化去满足个别顾客的种种需要。在第二阶段，服务业开始合理化、器械化和效率化。首先必须知道整个产业目前在什么阶段，然后才能确定应该使用什么沟通组合。每种沟通努力的目标及诉求手段，如建立知名度、使用激励手段及此类诉求的形式，以及各种服务的个别促销或组合促销，都应视该服务产业目前所处阶段而定。

8.2 服务产品的品牌策略

8.2.1 服务产品的品牌

菲利普·科特勒在其《营销管理——分析、计划、控制》一书中将品牌定义为：“一个名字、名词、符号或设计，或是上述的总和，其目的是要使自己的产品或服务有别于其他竞争者。”

美国哈佛大学商学院大卫·阿诺认为："品牌就是一种类似成见的偏见，成功的品牌是长期、持续地建立产品定位及个性的成果，消费者对它有较高的认同。一旦成为成功的品牌，市场领导地位及高利润自然会随之而来。"

美国可口可乐中国公司副总裁朱正中认为："品牌是借着市场各种方法使某种产品提高其价值并且可与其他类似产品分别出来的手段。简单地说，品牌是造成一种好形象，以便和消费者或顾客沟通。"

学者庄继达认为："名牌是一个全优的综合概念，它要求在质量、款式、价格、服务、信誉和市场占有率方面均有优异的表现。名牌识别上的优势是其取得市场强势的基础，并能转化为营销优势。"

学者余明阳认为："所谓名牌，就是社会公众通过对组织及其产品的品质和价值认知而确定的著名品牌。"

中外专家对品牌定义的表述或从商标的本质出发，或从自然品质界定，或从社会特性、价值取向界定。以上定义都很难在本质上把握品牌的真实含义。

笔者认为，品牌定义可表述为："品牌不是商标，而是一种承诺。它识别出与某个具体产品相关联的某项承诺，并表明了此项承诺的来源。"

将品牌定义为一项承诺，是因为品牌的本质是一项承诺。如高露洁这一品牌事实上是一项使你拥有一副健康牙齿的承诺。消费者识别出这一承诺，并通过信息沟通及实际使用经验而认同了这项承诺，就赋予了品牌真正的存在价值。

品牌不仅仅是一个名称、名词、标记、符号或设计，或是它们的组合。品牌是商品的标记，是生产者的标记，更是企业名声、信誉的象征。品牌含义起到展示品牌、服务概念、质量和价值的作用，用来把不同企业之间的同类产品区别开来，不致使竞争者之间的产品发生混淆。

品牌名称是品牌中可以用语言表达的部分。例如，"中国电信"、"联通"、"松下"、"日立"等都属于可以用语言称谓的品牌名称。品牌标记是品牌中不能用口语发音表达的部分，包括文字、符号、图案或鲜明的色彩等，如"海尔冰箱"、"百事可乐"等的标牌。品牌名称是现有品牌的核心要素，虽然一个普通的名称也可以建立起高效的服务品牌，但是很显然，有个好名称更容易做到这一点。有效力的品牌名称应具备能立即将本公司同竞争者区分开来的独特性；要能恰当地表达服务的特点或优点；应易于理解、使用和记忆；应具有一定的灵活性，能适应企业必要的策略调整。

品牌是一个工具，是一种展示形式。它的首要任务是强调企业与众不同的服务，是企业与竞争对手差异化的重要外在标志。对顾客来说，品牌具有重要的消费导向意义。尤其是当顾客觉得可以提供服务的两家企业在服务概念、质量、价值等方面相似时，或者当顾客对竞争的企业经验很少或者根本没有经验，并且对最强有力的现有品牌有所动心时，强有力的品牌有助于顾客认识、理解、信任这种服务，减少顾客购买前所产生的对于经济、社会和安全等方面的顾虑。即品牌有助于建立顾客偏好，在帮助顾客相信统一的服务质量方面起着重要作用，从而便于顾客识别和重复购买。

8.2.2 服务品牌化和差异化

品牌是增值服务产品的一个重要元素，是整体服务产品概念的重要组成部分，也是增加差异性的一个重要方法。如图 8-3 所示，核心服务产品之上的两个层次，即有形服务和增值服务产品表明了为顾客提供附加值的机会。这个附加值可以仅仅是一种情感层次上的增值，然而对顾客是真实的价值，品牌的拥有者可以此制定额外价格。品牌差异化是通过给基本核心服务产品增加价值来实现的，因此核心产品可能占据所提供服务成本的 70%，但可能对顾客的影响只有 30%，与之相反的是增值产品可能只占 30%的成本，但可能对顾客有 70%的影响。品牌将是决定购买服务的主要因素，创造强有力的品牌实现增值服务，是创造竞争差异化的重要途径之一。因此，品牌是企业服务营销策略中不可忽视的一个重要组成部分。

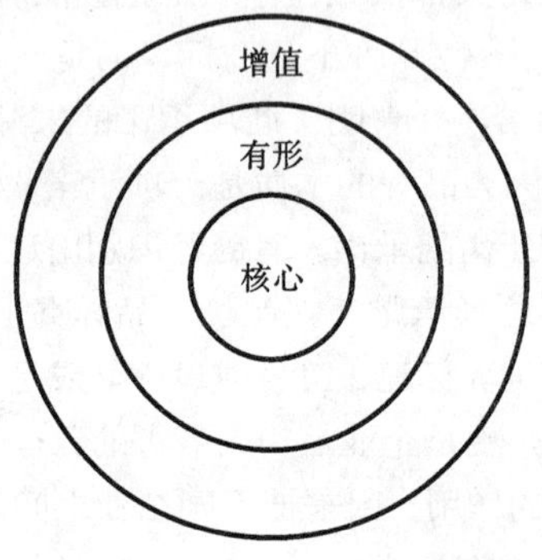

图 8-3 品牌增值服务层次图

资料来源：作者根据相关文献整理。

对于企业来说，品牌化可以使企业能够更好地吸引更多的品牌忠实者，使企业保持稳定的销售额。企业品牌是服务中典型的主导品牌，顾客的选择将很少依据对产品或服务功能上的利益评估，而更多的是依据对企业及其人员来判定，企业品牌会成为服务产品的主要识别工具。品牌在企业服务营销中所具有的基本功能如下。

(1) 品牌是广告促销的武器。广告作为一种有效的促销方式，总是积极宣传，扩大企业品牌知名度，从而通过具体的品牌标志使抽象的产品形象得以展现。

(2) 品牌有助于新产品的销售。企业只有不断开发新产品，才能实现增长目标。而新产品进入市场是一项极为艰巨复杂的任务，若企业拥有知名品牌，在原有品牌的产品线中增加的新产品，就比较容易为市场接受。这是因为，特定的品牌标志着顾客所认可的质量水平和特色。

(3) 品牌有利于开拓新市场。强有力的品牌形象给服务企业带来的市场优势还表现在，其有利于企业进入相关的服务领域，将品牌扩展到新领域。

(4) 品牌有助于监督、提高服务产品质量。企业提供的服务、服务的质量以及服务的价值都将影响顾客对现有品牌的认识。品牌对管理得好的服务帮助最大，出色的品牌策略能使优质服务更优，但它不能挽救劣质服务。尽管强品牌能帮助企业拉来新顾客，但不能弥补顾客经历的劣质服务所带来的损失，顾客由亲身经历而得的信息是印象深刻的，它抵消或减弱了企业宣传信息的影响。实际的服务与它的承诺不相符时，顾客的经历使他对企业持否定态度。企业要创出一个名牌产品，需要长期努力地保证其产品质量，这样才能在市场上树立良好的信誉。管理人员不能在企业品牌外设一堵保护墙，他们要做的只能是重视优质服务对品牌含义的影响，创造并加强服务以提高预期的品牌形象，来确立企业的市场优势。因此，无论是创立名牌还是维护名牌，品牌都是公众监督企业产品质量的重要手段。

(5) 注册后的品牌称之为“商标”，受法律保护，具有专用权，具有严格的排他性，对侵权行为，可依法追究并索赔。

在树立品牌的过程中，服务营销人员能做的，也是最重要的是前后一致、始终如一地展示品牌的可见性要素。这里所说的可见性要素是指企业的名称、标识语、颜色、制服、设备等。这对于具有无形性、难以表达和展示等特征的服务来说，是一种强有力的弥补。所有的要素塑造了一个完整的品牌形象，企业在顾客心中的形象越统一，品牌地位就越强。这一点对于电信这种地点分散的服务企业特别重要。

经由前面的论述我们知道，品牌定位可看做是服务企业核心的、战略性的营销工具。试图建立一个强有力的公司品牌，须从调查研究开始，品牌的发展很大程度上也依靠调查研究，研究结果能使人们明确在服务市场上，树立并维持品牌的知名度需要巨额投资。因此，先在现有条件下树立品牌，等条件允许再将其发展提高，用各种小办法不断地提高促进现行品牌，从长期看是更适当的做法。特别要强调的是，向顾客传播品牌的最有力的媒介是直接向顾客提供服务的企业员工。不同于其他任何宣传媒介，与顾客接触的员工能为品牌带来活力和个性。通过其工作行为，员工把广告中的语言-视觉品牌，变为语言-视觉-行为品牌。

8.2.3　品牌忠诚度

目前，在西方较为普遍接受的定义是：“品牌忠诚度是指由于质量、价格等诸多因素的影响，使消费者对某一品牌产生感情，形成偏爱并长期重复购买该品牌产品的程度。”

参照前面关于品牌的定义，笔者认为可以将品牌忠诚度表述为：“品牌忠诚度是指消费者通过信息沟通及产品的直接使用经验，识别、接受并信任某个品牌的承诺，并转化为最终购买和重复购买行为的程度。”

这一定义可以从以下几个方面进行理解。

(1) 品牌忠诚度的评定主体是消费者。品牌忠诚是指消费者对品牌的忠诚，它反映出消费者对该品牌的信任、支持和偏爱。

(2) 品牌忠诚是通过消费者对品牌承诺的识别、接受与信任产生的，而对品牌承诺的识别、接受与信任，来自于消费者的信息沟通与直接使用经验。

(3) 品牌忠诚度是品牌忠诚的程度，它包含量化的概念。

案例 8-1 星巴克建立顾客品牌信任的营销战略

星巴克从一家西雅图的小公司发展成为全球性的咖啡连锁企业，为何在众多品牌中它独受到消费者的喜爱呢？笔者认为，星巴克的核心价值观贯穿于公司，这种核心价值观便是利用优异的服务品质管理，建立起顾客对星巴克的品牌信任。走在任何街道上，咖啡店的数目之多总是令人目不暇接。然而，一流的服务品质管理方式为星巴克创造出一个全球性的著名品牌。如果品牌和顾客之间没有紧密的联系，那么品牌就只是一个符号，当然不能创造出消费动力。品牌和顾客之间最紧密的联系便是信任。下面将对星巴克的营销策略进行具体分析。

制作咖啡的高品质和高标准

星巴克到全球各地购买高品质的高原咖啡豆，利用特殊的烘焙法，将咖啡风味发挥得淋漓尽致。然后上架时准确地标示出原产地及制造日期。在采购、烘焙、酿制方面，星巴克遵循行业中最高的标准，且坚持咖啡豆的最佳新鲜度，不符合标准的则报废处理，保证顾客喝到的每一杯咖啡的色香味都是完美的。因此，市场上对这种特制的且口感丰富、味道浓郁的咖啡之兴趣与日俱增，它增强了客户对高品质咖啡的意识与需求。

出色的店面设计与整洁的员工仪表

在品牌形象一致的基础上，每一家店面都呈现出独特的风格。店面的设计大都是由美国总部加以规划的。设计部门在设计每个门市的时候，都会依据当地的人文风情之差异与商圈的特色把星巴克融入其中，使店面的造型别有特色而又不致突兀。例如：在上海太仓路的分店，由于上海新天地的外部结构忠实地保持了原有石库门建筑的特征，因此星巴克在内部设计上，采用桃红木的地板、楼梯和桌椅，搭配鹅黄色灯光，在桃红与鹅黄色系墙壁上挂上老上海的摄影，充分展现出古色古香之美。而濒临黄浦江的滨江分店，外表是大型玻璃帷幕映照出外滩景色的华丽，当然是赏景的好去处。

此外，星巴克的员工十分年轻，富有活力，员工的服装干净整洁，带上印有星巴克图腾的棒球帽，身着休闲的 T 恤长裤及围裙，看起来很有个性。加上员工脸上亲切的微笑，让顾客觉得好像是置身在朋友家中一般。

各分店的作业流程采用标准化程序

星巴克走的是直营店模式，仅接受公司的合资或授权，拒绝个人的加盟，为的就是确保各分店的作业流程采用标准化程序。作业标准化就是在连锁企业作业流程中，各工作项目均标准规范且明确定义，以利员工训练。依据员工操作手册，所有员工均依手册的规定来完成各自的工作，如此才能在服务的过程中注意到每一个细节，利用手册客观地说明服务品质的具体指针，而不会流于形式的口号。因此当人员有任何变动时，也能借此手册使新进的员工迅速进入工作状况。

顾客至上理念作为服务的最高准则

当你走进店里，一句带着亲切笑容的“下午好”便迎面而来。服务生通过系列化的服务技能培训，包括基本礼仪、销售技巧、咖啡知识等，不仅将服务技能标准化，而且人性化。在服务过程中，不仅要表现出知识的专业，且要流露出自然的亲切与热情。

重视顾客在咖啡店的体验

顾客到星巴克喝咖啡，得到的不仅仅是一杯咖啡，还有舒适幽雅的空间。书架上有时尚的杂志和最新的中外报纸可供浏览。如果不小心打翻饮料，没有人会责备你，服务人员会亲切地关怀你，并换上一杯新的饮料。此外，服务生不定期递上“试喝杯”，让顾客尝试新的口味，给顾客小小的惊喜。许多分店都成立“咖啡教室”，定期邀请热爱咖啡人士与会论谈，使顾客享受到关于咖啡知识的充实感，将喝咖啡培养出一种文化时尚的风气。

在星巴克的案例中，可以看到星巴克利用优异的服务品质管理，建立起顾客对其品牌的信任所采取的一系列策略，已经令其他对手在追赶与仿效的同时形成一定的难度，因为品牌信任是长时间积累的结果。消费者在平时的消费中，形成了对品牌的信任，进而产生较高的承诺，消费者的购买意愿也就会更强烈。星巴克的忠诚客户与日俱增，分店四处林立，这就是它成功独到之处。

8.2.4　品牌资产

品牌资产是西方 20 世纪 80 年代出现的概念。近年来西方学术界较为流行的一个定义是：“品牌资产是一系列与品牌、品牌名称、标识物相联系的资产和负债，它能增加或减少提供给公司或其顾客的产品或服务的价值。”也就是说，品牌资产是一种超越生产商品所有有形资产之外的价值。从或许不尽周全的角度来看，品牌资产是同样的产品或服务，因为挂上品牌，而让消费者愿意付更高一些的价钱。

品牌资产是与品牌紧密联系在一起的，一个普通的商品或服务，由于被赋予了品牌，才具有了额外的价值。国外比较流行的理论认为，品牌资产由以下五个方面构成：①对品牌的忠诚；②对品牌名称与标识物的认知；③品牌体现的质量；④品牌联想；⑤其他品牌资产——专利、商标等(见图 8-4)。

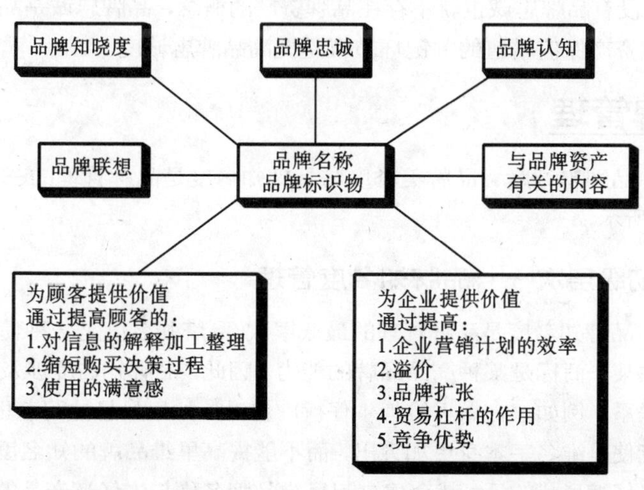

图 8-4　品牌资产系列

资料来源：作者根据相关文献整理。

8.2.5 品牌忠诚与品牌资产的其他构成要素的关系

品牌资产由品牌忠诚、对品牌名称及标识物的认知、品牌体现的质量、品牌联想及其他品牌资产所构成。但通过进一步分析品牌资产的构成要素可以发现，品牌资产的其他四个构成要素与品牌忠诚都有直接或间接的联系，且其最终目的是提高品牌的忠诚度。

(1) 对品牌名称及标识物的认知是品牌忠诚的基础。品牌忠诚是在消费者识别品牌承诺的基础上产生的，没有对品牌承诺的识别，就不可能接受与信任这一承诺，也就不可能产生品牌忠诚。因此，品牌的名称与标识物的识别是品牌资产的重要组成部分，也是品牌忠诚的基础。

(2) 品牌体现的质量将直接影响人们的购买决策及对品牌的忠诚。这是由于品牌体现的质量将直接与消费者使用经验相联系。消费者只有通过直接使用该品牌，并产生了满意的态度，才会认同该品牌的承诺，并最终成为忠诚消费者。反之，当品牌体现质量低下时，消费者将成为品牌转换者。

(3) 品牌联想与品牌忠诚也有紧密的联系。这是由于品牌联想会影响消费者对品牌的态度，最终将影响对品牌的忠诚。比如 Karl Malden 与美国捷运公司的联系提供了可信性，对某些消费者来讲提高了对其服务的信心。对使用背景的联想，如阿司匹林与心脏病预防，提供了对品牌的购买原因，也可以吸引消费者，增强其对品牌的忠诚。

(4) 品牌资产的其他内容，如专利、商标、关系渠道等也在某个侧面对品牌忠诚产生了影响。

通过以上分析可以发现，品牌资产的其他构成要素都与品牌忠诚有着紧密的联系，且最终都可以落实到对品牌忠诚度的提高上。

此外，品牌忠诚是品牌的价值源泉，正因为有了品牌忠诚，才使消费者愿意以溢价购买该品牌，才会在广告促销费用不高的情况下保持品牌销量的稳定。因此，没有品牌忠诚也就不存在品牌资产的概念，品牌忠诚是品牌资产的核心。使品牌资产保值增值的关键环节就是提高品牌忠诚度。

8.2.6 品牌管理

品牌忠诚度、品牌美誉度与品牌知名度是品牌管理的三个不同层次，如图 8-5 所示。

1. 品牌管理的初级层次——品牌知名度管理

品牌知名度是品牌管理的最低层次。品牌知名度是一种使潜在的顾客认识并记住某一商标是某种产品品牌的能力。因此，品牌知名度涉及产品与品牌名之间的联系。例如，在做里维牌牛仔裤广告时，如果只悬挂写着里维字眼的大气球，只能使里维名字本身更加突出，而不能提高里维品牌的知名度。但如果把气球做成牛仔裤形状的话，就会建立起里维品牌名称与牛仔裤产品的联系纽带，从而增强了气球创造知名度的效果。

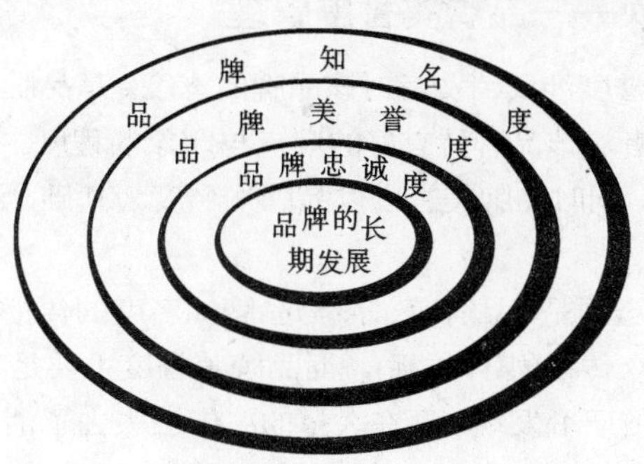

图 8-5　品牌管理的三个层次

资料来源：谢泗薪，李荣. 服务品牌战略管理与忠诚度的提升[J]. 企业研究，2006(3)：21-23.

品牌知名度本身也分几个层次。最低层次是认识品牌名或品牌标识物，它是以提示记忆为基础的。在这一层次品牌名与产品之间的联系纽带并不紧密。虽然认识商标仅仅是品牌知名度的起点，但它在消费者购买决策时却起着重要作用。第二个层次是记住品牌名或品牌标识物。也就是说，在请消费者回忆某产品大类的品牌时，他能说出该品牌的名称。知名度的这一层次要高于第一层次。这时产品与品牌名之间的纽带已经较为紧密了。知名度的第三个层次是品牌名存在于消费者的记忆深处。也就是说，在"非提示记忆"的时候，该品牌是消费者回忆起产品大类的第一品牌名。这说明该品牌名已到达了消费者脑海中的某一特殊层次。品牌知名度的几个层次如图 8-6 所示。

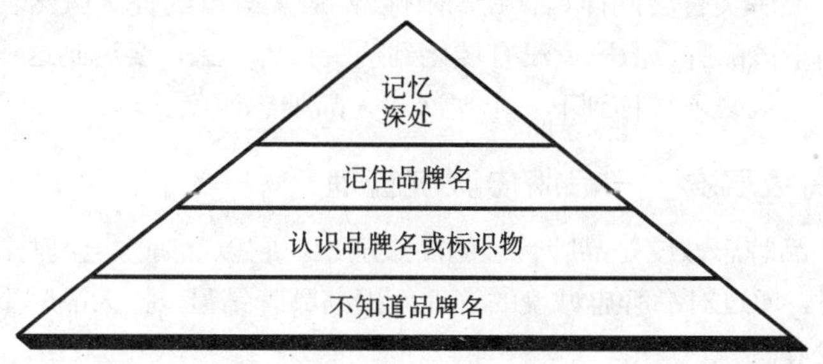

图 8-6　品牌知名度金字塔

资料来源：作者根据相关文献整理。

尽管品牌知名度对品牌管理来说非常重要，但是它有一定的局限性。①品牌知名度不涉及对品牌的态度，不管是美名还是恶名，都可能带来品牌的高知名度。而恶名显然对品牌发展不利。②高知名度不一定会带来品牌销量的必然增长。例如，尼桑公司在推出其新产品"鹰飞型"汽车时，采用了一则不同寻常的广告。这则广告画面上主要突出了湖、森林、鸟等自然风景，而不是汽车，广告活动创造了 90%的认知率，但汽车销量却令人失望。

2. 品牌管理的中级层次——品牌美誉度管理

品牌美誉度涉及消费者对该品牌的态度，是品牌管理的较高层次。品牌美誉度是指消费者对该品牌持有好的观点与印象的程度。品牌美誉度是比品牌知名度高级的层次，同时品牌美誉度以品牌知名度为基础，没有品牌知名度就谈不上品牌美誉度。

值得注意的是，品牌美誉度与品牌知名度的传播方式是不同的。品牌知名度主要是靠大众传播(媒体传播)，而品牌美誉度主要是靠人际传播。根据广告及消费心理专家的研究发现，现在大量的广告已失去了消费者的信任，而消费者判断产品的好坏，只靠亲自使用或听信其他使用者。关于此项问题的调查数据显示，消费者对其他使用者介绍的产品品牌质量、性能的相信程度是广告宣传的 18 倍，见表 8-3。

表 8-3　品牌美誉度传播方式比较

消费者相信其他使用者介绍的产品优点的人数比例	消费者相信广告上宣传的优点的人数比例
92%	5%

资料来源：作者根据相关文献整理。

因此，品牌美誉度的传播主要靠人际传播来实现。但人际传播也有其缺点，主要是传播面小，传播速度慢，这就使品牌美誉度的形成周期较长。因此，大众传播与人际传播应相互补充。一方面依靠大众传播媒介迅速扩大品牌知名度，另一方面依靠人际传播等二级传播方式作为大众传播的补充，从而使品牌知名度与品牌美誉度共同提高。

品牌美誉度同样具有其局限性。品牌美誉度的提高虽然表明消费者在态度上倾向于该品牌，但毕竟没有转化到购买行为中去，要达到这一目标，使品牌长期成长，就必须转移到下一个层次——品牌忠诚度管理。

3. 品牌管理的高级层次——品牌忠诚度管理

品牌忠诚度是品牌管理的高级层次，它以品牌知名度与品牌美誉度为基础。同时，通过对品牌忠诚度的管理而提高品牌销量，扩大品牌资产，实现品牌的长远发展。

品牌忠诚的维持与提高就不仅涉及传播问题了，它主要强调的是消费者的直接使用经验，消费者对品牌的忠诚必须建立在直接使用经验的基础上。只有通过使用该品牌，才能决定是否认可该品牌所提供的承诺，才能产生对该品牌的忠诚。当然，品牌忠诚度要以品牌知名度与品牌美誉度为基础。如果不知道该品牌或对该品牌没有好印象，就不会试用该品牌，也就不可能产生品牌忠诚。

品牌忠诚度管理是品牌管理的最高阶段，任何世界著名强势品牌，如可口可乐、万宝路、吉列等，其背后都有一批品牌忠诚消费者，它们的品牌忠诚度也是相当高的。同时，通过研究发现，品牌销量一般符合 20/80 定律，即品牌的 20% 的忠诚消费者的消费量占整个品牌销量的 80%。因此，品牌忠诚度管理不仅是品牌管理的最高阶段，还是其核心问题。

8.2.7　品牌忠诚度的维持与提高

品牌忠诚度的维持与提高不是一句空话，它需要公司以具体的策略实施来支持。公司应当实施以下策略来维持和提高品牌忠诚度。

1. 产品领先策略

产品领先策略是指公司应在产品创新、产品质量等方面取得领先地位，以此不断吸引消费者购买品牌，使消费者成为品牌的忠诚购买者。产品领先战略包括产品创新领先策略、产品质量领先策略和形式产品领先策略。

产品创新领先是指公司不断创新与完善品牌下的生产线，丰富品牌产品，以满足品牌忠诚消费者的要求，巩固与提高品牌忠诚度。实施产品创新领先的范例是英特尔公司。英特尔公司自 20 世纪 70 年代以来，不断创新产品，使产品不断升级。由 286 芯片、386 芯片、486 芯片、奔腾微处理器，至 1998 年推出的多媒体芯片，几乎每隔 2~3 年就要更新一次产品，从而树立起技术领先的品牌形象，加强了顾客对其产品的忠诚。另一个反证案例是 IBM，IBM 在 20 世纪 80 年代所生产的 IBM 牌微机使用的是英特尔 286 芯片，处于市场领先地位。但由于其不愿放弃 286 微机所带来的高额利润，拒绝更换 386 芯片实施产品升级换代，导致 386 微机市场被后起之秀康柏微机所占领，使其品牌忠诚度大为降低。由以上事例可以看出，产品领先策略对计算机这样的高科技行业尤为重要，高科技行业技术变化快，消费者只有对品牌的产品创新和技术开发能力持有信心，才会忠诚于品牌。

产品创新领先的另一个方面是产品的创意，以创意超越消费者的期待，是争取众多消费者，培养品牌忠诚的有效方法。例如，日本汽车的平均交货期为两周，而丰田公司在逐渐缩短这一时间的前提下，正在研究如何在一周之内交货。缩短客户原先以为要等待的时间，就是超越了客户的期望，这在经营上无疑是一种创意，这种创意对消费者来说等于向他提供了额外的利益，增加了消费者获得的价值，使消费者获得了满意，使消费者忠诚度得到提高。因此，在其他汽车的品牌忠诚度平均不到 50%的情况下，丰田车却高达 65%。

产品质量领先是指公司通过提高品牌的产品质量以获取消费者的品牌忠诚。产品质量是消费者对品牌忠诚的基础，无论如何也不能奢求人们去购买并忠诚于那些质量低劣的产品。世界众多名牌产品的历史告诉我们，消费者对品牌的忠诚，在一定意义上也可以说是对产品质量的忠诚。只有过硬的高质量的产品，才能真正在人们心目中树立起“金字招牌”的形象，受到人们的爱戴。在质量领先策略中，一个应注意的问题是，产品质量不仅指产品的实际质量，还应包括产品的可见质量。比如摩托车这一产品，消费者并不能精确地判断其质量的高低，这主要是由于专业知识的不足，但消费者可能会通过摩托车发动机的声音来判断其质量的高低。因此，充分了解消费者及其心理需求，并将适当的高质量信号发送给消费者，是公司所向临的一个重要课题。

形式产品领先是指公司在产品的形态、包装等方面实现创新，吸引消费者，创造品牌忠诚。按照现代市场营销理论，形式产品即产品的形态包装等，是整体

产品不可缺少的部分，是消费者选购品牌的重要依据。随着生活改善和消费观念的转变，人们在购买行为中越来越注重心理需求的满足，对品牌的造型、色泽、商标、包装等要求越来越高。优化形式产品设计的关键是提高针对性。每一种品牌都有特定的使用对象，对象不同消费心理就不同。只有根据不同目标市场的特点，选择不同的造型，使用不同的颜色，运用不同的包装，才能达到满足消费需求，提高品牌忠诚度的目的。

以上所述的产品创新领先策略、产品质量领先策略以及形式产品领先策略的核心都是增加提供给消费者的价值以达到提高品牌忠诚度的目的。

2. 服务领先策略

服务领先策略是指通过对消费者的服务领先来增加附加价值，提高品牌忠诚度。服务主要包括售前服务与售后服务两个方面。

消费者在购买品牌之前，需要得到有关产品的指导和建议。因此，必须了解哪种产品最适合他们，这个机会就是售前咨询。它有许多形式，如战略性咨询、技术性咨询、实用性咨询等。售前咨询是售前服务的一个重要组成部分。尽管这种服务不产生直接收入，但它能通过帮助消费者了解产品来获取消费者的好感。无疑，他们的抉择将受到售前咨询的影响。同时，售前咨询还可以帮助建立公司与消费者之间的关系，从而使公司了解消费者的需求，以利于维持与提高品牌忠诚度。

消费者在购买了产品之后，可能不熟悉产品，那么在使用时就要对他们进行指导，包括安装、培训、运作控制以及其他服务。售后服务还应包括维持消费者产品使用的各种服务，如维修、零配件、易损件供应等。如前文所述，品牌忠诚度往往体现在重复购买率上。要保持较高的重复购买率，没有高水平的售后服务是办不到的，它是公司接近消费者、取得消费者信任的最直接途径。据IBM公司的经验，若对产品售后所发生的问题能迅速而又圆满地加以解决，顾客的满意程度要比没发生问题更高，它能使“回头客”不断增加，市场不断扩大。售后服务从购得产品的那一刻起直到产品消费完毕，包括送货上门、安装调试、人员培训、维修保养、事故处理、零配件供应以及产品退换等每一个环节，都处于满意状态，才能真正地使消费者对品牌忠诚。实施服务领先策略的范例是戴姆勒-奔驰公司。该公司在德国本土设有1 700多个维修站，雇有5.6万人做保养和修理工作，在公路上平均不到25公里就可以找到一家奔驰维修站。国外维修站的数目也很多，做服务工作的人数与生产车间的人数大体相等。服务项目从急送零件到电子计算机开展的咨询服务等，甚为广泛。奔驰车一般每行驶7 500公里需要换机油一次，行驶1.5万公里需检修一次。这些服务都在当天完成。如果车辆在途中发生意外故障，开车的人只要向就近的维修站打个电话，维修站就会派人来修理。这使奔驰公司的服务无处不在，从而提高了消费者的满意度和忠诚度。

服务领先战略增加了给予消费者的价值，从而提高了品牌的忠诚度。

3. 有效沟通策略

有效沟通策略是指公司通过与消费者的有效沟通来维持与提高品牌忠诚度。如前文所述，品牌是一项承诺，只有使消费者了解并信任这一承诺，才能使其产生品牌忠诚。而要达到这一目的，就必须采用有效的沟通手段。

实施有效沟通策略需要注意的一个问题是，要保持沟通主题的完整性和连续性。也就是说，与消费者沟通的承诺信号应有一贯性，只有这样，才能避免沟通主题的模糊，才能加强品牌所树立的形象。例如，万宝路香烟的广告主题一直是男性化、力量、自由，其广告画面虽然不同，但一直以美国西部牛仔为主角，保持了鲜明的品牌个性，达到了沟通的目的。

实施沟通策略可以采取多种途径，如通过媒介进行广告宣传，建立公共关系等。近年来，关于广告对品牌忠诚的影响，国外营销学者的研究很多，结论也差不多，即广告不但能产生试用，而且会强化品牌忠诚。对成功的品牌而言，由较高的广告量引起的销量的增加中，只有 30%是来自于新消费者，剩下的 70%的销售量是来自于现有的消费者，这是出于广告使他们对品牌变得更忠诚。因此，现在比较公认的一个看法是：广告的一个重要目标是加强已经存在的消费者与品牌的联系，并使他们变得更加忠诚。对已经存在的品牌来说，大部分广告的目的是使已存在的消费者更加忠诚，而不是说服消费者从其他品牌转移过来。广告对品牌忠诚的形成的作用过程模式如图 8-7 所示。

图 8-7 广告对品牌忠诚形成的作用过程模式

资料来源：作者根据相关文献整理。

就是说，由广告认知产生试用期望，导致试用行为。试用经验成为决定性的态度。这种态度被企业的营销手段所强化(包括广告)，被强化的态度如果总是肯定的，就会增加重复购买和重复使用的可能性。如果继续强化，重复购买或重复使用就会转化为对品牌的信任和形成品牌忠诚。消费心理学家认为，消费者的态度更多的是在试用之后形成的，而不是在试用之前。有一种广告现象证实了这一点：旅游广告的最热心观众是刚从所广告的目的地回来的旅游者。从理论上讲，广告肯定并强化广大消费者使用经验的感觉，并增加了其对品牌的忠诚。品牌使用者是最容易被广告影响的一个群体。因此，在应用广告来进行沟通时，侧重点应放在已使用过品牌的忠诚消费者上，提高他们对品牌的忠诚度。

有效沟通策略的另一个实施手段是建立消费者数据库。通过建立起消费者数据库来识别出品牌的忠诚消费者，进而进行有的放矢的沟通。目前，很多著名的国际企业都在试图用先进的传媒系统缩短与消费者之间的距离。例如日本花王公司，其反馈系统是日本最先进的消费者电子咨询系统，接线生可以在极短的时间内查询多达 8 000 页的资料，同时将消费者的背景资料以及意见和问题输入咨询系统。它不仅为消费者详细了解公司及其品牌提供了便利，也为公司及时了解和掌握消费者的意见、建议和要求提供了可能，从而在公司与消费者之间建立了一

条有效的沟通途径，加强了消费者的品牌忠诚。

有效沟通策略是公司维持与提高品牌忠诚度的一个必不可少的策略。公司应认真研究适合本公司品牌的沟通主题、沟通渠道和沟通方法，以实现有效沟通策略。

4. 提高品牌转换成本策略

所谓提高品牌转换成本策略是指通过采取有效措施，增加消费者转换品牌的成本，从而达到增强品牌忠诚的目的。消费者转换品牌是需要付出成本的，如先期投入的损失、转换不熟悉品牌的风险等。提高转换成本策略就是要研究消费者的转换成本，并人为增加消费者的转换成本，使消费者保持对本公司品牌的重复购买。

提高转换成本的一种方法，就是创造解决消费者问题的办法，进而形成伙伴关系。例如，在以前，药品批发是由许多分销商来经营的，每一个分销商都有一支与客户讨价还价的销售队伍，分销商与零售商之间的关系是利益矛盾的讨价还价关系。后来，麦克生公司为它的药品零售商安装了计算机终端，主要为它们提供库存监控和自动订货服务。通过这种办法，公司为零售商创造了巨大的转移成本，并且完全改变了整个药品批发行业的局面。

提高转换成本的另一种办法就是对消费者的忠诚性进行直接奖励。许多航空公司经常性顾客俱乐部已经成为奖励和挽留顾客的一种有效手段。这种手段已经被延伸到其他产品领域中去了。有一种叫做基夫凌顾客奖，向购买克拉夫牌系列产品的顾客赠送罐装坎贝尔牌原汁饮料，向购买宝洁产品的顾客赠送三星、索尼和其他牌子的产品。

值得注意的是，提高转换成本策略是一项较为消极的策略，应用此项策略应该慎重。此项策略应当作为提高品牌忠诚度的其他策略的补充，辅助使用。

8.3 打赢品牌策略者赢天下

品牌就是一种商品在消费者心目中树立的成功形象。品牌如今已经成为消费者采购时重要的参考指标。当顾客站在产品展示架前，众多的品牌不断地向顾客“抛媚眼”，好让目标消费者能够很快地认出它们，其所传递的可能信息包括：①我的性价比最优；②我最符合你的生活品位；③我的设计最环保；④我是你最喜欢的口味；⑤我的质量最有保障。

真实品牌对单一顾客而言是多种信息元素的整合体，混杂着消费者的情感投射、价值展现、自我形象、造型好恶及价格敏感度，这也难怪有时候企业对消费者的行为摸不着头绪。

企业要完全掌握单一顾客的复杂心情是困难的，因此企业在进行品牌定位时，其实是在众多顾客群的心灵中定位，这个位置最好是独特而无可取代的。以快餐连锁的两大霸主来分析，这几年其品牌定位的重叠性有逐渐缩小的现象，麦当劳依旧强调“欢笑”，肯德基则加重了“美味”，走向市场的另一个象限，这两强的争霸，现在与其说是汉堡与鸡块的战争，倒不如说是欢笑与美味的竞争。品牌定位与组织风格最好吻合，否则就像是要一位严谨的律师穿着摇滚歌手的服装，显得格格不入，也很难把品牌的威力发挥得淋漓尽致。品牌形象与品牌定位的一致性很重要，同时品牌的独特性也很重要，要能让消费者一看到就可以很快地认出来。然而在广大的品牌空间里，大部分的企业都宁愿挤在一起，结果造成产品与服务的相互抄袭。

案例 8-2　**品牌的成功故事**

有关品牌的成功故事不胜枚举。国际游戏软件公司维珍集团就是近年品牌经营得相当成功的实例，该公司创办人理查德·布兰森本身就是一个敢于与众不同的人，因此该公司的品牌风格塑造也就相当特异。理查德·布兰森不拘小节的性格让他与员工相处特别亲近，他们共同打破游戏规则，创造独特的行事风格，也为顾客带来全新的体验。

布兰森喜欢探险活动，他会驾驶着快艇横渡大西洋，或者搭乘热气球环游世界一周，因此布兰森一贯善于运用其独立独行的风格来宣传造势。1996 年，维珍唱片城在美国纽约时代广场开幕的时候，他驾着一个银色的大气球从天而降，为开幕活动带来了高潮，也让维珍成为媒体追逐的焦点，更为其品牌造就了不断曝光的机会。冒险犯难的特质，也内化为维珍集团的创新动力。目前，布兰森最积极参与的是维珍航空，他将创新性服务与娱乐融入航空业当中，首开先河的服务项目包括摩托车机场接送、随机按摩师、儿童安全椅及座位躺椅，最有趣的要算是布兰森亲自主演的内衣服装秀。从维珍航空的品牌性格来看，无疑就是布兰森行事风格的翻版，也就是说布兰森的人格特质与维珍集团的品牌形象是合二为一的。放荡不羁的个性并不代表服务水平的降低，布兰森对于维珍集团的每一项产品及服务，提出了五大准则：①拥有最佳质量；②提供伟大的价值；③持续创新；④戏剧性的挑战现存的方案；⑤保持有趣的感受及厚脸皮。

再来看看苹果计算机的成功品牌策略。在个人计算机业界，戴尔计算机的营业额最大，但苹果计算机却是最特殊的一家公司，该公司口号“Think Difference”最足以代表其品牌精神，在传递品牌信息的过程中也绝不偏离此原则，苹果标志、产品设计、行销活动所呈现的就是要与众不同。苹果计算机超凡的工业设计能力，屡屡将工业美学带向新的境界，iMAC 所呈现的晶莹剔透，搭配石墨色、牛仔蓝、宝石红、冰雪白、原野绿等颜色的变化，令消费者为之惊艳，成为个人计算机史上的经典之作。苹果计算机与其他计算机公司最大的不同是：不一味追求市场占有率的极大化，而是通过产品再造与行销新手法来革新市场，不落入与其他人竞争的泥沼，而是走出自己独特的道路。近年来，苹果更正式跨入非计算机的服务领域，成立收费音乐内容发行网站 iTunes Music Store。顾客可以在在线音乐商场上下载购买乐曲，网络商场上提供有 SONY、EMI、BMG 等公司提供的 20 万首乐曲，每首曲目的下载费用为 99 美分。该音乐商场开张后一周内就卖了 100 万首乐曲，截至目前 iTunes 的下载总量已达 2 500 万首，占有合法音乐下载市场 70%的市场占有率。

8.3.1 树立品牌不可忽略内部沟通

品牌形象是在顾客与企业每次接触的过程中逐渐形成的，因此品牌除了是对外信息的传递，更是对内部员工的情感沟通。传统上谈到品牌塑造，总是围绕着商标设计、企业识别系统、品牌延伸、品牌沟通、品牌权益等议题打转，其实品牌是一种承诺，也是一种经验，即使在行销宣传等活动上做得非常成功，但内部的员工对这些对外传播的信息却缺乏深刻的感受与认同的话，往往会对企业造成更大的伤害，使得品牌传播沦落为吹牛皮。结果是，顾客对该公司产生过度的期望，品牌牛皮吹得越高、越大，企业跌得也越深、越重、越痛。过去我们习惯从外部推广的角度来看品牌，却忽略了品牌也是内部沟通的大事，其实除了寻求顾客对品牌的认同，员工对品牌的认识也很重要。因此，品牌沟通的过程必须内外兼顾，才有可能塑造出名副其实的强势品牌。

企业的服务政策与流程的优劣会深深影响到品牌形象，员工对顾客的态度更是决定公司形象的关键。近年来亚马逊公司的品牌价值不断地上升，就在于服务体系能够实现公司对顾客的承诺，甚至超越了顾客心中的预期。对于爱买书的消费者而言，亚马逊的服务比起拥有实体通路的网络书店要好得多。例如，依据付款条件，在国际网站上买的书要 14~21 天才能送达，但亚马逊却能做到不到 10 天即可把书送到。亚马逊总裁佐贝斯在网络泡沫时期，曾经被讥笑为白痴，但是他的管理战略最终让批评者闭嘴，他的制胜之道不仅需要头脑、胆识，更需要数据。对于亚马逊的顾客服务做得怎么样？佐贝斯对于这样定性的回答并不感兴趣，他要知道的是搞订一张订单与顾客的平均接触次数、每一份合约平均花费的时间，电子邮件和电话接触数据的不同，以及公司在这两个项目上的各自花费。还有一位，那就是思科公司总裁约翰·钱柏斯，他坚持把客户放在首位的原则，他平均每天要会见 12 位客户，每天要听客户服务中心的客户互动录音，每周要针对客户反映的 10 大问题与高级主管进行深入的讨论。钱柏斯形容自己是个相当老派的人，一旦承诺，就代表了终生的承诺，难怪笔者到思科的网站上留下索取“网络设备规划手册”的信息后，如同亚马逊物流效率一般令人赞叹，思科也展现了同样的高服务水准，在 7 天以内就拿到了这本手册。

8.3.2 自满是品牌老化的病根

对于经营多年的企业而言，最应该要避免的是品牌老化的病症，尤其是曾经拥有光荣历史的企业要更加小心，因为这一类企业最容易陷入自大、自满、自傲的流沙中。三星集团就曾经是品牌老化公司的一员，有段时间他们陶醉在韩国第一的气氛里，却忽略了自己所面对的是全球市场的竞争对手，他们的觉醒始于新任总裁李建熙的上台。有一次三星董事长李建熙协同公司高级主管前往美国考察，在拜访当地家电卖场时，发现三星的产品被视为次级品随便放在卖场的角落，而且堆满了厚厚的灰尘，这个情境令李建熙一行人感到相当痛心。

为了让顾客对三星的产品改观，从 1993 年开始，三星集团经常举办与世界一流产品比较的产品展示评议会，并且由李建熙带领高级主管共同讨论，希望通过与标杆产品在误计及质量上的对照与比较，来弥补三星产品的弱点与缺憾。此外，三星集团为了强化本身的工业设计能力，更派遣数十名设计人员至全球知名设计公司 DEO 学习全球顶尖的设计思维与管理方法，成为三星的产品转型、起飞、跃升的源头。现在三星的产品设计不但令世人眼睛为之一亮，更成为挑战 SONY、Motorola 最大的本钱。

此种新的做法如同更新品牌 DNA 一般，源源不断地注入三星趋向衰败的组织体内，使其重新茁壮起来，以加速度迎向全新的未来。根据世界著名品牌调查公司 Interbrand 的报告称，三星的品牌价值已从 2001 年的 63 万亿美元上升至 2010 年的 197 亿美元，品牌价值排名也由第 42 名升到第 19 名，远远超过其竞争对手 SONY(第 29 名)。品牌宛如一个心灵烙印，要让企业的品牌能够进攻市场的心灵占有率，首先要扎实地提升人力素质，将产品设计、服务体系做好，用行动来证明自己值得信赖，接着就是大力宣扬企业的品牌形象了。

本章小结

服务产品和有形产品是两个有重要区别的概念。服务产品的概念可以从顾客利益、服务观念等几个层次来理解。服务产品同有形产品一样也具有生命周期，但服务产品的市场生命周期有别于有形产品。

品牌是增值服务产品的一个重要元素，是整体服务产品概念的重要组成部分，也是增加差异性的一个重要方法。品牌忠诚度对服务性企业有着重大的影响，对品牌的管理分为三个层次进行。

促进及维持顾客忠诚度的策略主要有产品领先策略、服务领先策略、有效沟通策略以及提高品牌忠诚成本策略。

关键术语

服务产品　　有形产品　　服务产品品牌　　品牌忠诚度
品牌策略　　品牌资产　　品牌管理

思考题

1. 解释下列概念：服务产品、服务产品生命周期、品牌、品牌资产、品牌忠诚。
2. 服务产品与有形产品有哪些区别？如何理解服务产品的概念？
3. 研究服务产品生命周期有什么意义？
4. 如何理解服务产品的品牌的巨大作用？
5. 品牌忠诚度的维持与提高可以采用哪些策略？
6. 试以你熟悉的企业为例，分析该企业的产品品牌策略。它是如何来培养顾客的忠诚度的？

案例研讨

尼康西行记

在日本商业界，似乎有这样一个惯例，凡是以“日本”冠名的大型企业，都是各自行业数一数二的重量级企业，比如全日空(全称是全日本航空株式会社，全球第七大航空公司)、新日铁(全称是新日本钢铁株式会社，日本最大钢铁企业)。

对于全日本历史最悠久的光学影像企业“尼康”来说，这个惯例同样适用：原名为“日本光学工业株式会社的尼康公司依靠近一个世纪的打拼，跻身于当今世界最出色的光学影像企业行列之中。

尼康的日本式成长

尼康总部位于东京千代田区的丸之内，值得一提的是，千代田区是东京的中心区之一，这一点也影响到区内很多企业和组织——大都拥有不小的知名度(最典型的莫过于日本皇官，日本政治的中心)。这一点似乎也预示着尼康在日本的独特地位。在日本，尼康就是专业相机的代名词，日本的摄影爱好者有一大批是尼康的忠实粉丝，他们每天在网上不停讨论着尼康推出的任何一款相机产品。为了吸引这些粉丝，尼康在日本有一个独特做法，那就是开设清仓特价折扣店，向粉丝们推销价格低廉的清仓产品。不仅是日本，甚至美国人都受到了这种影响：在好莱坞著名电影《廊桥遗梦》中，男主角伊斯特伍德使用的一款相机就是大名鼎鼎的尼康F。

细看尼康公司的发展历史，完全是一条典型的日本式成长路线：由大型财团投资，雏形来自数家小型企业的合并，依托日本本土市场实现快速扩张，最后一跃成为行业翘楚。在日本跨国企业中，全球各大销售地区路线图总是作为激励管理层和员工不断奋进的一种手段，表明一个扩张型企业不断发展的态势。在尼康总部，同样也能看到这样的路线图。今天，这张路线图上越来越多的箭头指向一个方位，那就是日本以西尼康未来最为重要的销售市场——中国。

挟强大品牌杀入中国

在众多日本企业中间，尼康公司成立中国全资公司的时间并不长。尽管早在20世纪80年代末就有人已经将尼康135相机从日本带到中国，使得“尼康”在众多专业摄影者中间获得品质相机的美誉，但是就整个中国影像市场而言，尼康公司入华时间相对较晚。这一点跟尼康的日本同行形成鲜明对比：最早进入中国的日本影像企业是以传统胶卷闻名的富士公司，90年代初富士的相机广告已经出现在中央电视台。

但在2005年成立全资子公司之后，尼康的表现却让人吃惊：在数码单反领域，与比自己早进入中国10多年的佳能平分秋色，分庭抗礼，拿下了40%的市场份额；在消费级数码相机方面，则一举拿下9%的市场份额，成为在中国增长速度最快的专业影像公司。严格说来，这是一个非常奇怪的现象：通常来说，3年时间不足以让一家企业在某个新兴市场直接获得近一半的市场份额。这种现象之所以能在尼康身上发生，要用一个经济学术语来解释，叫做“品牌惯性”。“尼康”这个品牌在专业单反相机领域拥有过于强大的影响力，这种影响力在市场推广中能直接转化为销售推动力，从而提升3%～5%的成长幅度。

这种在专业消费者中“口碑相传”的影响力是相当“可怕”的。凭借这种影响力，即使在尼康没有正式成立子公司之前，中国就已经拥有一大批尼康相机的忠实粉丝，和佳能粉丝掀起了“NC大战”，号称是中国影像市场最早的粉丝大战。

但是，尼康西进中国，面临的最大困难也来源于品牌。正是由于品牌影响力和渗透力更多局限在专业市场，尼康对于中国普通消费市场的影响一直存在较大的真空。当然，市场占有率更有说服力，如果说在数码单反市场傲视群雄的话，在消费级相机领域，尼康的竞争对手可谓层出不穷，从佳能到索尼，从三星到奥林巴斯。2007 年，中国消费级影像市场的增长速度已经达到 25%，大大高于世界平均水平。在这种情况下，怎么提升在普通消费者心目中的品牌知名度，抢占未来最大的影像市场，是尼康在中国最大的一个命题。

尼康要当“优质偶像”

从 2007 年下半年开始，尼康在电视、报纸、网络上的品牌宣传力度大幅度增加，开足火力推广自己的“Nikon”品牌。为了给自己的品牌选择一个适合的代言人，尼康公关人员经过缜密的市场调查，最后把目光投向了被称为“优质偶像”的中国歌手王力宏。这一点跟尼康在日本的代言人操作模式很类似。

在日本，尼康的代言人是被称为日本艺能界第一天王的木村拓哉。王力宏和木村拓哉都是属于专业巨星+青春偶像，兼具实力和时尚，这一点与尼康的品牌定位非常类似。从选择代言人这个细节也可以看出，尼康在中国市场的品牌策略：将高端的影响力延续到消费级市场，让品牌同时拥有亲和力和专业度。

2008 年，所有在华跨国公司的品牌策略都离不开北京奥运会这个因素，尼康同样不例外。随着北京奥运会的临近，尼康也将品牌推广瞄准这一世界体育盛会。由于体育摄影记者历来是奥运报道的主力，尼康中国公司专门成立部门，联系各大媒体，向体育记者提供必要摄影器材，一方面帮助媒体加快奥运赛事的传播，另一方面也通过每张照片去拉近与普通消费者的距离，提升自己的品牌知名度和美誉度。所有这些举动都表明了尼康这家老牌影像企业正在加大力度推广自己的品牌，抢占中国市场。

在这条西行之路上，尼康还将继续走下去。与中国蓬勃发展的国民经济一样，这家来自日本的专业影像企业也希望获得同样速度的发展，跨入在华最成功的日企俱乐部行列。

案例思考题

尼康在中国市场上采用了哪些策略来提高品牌知名度？

参考文献

1. 黄久芬. 由服务品质与品牌信任看星巴克的营销战略[J]. 商业时代，2006(6)：35-36.
2. 中原. 打赢品牌策略者赢天下[J]. 商场现代化，2004(3)：33-34.
3. 张晓明，程朋. 尼康西行记[N]. 电脑报. 2008-08-04.
4. 谢泗薪，李荣. 服务品牌战略管理与忠诚度的提升[J]. 企业研究，2006(3)：21-23.
5. 菲利普・科特勒. 营销管理[M]. 3 版. 梅清豪，译. 北京：中国人民大学出版社，2005.

第9章 服务定价策略

本章提要

1. 理解服务产品定价的概念。
2. 了解服务产品定价的特殊性。
3. 掌握服务产品定价的影响因素。
4. 掌握服务产品定价的方法。
5. 了解服务产品定价的技巧。

引 例

西南航空公司的定价策略

按收入乘客里程数，1994年西南航空公司在美国所有航空公司中位列第八，总营运收入达26亿美元，实现净收入1.793亿美元。这已是该公司连续22年实现赢利，创下过去20年中美国航空业的记录。作为公司董事长、首席执行官和创始人之一的赫布·凯莱赫这样描述西南航空公司的成功："高质量加低价格等于价值，再加上员工的敬业精神就等于不可战胜。"

1971年6月18日，西南航空公司成立，致力于提供独特顾客服务的短途、定点、低票价、高频次航线。起初，只有3架波音737，航线限于达拉斯、休斯敦和圣安东尼奥3个城市，现在该公司拥有199架波音737，服务对象包括美国中西部、西南、西部地区的44个主要城市。以可获座位里程计，59%的运营量在西部，22%在西南(得克萨斯、俄克拉荷马、阿肯色和路易斯安那)，19%在中西部。

除了1985年和1993年分别收购Muse和Morris两家航空公司外，西南航空公司一直依靠内部发展，不断完善和坚持为航空业所熟知的"西南模式"。这个模式的核心是重视顾客服务和营运，创造性营销及兑现对员工的承诺。该模式给西南航空带来了极大的活力。西南航空致力于为客户提供短距离、低票价、直达、高频次的营运服务。作为短途直达的航空公司，西南航空的重点是当地交通，而不是采用中心-辐射系统中转和中途停站的方式。这样做的结果是，80%的乘客无须中转飞行。1994年，乘客平均单程飞行距离是506英里，平均飞行时间仅为一个小时多一点。西南航空从调查中发现，短距离旅行的乘客更关心航班时刻表和班次数量。这意味着应该使飞机的飞行时间最大化，在地面时间最小化，尽可能使飞机抵达至下次起飞之间的时间缩短。事实上，从飞机抵达至下次起飞的时间看，西南航空有一半飞机为 15 分钟，另一半为 20 分钟，而美国航空业的平均时间是 55 分钟。其结果是，西南航空的飞机每天可飞 10 班，比平均水平高出两班。

西南航空的经营方式在另外一些方面也与其他公司存在很大差异。

(1) 该公司通常使用的是小城市机场或大城市中的非繁忙机场，如达拉斯市的拉夫菲尔德机场和芝加哥市的中部机场。这些机场不像大机场那样拥挤，因而可以大大缩短停机时间。使用这些非枢纽的辅助机场，也就意味着西南航空不向其他主要航空公司转运行李。实际上，西南航空即使在少数几个枢纽机场也不与其他航空公司进行行李转托运，如洛杉矶国际机场。

(2) 在机票预订及座位安排方面，西南航空与其他大航空公司也不同。西南航空没有加入计算机机票预订系统，乘客和票务代理需要与西南航空直接联系。这样，只有不到一半的机票是通过票务代理出售的(大多数公司为 90%)，西南航空因此每年可以节省 3 000 万美金的代理佣金。与其他公司相反，西南航空也不提供座位确认服务。凯莱赫曾说："我们会保留您的座位，只不过不确定您是 2C 还是 38B。"公司发放可重复使用的编号登机卡来识别顾客和决定登记顺序。先办完登机手续的乘客优先登机，每批 30 人，分批登机。

(3) 西南航空的航班上一般只提供饮料和零食。最主要的零食是花生，104 年共提供了约 64 000 000 包花生，只有在长途飞行的航班上才提供正餐。

(4) 西南航空只采用波音 737 客机，并且全部设置为经济舱，不分头等舱、经济舱、商务舱等。其他大航空公司一般都用多种飞机，如空中客车、波音、麦道。采用单一机种大大降低了飞机的维护和保养费用。西南的机群在各大航空公司中是最年轻的，仅为 7.6 年，1995 年有新购的 25 架波音飞机投入运营。1994 年，西南航空由于飞机机械故障而导致航班延误或取消的比例不超过 1%，连续多年被评为世界最安全航空公司。

西南经营模式的综合效果在成本方面体现得非常明显。1994 年，西南航空公司每可获座位里程的成本是 7.08 美分，在全美各主要航空公司中是最低的。

9.1　服务定价概述

9.1.1　服务定价

价格是产品实现其价值的工具，价格在服务营销组合中起到中枢作用，因为正是定价带来了经营收入。定价策略是企业整体服务营销活动的重要组成部分。市场营销学的重要内容之一，就是通过考察消费者对商品价格的反应、供求与价格的关系以及价格与国家经济政策的关系等，研究企业定价策略。商品通过货币表现出来的价值就是价格。所以价值是价格的基础，价格是商品的价值表现。定价策略在为顾客确定价值上有重大意义，并起到为服务树立形象的作用。

鉴于服务产品无形性的本质，价格也提供了质量感觉，其定价决策就特别重要，所定价格是向顾客发出的，他们可能从中得到服务质量的信号。因此，价格给顾客一个信息：他们可以期望得到的服务质量和服务水平同它们的价格一致。

服务产品具有及时交付性和可行性的重要特点，因此其灵活的定价决策也显得特别重要。如服务在高峰需求时间的溢价和当需求下降时为吸引额外顾客而做的折扣定价。火车、民航、娱乐和休闲服务、媒体广告服务和许多公用事业的复杂特殊的服务定价，均是灵活的定价决策。

9.1.2 服务定价的特殊性

与实物产品的价格相比，服务价格具有明显的特殊性，具体体现在三个方面。

1. 服务领域价格代名词的复杂性

在运输服务中，价格称为运费；在保险业务中，价格称为保险费；银行的价格是手续费与利息的组合；学校教育要收取学费；演出要出场费；住旅馆要交房租……服务行业的复杂性决定了价格代名词的复杂。同时，这种多样性又说明了服务价格是市场评价的结果。

2. 服务价格目标和定价哲学更趋多样化

(1) 投资回报或滚动发展目标。

(2) 市场份额目标。

(3) 社会效益目标。

(4) 顾客满意度目标。

3. 服务定价战术策略的动态性和多变性

这是服务价格方面最重要的特殊性。它基于服务与实物产品本质属性上的差别而产生，并最终使服务定价与实物产品定价相区别。

(1) 对有形产品而言，生产成本与价格之间的关系显而易见。但服务产品的无形性特征使服务定价远比有形产品定价更为复杂。

(2) 服务的不可储存性和服务需求的波动性，导致服务企业经常需要采取差别定价等方式，以充分利用既有限又存在刚性的服务生产能力，因而边际定价策略在航空旅行、旅馆饭店等的定价中得到普遍应用。

(3) 不少服务的低资本和技术密集型特征使得顾客往往能够推迟或暂缓消费某些服务，甚至可以通过自己劳动来代替某些服务内容。

(4) 如果服务是同质的，那么价格竞争就可能很激烈，但是行业协会或物价管理部门会通过指定行业收费标准来防止恶性的削价竞争。

(5) 服务与服务人员的不可分离性，使得服务非常明显地受到地理和时间因素的限制。

定价决策会影响到供应和营销渠道的所有成分。供应商、销售人员、配送商、竞争对手和顾客都受定价系统影响。而且，定价还影响顾客对所提供服务的感受。例如，为旅游团假日市场服务的连锁酒店将提供便宜的价格，而且其顾客对其服务质量的期望值将低于对溢价酒店的质量期望。

特殊定价考虑也要适用服务及时交付和可行性等特点。因此，为服务作定价决策包括在高峰需求时间的溢价(premium pricing)和当需求下降时为吸引额外顾客而做的折扣定价。这就引起了在度假旅游团市场、火车、民航、娱乐和休闲服务、媒体广告服务和许多公用事业的复杂的服务定价。品牌使得均质服务有差异性并能够采用溢价战略。运通卡在这方面是个典型，它成功地细分了信用卡顾客市场，并为这些细部创造了新的服务形式，美国运通公司首先采用“金”卡溢价，从而收取更高的会员费。当信用卡公司都开始提供它们自己的“金”卡时，美国运通公司通过为它最突出的顾客群提供更高溢价的“白金”卡而开发出一个新市场细部。

9.2 服务定价的影响因素

定价的确定不仅要研究服务产品的成本、企业的目标利润、消费者对价格的承受能力，同时还要研究市场的需求变化、市场竞争状况和国家经济政策等。只有制定适宜的价格才能为用户理解和接受，产品才有销路，企业才能实现其预定的经营目标。

为服务选择定价的方法和途径类似于用在商品上的方法。采用什么定价方法应该从考虑定价目标开始。这包括以下几个方面。

(1) 生存——在不利的市场条件上，定价目标可能是放弃期望的利润水平而确保生存。

(2) 利润最大化——定价为保证一定时期内的最大利润水平。这里的时期是与服务生命周期有关的。

(3) 销售最大化——为占据市场份额而定价。这可能包括最初以亏损销售以获得最大的市场份额。

(4) 信誉——服务公司可能希望用定价确立其独占者的地位。高价餐馆和协和飞机就是典型例子。

(5) 投资回报——定价目标是基于实现所期望的投资回报。

这些只是一些常用的，还不是全部的定价目标。定价决策取决于许多元素，如服务定位、公司目标、竞争状态、服务的生命周期、需求的弹性、成本结构、资源共享、占优势的经济条件、服务能力。

这些元素中，需求、成本和竞争三个元素需要更多的精心考虑。

1. 生存因素

当面临产品产量过剩、竞争激烈或者消费者需求变化等不利的市场条件时，企业定价目标可能是放弃期望的利润水平而确保生存。产品价格以能够弥补可变成本和部分固定成本、企业在行业中能维持下去为基本目的。

2. 定价目标

为新服务作定价决策必须参考许多相关特征。其中最重要的是定价决策必须与整体营销战略保持一致。同时，必须考虑在不同市场收取不同价格。此外，特殊价格的确定取决于服务所出售给顾客的类型。价值不由价格而是由顾客感知的利益确定，取决于所贡献的新服务相对于总收购的成本以及与之竞争的可替代服

务的价格。服务公司通常销售一定范围的服务，很可能决定把这些服务以特殊价格成套提供。提供旅游、酒店、交通、体育设施设备的度假旅游团还提供娱乐和保险就是这种例子。在此方面需要仔细考虑定价，以求从每位顾客身上获得最大的潜在利润和收入。

但简单的成本加价结构会失去许多可以从研究和管理定价策略中获得的竞争优势。服务对顾客所具有的内在价值，比完成服务所需的成本更值得在定价决策中考虑。定价需要从市场定位的角度来看待它。

3. 需求

产品的需求量是随着价格的变化而变化的，价格上升时，社会需求减少，价格下降时，社会需求增加。如果需要进一步地解释和预测市场的经济活动，人们还需要知道，由价格上升或下降幅度的大小所引起的需求量变动的程度。要进行这种类似的定量分析，就要运用需求价格弹性理论。

服务公司需要明白价格和需求的关系，以及需求如何随不同定价水平而产生变化。它还可能随市场细部变化。有助于理解这种关系的概念是“需求弹性”。这一概念帮助服务的管理人员理解需求是有弹性的(价格上一个给定百分比的改变在需求中产生更大百分比的改变)还是没弹性的(价格上的重大改变在需求水平上产生相对很少的变化)。需求的这些不同特征如图 9-1 所示。如果对服务的需求是有弹性的，那么定价水平就特别重要。许多服务的需求都有弹性，如民航、火车、电影院和包团旅游。其他服务需求，像支票本、医疗保健和用电则没什么弹性。

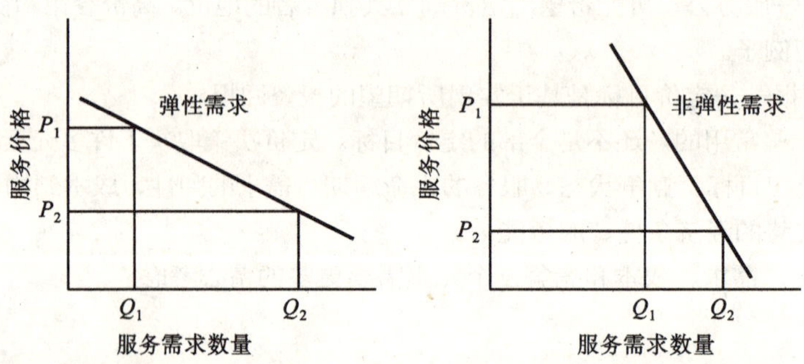

图 9-1 服务需求的弹性和非弹性

资料来源：作者根据相关资料整理。

需求价格弹性与价格的关系可以衡量消费者的购买数量随价格的升降而变化的情况，帮助企业管理者了解顾客市场的需求是有弹性的还是没弹性的。如果富有弹性，价格上一个给定百分比的改变在需求中会产生更大百分比的改变，则该服务产品的需求会随着价格的变动而有明显的变动；如果弹性较低，价格上的重大改变在需求水平上只能产生相对很少的变化，则价格变动不会对该服务产品需求产生显著的影响。如果对服务的需求是有弹性的，那么定价水平的决策就特别重要。商品需求价格弹性的大小，可以用弹性系数来描述。需求价格弹性是指价格的变动引起市场需求量产生相应变动的变化率，它反映了需求变动对价格变动的敏感程度。用公式表示需求价格弹性，则

$$Ep = \frac{需求量变动的百分比}{价格变动的百分比}$$

Ep 称为需求价格弹性系数。定价时考虑需求价格弹性的意义在于，不同产品具有不同的需求价格弹性，依据其弹性的强弱，可以决定企业的价格决策。为比较需求价格弹性的大小，这里仅考虑 Ep 的绝对值。一般情况下，需求价格弹性的大小，以弹性系数 1 为分界线，主要分为以下三种类型。

Ep＝1，反映需求量对应价格变动呈等比变化。对于这类商品，价格的上升或下降，会引起需求量等比例的减少或增加，因此价格变动对销售收入影响不大。定价时，可选择实现预期赢利率的价格或追随通行的市场价格，而将其他市场营销措施作为提高赢利率的主要手段。

Ep＞1，反映价格变动引起需求量变动的百分比大于价格变动的百分比。这类产品当价格变动时，需求量变动幅度大于价格的变动幅度，即价格的上升或下降会引起需求量较大幅度的减少或增加。表明该产品的需求对其价格变动十分敏感，定价时可通过降低价格、薄利多销达到增加赢利的目的。反之，提价时务求谨慎，以防需求一旦发生锐减，影响企业收入。

Ep＜1，反映需求量变化的百分比小于价格变化的百分比。这类产品，需求量变动幅度小于价格变动幅度，价格的上升或下降，仅会引起需求量较小程度的减少或增加。一般在竞争性市场中，企业采用降价策略对需求量的刺激效果并不明显，反而会降低收入水平。

从理论上讲，需求价格弹性系数大于 1，说明某产品的需求价格弹性强。弹性系数越大，说明需求价格弹性也越大，企业宜采用降价增收的策略。需求价格弹性系数小于 1，说明该产品缺乏需求价格弹性。一般来说，需求价格弹性弱的产品则不宜降价，因为降价会减少销售收入。但实际情况往往又是很复杂的，要根据具体的服务产品、需求情况、特定的企业经营目标以及竞争情况等因素而定。

需求弹性理论是市场营销研究的重点内容之一。在分析需求价格弹性时，必须考虑影响产品需求价格弹性的因素，否则会得出片面甚至错误的结论。影响需求价格弹性的因素如下。

(1) 商品替代性。需求价格弹性与商品替代性成正比。如果一种商品替代性强，其价格增高会引起消费者向其他替代品转移，消费者能否方便地找到替代商品，是影响需求价格弹性的重要因素。如果某种商品有许多相近的替代品，那么这种商品的需求价格弹性就大。当价格上涨时，消费者可以少买或不买此种商品，而转向购买其替代品，这种需求转移加强了价格变动对该种商品需求量的影响，反之亦然。那些专用性商品难以替代，其需求价格弹性则比较小，无论价格如何变动，都不会引起需求量的多大变化，消费者只能提高对价格变动的承受能力，使需求量对价格的敏感程度下降。

(2) 商品的需要程度。需求价格弹性与商品需要程度成反比，生活必需品的

需要程度高于一般商品，然而价格变化对其需求数量的影响小。反之，一般商品需求量与价格的相关程度则较大。

(3) 商品供求状况。需求价格弹性与商品供求状况的关系比较复杂。对于供不应求的商品来说，价格在一定限度内上升时，对其需求量影响不大；但当价格上升到一定限度后，会对需求产生较强的抑制作用，此时这类商品的需求弹性会随价格的继续上升呈现由弱到强的变化。对于供大于求的商品来说，价格降低可吸引较低消费层次的需求，从而大幅度增加销售量，需求价格弹性较强。但如果供大于求是由于产品老化或是使用性能不能达到标准消费要求所致，则必须大幅度降价才能带动需求量的增加。此时，单就降价所产生的影响程度而言，需求弹性较弱。

(4) 商品用途的多少。某种商品用途越多，其需求价格弹性就越大。对于多种用途的商品，消费者往往会按照自己的需要，把这些用途分为不同的层次。当这种商品价格上涨时，消费者就会少量购买以满足最迫切的需要；而当这种商品价格下降时，人们就会大量购买以满足多方面的需要。而对于用途少或用途单一的商品，需求价格弹性就小。因为无论价格如何升降，消费者为了满足这种需要就必须购买这种商品。

(5) 商品需求的时间性。消费者对任意商品的需求都存在着一定的时间性，如几个月或几年等。对于短期需求的产品，消费者一时难以找到替代品，因此消费者购买欲望强，选择性小，商品需求价格弹性小。而长时间需求的商品替代品必然增多，消费者的选择性大了，需求价格弹性必然增大。

4. 成本

企业的生产成本是影响企业定价的重要因素。在正常情况下，需求为企业的定价确定了上限，而企业的成本是价格的下限。商品的价格由正常的生产成本、流通费用、利润和税金构成。如果企业的产品成本高，其价格也高；反之，则低。企业希望制定的价格能弥补生产、分销和销售该产品的成本，并取得对企业的努力活动和承担风险的合理报酬。同时，企业所制定的商品价格都不是以个别成本去决定的，而是以社会平均成本为依据，所以企业为了获取较高的利润就必须努力降低个别生产成本，这样才有充分的调整价格的余地。

在一定生产规模下，固定成本相对稳定，所以随着产品量的增加，单位产品的平均成本将下降，企业的经济效益将提高，即所谓规模经济效益。产品的生产量与单位产品平均成本是呈反向变化的。

服务产品的无形性，决定了其生产过程中消耗原材料所占比例较少，所以变动成本所占的比重很低。例如，民航业由于基础设施和运转设备所需要的昂贵支出，就有很高的固定成本。金融服务的固定成本占据总成本的60%以上。电信产品的固定成本一般占总成本的80%左右，而变动成本所占比重与其他产品相比明显偏低，所以这种单位产品平均成本随产品量增加而下降的速度大大高于其他产品，几乎与产品量成反比例。这是电信产品成本构成的一个重要特点，表明了扩大市场份额对电信企业的重要性。

有形产品的定价决策的通常做法是在成本上加一个百分比。而服务产品若完全照此办理，就失去了营销中价格策略所能提供的好处。在市场取消管制的情况下，服务企业更需要使用战略性定价来赢得竞争优势。

服务营销人员需要了解提供服务的成本，以及它们随时间和需求水平的不同而如何改变。对两个主要成本——固定成本和可变成本，需要识别清楚。另外，有些成本可能显示具有混合特征，是半可变的。固定成本是那些不随产出水平变化而变化的成本。它们在一定时期保持固定，其中包括建筑、家具、人员成本、维修等。可变成本根据提供和销售服务的质量而改变，包括兼职雇员的工资、消耗的供应、用电、邮资等。应该注意到，这些成本由部分固定和部分可变的元素组成。例如，包括电话成本和职员加班的薪金。

总成本是固定成本、可变成本和半可变成本在一定产出水平上的总和。服务管理者需要了解成本特性(cost behavior)是如何随服务产出的不同水平而变化的。它对扩展能力的决策和定价一样有着重要的意义。

经验曲线也是一个有用的工具，它能帮助管理者理解服务行业的成本特性。经验曲线是一种主要来自经验的关系，其显示当累积的销售和产出翻番时，单位成本(真实上)典型地下降 20%~30%。许多金融服务机构已经从提供没有真实规模经济的纸上操作转移到提供具有规模经济潜力的机器化和电子化的操作上。图 9-2 展示了与纸上处理支票相比的电子化理财的经验曲线。

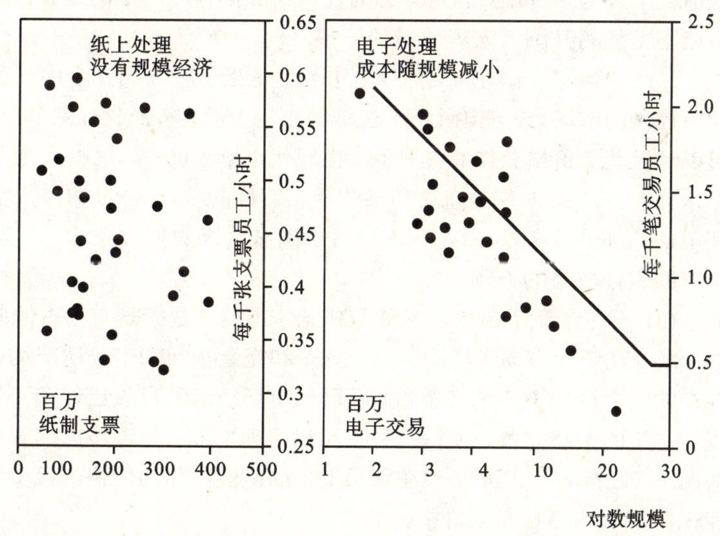

图 9-2 电子化理财经验曲线

资料来源：作者根据相关资料整理。

银行业自动柜员机(ATM)的使用极大程度地降低了成本。虽然安装 ATM 的成本可能较高，但是一旦安装了，每笔交易的成本与使用柜台人员完成此项交易的成本相比要低得多。在美国 ATM 的交易量从 1978 年每月平均 4 000 笔交易增长到1983年每月平均6 500笔交易；同时工资成本随通货膨胀在增加，而ATM的成本在真实项上以每年 7%~8%的比率下降。因此，经验曲线有助于理解使用规模的潜力和机械化来改善服务企业成本位置。

5. 竞争

竞争对手的成本及其定价是需要考虑的重要因素：除了寻找在每个重要细部中关键竞争对手的定价，主要竞争对手的成本位置也要考虑。了解竞争对手的成本将帮助服务管理者评估竞争对手调整它们价格结构的能力。例如，有些像花旗银行那样的服务机构已寻找到，在美国零售业务中赢得竞争优势的方法是通过在结算业务中实现最低成本。

服务机构应该探寻竞争对手决定它们成本、价格和利润率的基准，做到这一点可采用包括竞争购买和市场研究多种技术，也应包括对每个主要竞争对手所提供服务做质量价格比，竞争对手在每个细部上的利润率、成本状况和市场份额的优势都是定价决策中的考虑因素。市场价格在很大程度上是在市场竞争中形成的。按市场竞争的程度，竞争可分为完全竞争、完全垄断和不完全竞争三种类型。不同竞争状况对市场营销者制定商品价格有不同的影响。

(1) 完全竞争市场，又称自由竞争，是指没有任何垄断因素存在的市场。同种商品有多个卖主和买主，生产要素可以自由流动，即完全由供求关系决定。在这个市场上，买卖双方都是价格的接受者，而不是价格的决定者。完全竞争在多数情况下只是一种理想现象。因为任何产品都存在一定的差异，而且现代市场经济已不可能离开国家宏观政策的干预。

(2) 完全垄断市场，又称独占市场，是指一种商品完全由一家或少数几家企业所控制的市场。从理论上讲，在这种市场上，垄断企业有完全自由的定价权利，可以通过垄断价格获得高额利润。在现代市场经济中，这种完全垄断市场也属少见，如专利商品、专卖商品和某些国家特许的独占企业(如自来水、电力、邮政和电信的部分业务等)。在我国，对于国家特许的独占企业，国家在其价格的制定方面进行严格的干预。

(3) 不完全竞争市场，又称垄断竞争市场，是指既有独占倾向又有竞争成分的市场。在现代市场经济中，完全竞争和完全垄断的市场情况均属少见，而普遍存在的就是这种不完全竞争市场。现代市场经济的发展已经离不开国家干预，宏观经济学的不断完善，使得这种干预日趋理性化，并逐步向国际化发展。在这种情况下，经营者一方面必须在国家干预的范围内作为价格的接受者，另一方面应能积极主动地影响商品价格。

面对有限市场资源，定价是竞争中的有效武器，并且极有可能改变消费者的品牌选择。面对一个有力的竞争者，企业可以在保持高质量的前提下，定一个更高的价格，并且有系统、有秩序地持续实施这一战略，以使顾客确信其产品高出竞争对手的档次，从而对产品产生更好的印象。但是更为常规的做法是，企业在产品的质量和服务有所保证的前提下，选择降价作为争夺市场的武器，以使服务产品的价格在重点经营的市场领域具有很强的竞争力。

企业是否应对竞争者的降价作出反应，要依据各种各样的因素而定。影响降价策略选择的因素有如下几点。

(1) 市场占有率。当一个企业拥有高市场份额时，对市场中属于微弱竞争者发起的减价，不会立即作出反应，企业明显的竞争优势使其拥有了决定维持价格稳定的优越环境，可以等待以观看市场如何对减价作出反应。然而，如果是一个领先公司发起降价，那么处于较差市场地位的弱势公司除了降价外确实别无选择。当然，保持行业领先地位的公司有时在推出低价产品的同时也提供优良的售后服务，以便自己的主导地位得到不断的加强和巩固。

(2) 需求价格弹性。当顾客对某一特定品牌的产品的偏好因价格因素而改变，并且转向其他同类产品时，这个产品是具有高价格弹性的。对于一些典型的和富有特色的品牌，无论其价格如何变动，顾客都不肯放弃，那么这个产品就具有低价格弹性。显然，具有高价格弹性的产品只能对竞争者的降价作出反应，而别无选择。

(3) 细分市场定位。在中低档产品市场中，市场对于价格的反应可能大于高档产品；在高档产品市场，顾客更多关心产品的形象和样式。

(4) 产品差异性。一般而言，服务企业必须跟随行业的价格趋势。而增加服务产品的附加值来区别企业的产品，是唯一能够保持高价位的方法。通过提供特殊服务，如优秀的售后服务、最佳技术支持、全面解决问题的方案等都会提高服务产品的差异性。广告也可以用来制造产品差异性，具有很大差异性的服务产品受竞争者削价影响的可能性最小。因而，许多企业对竞争对手的降价不作反应，因为降价会导致他们的边际利润逐渐丧失。经验证明，与其大幅度地削减价格，还不如利用更多的广告或为产品提供更多的服务。

在工业品市场上，产品的标准化使价格成为市场争夺的主要武器，但是这在服务产品领域却是行不通的。因为除了价格，消费者购买还要考虑一些非价格因素。对于消费者来说，更重要的是杰出的质量和完美的服务。

6. 政府干预因素

为了维护国家与消费者的利益，维护正常的市场秩序，每个国家都制定了有关的经济法规和政策，这些法规、政策有监督性的，有保护性的，也有限制性的，它们在市场经济活动中约束企业的定价行为。由于电信业的社会公用性特点，世界上绝大多数国家对电信产品定价有较严格的控制。我国对电信的专营业务(电话、电报等)的资费标准由国家统管，还确定了一些政策优惠性业务，如对机要通信采取特优资费等。

9.3 服务定价的方法

企业商品定价主要考虑成本、市场需求和竞争情况三个基本因素。因此各种各样的定价方法可按这三个因素来分类，即成本导向定价法、需求导向定价法和竞争导向定价法。

9.3.1 成本导向定价法

成本导向定价法是一种按生产者意图定价的方法，它是以产品的成本作为定价的基础，成本的基础上再加上企业的目标利润。具体方法有四种。

1. 成本加成定价法

成本加成定价法是以产品的单位总成本加上固定百分比的利润来确定产品价格的方法。加成率是预期利润占产品总成本的百分比。不同时间、不同地点、不同市场环境及不同行业的加成率不同，有的加成率高，有的加成率低。这种定价方法的优点是方法简便，计算成本比预测市场需求更容易，在正常情况下可使企业获得预期利润，能使企业保持正常的再生产，并能获得较快的发展。所以，在市场需求稳定的情况下一般采用这种定价方法。企业根据成本加成定价，也就不需要根据需求的变化而调整价格。这似乎对供需双方更加合理，而卖方并没有因为买方的迫切需求而提价。

但是，这种定价方法也存在一些缺点。它未考虑在不同价格条件下市场需求的变动情况，从而很难准确预计产品市场的需求量。如果销售量预测不准确，核算出的单位产品成本就无法实现，这样进行加成的利润率无法得到保证，产品价格也就显得不合理。

2. 投资收益率定价法

以完成一定的投资回报进行定价。投资收益率定价法的加成收益不是以总成本来计算的，而是以固定投资的一定比例计算的。这种定价方法一般用于要求在限期内收回全部投资的经济项目。这种方法只有在市场占有率很高或具有垄断性质的企业才能采用，对于大型公用事业单位更为适用，因为这种企业投资额一般都很大，产品具有垄断性，而产品一般又关系到国计民生，与公众收益关系密切，需求价格弹性小。

3. 政府管制

某些行业的性质决定了企业对消费者和社会承担着普遍服务的义务，为了保护消费者的基本利益，企业不被允许追求高额利润，产品定价受政府管制。这类产品一般按照成本加合理利润制定价格，电信通信企业及其他社会基础设施，诸如公共交通、自来水供应、水利设施、电力供应等企业的基本产品定价都受政府管制。

4. 亏损引导定价法

这种方法暂时不计固定成本，制定出的价格低于成本加成法制定出的价格，这种方法有利于保证或迅速扩大市场占有率。通常用在较短时间内，是为了确立市场地位或提供交叉销售其他服务的机会。

9.3.2 需求导向定价法

需求导向定价法是以消费者对商品价值的理解和认识程度为依据的。需求导向定价法是市场导向观念的产物，其特点是灵活有效地运用价格差异，平均成本相同的同一产品，价格随市场需求的变化而变化。具体包括两种方法。

1. 价值基础定价法

该种定价方法是基于提供给顾客的所有服务价值的考虑，服务产品价格依据现有顾客细部对服务价值的感知制定。顾客感知的服务价值，是一种理解价值，是指消费者对某种商品的价值的主观判断，它与产品的实际价值常常发生背离。此种定价的关键问题是顾客的价值观念，而不是产品的实际成本。它强调了服务定位和顾客从服务中获得的利益。它体现了顾客愿意为感觉到的利益支付溢价的观念，特别是在品牌形象、品牌价值和服务质量方面以边缘产品形式供应的。溢价的大小并不意味着它的规模，事实上，边缘产品提供的溢价可能比核心产品的还要大。

运用这种方法定价，首先要采用各种营销手段影响消费者，形成对企业有利的价值观念。价值基础上的定价是强调利益驱使的定价哲学，它允许企业为了战略和战术目的，在合适的时间使用亏损引导、竞争性边际成本于相关服务。企业用来提高其边缘产品并实现溢价的一个方法是无条件的服务保证。

案例 9-1 **价值基础上的定价**

企业用来提高其边缘产品并实现溢价的一个方法是无条件的服务保证。“疯狂的臭虫杀手”（“Bugs” Burger Bug Killer-BBBK)是坐落在迈阿密的一家害虫灭除公司，它收取超过其竞争对手 600%的费用，并在灭虫服务中占有很高的市场份额。这个公司给酒店和餐馆细部顾客的服务承诺如下。

(1) 在您的房屋中所有害虫都消灭光之前，您不欠一个便士。

(2) 如果您对 BBBK 的服务不满意，您将收到相当于公司 12 个月服务费的退款，外加第二年由您选择另一家灭虫公司的费用。

(3) 如果一个客人在您的房房中看到了一个害虫，BBBK 将支付客人的餐费或房费，并送上一封道歉信，还支付下次的餐费和房费。

(4) 如果您的业务因为螳螂或老鼠存在而停业，BBBK 将支付罚金和全部利润损失，并再加 5 000 美元。

为他们的服务和无条件服务保证收取很大的溢价并不意味着令人吃惊的高成本。在 1986 年 BBBK 只为他们的承诺支付了 12 万美元，而同时销售了 3 300 万美元。

2. 需求差别定价法

该种定价法是企业根据市场需求的时间差、地区差、消费水平差以及心理差异等来制定商品价格。这种价格间的差别并不与成本的变化成正比。这种需求差

别定价法有如下几种形式。

(1) 以顾客群为基础的差别定价。如供电公司对工业、农业、居民生活实行不同电价；电信企业对集团用户和居民用户安装电话收取不同的初装费。

(2) 以地点为基础的差别定价。如同种产品在不同的国家或地区销售时，制定不同的价格。

(3) 以时间为基础的差别定价。如旅游旺季和淡季实行不同的门票、车票、住宿费等。

(4) 以产品的有形展示为基础的差别定价。如同等质量和规格的产品，而在其有形展示的花色、外包装不同时，制定不同的价格。

9.3.3 竞争导向定价法

价格是市场战略的主要竞争手段，要确定一个产品的价格，市场经营者必须了解消费者愿意支付的最高价格以及公司将会赔本的最低价格。除了这两个极限价之外，市场经营者还必须观察竞争者价格。竞争导向定价法就是企业以竞争者的价格水平为依据，随着竞争变化情况不断调整自己产品价格的方法。主要有随行就市定价法、追随领导者企业定价法、投标定价法和拍卖定价法等。

1. 随行就市定价法

随行就市定价法是指在一个竞争比较激烈的行业中，使自己企业的价格保持在同行业平均价格水平上的定价方法。这种方法又称通行定价法，它是竞争导向定价法中最常用的一种做法，在现实中应用比较普遍。这种定价方法操作简单，充分利用了同行业的集体智慧，反映了市场的供求情况，又能保住适当的收益，还避免了在同行业内挑起不必要的价格竞争，有利于协调同行业的关系。

2. 追随领导者企业定价法

一般情况下，很多行业中总是存在一个实力最雄厚、影响力最大的领导者企业。其他企业为了应付或避免竞争，为了稳定市场以利于长期经营，往往参照或利用这个领导者企业的产品价格为自己产品的价格，这种定价方法称为追随领导者企业定价法，它可以避免企业之间的价格竞争。

3. 投标定价法

投标定价方法是指买方引导卖方通过竞争取得最低商品价格的实价方法。一般用于建筑工程、大型设备制造、集团大型采购等。发包人公开招标，承包人则竞争投标。发包人按物美价廉的原则择优选取，到期公布“中标”名单。企业投标是希望中标，为此企业在确定报价时，一方面要考虑到竞争者的报价，以较低的价格来增加中标的机会，另一方面，要考虑企业的生产成本，以尽可能高的价格来增加企业的利润。

4. 拍卖定价法

拍卖定价法是事先不规定商品的价格，由买主公开出价竞购，然后以最有利的价格拍卖成交的定价方法。一般由卖方规定一个较低的起价，买主不断抬高价格，一直到没有竞争的最后一个价格，即最高价格时，卖主把现货售给出价最高的买主。在艺术品、珍贵文物、房地产交易中常常采用这种定价方法，电话、手机等的吉祥号也可用这种方法定价出售。

9.3.4　关系定价法

关系定价法是一种适合于服务商与顾客之间存在持续接触的定价思路，它是将顾客的终生价值作为定价基础的，以市场为导向的定价方法。定价也是服务营销中重要的一部分，关系定价强调利益驱使的定价哲学，有助于同顾客形成长久的合作关系，并吸引顾客持续购买服务，从而获得竞争优势。它允许企业为了同顾客建立、保持并加强长期关系，在合适的时间对适合的顾客使用亏损引导、竞争性降价等定价方式，从而为企业赢得长期的潜在利润。

以价值为基础的关系定价法的目标是辅助服务定位并促使顾客愿意为感知到的额外效用而支付额外的费用。正如图 9-3 所示，它展示了一个现象，顾客愿意为感觉到的利益支付溢价，特别是对于企业的品牌形象、品牌价值和服务质量等方面。

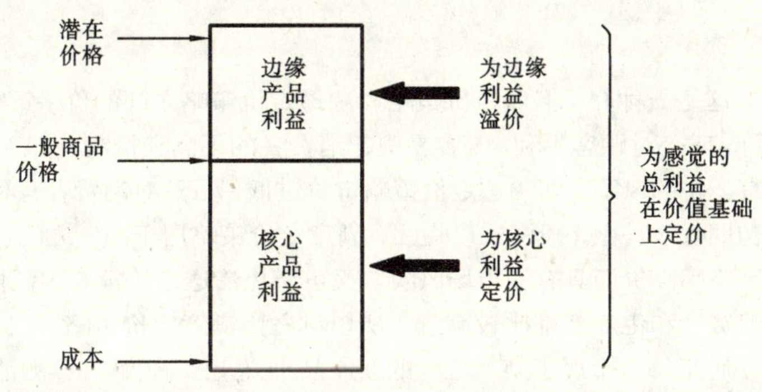

图 9-3

资料来源：菲利普 •科特勒. 营销管理[M]. 9 版. 梅汝和，译. 上海：上海人民出版社，1999.

此外，在价格构成中，边缘产品溢价的大小不完全取决于边缘服务的成本，在某些特殊情况下，边缘产品的溢价甚至远远高于核心产品的溢价。

9.4　企业定价策略

企业定价方法是研究各种定价计算的推论，而企业定价策略是一种艺术。企业定价策略是在明确定价目标以后，围绕成本、市场需求，不同企业使用不同市场竞争、消费者心理等要素加以具体确定。传统经济观念认为，商品价格越低，销路一定越好。所以，传统工商业主一般以总成本加一定百分比制定商品价格，对市场供求变化、消费者心理变化视而不见，即使市场供求关系发生了变化，企

业价格也不相应调整。现代市场营销理论则认为：为了实现企业的经营战略目标，企业应根据不同的产品、市场需求、竞争情况、消费者心理变化等因素采取各种灵活多变的定价策略，使价格与市场营销组合中的其他因素更好地结合，促使和扩大销售，提高企业的整体效益。

9.4.1 新产品定价策略

1. 撇脂定价

这是一种高价格策略，这种定价策略因类似于从牛奶中撇取奶油(精华)而得名。它是指在新产品上市之初，企业利用部分消费者的求新心理、炫耀心理，以高价刺激消费，以便在较短的时间内尽量获得最大利润，尽快收回投资。这种定价策略必须以高质量为基础，以建立产品声誉、树立名牌形象的高促销手段为条件，并且在没有直接竞争者以及存在大量需求的情况下才能使用。

2. 渗透定价

这是一种低价格策略，即在新产品投入市场时，以低价政策渗透市场，并在短期内快速争得市场占有率，以取得最大的销售量。这种定价策略的缺点是：投资收回期较长，见效慢，风险大。

3. 满意定价

这是一种介于撇脂定价策略和渗透定价策略之间的价格策略。撇脂定价策略定价较高，对顾客不利，既容易引起消费者的不满和抵制，又容易引起市场竞争，具有一定的风险。而渗透定价策略定价过低，虽然对消费者有利，但在新产品上市初期收入甚微，投资难以收回。满意定价策略居于两者之间，既可避免撇脂定价策略因高价而具有的市场风险，又可避免渗透定价策略因低价而带来的困难，使消费者和生产者都比较满意，所以称之为满意定价策略。

对于每一个属于某一范围的新产品来说，正确了解并预测消费者观念是必要的。就定价而言，要发现并平衡两种风险。一方面，如果一个新产品推出了一个在其产品范围内相对较高的价格，风险就在于销售可能受阻，因为消费者会继续选择以前的更具吸引力的价格系数。另一方面，如果一个新产品推出的是在其产品范围内相对过低的价格，那么它可能摧毁这个范围内的其他产品，使其大量积压，或者产生了这家公司无法立即满足的需求。价格是抑制或促进一种产品需求的决定因素。

案例 9-2 雷诺公司与大麦克斯公司不同的定价策略

第二次世界大战后，美国雷诺公司从阿根廷引进了圆珠笔的生产技术，当时圆珠笔在美国属新产品，是作为圣诞节礼物投放市场的。因为战后市场商品奇缺，加之美国人喜欢用“新奇”的物品馈赠亲友，因此圆珠笔成了畅销货。当时，每支生产成本 0.5 美元，卖给零售商 10 美元，而零售商的卖价高达 20 美元。由于圆珠笔的生产技术并不复杂，竞争者纷纷介入。很快就将圆珠笔的生产成本降到 0.1 美元，售价降到 0.25~0.7 美元。结果，最先经营这个产品的雷诺公司运用高价策略发了一笔大财。美国雷诺公司生产的圆珠笔在没有竞争者的情况下，采取了较高价格投放法。新产品一上市就能以其特点和新颖吸引顾客，顾客购买时也不太重视价格问题，因而可采用高价策略迅速地取得经济效益，补偿在试制新产品中所消耗的较高费用，给消费者一种提供了优质产品的形象。其实，在我国也有类似的情形。前几年，体育玩具“塑料飞蝶”和智力玩具“魔方”曾风行一时。这些产品的成本极低，生产技术也极其简单，因此企业便采用了高价策略。待一阵风刮过之后，企业获取了较多的利润，便停止了这种产品的生产。在市场上，许多以儿童为服务对象的新颖产品，大都采用的是这种策略。但是，这是一种短期的定价策略，一般不能持久，常用于没有竞争而又容易开辟市场的产品。

然而，美国的大麦克斯公司却采取较低价格投放法。美国的大麦克斯公司，原是一家生产军用信管计时器的小公司，1950 年开始涉足手表制造业。20 年后，它成为世界上闻名的手表制造公司，工厂遍布世界各地，销售点最多时达 25 万个，年销售额高达 2 亿美元。在美国市场上，每出售的两块手表中，就有一块是“大麦克斯牌”。该公司之所以能在激烈竞争的手表市场上异军突起，其“秘密武器”就是采取了低价推出产品的策略。它最初投放市场的男式手表每只才 7 美元左右，比一般低档手表的价格要低得多；1963 年它生产的电动手表，售价仅 30 多美元，仅是同类产品价格的一半；20 世纪 70 年代初，日本、瑞士和美国的一些手表公司生产的石英表，以 400 美元或更高的价格出售，而“大麦克斯”石英表登场的售价才 125 美元。大麦克斯采取较低价格策略，是因为在市场上有同类商品的竞争者，为了轻快地渗透市场而采用的策略。企业在运用这种策略时，坚持的是以产品完全成本为定价下限，以不高于竞争对手同类产品价格为定价上限的原则。

9.4.2　心理定价策略

这是一种根据消费者的心理需求所使用的定价策略。主要是根据不同类型的消费者在购买商品时的不同需求来制定价格，以诱导消费者购买，扩大销售量。

1. 声望定价策略

这是指企业利用消费者仰慕名牌商品或名店的声望所产生的某种心理来制定商品的价格。制定高价格的依据是利用产品的品牌效应进行溢价。这种定价策略适用于顾客感知的附加值和与价格相关的商品或服务。利用消费者“价高必质优”的心理，以较高的价格来吸引消费者。采用声望定价策略，也并非价格越高越好，如果价格偏离价值太远，就会失去这一顾客市场。

2. 尾数定价策略

这是为了适应消费者求廉心理，给商品制定一个零头数结尾的价格策略。如 0.99 元，9.9 元等。此种策略的特点是尽可能在价格上不进位，不到 1 元、不到 10 元，从而产生价格较廉的感觉。近年来，许多商品常采用 8 作为尾数定价，如价格定为 8.88 元、1.68 元、88 元等，由于 8 与广东话发财的“发”同音，在

定价心理上，讨个发财吉利，希望共同富裕。尾数定价还能使消费者产生一个企业定价认真负责的信任感，因而深受广大消费者欢迎。

3. 分级定价策略

这是指在定价时，对同类商品分成几个等级，不同等级的商品价格有所不同。这种定价策略一方面能满足不同消费层次顾客的要求，另一方面能使消费者产生货真价实、以质论价的感觉，因而容易被消费者接受。

9.4.3 折扣与让价策略

折扣就是按原价少收一定比例的货款；让价是在原定价格中少收一定数量货款。两者实质上是一样的，都是一种减价策略。折扣与让价是有意识地降低其基本定价，以达到争取顾客、扩大销售的目的，具体方法多种多样。

1. 现金折扣

现金折扣也叫付款期折扣，是对在约定付款期内以现金付款或提前付款的购买者，给予原定价格一定折扣的方法。例如，对付款期限为 1 个月的货款，立即付款可打折扣 5%，10 天内付款可打折扣 3%等。实行现金折扣可以加速公司资金的周转，激起顾客购买的欲望与兴趣。

实行现金折扣的关键是要合理确定折扣率，其基本原则是折扣率的上限必须低于企业加速资金周转所增加的赢利，这样才不至于降低企业的收益。其下限必须高于同期银行的利率，否则引不起顾客的兴趣。

2. 数量折扣

数量折扣是指企业对那些大量购买某种产品的顾客给予一定减价的方法。一般购买数量越大，折扣越大。实行数量折扣可以鼓励顾客，增大购买量，降低企业产销供各个环节的费用。数量折扣又可分为两种。

(1) 累计数量折扣。这是指一定时期内购买商品累计达到一定数量所给予的价格折扣。采取这种策略，可以鼓励顾客经常购买本企业的商品，稳定顾客，这种方法在批发及零售业中都经常采用。例如，国外有些电信企业规定，每月长途电话超过多少分钟以上分别享受不同的折扣价；我国有些城市规定，安装第二部、第三部住宅电话初装费可得到不同比例的优惠。

(2) 非累计数量折扣。这是规定每次购买达到一定数量或一定金额所给予的价格折扣。采用这种策略，可以鼓励顾客大量购买、扩大销售，同时又可以减少交易次数和时间，从而节省人力、物力等方面的费用，达到增加赢利的目的。例如，1991 年 6 月 24 日邮电部发出关于客户交寄大批量信函试行资费优惠的通知。优惠办法为：凡同一寄件人或单位，一次交寄国内平信 1 000 件以上，可按其交寄平信邮资的 95%收取资费，3 000 件以上的按 90%收取，5 000 件以上按 80%收取。以上三种情况就是在基本价格基础上分别折扣 5%、10%和 20%，交寄数量越多，折扣越多。近几年，许多地方对于批量安装电话的单位，也都采用了这种折扣定价策略。

3. 季节折扣

这是指生产或经营季节性商品的企业或商店，为了鼓励批发商、零售商或顾客在商品使用淡季购买所给予的价格优惠。例如，冬季购买电风扇、夏季购买皮大衣、旅游淡季乘坐飞机等，都可给予一定的价格折扣。采取这种策略，是为了减少企业的仓储费用，加速资金周转，实现企业均衡生产和经营。中国电信规定，节假日及晚上九点以后拨打国内长途电话半价收费，也是属于这种折扣，因为节假日和晚上是电话网较闲的时间。

4. 推广折扣或折让

这是指生产企业为了报答中间商提供各种促销工作，如广告宣传、布置专用橱窗等方面的努力，在价格方面所做的一定比例的优惠。例如一个零售商，在本地电视上做服装广告，因而扩大了某服装厂服装在当地的销售，服装厂为了鼓励和报答零售商的努力而给予一定比例的折扣或折让，以弥补零售商支付的广告费。

5. 以旧换新折让

这是指企业收进顾客交回的本企业生产的旧商品或收进非本企业生产的同类商品，以此在新商品价格上给予顾客一定数量折让优惠。例如，一台新洗衣机的价格为 1 400 元，顾客交回本厂产的旧洗衣机，则厂方规定新洗衣机售价为 1 290 元；顾客交回非本厂产的旧洗衣机，则新洗衣机售价为 1 330 元，分别给予顾客 110 元、70 元的价格折让。旧型号的手机也可采用此法更换新机。

最后，政府可以在定价中充当限制的角色。例如，建立垄断限制，通过反垄断法，对价格进行控制。如为了保护消费者利益，国家对电信企业的电信产品进行限价管制。因此，对于政府管制的产品或服务的价格的制定，需要同时考虑公司价格政策以及政府的规定和限制。

本章小结

在服务市场上，服务定价与有形产品定价的概念和方法虽然有相通之处，但也有很多不同的特点。服务定价除了受成本、需求和竞争影响外，还受服务企业目标、政府政策等影响。

服务业经常采用的定价方法主要有成本导向定价法、需求导向定价法、竞争导向定价法和关系定价法，服务企业在制定具体服务产品价格时还要采用一定的定价技巧与之相配合。

关键术语

服务定价	需求价格弹性	需求	成本	竞争
定价策略	折扣	让价策略	固定成本	变动成本
成本导向定价法	需求导向定价法	竞争导向定价法	关系定价法	

思考题

1. 解释下列概念：固定成本、变动成本、需求弹性、成本导向定价法、需求导向定价法、竞争导向定价法、关系定价法。
2. 影响服务定价的因素有哪些?
3. 服务定价的特殊性有哪些?
4. 企业在确定服务产品价格目标时需要考虑哪些要素?
5. 服务型企业常用的定价方法有哪几种?
6. 实践中，服务业经常使用的定价技巧有哪些?

案例研讨

康柏公司在 1992 年与低价个人电脑的竞争对手进行商战时采用目标成本法。康柏的方法如下。设计师与营销、制造、顾客服务、采购和其他部门的人坐在一起。营销部门提出价格目标，制造部门确定毛利目标，然后设计小组确定成本的构成。算出成本目标是困难的，并且设计小组对制造过程不断增加新影响；工程师必须用更少的零部件来制造产品。因此，他们必须与其他部门一起用逆工程的方法，使产品更便宜，生产更迅速。然而，这工作也是能得到报酬的。康柏公司用这种新定价系统制造的波罗娜个人电脑和康图拉网络电脑大获成功，它们使康柏公司的销售量猛增 64%，几乎使公司利润增加了一倍。

案例思考题

康柏采用了什么定价策略？它的产品价格对它的销售量有什么影响?

参考文献

1. 菲利普·科特勒. 营销管理[M]. 9 版. 梅汝和，译. 上海：上海人民出版社，1999.
2. 贾丹华. 电信企业服务营销[M]. 北京：人民邮电出版社，2001.

第 10 章 服务位置和渠道策略

10

本章提要

1. 了解服务分销渠道的方法。
2. 了解服务分销渠道的两种发展方式。
3. 了解服务分销方法的创新。
4. 掌握服务企业的位置决策内容。

引 例

长城电脑与长城宽带实现双方渠道共享

2001 年秋，长城电脑的渠道经销商与长城宽带的渠道运营商汇聚一堂，双方就携手共同开发市场达成初步协议，这标志着长城集团整合现有渠道资源的计划已进入实质性运作阶段。

长城宽带工程进入千家万户，成为提高长城 PC 电脑销售的一大因素。长城电脑公司与长城宽带都为长城集团下属子公司，其中长城电脑拥有长城宽带 15%的股权。2000 年，长城电脑与长城宽带在北京及其他地区就曾经尝试过共同携手开展系列促销活动，并取得了良好的合作效果。当时，“买长城电脑，上长城宽带”的口号及市场推广活动吸引了相当数量的用户。通过这次活动，做长城电脑市场代理的公司发现了做长城宽带工程代理业务的空间；同时，做长城宽带工程代理的公司对电脑市场代理也跃跃欲试。

为了进一步利用好长城集团现有的渠道资源，在此会议中，长城电脑公司与长城宽带的管理者决定对双方的渠道进行共同整合，让一些电脑经销商兼做宽带发展运营商，而一些宽带运营商也可以做电脑经销业务，实现两位一体，使渠道资源利用最大化。

联合是 IT 产业一道最亮丽的风景线，而国内不少大公司内部不同产品线之间在渠道与市场方面却老死不相往来，长城集团此举为业界在渠道整合方面进行了一次有益的尝试。

市场在变，竞争在变。市场竞争日趋增强的激烈性和对抗性，要求企业经营更加深入化和细致化，提高市场资源的可控程度。而销售渠道作为企业最重要的资源之一，其“自我意

识”和不稳定性对企业的经营效率、竞争力和经营安全形成的局限和威胁却逐渐显现，因此，销售渠道的重新整合成为企业关注的话题。

10.1 服务分销渠道

10.1.1 服务分销渠道概述

分销渠道在产品营销中应用得很普遍。但如果不经过事先的澄清，而直接转用在服务营销上，很可能会形成概念上的问题。萧斯塔克认为服务业渠道决策的内容混淆不清，因为非实体性产品的分销渠道的概念很难理解。服务是非实体性的，通常无法与服务提供者分开，有易逝性，而且不易储存。然而，服务业的非实体性未能永远适用于某些特殊情况。例如，非实体性意味着，在类似专业会计的服务方面，实物分配的问题较不重要，而库存也只限于附属资料的供应而已；然而在另外的服务业，就必须处理库存问题，如汽车租赁公司就是如此，甚至有闲置房间(库存)的旅馆饭店，或有闲置飞机座位(库存)的航空公司，都必须面临库存问题。

大多数生产者都是不将其产品直接出售给最终用户的。在生产者和最终用户之间有执行不同功能和具有不同名称的营销中间机构。有的中间机构，如批发商和零售商，先买进商品，取得商品所有权，然后再出售商品，他们就叫做买卖中间商。其他，如经纪人、制造商代理人和销售代理人，则先寻找顾客，有时也代表生产厂商同顾客谈判，但是不取得商品所有权，他们就叫做代理中间商。还有一些，如运输公司、独立仓库、银行和广告代理商，则支持分配活动，但是既不取得商品所有权，也不参与买或卖的谈判，他们就叫做辅助机构。表 10-1 是分销渠道的一些关键术语。

表 10-1 分销渠道术语

经纪人	一个中间机构，其工作是把买卖双方汇集在一起，没有存货，但需要参与融资和承担风险
服务商	一个中间机构，参与分销过程，但不拥有商品所有权，也不谈判采购或销售
制造商代表	一个公司，代表几家制造商并销售商品。受数个公司雇用，代替或增强其内部销售力量
经销商	一个中间机构，购买商品，取得所有权并再出售
零售商	一个商业企业，直接向自用和不是商业用途的最终消费者出售商品或服务
(销售)代理商	一个中间机构，为顾客寻找对象和谈判，维护生产商的利益，但对商品没有所有权
销售队伍	直接受公司雇用的一群员工，根据公司要求出售产品和服务
批发商(分销商)	一个商业企业，为了再出售或商业用途而出售商品或服务

资料来源：菲利普·科特勒. 营销管理[M]. 9 版. 梅汝和，译. 上海：上海人民出版社，1999.

分销渠道决策是管理当局面临的最重要的决策。公司所选择的渠道将直接影响所有其他营销决策。公司的定价取决于它是利用大型的、高质量的经销商，还是利用中型、中等质量的经销商。公司的推销力量和广告决策取决于对经销商的培训和鼓励。此外，公司的渠道决策还包括对其他公司的长期承诺。当汽车制造商同独立的经销商签订经销合同后，该汽车制造商在合同生效后就必须尊重其经销权，不得以本公司的销售网点取而代之。

分销系统是一项关键性的外部资源。它的建立通常需要若干年，并且不是轻易可以改变的。它的重要性不亚于其他关键性的内部资源，诸如制造部门、研究部门、工程部门和地区销售人员以及辅助设备等。对于大量从事分销活动的独立企业以及它们为之服务的某一个特定的市场而言，分销系统代表着一种重要的公司义务和承诺。因此，管理当局在选择渠道时，既要着眼于今天的销售环境，也要考虑明天的销售环境。

本节讨论的分销渠道是指服务从生产者移向消费者，所涉及的一系列公司厂商。普遍的观念是，服务销售以直销最常见，而且渠道很短。虽然直销在某些服务市场(如专业服务业)很常见，但有许多服务业的销售渠道，包括一个或一个以上的中介机构，因此认为直销是服务业市场唯一的分销方法是不正确的。不同的中介机构扮演不同的角色。有些中介机构承担了所有权风险；有些是担任所有权转移的中介角色(如采购)；有些是担当实体移动(如运输)的任务。诚如拉斯摩所指出：“中介机构所执行的各种功能没有一致性。”虽然没有一致性，但事实上服务公司在市场上有两项主要的销售渠道可供选择。

10.1.2　直销

直销可能是服务生产者经过选择而选定使用的销售方式，也可能是由于服务和服务提供者不可分割所致。如果直销是经由选择而决定的，经营者的目的往往是获得某些特殊的营销优势，例如：

(1) 对服务的供应与表现，可以保持较好的控制，若经由中介机构处理，往往造成失去控制的问题；

(2) 以真正个性化的服务方式，在标准化和一致化的市场上，体现出特色服务产品的差异化；

(3) 可以从顾客接触时直接反馈回当前需要、这些需要的变化及其对竞争对手产品内容的意见等信息。

例如，有些投资顾问机构或会计师事务所，可能都会有意地限制客户的数量，以便能提供个别服务。

但如果直销是由于服务和服务提供者之间的不可分割性(如法律服务或某些家务服务)造成时，服务提供者可能面临如下问题：对某一特定专业个人的需求(如著名的辩护律师)情况下，公司业务的扩充便会遇到种种问题。采取直销有时便意味着局限于地区性市场，尤其是在人的因素所占比重很大的服务产品中，而且不能使用任何科技作为服务机构与顾客之间桥梁时。

10.1.3 间接渠道

服务业公司最常使用的渠道是通过中介机构的间接渠道。服务业渠道结构各不相同，而且有些相当复杂。例如，货币产品(money product)的销售渠道。货币产品新型渠道的出现，是因为有些服务业公司设法利用新产品的推出克服服务的不可分割性，银行信用卡便是服务业所提供的一种实物表征(physical representation)的例证。银行信用卡是信用服务的实体化表征，但并不是服务的本身。通过信用卡，银行有能力克服不可分割性的问题，同时利用零售商作为信用的中介机构，让银行有能力扩大地区性市场，因为信用卡可让使用者将银行信用变成“库存”，而在自己感觉便利时使用。如此，银行就会有能力维持远离交易地的信用客户。

服务业市场的中介机构型态很多，常见的有下列五种。

(1) 代理，一般是在观光、旅游、旅馆、运输、保险、信用、雇用和工商业服务业市场出现。

(2) 代销，即专门执行或提供一项服务，然后以特许权的方式销售该服务。

(3) 经纪，在某些市场，因传统惯例，服务必须经由中介机构提供才行，如股票市场和广告服务。

(4) 批发商，在批发市场的中间商有“商人银行”(merchant banks)等。

(5) 零售商，包括照相馆和提供干洗服务的商店等。

中介机构可能的形式还有很多，在某些服务交易进行时，可能会牵涉到好几家服务业公司。例如，某个人长期租用一栋房屋，可能牵涉到的服务业包括房地产代理、公证人、银行、建筑商等。另外，在许多服务业市场，中介机构可能代表买主和卖主(如拍卖)。

以下列出适用于各种服务业的中介机构的可能组合形态，但这只是服务业渠道结构可能有的组合形态，而不是所有的可能组合形态。

1. 金融服务业

银行对个人及公司所提供的广泛领域服务包括现金账户、存款账户、信用、金融顾问咨询、不动产规划、现金贷放，以及许多可以利用的所谓“金融产品”。当然，大多数的消费者是直接和银行来往，但通过中介机构的情况也很普遍。目前，信用卡被广泛使用，银行便在接受信用卡付款的卖主(如零售店)和处理信用单的信用卡公司之间，扮演清算中心的角色。因此，银行和卖主都由于提供此项服务所担任的角色，而能获取佣金。另外一个例子是，雇主将资金通过往来银行支付工资或薪水给员工，而员工则可通过其他的银行领取，因为银行之间有资金转移的合作关系。

2. 保险服务业

直销保险一向很流行，但也可经由商店、代理商、经纪人或多重中介机构的合并服务来销售保险。有些商业公司，如合作社(co-operative society)就可拥有自己的保险公司。另外，有些服务销售者(如旅行社)可能替一些保险公司向顾客提供旅游保险服务。而经纪商往往替好几家保险公司工作，在保险业分销渠道上，经纪商是极重要的中介机构。例如，以自动售货机用来销售保险的情况(如在飞机场)已愈来愈多，许多工作场所的团体保险也极普遍。保险代理商签订团体保险保单给雇主，为其员工投保(如工作意外险)等。

在保险业制定渠道策略时，马加洛认为下列问题应予考虑。

(1) 如果可以重新开始，则什么样的分销体系才能与营销目标相配合？我们所设想的理想渠道与现行渠道的比较如何？

(2) 我们是否对现在使用的各种中介及其相关表现进行过分析？

(3) 中介者对我们的看法又如何？

(4) 我们的佣金制度与竞争者的佣金制度比较起来如何？

(5) 我们是否利用预算控制来监测分销渠道的表现？

(6) 我们是否采取一些创造顾客忠诚的措施？

(7) 我们是否在训练和发展分销渠道及其人员配备上给予充足的资金？

(8) 我们与分销商之间是否存在有效率且有效果的沟通体系？

3. 旅馆饭店

虽然在传统上都是使用直销方式销售其服务，但近年来，旅馆和大饭店使用间接渠道销售服务的现象已日益增多。图 10-1 显示了旅馆业的各种系列的中介机构。

(1) 旅行社。旅行社可以替顾客预订旅馆房间。不过顾客通过其他的中介机构预订的情况已愈来愈多，因为这些中介机构往往手中握有整批房间或者是基本上扮演旅馆的代理人(如观光机构)的角色。

(2) 旅游承包人。这种机构往往保有一批房间，可经由零售者(如旅行社)销售，或者直接销售给消费团体。

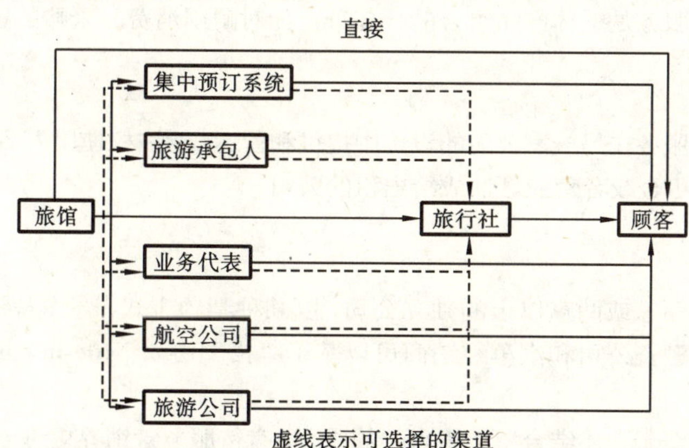

图 10-1　旅馆服务渠道系统

资料来源：王超. 服务营销管理[M]. 北京：中国对外经济贸易出版社，1999.

(3) 观光旅游中心。此类机构可为在某地区市场相互竞争的旅馆担任预订登记的代理。

(4) 旅馆/大饭店业务代表。旅馆业务代表通常为非竞争性旅馆担任销售代理。

(5) 航空公司。许多旅馆目前都与航空公司联合，提供完整的组合服务，或者是一种密切的工作关系。

(6) 集中预订系统。许多特许经营的旅馆或连锁旅馆都使用集中预订系统。

除了上述各种中介机构，旅馆本身也可能销售其他服务，如汽车租赁、导游、剧院和演奏会入场券等。

10.2 服务分销渠道的发展与创新

服务分销渠道的发展，根据专家的研究，大都以独立渠道和结合渠道两种方式发展。

10.2.1 独立服务渠道

独立渠道的兴起，是为了满足特定需要，而无须与另外的产品或服务相关联。因此，一家顾问公司或一家旅行社，不与其他公司联合，且与其他公司分开经营，即属独立服务渠道的例子。不过，独立服务公司当然也可以利用其他的中介机构。

10.2.2 结合型服务营销

在结合型服务营销中，服务结合在销售某一产品的渠道之中。结合型服务渠道一般是通过下述形式发展而来的。

1. 收购

服务是整体产品组合的一部分，如对耐用消费品采购的融资。

2. 租用

服务在另一家公司的设施中提供和营运，特许权使用人(con-cessionaire)必须给付租金或者营业额抽成给出租的公司。

3. 合同

两家或两家以上的独立公司，以某种契约方式，合作营销一项服务。因此，财务融资公司和汽车经销商可以基于“搭配协议”(tie-in agreements)而共同经营。

至于上述结合型渠道兴起的原因，有待服务营销界更进一步探讨。最近已有学者利用生命周期作为分析、解释和预测的工具，形成了一种有趣的、设想周密的模式，可适用于多地点服务公司，并指出这些公司的生命周期从创业阶段到衰退(或再生)期间，其经营重点、利益目标和策略方面不断变动。

10.2.3 服务分销方法的创新

最近几年来在分销服务的方法上，产生了许多创新，这说明了服务业营销者在运用创新性营销实务上并不落后。以下四个例子说明了这些创新现象所显示的性质，其中包括新服务开发和新服务业机构。

1. 租赁服务的增长

服务业经济的一个有趣现象，是租赁服务业的增长，也就是说许多个人和公司都已经而且正在从拥有产品转向产品的租用或租赁。采购也正从制造业部门转移至服务业部门。这也意味着，许多销售产品的公司增添了租赁和租用业务。此外，新兴的服务机构也纷纷出现，投入到租赁市场的服务供应中去。

在产业市场，目前可以租用或租赁的品种包括汽车、货车、厂房和设备、飞机、货柜、办公室装备、制服、工作服、毛巾等。在消费品市场，则有公寓、房屋、家具、电视、运动用品、帐篷、工具、绘画、影片、录像等。还有些过去是生产产品的公司，开发了新的服务业务，提供其设备作为租用和租赁之用。在租用及租赁合同中，银行和融资公司以第三者身份，扮演了重要的中介角色。

有些产品是不能租用的，尤其是消耗件物品，如食品、礼品和油脂类。而且在许多情况之下，拥有产品比较有利，但也须根据市场的性质决定(如消费者市场或产业市场)。

(1) 对于出租者，可以获得如下利益：①扣除维持、修理成本和服务费之后的所得，可能高于卖断产品的所得；②租赁可以促使出租者打开市场，否则因其产品的成本因素，根本进不了市场；③设备的出租可以使出租者有机会销售与该设备有关的产品(如复印机和纸张)；④租用协定可协助开发及分销新产品，开发及分销配合客户购买/拥有而引发的各种补充性服务。

(2) 对于租用者，可以获得如下利益：①资金不至于套守在“资产”上，因而这些资金可以利用来从事其他方面的采购；②在产业市场，租用或租赁可能比拥有物品更能获得租税上的利益；③物品能够租用的话，要进入某一行业或某一市场所需的资本支出，总比其物品必须购买有利，租用设备就比拥有设备更为明智及经济；④在多数租用条例规定下，服务上的问题，包括维护、修理、毁坏等，都是由别人负责；⑤租用可以减低产品选用错误的风险以及购后考虑问题。

贝瑞和马利柯认为，无所有权消费(consumption without ownership)在消费品市场的扩大具有很大的可能性。他们指出，这种趋势可能对企业营销和企业本身产生如下影响。①租赁及租用品的库存投资会提高，随之而来的是，存量运转率降低而对储存的需求增高，同时对维护、修理设施以及存货整理和再包装的需求也会增加。②由于大量的存货，引申出更多的融资和财务需求，这往往会造成金融机构本身在分销渠道中，担当所有权功能的角色。但随之而产生的现象是，消费者信用需求可能降低，因为所有权已转移到分销渠道内部去了。③在租赁及租用情况下，必须要有新的库存观念。例如，应多注重占用比率和产能利用率，而不只注重存货周转期。④凡供租赁及租用的产品，必须要有较高质量。耐久性及易于维护和修理都是重要的特点，因为租用物品往往是利用

度高且经常重复使用的。

2. 特许经营的增长

在可能标准化的服务业中，特许经营已是一种持续增长的现象。在一般情形下，特许经营是一个人(特许人，franchisor)授权给另一个人(受许人，franchisee)，使其有权利用授权者的知识产权(intellectual property right)，包括商号(trade names)、产品、商标、设备分销(equipment distribution)等。

1) 特许交易的特征

以下是特许权交易(franchise transaction)常见的特征。

(1) 一个人对一个名称、一项创意、一种秘密工艺或一种特殊设备及其相关联的商誉拥有所有权。

(2) 此人将一种许可权授予一个人，允许其使用该名称、创意、秘密工艺及其相关联的商誉。

(3) 特许合同中的各种规定，可对受许人的经营进行监督和控制。

(4) 受许人应支付权利金或者为已获得的权利而付出某种补偿。

2) 经营模式特许经营必备条件

经营模式特许经营(business format franchise)的必备条件如下。

(1) 必须订立包括所有双方同意条款的一纸合同。

(2) 特许人必须在企业开张之前，给予受许人各方面的基础指导与训练，并协助其业务的开展。

(3) 业务开张之后，特许人必须在经营上持续提供有关事业营运的各方面支持。

(4) 在特许人的控制下，受许人被允许使用特许人所拥有的商业名称、定型化业务或程序，以特许人所有商誉的相关利益作为经营资源。

(5) 受许人必须从自有资源中进行实质的资本性投资。

(6) 受许人必须拥有自有的企业。

在英国，特许经营过去基本上是以与制造业业务相关者为主，通常是以代理机构形态出现，或是以经销方式(dealership，如汽车经销商)，即一般熟知的“垂直特许经营”(vertical franchising)，因特许经营关系，这种形态又被称为“服务主办者零售特许经营”(service sponsor retailer franchising)。最近，在这方面的增长相当快速，在发展上方兴未艾的行业包括干洗服务、就业服务、工具和设备租用业以及清洁服务等。目前，许多服务业公司都在积极利用特许经营，作为企业之增长策略。

3) 特许经营的好处

由于特许经营方式可以带来很多好处，因而很可能变成服务营销上更重要的一个环节。

(1) 特许人可获得如下利益：① 体系的扩展可使其在某种程度上摆脱资金和人力资源的限制；② 可激励经理人在多处营运，因为他们都是该事业的局部所有权人；③ 特许经营是控制定价、促销、分销渠道和使服务产品内容一致化的重要手段；④ 营业收入的一种来源。

(2) 受许人可获得如下利益：①有经营自己事业的机会，而且其经营是在一种已被测试证实过的服务产品观念指导下的；②有大量购买力做后盾；③有促销辅助支持力量做后盾；④能获得集权式管理的各种好处。

(3) 顾客可获得如下利益，能得到服务产品质量的若干保证，尤其是在全国性特许经营营运的情况下，更是如此。

3. 综合服务的增长

上面所说的特许经营的增长，也显示出服务业部门的另一个现象，即综合公司体系(integrated corporate systems)与综合合同体系(integrated contractual systems)正在持续发展，并已开始主宰某些服务业领域。例如，在大饭店和汽车旅馆方面，综合体系如假日饭店、希尔顿和 Best Western 都愈显其举足轻重的地位。在观光旅游方面，许多服务系统正在结合两种或两种以上的服务业，譬如航空公司、大饭店、汽车旅馆、汽车租赁、餐厅、门票及订位代理业、休闲娱乐区、滑雪游憩区、轮船公司等。目前有些大型的服务业公司，正通过垂直和水平的服务渠道系统控制了整体的服务组合，提供给旅游者和度假的人。综合一直被认为是一种制造业的体制，现在已经变成许多现代化服务业体系上的一种重要特色。

4. 准零售化

服务业最重要的中介机构之一便是“零售业者”。最近几年来，服务业经济发展上的一大特色即是“准零售出口”(outlets)的崛起。这些“准零售出口”主要是销售服务，而不是销售产品，包括：

(1) 美发店；

(2) 包工/承揽业；

(3) 旅行社；

(4) 票务代理业；

(5) 银行；

(6) 房地产代理；

(7) 建筑公司；

(8) 就业介绍所；

(9) 雇车服务业；

(10) 驾驶训练班；

(11) 娱乐中心；

(12) 小洗熨店；

(13) 大饭店/旅馆；

(14) 餐厅。

在实务上“准零售化”(quasi-retailing)这个名词的使用，存在定义上的问题。加上这种零售化现象的研究资料有限，因此对“准零售化”的程度范围，很难确切地衡量。

目前，零售业界所发生的一些重大改变，都是在服务业方面，不是在产品业方面，而对这种现象，营销专家们尚未积极研究。随着服务业在先进国家的持续

蓬勃发展，服务业零售势必成为研究集中的对象，也将成为服务营销者为争取顾客而越来越频繁使用的方法。

案例 10-1 **斯纳普的分销渠道**

Snapple 是美国一家以水果为主原料的饮料公司，成立于20世纪70年代初期的纽约。它从刚开始仅在健康食品渠道独家经销，发展成为拥有覆盖全国的强大的分销网络。当时的美国，饮料市场已经相当成熟，可口可乐和百事可乐垄断着碳酸类饮料，佳得乐等品牌瓜分着运动饮料的市场，而这类果汁饮料市场仅占全国饮料市场份额的 0.9 个百分点。但考虑到该市场蕴含着 10 多亿箱市场潜力，Snapple 坚持在该市场寻找机会，创造价值。Snapple 公司首席执行官称："刚开始，对于公司来说，进驻连锁商店就意味着要沿着折让的狭槽支付很多的钱(钱都付在商店货架的产品上)。我们是小公司，在同一时间拿不出这么多钱。"于是，Snapple 决定渗透进通常不被人注意的便利商店和夫妻店渠道。Snapple 的分销渠道分为两部分，一部分称为冷渠道，占销售总额的 80%，由 300 家街边小店组成。美国媒体将这些小店的老板工作状态称之为"集销售、卡车装卸、司机与收银员为一体的工作"。另外 20%的销售额来自于热渠道，即为在超市中销售。正是由于 Snapple 公司选择与这些小分销商共同成长，在产品渗透、货架位置占有率和每周装瓶数量上不断进步，使得其每种新推出的产品都得到了迅速的发展。这种推广效率在当时仅次于可口可乐。此外，随着渠道和经销商的增长，其销售额与利润也大幅增长。到 1993 年，该公司已走向全国，Snapple 在软饮料市场中已占到 30%~40%的份额。随着 Snapple 进入新的分销渠道，在美国，它已成为包含时尚、健康、自然的品牌象征。

10.3 服务的位置决策

与服务业渠道选择问题有关的是服务的所在位置。不论以什么渠道形态去获取顾客，中介机构的所在位置，也就是服务业公司应设置在什么地方，都是很重要的。本节讨论的所在位置涉及服务营销的人或设备的渠道安排。银行、会计师事务所、法律顾问公司、餐厅、干洗店面临的位置决策，与销售实物产品的公司没什么两样。

位置是企业作出的关于它在什么地方经营和员工处于何处的决策。对服务型企业来说，位置的重要性要依据所要营销的服务性质不同而有所差异。例如上门修理服务业的紧急水电修理服务，其服务提供者的位置，与顾客的利用决策过程没有太大关系。不过，有一项关于大学生对银行利用情形的小型调查显示，所在位置便利是选用银行决策中的关键要素。

医院必须建立在需要充分医疗服务的人所在的地区。必须把学校造在接近学龄儿童的地方。救火站必须设在能够最迅速到达可能是火灾区的位置。投票站必须设在便于选民投票的位置，不要为了到投票站投票而浪费无谓的时间、精力或者钱财。为了向儿童提供更好的教育，许多城市都面临着合理选择分校位置的问题。在城里，必须为儿童创办游乐场，并确定它的位置。许多人口过多的国家必须指定生育控制卫生站的适当位置，要便于接近需要避孕和计划生育信息的人们。

案例 10-2　洋快餐成功一大关键　看麦当劳的选址绝招

麦当劳在我国的发展步伐无疑是飞速的，而如今也几乎没有孩子不知道麦当劳叔叔。有人说，这是麦当劳的本土化策略带来的结果。确实有这方面的原因，麦当劳会根据当地人的口味适当调整自己的配方，但只是一小部分，不管到哪里，它都把汉堡包作为自己的特色。但本土化只是它成功的一个方面，麦当劳最成功的地方在于选址，它只选择在适合汉堡包生存的地方开店，所以它的每个店都非常成功。“应该说，正因为麦当劳的选址坚持通过对市场的全面资讯和对位置的评估标准的执行，才能够使开设的餐厅，无论是现在还是在将来，都能健康稳定地成长和发展。”麦当劳的工作人员表示。以先标准后本土的思想建立的麦当劳，首先寻找适合自己定位的目标市场作为店址，再根据当地情况适当调整。它不惜重金，不怕浪费更多的时间在选址上。但它一般不会花巨资去开发新的市场，而是去寻找适合自己的市场；不会认为哪里都有其发展的空间，而是选择尽可能实现完全拷贝母店的店址。用一个形象的比喻来说，它不会给每个人量体裁衣，需要做的只是寻找能够穿上它们衣服的人。连锁企业发展的标志就是规模扩张，它的前提是总部统一控制，发挥整体优势。而实现这一目标的第一步就是通过选择合适的店址，进行最大限度的拷贝，使分店更加标准化，使总部经营管理更加简单化。麦当劳连锁经营发展成功的三个首选条件是“选址、选址、选址”，就是要选择目标市场以加快连锁经营度的步伐。

据了解，麦当劳的选址主要分为如下步骤。①市场调查和资料信息的收集。包括人口、经济水平、消费能力、发展规模和潜力、收入水平以及前期研究商圈的等级和发展机会及成长空间。②对不同商圈中的物业进行评估。包括人流测试、顾客能力对比、可见度和方便性的考量等，以得到最佳的位置和合理选择。在了解市场价格、面积划分、工程物业配套条件及权属性质等方面的基础上进行营业额预估和财务分析，最终确定该位置是否有能力开设一家麦当劳餐厅。③商铺的投资是一个既有风险又能够带来较高回报的决策，所以还要更多地关注市场定位和价格水平，既考虑投资回报的水平，也注重中长期的稳定收入，这样才能较好地控制风险，达到投资收益的目的。

服务提供者和顾客之间有三种相互作用的方式：

(1) 顾客来找服务提供者；

(2) 服务提供者来找顾客；

(3) 服务提供者和顾客在随手可及的范围内交易。

当顾客不得不来找服务提供者时，服务业的位置就变得特别重要，如餐馆的位置就是顾客光顾的主要理由之一。因此，选择适宜的地点成为一个关键问题。当服务提供者来找顾客时，假定顾客能够在足够近的地方得到高质量的服务，位置就变得不是那么重要了。服务提供者和顾客在随手可及的范围内交易时，位置

是无关紧要的。在这种情况下，这些地方装备了有效的邮递和电子通信，因而顾客不关心服务提供者的实际位置在什么地方，如电话、保险。

一般说来，服务业可依其所在位置分为三类。

1. 与位置无关的服务业

对于有些服务业来说，如住宅维修、汽车抛锚服务及公用事业等，其所在位置是无关紧要的，因为这些服务都是在顾客的处所实现的。这种服务最重要的是，当顾客需要服务的时候，服务如何能具有高度的可得性及可及性。就此意义来说，所在位置就不只是实体上的邻近而已。当然，实体上的邻近对于某些服务业公司是重要的，因而必须发展分支事务所，以接近客户(如广告代理、建筑师)。为了服务能便利于顾客的取得，重要的一个因素便是传送系统，此系统可使顾客的召唤能获得迅速的反应。

2. 集中的服务业

有些服务经常是集中在一起的，主要原因是两项因素，即供应条件和传统。此外，促成集中现象的原因还有：由于某些点的地位关联(the status associated) 需求密集度低、顾客移动的意愿、邻近核心服务的补充性服务的历史发展以及需求导向的不重要。

3. 分散的服务业

分散的服务业的所在位置取决于市场潜力。有些服务业由于需求特性及其服务本身的特征，必须分散于市场中，但有时是机构可以集中(如企业顾问)，但服务营运是分散的(如顾问走访特定客户)。

服务业位置的重要性，随服务业类型而各异，但有几个问题是共同的，也是服务营销专家们在进行位置决策时应仔细考虑的，包括以下几项。

(1) 市场的要求是什么？若服务不在便利的位置提供，是否会导致服务采购或利用的延迟？不良的位置是否会造成顾客干脆“自己动手”而无需服务？可及性与便利是选择服务(如选用银行)的关键性因素吗？

(2) 服务业公司所经营的服务活动的基本趋势如何？其他竞争者的势力正在渗入市场吗？

(3) 此项服务业的灵活性有多大？是否是技术基础的？这些因素影响所在位置以及重置位置(relocation)决策的程度有多大？

(4) 公司有选取便利位置的义务吗(如保健等公共服务)？

(5) 有什么新制度、程序、过程和技术，可用来克服过去所在位置决策所造成的弱点？

(6) 补充性服务对所在位置决策的影响性多大？顾客们找寻的是服务体系(service system)还是服务群落(service clusters)？

许多服务业公司都认识到了位置的重要性，在服务营运上比过去更注意系统化方法的运用。虽然在管理决策上，直觉成分仍然不可避免，但对若干服务业，如银行和旅馆，使用更实证的策略性分析来辅助决策的情况越来越多。总

之，服务业营销者和经营者更加意识到营销组合中位置和渠道选择的重要性。

本章小结

为目标顾客提供服务所使用的位置和渠道决策是两个关键的决策领域。服务分销渠道是指服务从生产者转移向消费者的一系列公司厂商。常用的服务分销渠道主要有直销和经由中介机构两种。为了方便顾客得到服务，服务的分销渠道正在不断地发展与扩展。

服务分销方法上的创新主要有租赁服务、特许经营、综合服务和准零售化等形式。

服务业位置的选择有其重要性，且这种重要性取决于服务提供者与顾客相互作用的类型。服务业按照所在位置可分为与位置无关的服务业、集中的服务业和分散的服务业。

关键术语

服务分销渠道　直销　中介机构　独立服务渠道　结合型服务营销
租赁服务　特许经营　准零售化　服务的位置

思考题

1. 解释下列概念：服务分销渠道、直销、特许经营、准零售化。
2. 服务分销渠道可分为哪些类型?
3. 如何扩展服务分销渠道?
4. 服务分销方法的创新类型有哪些?
5. 通过本章的学习，请按照你自己的理解，说明服务业的位置决策有何重要性。请举例说明。

案例研讨

银行网上服务

在银行业中，社区分支银行长久以来一直是顾客存取钱的一个市场渠道。但分支银行将马上成为一个过去的想法。作为银行自动化发展的一个结果，从自动取款机(ATM)到电话银行服务，现在只有不到半数的银行顾客(43%)还在通过分支银行存取钱。结论是：美国的银行将关闭成千上万个分支银行。在未来的 10 年中，美国 52 000 家分支银行将关掉一半。

从根本上讲，美国分支银行关闭的一个原因是成本。与电子银行(顾客可通过电脑屏幕以及声控电话服务进行存取款业务)相比，手工银行的成本很高。举例来说，手工交易的成本将超过自动取款机交易成本的两倍以上。成本的节约是自动取款机出现的主要原因。1994 年美国的自动取款机的数量为 109 000 台，超过了 1990 年的 80 000 台。而这只是银行发展的一个小小的浪潮。银行正在不断密切关注着更新技术的服务方式，从家庭电脑银行到用触摸屏的电话银行。同样，金融服务方式也在通过互联网不断地发展。1995 年，第一联合银行(北卡罗来纳州夏洛特的一家地方性银行)首先在互联网上创办了一个银行发起的电子网址——社团贸易。第一

联合银行建立“社团贸易”的一个原因是，它担心来自无银行服务的竞争。它确信，如果银行不迅速进入电子分配的服务方式，它的业务便有可能被那些无银行服务的竞争者所侵占。这是从市场竞争的角度考虑而形成的战略。分支银行关闭的另一个原因是银行现有的顾客可能逐渐地走向那些能提供更广范围服务的机构。银行上亿的资金由于基金的出现而消失；无银行抵押的领导者把业务扩展到了家庭贷款；可供选择的贷款、投资建议，以及其他类似银行的服务机构正如雨后春笋般地在各地涌现。

银行常执在手上的王牌是它们垄断了支付系统以及顾客对它们很高的忠诚度。但银行不能期望长久持有这张王牌。交易系统的技术改进以及革新已经允许无银行机构进入支付系统，并且使其置身于顾客以及银行之间。微软公司、路透斯和德尔公司等希望能控制这些界于银行和顾客之间的交易。一种叫做销售点程序(POPP)的装置——由个人电脑、自动取款机或电话组成——已经具备了足够的能力通过电子程序来完成多数甚至是所有顾客的交易。POPP 装置的主要用途是能够让顾客随时随地地为自己提供服务。如果 POPP 装置得到普及，那么谁将拥有这些顾客呢？微软公司？计算机公司？还是 AT&T？KPMG 公司的理查特·K. 克龙认为：“就像邮购公司同超市的竞争一样，如果银行不能很好地控制它的分支机构或顾客的个人金融管理，那么它的手工交易柜台便会受到自动化服务的挑战……银行必须认识到它们不能再仅仅依靠地理上的分布获得顾客，正在出现的电子化自动服务方式将是金融服务的一个全新方式。”

案例思考题

银行为什么要对传统的服务营销渠道进行创新？创新能为顾客带来什么利益？

参考文献

1. 菲利普·科特勒. 营销管理[M]. 9 版. 梅汝和，译. 上海：上海人民出版社，1999.
2. 王超. 服务营销管理[M]. 北京：中国对外经济贸易出版社，1999.

第 11 章　服务沟通和促销策略

11

本章提要

1. 理解服务沟通和促销的内涵。
2. 理解服务人员所面临的沟通问题。
3. 掌握服务沟通组合的要素。
4. 掌握服务企业可采用的促销技术。

引　　例

有趣的促销

曾经，SAS 国际酒店设计了一个针对老年顾客的有趣促销活动。只要一个酒店有空房间，年龄超过 65 岁的客人就可以得到一个与他们的年龄数相同的价格折扣，这样，一个 75 岁的客人就可以节省下正常费用的 75%。一切都进行得很好，直到有一天，一个瑞典客人在维也纳的一个连锁酒店登记入住。他声称他的年龄是 102 岁，因此他住一晚酒店就应付给他房间标价的 2%。这个要求自然被认为是正当的，接着，这位矫健的百岁老人提出要和酒店的总经理打一场网球赛，并且还取得了胜利。有时候，服务促销会产生意想不到的有趣结果，就像上面所举的这个例子一样。但是，制定沟通策略是一件严肃的工作，需要大量资金的投入，因为企业试图以此提高它们的市场份额和销售收入。

营销沟通(包括广告、公共关系、人员推销、销售促进和公司设计)有助于界定和生动地表现一个服务企业的个性特征，并且突出特定的服务特色的竞争优势。有效的沟通可以使那些原本短暂的无形产品成为有形产品，并把后台的生产活动展现出来，显示出那些一度被掩盖起来的优势和资源。它还能提供信息和教育顾客，帮助其作出明智的选择，以便他们能从所购买的服务中获取更高的价值。(各种类型的)沟通对于那些固定成本高、边际成本低、生产能力过剩的服务企业尤其重要。一旦销售量超过了盈亏平衡点，有效沟通的回报就显而易见了。因此，

销售促进在服务营销中的主要作用就是影响需求的时间。

在本章中，我们将考察服务营销人员所面临的重要的沟通问题，并且考虑不同沟通工具的作用，我们的重点将放在考察服务营销中短期促销的作用上，因为它们通常对于管理需求和充分利用短暂的生产能力非常重要。

11.1 服务沟通概述

11.1.1 服务营销人员面临的沟通问题

沟通对于组织及其产品在市场上的定位非常重要。它被用来：①告诉顾客有关企业及其产品的信息；②说服顾客某一种产品恰能满足他的需求；③提示顾客产品的获取途径并推动他们采取行动。

正如我们在前面所了解到的，信息和咨询服务是“服务之花”中关键的两片花瓣，未来的顾客不仅需要知道某些核心产品的存在，在许多情况下，还需要获取这些产品的地点和时间、价格和产品表现特征的信息，需要以下建议：在几个不同的服务组合中，哪一种服务产品可以最好地满足他们的需求，如何充分利用它的优势。说服，是指通过编排得井然有序、头头是道的理由告诉顾客为什么应当购买和使用某一种服务，而完全不应该使用另一种服务或购买竞争者的产品。提示，对于让人们按照他们的意图购买某一特定的服务而言是必不可少的，尤其是当这项服务只在非常特定的时间内才提供的时候，如大学只在每学期开学的时候招生。

11.1.2 营销沟通组合的要素

大多数营销人员可以使用多种沟通方式，有时候这些方式被称为营销沟通组合(marketing communications mix)，它是范围更大的营销组合的一个子集。不同元素的职能不同，这种差异与它们可传播的信息类型和它们最有可能接触到的细分市场的类型相关。

如图 11-1 所示，沟通组合是由各种各样的策略性要素组成的，如人员推销、顾客服务、广告、销售促进、宣传及公共关系(包括赞助)、指导材料(如宣传手册、录像带和软件)和公司设计。在消费者营销中，广告一般是最具主导性的，通常它是营销人员和它的未来顾客之间发生的第一次接触。在工业品或企业对企业的市场上，人员推销往往具有相对较高的重要性，尤其是在每个顾客所购买的数量相当巨大的情况下。不管名称如何，口碑广告确实是人员推销的一种形式(如果口碑的内容是消极的，就是“阻挡销售”)，只不过它不是由领取报酬的销售队伍承担的，而是由感到满意(或不满意)的顾客承担的。公司设计是指为企业所有的有形要素，包括文具、标志、制服和车辆，创造一种统一的、与众不同的视觉效果。

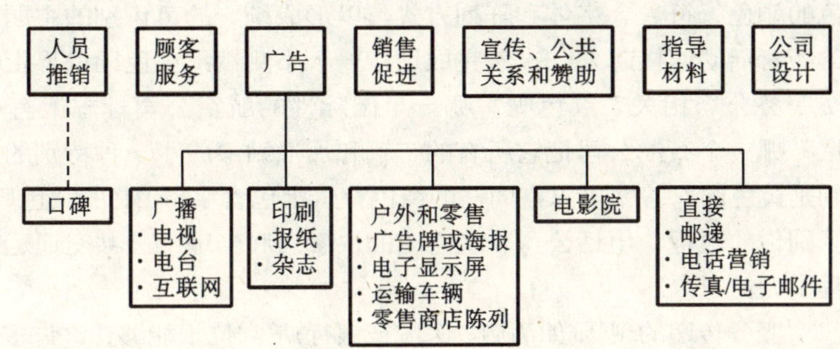

图 11-1　服务的营销沟通组合

资料来源：克里斯托弗·H. 洛夫洛克. 服务营销[M]. 3 版. 陆雄文，庄莉，译. 北京：中国人民大学出版社，2001.

1. 人员推销

人员推销(personal selling)是指在面对面(或电话营销中声音对声音)的基础上进行的人际接触。这种沟通形式允许销售代表根据顾客的需要和他们所关心的问题有针对性地向他们传递信息。在销售拜访的过程中，沟通是双向进行的，销售代表可以更多地了解顾客，顾客的疑问与反对也可以得到解答。当然，销售拜访可以是人员的实地拜访，也可以是电话拜访。

然而事实上，并非所有从事销售工作的服务人员都是训练有素的销售人员。除了实地销售队伍(通常是以机构顾客和中间商为工作对象，而不是单个的消费者)以外，多数的服务企业都有同顾客进行面对面接触或电话接触的服务人员。像会计师事务所和咨询公司这样的企业不仅要求其专家争取新的客户，而且还要同现有的客户保持持久的关系。同样，企业期望顾客服务人员在提供服务的同时还能销售服务(或把顾客介绍给销售人员)。

当一名顾客有可能从同一个供应商那里购买几个不同的产品时，企业通常会鼓励同顾客接触的员工进行交叉销售额外的服务产品。但是，如果这些策略没有得到正确的规划，就可能失败。

2. 促销

促销可以被认为是一种附加于激励措施之中的沟通，激励措施的形式通常是降价。“促销”(promotions)这个术语来自拉丁语，意思是“前进”，这正是设计促销方案的目的所在：促进销售(尤其是在需求不足的时期)，加快新服务的引入，促进人们对新的服务传递系统的认同，并常推动顾客比在没有任何促销激励的情况下更快地采取行动。促销活动并不仅限于顾客，它们也可用来激励雇员(内部营销)和激发中间商(渠道战略)。

3. 公司设计

服务企业的另一个关键沟通要素是公司设计(corporate design)，它是指在标志、零售店面、车辆、制服和文具这样一些有形要素的设计上，统一使用有特

色的颜色、符号、字体和陈列方式，以形成统一的可识别的主题，把企业所有的经营活动连接起来。试着完成这样一个小测试：黄色同世界上哪一个汽车租赁服务公司相关？红色呢？哪一个国际性的航空公司标志上有一只飞翔的袋鼠？哪一个石油公司把它所有的车辆和加油站漆成了一种特别的亮绿色，字母则是黄色的？答案可以在同样的绿色背景上包含字母BP的黄色盾形物中找到。区别你的银行、电话公司、最喜欢的快餐店和当地的公共交通运输系统的容易程度如何？

服务传递的现场(如酒店、医院或银行)常常位于能够让许许多多观众看到的显著位置上。难以忘怀的建筑物和富有吸引力的标志能够传递来自整体形象的各种重要信息，从而突出表明一种独特的竞争优势。当企业的经营活动不需要零售店面时，橱窗陈列可以被用来对特定的服务进行促销，比如餐馆或航空公司的售票处。以公司的色彩装饰的车辆(有时还带有广告标语)可以来往穿梭于城市的街道和乡村的高速公路上，就像流动的广告牌。

4. 广告

广告是服务企业使用的非人格化(impersonal)沟通的主要形式之一。在服务营销中广告的作用是建立服务意识，增强顾客对服务的了解，说服顾客前去购买，并把服务与其他服务贡献区别开来。因此，相关的和始终如一的广告对服务营销的成功就特别重要。

广告对于帮助传达所期望的服务定位起到主要作用。如我们以前所讨论的，由于核心产品的无形性，它是很难改善的，所以服务营销人员经常为了改善而在边缘产品中选择有形性元素。例如，航空公司提高其烹饪质量、座位的宽度和倾斜度以及飞行服务质量。

最近几年服务广告，特别是金融服务、通信和零售业，已经有巨幅增长，并且服务广告已在全部广告支出中占据了很大的部分。有些问题在广告中特别重要，如媒体选择、确定广告目标和确定广告预算的方法。

主要媒体包括电视、广播、影院、报纸、杂志、直接邮递、海报和户外广告及电话。其中，每个媒体都有需要服务营销人员权衡的优势和劣势。选择媒体应考虑如下四个主要因素。

(1) 媒体的特征。包括考虑地理覆盖面，可触及听众的类型，使用频率，使用颜色、声音和迁移的潜力，以及用可靠的方法影响目标细部的能力。

(2) 媒体的气氛。即那些确保媒体加强了企业所希望表达的形象的东西。

(3) 媒体覆盖率。即触及人群的数量和他们的特征。

(4) 比较成本。即触及一定特殊听众规模的特定成本，或者触及每一名观众或读者的成本。

选择适宜的媒体和决定他们彼此间的平衡是赢得广告支出最有效回报的基础。考虑将要实现特殊广告的目标将有助于这一过程。

确定广告目标是有效广告最重要的要求，一些比较常见的广告目标，容易测量程度及兴趣，依重要性的递增如以下几方面。

(1) 曝光度。这是指媒体暴露给目标听众的人数，他们是否真的看到了广告。

(2) 意识和态度。如果广告人知道目标听众真的阅读了他们的广告，以及在什么程度上创造或加强了喜爱态度，他们会感到更高兴。很显然，这些目标的测定比曝光度更加困难。特别是像服务那样的无形产品。

(3) 希望行为结果。广告人愿意知道在他们目标市场上有什么广告效果，广告导致购买行为的程度如何。

在决定广告预算时，广告人经常使用几个办法："付得起的"方法(机构能付得起多少钱)；"营业额的百分比"法(总预算中给定一个百分比用在广告上)；"竞争对等"法(在指定竞争区域设计有效竞争的数量)和"目标和任务"法。

目标和任务法建议，广告人在决定其预算时，应该首先确定他们的广告目标，然后再确定为完成这些目标的广告任务和成本。人们建议，它是最适合采用的方法，而且也是高级广告策划人强烈要求采用的方法。但是，还是有必要评估一下实现广告目标的利益和实现它们的成本间是否对价(trade off)。

广告活动必须与沟通组合中的其他因素相整合。例如，它应有助于形成一个支持服务企业销售人员活动的正面形象，并增加他们遇到顾客时获得销售的前景。

5. 服务广告的原则

提供无形服务的人具有可靠性差、难以始终如一的特征，为人所提供的无形服务做广告与为有形商品做广告是完全不同的两码事。因此，有人根据服务的某些特征提出了六条服务广告的原则，其中之一是，要认识到服务是一种表演，而不是一件物品。他们说，广告不仅应当鼓励顾客购买服务，而且应当把雇员作为第二观众，激励他们传递高质量的服务。为了这个目的，在企业的印刷和广播广告中应当尽量起用自己的雇员(而不是专业的模特)。

有形的线索不仅应包括雇员，而且还应包括有形的设施，比如服务传递的现场。对于某些服务提供者而言，动物图案也是受欢迎的有形标志，比如美国邮政服务用来促销快递服务的鹰及诺福克-南方铁路公司在美国使用的黑马(劳埃德银行在英国使用的也是黑马)；美林证券的公牛为公司的口号"让美国欣欣向荣"作了一个有形的注解，从而取得了极大的认同。乔治和贝里还建议采用有形的比喻，以使无形的诉求更容易被掌握，并引用保险公司的口号"你在奥尔斯泰德公司的保护之中"和"在旅行者公司的保护伞下"作为例子。

另外一个原则是，通过刺激口碑这种高可信度的沟通形式做广告。他们还鼓励服务广告人员通过使用可识别的标志、代言人、口号、商标和音乐来追求不同时段的连续性。

6. 公共关系

公共关系(PR)被英国公共关系学会定义为"有计划地和持续地努力建立和保持机构及其公众之间的善意"。这里的"公众"是所有对服务企业感兴趣的人群和机构群。

但是，公众是互不相同的，还可包括对服务企业活动没有直接影响的，然

而机构却希望与之联系的个人和团体。大学和学院的重要公众的例子如图 11-2 所示。

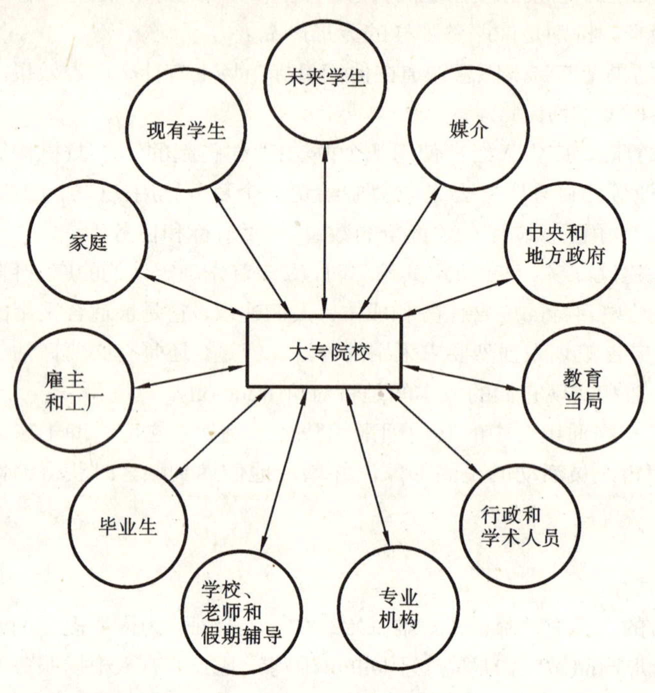

图 11-2 大专院校的主要公众团体

资料来源：作者根据相关文献整理。

我们描述过的不同沟通要素都可能是非常有用的工具，使用它们可能要支付昂贵的费用。服务营销人员的一项重要工作就是选择最合适的沟通要素组合，并且在每一个被选中的要素中，具体说明用来向目标观众有效率和有效益地传递其所需信息的媒体。如果营销人员想避免无谓的金钱浪费，效率就是很重要的。高道德标准同样是重要的，尤其是在设计鼓励顾客购买某一特定服务品牌的策略时。寻求同其顾客建立长期关系的企业，没有一个敢于做不负责任的宣传，因为它们怕顾客经历现实时会感到失望。

在规划良好的沟通活动中，可以使用几个不同的要素实现相互补充，对不同的沟通活动进行排序通常也是很重要的，因为一种策略要素(如广告)可以为其他要素铺平道路。例如，广告可以鼓励潜在的顾客通过邮递进一步索求信息，或者促使他们走进零售现场，在那里他们可以看到零售陈列物或者同销售人员进行一对一的接触。

11.2 服务营销中刺激促销运用的因素

我们在前面的章节中已经看到，服务营销策略通常是以短期因素为导向的，尤其是平衡需求和可获得的生产能力的考虑。促销对于服务营销人员特别重要，因为在营销策略中它主要是一种短期元素，用来吸引顾客的注意力和激励他们迅速采取行动。皮蒂夫妇把销售促进定义为："针对某一个时段、价格或顾客群的营销活动，通过提供额外的利益鼓励消费者或营销中介作出直接的反应。"他们认为，在服务营销中促销仍是一种尚未得到充分利用的工具。

一般情况下，促销被战略家看做是营销组合沟通要素的一部分，因为要使促销活动取得成效，必须对目标观众宣传促销活动本身，但是目前正在宣传的促销可能差异很大。在本章后面的内容中我们将考察不同形式的促销，包括分发样品、优惠券、签约返利、未来价格折扣、附赠礼品或作为对采取某一特定行动回报而提供的服务扩展(可能在某一个界定时段内分几次提供)和有奖促销，如参与抽签的奖励性促销活动。当促销活动以价格为主要的导向时，没有礼品和比赛，那么把这视同定价策略的一部分可能也没有什么不妥。如果连续使用，促销就会成为延伸产品的一部分或者形成顾客在某些具体情况下可不断获得的降价优惠。

11.2.1　短期价格促销的独特优势

(1) 由于促销成本随销量发生变化(与先期发生的广告成本相反)，价格促销成为小公司挑战大公司的很好武器。

(2) 促销减少了顾客第一次购买的风险，这样就可以鼓励试用(许多服务很难分割——一个人不可能接受一次 10 分钟的试飞，也不可能接受一次 30 分钟的头发试剪)。

(3) 价格促销对于调整需求和供应的波动特别有用。

(4) 对提供给不同细分市场的同一种服务可以收取不同的价格，可以向一组顾客群提供促销性的折扣，而其他组的顾客群则不享受这种待遇。

(5) 促销可以给例行的重复购买增加兴奋感，并吸引那些以交易为导向的消费者，他们会把服务看做是一般商品而挑来拣去。

虽然短期促销对服务业并不新鲜，但其用途正变得越来越广泛，这种促销可以被看做是同样影响包装商品和耐用品的普遍增长的一个组成部分。但是有一些激发促销运用的因素是某些产业所特有的。例如，零售银行业的竞争性越来越强，商业银行和存贷业务之间的差异已经变得模糊起来，但是不同类型的银行业务产品基本上都是商品，促销(尤其是提供给新储户的礼品)不但能够提供一种暂时性的竞争优势，而且还是一种把一个企业的产品同其他竞争者的产品区分开来的方法。

对于像酒店这样的固定成本较高的服务企业，高峰期外的需求减少是一个严重的问题。解决这个问题的一种策略是不直接使用价格作为竞争武器，而是通过开展促销来刺激需求，这样就可以避免大幅度降低价目单上的定价，一旦需求上升了，促销活动的次数就可以减少或者取消促销活动。

技术的飞速发展使许多服务企业提高生产率成为可能，它们用一种以技术为基础的传递系统来取代原先劳动力密集型的系统，这些变革通常要求顾客用自己的劳动来代替服务人员的劳动，从而有可能改变顾客同组织相互作用的方式。如果顾客想抵制对现有行为方式的改变，企业就可能需要采取一种促销性的激励措

施来鼓励顾客尝试新方法，尤其是在不降价的情况下。

11.2.2 服务和包装商品：对促销策略的意义

促销运用的增加对服务营销人员而言是一种挑战，因为传统上他们缺乏那些在包装商品企业中工作的同行所具备的经验和熟练程度。有一些区分服务和商品的差异性，对在服务营销中有效和正确地使用短期促销有一定的意义。这里四个相关的差异性是：无库存、中间商作用的削弱、接触人员的重要性和顾客对服务生产的参与。

1. 无库存

由于生产出来的服务不能够存储起来，促销就可以帮助营销人员在任何一个既定的时点创造需求，以同可获得的生产能力相匹配。我们知道，需求管理战略包括两个方面，即在需求高峰期力求减少对服务的使用和在非高峰期努力刺激对服务的使用。服务营销人员有多种服务设计和传递促销计划，这些促销计划以激动人心和引人注目的形式把例行的降价行动的信息传送给顾客。当服务的正常售价和变动成本之间存在很大的差距时，进行促销的机会就很大，企业可以提供大幅度的折扣(或开展有巨额货币价值的促销活动)以充分利用生产能力。否则，这些过剩的生产能力就被白白浪费了。

相反，包装商品的促销很少是以平稳需求为目的的。像酒店和航空公司这样的高固定成本的服务企业，很难在短期内对生产能力进行大幅度的改变，而包装商品企业在短期内改变生产能力就容易得多。然而，包装商品的营销人员经常通过开展促销活动来鼓励顾客进行重复购买(为家庭储备)，从而排除他们购买竞争品牌的机会，加速产品的使用，增加公司的现金流入。如果取得成功，那么这种方法就可以把企业的库存转移到那些储存成本低于制造商和零售商的顾客那里。

尽管没有库存，服务营销人员仍然可以通过刺激顾客增加服务用量来有效地提高顾客支付水平。如果广告宣传只在一个有限的时段内提供一个很大的折扣，那么就构成了一种促销。例如，有时候电影院提供电影联票，购买了这些联票的人去那家电影院看电影的可能性就会比原先高，这是以牺牲选择其他电影院或娱乐活动为代价的。

服务促销通常要比包装商品促销实施起来更快。对于包装商品来说，制造商需要把额外的商品运送到零售商那里，以满足预期的需求增长，而且许多包装商品的促销需要为产品重新制作标签和改变包装，以此来表明这是促销产品或优惠券已包含在内。通常情况下，服务不需要经历这样一个类似的准备过程，除非需要为中间商和其他零售点布置大量的售点展示。

从某个角度看，实施服务促销的难度可能更大，因为同包装商品的促销相比，服务促销耗费的时间更长，宣传服务可获性的成本也更高。大多数消费者每周至少上一次超市，这使制造商除了通过媒体广告之外还可以在售点接触到顾客。但是对于服务营销人员而言，除了为百货商店内的服务奢侈品进行的现场户外广告或促销活动外，他们无法与大量用户进行类似的“免费”接触，因此可能需要更

多的广告投入来促使消费者获知服务促销的信息。

2. 中间商作用的削弱

服务和包装商品之间的另一个重要的差异是，与商品相比，服务极少是通过中间商的渠道销售的。包装商品的营销人员要决定如何在广告、消费者促销和商业促销之间分配资金，而进行直销的服务营销人员则不需要考虑最后一项。通过中间商销售服务的企业(如旅行社)更有可能得以避免这个问题，即分销商和零售商把制造商给予的促销补贴据为己有，却不提供相应的推销支持。

但是，有时候对服务中间商予以激励是必要的。大量使用独立代理人和经纪人的旅行和保险企业必须同其他“品牌”竞争的不仅是有形的展示空间，而且还有“最先唤起顾客头脑中的记忆”，这样就可以从中间商那里获取足够的推动。特许经营是一个特殊的例子，因为特许经营协议通常禁止特许经营者销售竞争性的服务，但是可能仍然必须对特许经营者进行激励，以实施并有力地推动由供应商发起的促销活动。

有时候，直接向顾客销售服务和大量运用促销活动的服务营销人员会遇到特别的中间商。例如，在早些年航空公司开展的优惠券促销活动中，优惠券的兑现率比预计高许多(由此促销成本也就更高)，这是顾客和转售这些优惠券的中间商共同作用的结果。今天，航空公司仍然在努力减少其提供给空中常客的奖励的转售行为。

3. 接触人员的重要性

在没有中间商的情况下，针对企业自己的顾客接触人员的激励计划就更加重要。在包装商品的营销中，单个零售人员在任何成功的交易中所起的作用都是无关紧要的，而服务营销则相反，顾客和与其接触人员之间的一种令人满意的交流对于顾客满意度常常是很重要的。针对顾客接触人员的激励计划通常是内部营销计划的一个组成部分，以此来确保对服务设施内的质量控制。现金奖励、奖品、聚餐、表彰活动和抽奖资格都是提供给那些传递了出色的服务、成功地把顾客推介给销售人员、完成了质量目标等的雇员的促销性激励。

对于高接触度的服务而言，在实施促销工作的过程中，雇员比服务营销人员更有优势。例如，快餐连锁店提供的礼品和汽车租赁公司提供更大、更与众不同的车辆，都可以在销售的时候由雇员传递给顾客。当顾客接触人员实际负责销售时，也可以对他们进行激励，作为整个销售促进计划的一部分。在不牺牲传递基本服务的速度和效率的前提下，确保顾客和接触人员之间顺利友好的接触是成功实施促销计划的一个关键所在。

4. 顾客参与生产

在服务组织内，提高生产率的压力通常强调的是对在顾客—供应商界面上的“前台”活动进行革新。如果顾客愿意接受把技术作为人力劳动的替代品，或同意由自己来完成更多的工作，那么服务企业定能大幅度地降低成本；但是，如果顾客抵制新的、以技术为基础的传递系统，或者只要旧的方式仍然存在，他们就

力图避免采用自我服务的替代方案，那么这些利益就会无法实现。

第一个问题就是惰性，在没有推动转变的激励措施的情况下，人们会抵制变革。

第二个问题是顾客尝试了新方法，但是最初的经历很不愉快。

成功的服务创新必须满足以下三个条件：

(1) 顾客必须知道系统已经改变了(或者有一种新的选择方案存在)；

(2) 需要指导每一个顾客如何正确地使用新的系统；

(3) 必须鼓励顾客使用足够次数的新方法，这样他们就会适应新方法并且认识到它的好处所在。

价格折扣是鼓励顾客自我服务的一种持续有效的方法，尤其是对像自助加油(每加仑或每升价格的差异常常是很大的)这样的零售服务传递系统而言。对于像优惠、样品赠送和有奖促销这样的促销活动来说，同样有助于鼓励顾客采用新的方法来使用或订购现有的服务。

几年前，联邦快递引入了一种自动的方法，采用这种方法的顾客可以要求信使来取他们要投递的包裹，而不必打电话给顾客服务中心，向一位业务代理员说明情况。账户所有者只要拨打免费的 800 电话，然后进入录音指示，在电话键盘上输入账户号码、邮编和要发送的包裹的数量就可以了。为了鼓励使用这种新的订单输入程序，联邦快递公司向每个在 3 个月内使用新系统 4 次以上的账户所有者提供免费的大咖啡杯以及袋装泡茶与咖啡。

11.3 促销技术

服务营销人员可以用七种促销技术来增加顾客对直接降价的兴趣和兴奋感，或者激励顾客在没有直接降价的情况下采取特定的行动。这些方法包括样品赠送、价格 / 数量促销、优惠券、签约返利、未来折扣、礼品赠送和有奖销售。

11.3.1 样品赠送

样品赠送给了顾客一个免费试用服务的机会。例如，信用卡公司可以向信用卡持有者提供信用卡保护计划中的一个月免费试用。美国在线向电脑所有者提供调制解调器 10 分钟的试用，以鼓励他们试用它的网络服务(但是，他们仍然必须支付进入最近一个网址所需要的电话费用)。其他例子还有公共交通系统在新开通的线路上提供一两天的免费服务，或有线电视公司允许所有的用户免费观看收费(额外付款)频道几天，希望他们能够喜欢其中的节目编排，并愿意支付额外的订购费。

但是，与消费者包装商品相比，服务较少采用样品赠送的方式。许多消费者服务相当昂贵，服务营销人员通常更愿意提供价格折扣或其他促销活动，而不是免费提供这些服务。即使多为一个顾客服务增加的成本往往很低，但为许多消费者服务的成本仍是相对昂贵的，而且不容易分割成像制造商那样能生产出来的较小的销售单位，如一管小型的牙膏样品。我们几乎不可能指望一个航空公司提供 10 分钟的免费飞行，一个声誉卓著的酒店也不可能允许免费试用它的客房 2 小

时。但是，像酒吧和快餐店这样向消费者提供可分割的有形产品的服务企业，无疑就可以有效地使用样品赠送这种促销方式。有时候，像牙医这样的健康服务提供者也愿意提供免费的检查，以鼓励人们拜访他们的诊所，在建立一种更加正式的客户关系之前使彼此能够熟识。

11.3.2　价格/数量促销

价格 / 数量促销如果被视为短期促销而不是大额折扣，那么就只应该在有限的时段内提供，如航空公司向商务旅行人员(或公司的旅行部门)提供特定航线上的多年通行证，条件是他们在某一个特定的时间范围内和航空公司签约。美国航空公司就曾经以 19 500~58 900 美元的价格提供某些航线 5~10 年的通行证。另外一个例子是像健康俱乐部或乡村俱乐部这样的小组织的“永久会员资格”，它是在设施开放之前以不断下降的折扣水平出售的。这样的策略有助于迅速建立一个顾客基础，同时可以提高预付的现金流入。

11.3.3　优惠券

优惠券通常采用以下三种形式：直接的降价；与最初购买者同来的一个或多个顾客可享受折扣或费用减免(如两张半价戏票的优惠券)；在基本服务的基础上提供免费或有价格折扣的延伸服务(如在每一次洗车时提供免费上蜡)。传统上，优惠券被印刷在报纸和杂志上，或者通过直邮方式发送给顾客。但是在许多城市，中间商成功地把各种优惠券组合成优惠券簿出售，激励购买者使用大量各种各样的服务，包括餐厅、酒吧、汽车企业、电影院和其他服务供应商。

11.3.4　签约返利

签约返利由“会员”服务组织提供，向那些为申请、注册或加入一个网络的人收取初步签约费，如大学的申请费、许多私人俱乐部的登记费和有线电视系统的安装费等。为了吸引新成员或新用户入会，这些费用可能被减免或者记入账户用于支付将来的使用费。

11.3.5　未来折扣

未来折扣被竞争性市场上的航空公司、酒店和汽车租赁公司广泛用来刺激那些频繁外出旅行的人员保持品牌忠诚，他们要加入某一个特定的常客计划之前首先必须签约。这类折扣采取一系列分阶段奖励的形式，如提供免费的服务升级(提供头等舱标准的服务、房间更大、汽车更好)、免费的陪同票等。另外，更直接的折扣例子是百货商店未经申请、主动邮寄信用卡给潜在的顾客，并且在一个确定的引入期内对所有商品的购买都提供折扣。采用这些折扣方案的一个有利之处在于，可以对价值进行调整，以适应竞争程度和需求的季节性。

11.3.6 礼品赠送

礼品赠送常常用于为原本短暂易逝的服务增加有形的要素和为赞助组织提供一种独特的形象。例如，银行和保险行业提供的服务很难进行差别化，在美国，这些行业就广泛使用消费者奖励。如银行会定期卷入礼品战，它们向储户提供金额大小逐步累进的礼品，从厨房用品到钟表、收音机，作为对不同的最初存款额的回报。如果顾客能在较长的时间里把他们的存款放在银行里的话，这种方法可能比提供更高的存款利率成本更低。为了鼓励顾客(可能拥有几张信用卡)增加信用购买额或把其应付款项集中在一个账户中，银行已经开始尝试一种促销活动，即提供不同种类的奖品给那些在一个给定时段内应付款超过一定金额的顾客。

11.3.7 有奖销售

有奖销售引入了机会这个要素，像抽签中奖。它们可以被用来有效地增加顾客对服务经历的参与和兴奋感，通常它们被用来鼓励顾客增加对服务的使用。快餐店有时候会开展与奥林匹克这样的赛事相联系的类似抽签中奖的促销活动，给所有的购买者一张或多张兑奖券(取决于订单的大小)，刮去兑奖券上的覆盖层，就可以知道中奖的种类。无线电台可以根据抽签的结果向听众提供立刻领取现金奖励的机会，条件是获胜者在电台宣布开始以后的 15 分钟内打进电话。

11.4 实施促销策略

11.4.1 开展服务促销的时机

什么时候服务营销人员应当考虑使用短期促销活动呢？图 11-3 归纳了一系列同顾客、中间商和竞争者相关的可能的目标。前文已经表明，需求管理(尤其是平稳需求)在服务营销人员目标中出现的频率高于在包装商品营销人员目标中出现的频率。

---

1. 以顾客为对象的目标
   - 提高一项新服务或已有服务的知名度
   - 鼓励对服务的试用
   - 鼓励非用户
     ——参加服务示范表演会
     ——试用一项已有的服务
     ——申请加入或订购一项服务，对于这种服务而言，准入、接受或技术连接是接受服务的前提条件
   - 说服现有的顾客
     ——继续购买服务，不终止服务的使用或转向竞争者提供的一项替代性服务
     ——增加他们的服务购买频率
     ——承诺在很长的一段时间内购买服务(这样就使消费者离开了竞争性替代品的市场)

- 改变顾客服务需求的时间
- 加强服务广告，吸引受众对广告的注意力
- 获取有关购买和使用服务的方式、时间和地点的市场研究信息
- 把服务作为一条范围更广的产品线的一部分进行促销(或把它同由另一个组织营销的一项互补性服务的销售联系起来)
- 鼓励顾客改变他们同服务传递系统相互作用的方式，如
  ——自己开展工作(自我服务)
  ——使用一种新技术，如万维网

2. 以中间商为对象的目标
   - 说服中间商传递一项新服务或重新上市的服务
   - 说服现有的中间商提供额外的服务推销，包括售点的广告推销
   - 避免中间商在售点同消费者进行价格谈判
   - 使中间商免受任何由价格上涨导致的暂时的销量下降

3. 以竞争者为对象的目标
   - 针对一个或多个竞争者开展进攻性或防卫性的短期促销宣传活动

图 11-3 对服务进行消费者促销的可能目标

资料来源：克里斯托弗·H. 洛夫洛克. 服务营销[M]. 3 版. 陆雄文，庄莉，译. 北京：中国人民大学出版社，2001.

哪些服务最适于采用促销？在这里，相类似的标准同时适用于服务和商品。高风险、消费者购买频率低、消费者不熟悉的服务和被认为是在非价格因素上拥有差异化的服务不太适合进行短期促销，尤其是当促销活动可能会损害一个精心培养起来的质量形象时。正因如此，像医生、建筑师这样的专业人士或殡仪馆都很少进行促销。

案例 11-1 被促销所困扰的美国航空公司

在美国，像航空公司这样的行业被促销所困扰，这是为什么呢？答案有几种。

(1) 航空公司的赢利能力对销量和生产能力的利用率是高度敏感的。

(2) 正常售价和变动成本之间的巨大差距为大幅度的促销活动提供了空间。

(3) 自从美国航空业放松管制以来，新产品活动(航空公司新的中转站、新的航线或新的服务等级)很频繁，需要通过促销来诱使顾客尝试这些新的服务，并在生产能力过剩的情况下创造需求。

(4) 许多航空旅行人员对价格高度敏感，愿意通过广泛的搜寻找到最低的价格。专业的中间商(旅行社)能够为他们提供帮助，通过电脑终端或电话提供最新的信息。

(5) 短期促销能够刺激顾客对那些常常很容易拖延下去的随意性旅行的兴趣。在一段时间内，允许顾客免费携带一名儿童乘机旅行，或孩子同父母一起住酒店而不用支付额外的费用，这些促销策略都会促使顾客最终作出随意旅行的决定。

航空公司还创造了一种“永久性促销”，即空中常客计划。根据顾客在一定时期内累积的里程数向其提供免费旅行，可以鼓励顾客形成更高的品牌忠诚度。同时，额外的利益(如免费进入俱乐部休息厅、享受更高级的服务、优先预订和专门的电话线路)为那些乘坐飞机频率最高的乘客提供了一种持续性的奖励。尽管运作这种计划的成本很高，但是它们对于航空公司(以及像酒店和汽车租赁企业这样的模仿者)而言已经成为必不可少的促销活动了，因为研究表明常客计划确实影响了顾客的品牌选择。事实上，对于顾客而言，因为有其他人(如雇主)替他们付钱，价格就变得不再重要。这时候，他们会希望更有影响力！但是进一步看，这些计划还有一个营销优势，那就是它们能使公司确定其最大的用户，并追踪这些用户的使用行为。针对这些会员，公司可以进行集中的沟通，提供最新服务信息，包括新服务或改进的服务特色，以及提供限制性的特殊待遇。

11.4.2　服务促销选择标准

在决定一种特定类型的促销活动是否能够对营销策略作出有益的贡献时，必须三思而行。企业必须考察每一种情况的特点。尤其应当根据下列标准考虑使用不同的促销技巧：

(1) 整体营销目标；

(2) 服务特征；

(3) 目标消费者的特征；

(4) 中间商(如果有)的特征和态度；

(5) 竞争者的活动；

(6) 成本效益比；

(7) 与其他营销要素的整合；

(8) 有效实施的要求；

(9) 衡量问题；

(10) 法律上的考虑。

服务促销活动常常无法达到其中一个或多个标准，其结果可能是无法实现所期望的目标和营销投入的低回报率。

11.4.3　设计服务促销

选择了一种营销技巧后，营销人员在设计一次特定的促销活动时就必须考虑六个要素：产品范围、市场范围、价值、时间、受益者的确定和防卫竞争。

1. 产品范围

应当对哪些特定的服务或辅助件商品进行促销呢？如果促销的目的是防卫性的，那么就应当对那些处于竞争压力之下的服务进行促销；如果目的是要吸引新顾客，那么可能要对一项低风险、低价格的服务进行促销，以吸引顾客“上钩”，不然他们就会成为其他服务交叉销售的对象；如果目标是在竞争中先发制人，可能就要找到这样一种产品进行促销(如 6 个月的储蓄存单)，它可以让顾客同服务营销人员建立起一种更长期的关系。

服务产品线越宽，对何种服务进行促销的决策所面临的挑战就越多。一个要连续上演一部戏的剧院除了可以对座位进行促销外，几乎没有其他可以促销的服务产品，除非它同餐厅和零售商一起对一整套娱乐组合进行促销；相反，一个酒店连锁集团可以对不同地点、餐厅内的菜肴、度假者或针对商务旅行人员的一揽子服务计划等提供各种促销技术中的任何一种形式。

2. 市场范围

促销活动是在所有市场上都能进行，还是只能在有选择的市场上才能进行？考虑到存在价格歧视的机会，在这方面服务营销人员比包装商品营销人员拥行更多的弹性空间。尽管一个酒店连锁集团可能希望通过开展定期的全国性促销来建立一种统一的营销形象，但是它也可能会看到，在单个市场上存在着开展不同水平的价格促销的需要，这种差异取决于其在不同市场上相对的市场份额和客房率。此外，如果服务营销人员愿意，他们就可以把一次促销活动限制在某一个特定的人群范围内，而这对于包装商品的营销人员几乎是永远不可能的(后者最多能做到的一般是利用精心定位的直邮计划，投放地点是那些预计覆盖范围大的细分市场顾客的地点)。公共交通服务通常开展针对学生和儿童的特殊促销活动，一些公用事业部门则对高龄市民收取较低的费用。但是，政府机构有时候会限制服务企业把促销局限于某些特定人群。

同顾客之间有着“会员”关系的服务企业(如公用事业部门、金融服务企业、百货商店费用账户以及航空公司、酒店和汽车租赁企业)的常客计划能够追踪每一个顾客对服务的使用，并且以使用服务的数量、时间、地点和其他使用类型为标准来开发细分市场。市场细分方案也可以把企业在顾客首次签约或以后续约时收集的顾客概况作为依据。

3. 价值

一些促销活动(尤其是价格 / 数量促销)是以较低的价格提供同样的服务，因此它们提供给消费者的是即刻的现金价值。而另外一些促销(如抽奖和附赠礼品)提供给顾客的是一种延时的价值，通常和所促销的服务的价格没有联系，它们是以同样的价格提供更多的服务。

服务营销人员在决定提供给顾客的价值形式和水平时，必须考虑消费者的偏好、成本和促销目标。正如前文指出的，当顾客对服务的使用差异很大时，可以提供不同价值的奖励。以飞行的里程数(乘坐商务舱和头等舱系数更高)、在酒店过夜的天数或信用卡应付款项的金额水平作为依据的促销活动就是很好的例子。

任何促销都包含着明显的价格折扣。服务营销人员应当认识到，消费者的反应函数可能会随促销种类的不同而不同，但不可能是线性的，价值上等同于 10% 价格折扣的促销所导致的销量增加并不一定是一次价值 5% 的价格折扣所增加的销量的 2 倍。

在设定价格折扣率的时候，管理者应当考虑在促销过程中如何对服务进行竞争性的定位。通常情况下，市场份额的领导者并不需要像跟随者那样提供很高的价格折扣，以获得同样水平的顾客反应。如果领导者提供的促销价值超过了正常

水平，那么这种行动就可能包含着品牌特许，使促销升级，并刺激那种服务的价格敏感度。提供相当于高价格折扣的促销活动可能会吸引一些在正常价格水平下不可能再次购买这种服务的一次性顾客。

4. 时间

什么时候？多久？频率如何？这是在设计促销活动时要问及的三个关键问题。以平稳需求为目的的服务促销的时间设定，应当抵消而不是夸大周期性的销售形态。任何促销的时间长度都应当考虑目标顾客的产品购买周期和企业所提供的促销价值。两次购买之间的间隔时间越长，就越需要提供较长时间的促销来保证所有的目标消费者都能接触到这些活动。同样，确定促销频率时还应当考虑来自竞争者的压力。

除了平稳需求的促销外，在促销活动中引入“出其不意”这个要素是有利的。这样，精明的消费者就不会因等待一次预期的促销活动而推迟购买。在秋季定期向新用户提供免费安装服务的有线电视系统公司发现，许多现有的用户都将在夏天中止服务(服务中止是免费的)，然后在预计的秋季促销活动中免费重新安装。与此同时，有线电视公司不但已经损失了几个月的定费，而且还承担了终止和重新安装服务的成本。教训是什么？那就是，服务营销人员应当避免在顾客心目中建立这样一种看法：企业进行促销是理所当然的事。

5. 受益者的确定

由于促销是用来影响或强化消费者行为的，因此瞄准正确的细分市场就很重要。当自动柜员机(ATM)刚开始应用时，以波士顿为基地的海湾银行提供给任何参加 ATM 使用演示会的顾客一张在附近商店免费领取冰激凌的赠券。两年后，许多顾客都得到了在 ATM 上使用的银行卡，此时海湾银行为了鼓励顾客多使用它的 ATM，在顾客每一次使用 ATM 的时候，把顾客的名字自动输入参加抽奖，一等奖是一次免费的夏威夷旅行。

有时候，服务不一定由使用者本人付钱。商务旅行人员所使用的酒店和交通服务就是如此。向那些每天不享有固定津贴的个人提供价格折扣可能产生的吸引力很有限，因为节省下来的钱进了雇主的钱包。航空公司和酒店已经通过其常客计划对这种情况作出了巧妙的应对，因为常客计划奖励的是旅行者本人，而不是他们的雇主；但是一些企业坚持认为所有的空中常客奖励都应当归公司所有，用于将来的商务旅行。

6. 防卫竞争

最后一个要素是设计一种能够提供独特的持续竞争优势的促销活动。许多服务企业在设计了一种促销后就发现，其竞争者迅速对此进行了模仿。例如，航空公司已经展开了空中常客战，相互竞争的银行则卷入了礼品战，而如今许多大型的酒店连锁集团都有常客奖励计划。营销经理在设计和宣传一项促销活动后却发现，它立即遭到了竞争者的“绑架”，这无疑令他非常恼火。有一年，假日酒店开始在它的酒店和汽车旅馆内提供奖励优惠券，得到优惠券的客人可以享受较低的费率优惠。在相当短的一段时期内，霍华德·约翰逊酒店也在进行电视促销活动，提出它们的酒店不但可以接受假日酒店的优惠券，而且还提供给客人一张他们下一次光顾时可享受折扣待遇的票券。

大多数的促销很容易被模仿，一个企业根本无法阻止它的竞争者做广告宣布接收其他企业发行的折扣券。有两种防卫竞争的形式：①设计一种非常复杂以至于无法迅速模仿的促销活动(这样就保证了创新者长期的领先地位)；②同一个或多个著名企业进行排他性的联合促销，这样，其他企业就不可能直接复制这种计划了。

11.4.4　有效促销管理的原则

服务营销人员对促销活动的运用正在迅速增加，但是这个重要的工具很容易被误用。为了避免金钱和精力的浪费，管理者应当仔细考虑以下每一个指导原则。

(1) 规划促销策略。服务企业每年都要对促销策略进行规划，而不是发动无差异的促销作为对竞争者行动的策略性反应。营销人员要制定一张促销时间表，标明将对哪些服务进行促销、什么时候促销、在哪些市场上促销、促销目标是什么以及使用哪些促销技巧。这样的一个计划过程将确保促销活动的多样性、内部统一性和协同效应。建立一个公司内部的促销部门对于保持计划过程中必要的持续性是很重要的。

(2) 限制促销目标。服务营销人员不应当夸大促销可能产生的效果，他们也不应当力图通过一次促销活动实现过多的目标。任何一次既定的促销活动都应当选择性地集中于一两个目标，所花费的促销费用应能够对这些目标产生最大限度的影响。

(3) 对每一项特定的促销活动设定时间限制。如果希望促销活动引发特定类型的顾客即刻的购买行动或行为方式的改变，那么就要明确活动的截止日期和应当在何处设立法律上的资格要求。无限期的促销会被竞争者模仿，从而可能成为服务供给的一个内在组成部分，这样促销就成了一个永久性的成本中心，而不是收益来源了。航空公司的常客计划就是这样的一个例子。

(4) 考虑联合促销。许多服务，尤其是旅游业的服务，都是以组合或服务链的形式出售给消费者的。服务营销人员通过同时对几种自有的服务进行促销或者加入其他企业的力量，常常能够有效地扩大他们的促销资源并设计出影响更大的促销活动。当一个航空公司和酒店连锁集团宣传一个联合抽奖活动并把它们自己的假日组合活动作为奖品时，每一个合伙人都能够从另一方必然提供的支持中获益。与制造企业的联合提供了一种接触新用户的新方法，即让顾客接触包含在他们所熟悉的品牌包装、零售店广告和店内促销中的信息。这也是一种资源的分享和内在的相互担保。

(5) 考虑促销的搭配。为了克服市场上日益增加的促销“噪声”，企业通常可以使用几种促销技巧来制造一起爆炸性事件。例如，可以把优惠券的提供同抽奖和退款结合起来。

(6) 激励整个营销系统。最有效的促销能够通过激励销售过程中的各方(消费者、顾客接触人员，如果必要还有中间商)，同时创造出“推”和“拉”的效应。例如，抽奖活动可能是针对消费者的，企业同时还可以向其他两组对象提供有着相类似的主题和奖品结构的销售竞赛活动。

(7) 在创造性和简易性之间保持平衡。消费者促销的设计有很大的发挥创造性的空间。同时，它也必须保证促销活动的差异性，以便它们能从众多的促销活动中脱颖而出。而且，设计和实施的简易性对于大规模的促销也是很重要的，因为企业应当让顾客易于理解促销活动，获得参与的资格也不能过于困难。一个过于复杂的促销设计发生在英国铁路公司，它曾经提供一种促销性的通行证，持有者如果在另一位乘客的陪同下就可以享受免费乘车，但是那位陪同的乘客必须支付全额票价。为获得领取这种通行证的资格，消费者必须收集至少九个超市产品的包装盒顶盖或包装标签。

(8) 评价促销效果。服务营销人员应当衡量每一次促销活动所产生的积极影响，估计在不进行促销的情况下的销售水平，以及促销带来的销量会在多大程度上抵冲未来的业务。(幸运的是，服务促销的评价不像包装商品企业那样复杂，后者需要对仓库和零售商库存水平进行衡量。)当目标是鼓励顾客行为的改变，如自我服务，或者采用一种新的订单输入或服务传递技术时，可能就需要进行一次受监控的实验。

本章小结

当服务营销人员力求为他们的企业公共产品在市场上创造一个独特的定位时，可以使用许多不同的沟通要素对现有潜在的顾客进行信息告知、说服和提示工作，这些选择有人员推销、顾客服务、有偿广告、销售促进、宣传和公共关系、指导性材料和公司设计。

服务的某些显著特征表明，其沟通策略要采用同营销制成品不同的方法。例如，广告可能要提供服务质量和表现的有形线索，而又不至于引起顾客不切实际的期望。在高接触度的服务中，可能需要同时针对雇员及其所服务的顾客开展广告活动。

策划和实施良好的促销活动对于服务营销人员而言，是一种用以寻求营利能力和竞争优势的重要武器。然而，管理者应抗拒误用这种工具的自然诱惑，如果将它滥用，促销工具的有效性就会降低，而且它还分散了管理者对更适合某种特定情况的其他营销工具的注意力。

虽然促销活动能够激发顾客的兴奋感，但它们也会提高顾客的价格敏感度，以致许多潜在的顾客最终变得不愿意购买服务，除非能够以打折的促销价购买，或者有一种值钱的礼品或其他好处伴随着这种服务。如果很大比例的销售是通过促销实现的，那么“正常”的价格就会变成是被人为抬高了，而越来越没有意义。

把过多的管理精力和货币资源用于促销活动，可能会减少非价格性差异化和特许权投资中的创造性，而这些方面通常都是大多数服务企业长期健康发展的基石。在竞争者能够轻而易举地对促销活动进行模仿时，就存在着向零和游戏发展的风险，各人都遭受损失，尤其是当促销活动不能刺激额外的基本需求时。

除了上述须引起注意的方面以外，短期促销仍然是一种有用的营销工具，它带来的大量利益是很难通过其他营销手段取得的，它能够使小企业更有效地参与竞争，通过减少首次购买的

风险鼓励顾客试用，增加了例行的重复购买的兴奋感(尤其是在核心产品基本上是一种商品的时候)，使企业能够对提供给不同细分市场的同一种服务收取不同的价格，以及为一系列不同的服务构造需求的特征和时间。

关键术语

服务沟通	促销	促销技术	促销策略	人员推销
促销	公司设计	广告	公共关系	样品赠送

思考题

1. 解释词语：人员推销、公共关系、样品赠送、签约返利。
2. 服务沟通组合的要素有哪些？
3. 服务营销中刺激促销运用的因素有哪些？
4. 服务促销技术有哪些？
5. 有效促销管理的原则是什么？

案例研讨

好口碑是怎样炼成的——“说”出来的 Google

对全世界有搜索引擎需求的人来讲，几乎没有人不知道 Google 网。可又有几个人能想到，这个 4 年前还是一个名不见经传的小公司，如今身价已达 20 亿美元，成为全球第四大受欢迎的网站。沿着 Google 成长的历程梳理，你会发现 Google 地位的确立竟得益于口碑的传播。

网民说：你去 Google 一下；我要 Google 资料；他是个 Google 主义者……

创业中的小公司说：我的大部分客户来源于 Google 的搜索结果。

对手说：Google 的网页太庞杂，其中含有限制性内容。

媒体说：“Google 经济”和某某年度 Google 20 大流行词汇排名，以及一个寡妇如何借助 Google 把有效的客户流量吸引到自己的网站上，从而维持一份体面生活的类似故事。

华尔街和硅谷说：Google 如果上市，或许能为重振科技股雄风带来希望。

正是因为上述种种“说”法，Google 这个单词才在全世界得以快速流传，Google 在人们心目中的地位才得到一次又一次的强化和提高，Google 才在“没有做过一次电视广告，没有张贴过一张海报，没有做过任何网络广告链接”的情况下获得了成功。

可 Google 又凭借什么让网民、对手、媒体、投资者等意见领袖群体不停地传播它、讨论它呢？这源自它技术、服务的高质量。

(1) 以牺牲暂时的利益为代价。Google 的首页简洁干净，相对于那些将广告、新闻等令人眼花缭乱的内容搬上首页的对手们来讲，淡化了商业气息，完全突出了搜索功能。

(2) Google 拒绝了搜索排名的付费服务，在其网页级别技术的基础之上，始终将搜索结果客观公正地放在首位。

(3) 可供检索的语言版本和网络页面数量不断地快速增加，如今的 Google 能提供 86 种语言的版本和 30 亿个以上可检索的网络页面数量。

对一个搜索引擎服务商而言，有什么能比为自己的用户提供更丰富、更公正、更人性、更有价值的内容来得更吸引与笼络人心，更增好感，使人口碑相传呢？

案例思考题

Google 设计的服务促销标准是什么？Google 的服务为什么让全世界的用户为之倾倒并成为它的忠实顾客？

参考文献

1. 克里斯托弗·H. 洛夫洛克. 服务营销[M]. 3 版. 陆雄文，庄莉，译. 北京：中国人民大学出版社，2001.
2. 李政权. 好口碑是怎样炼成的——“说”出来的 Google[J]. 销售与市场，2004(2S)：62-65.

第 12 章　企业服务人员和内部营销

12

本章提要

1. 理解服务业员工对服务成败的巨大作用。
2. 了解如何对服务业的员工进行管理。
3. 掌握内部营销的内涵。

引　例

不同的服务　不同的感受

Greg 自认为他计划得万无一失，他为从机场到火车站留出了两个小时的时间。从机场到火车站，乘公共汽车只需 30 分钟，两个小时显然是绰绰有余。即使是飞机稍微晚点一会，他仍然有一定的时间余量。可是不幸的是，Greg 乘坐的飞机比预定的时间迟到了近一个小时。当 Greg 狂奔至汽车站时，发现他刚好错过了上一辆汽车，而下一辆汽车要等 20 分钟以后才发车。然而，当 Greg 用绝望的声音向汽车调度员解释其困境后，意想不到的事情发生了。汽车调度员告诉 Greg，他本人也曾遭遇过类似的困境，故他申请一辆备用汽车并建议司机将 Greg 先生直接送到火车站。幸亏汽车调度员的同情与及时处理，Greg 在发车前 5 分钟到达了火车站。Greg 牢牢记住该公共汽车公司的名字，发誓一定要将这次经历告诉他人，将他所得到的伟大的服务传播给大众。

请把 Greg 的经历与 Cindy 的经历作一对比。Cindy 走进她的财务计划人的接待室，比约定的时间提前了 10 分钟。财务计划人的秘书正专注地与朋友在电话里聊天，当 Cindy 表明自己的来意后，她厌烦地瞪了 Cindy 一眼，冷冰冰地抛出一句“Portfolio 先生一会儿就会见你”后，就继续与她的朋友聊天。Cindy 挪开等待区域长椅上的报纸和杂志，腾出一个位子坐下。10 分钟过去了，20 分钟过去了，30 分钟也过去了。偶尔，Cindy 也用目光与秘书交流一下，希望她能处理一下这件事情，至少也应对此次耽搁做出解释或道歉。当 Cindy 自己站起来去倒一杯咖啡时，秘书竟然忘了给她递只杯子。尽管 Cindy 不愿偷听，但她还是听到了一些秘书在电话里的评论，评论夹杂着对 Portfolio 先生的尖锐批评，还不时介入一些亵渎与不敬。最后，Cindy 终于厌倦了如此无限期的等待，且秘书的通话内容也令她极为不舒服，Cindy

走近秘书，再次质询此次耽搁的原因。秘书丝毫未掩饰对再次被打断的不满，冲 Cindy 叫道：“他会尽快来见你的。”尔后，又继续其有趣的聊天。Cindy 忍无可忍，恳求道：“您知道大概什么时间可以吗？”不悦的秘书连眼皮都没抬一下，挖苦道：“我怎么知道，我仅在这儿工作。”Cindy 转身就走，再也没回来过。

Greg 与 Cindy 所经历的一切，皆生动形象地表明：顾客对服务组织的感知或反映，受到服务员工的极大影响。

服务营销组合中“人”的要素应得到特别的强调。服务性行业是人的产业，人是任何服务营销策略及服务营销组合中一个不可缺少的要素。服务企业人员素质的重要性明显超过了生产制造业，自然应受到企业的高度重视。应把人员看做营销组合中的一个独立元素，把适宜程度的关心指向他们，激励和奖励他们作出企业所希望的贡献，使其行动最大化推进企业服务营销计划。

12.1 服务企业员工

服务人员在所有服务企业的服务生产与营销中，扮演了一个相当独特的角色，尤其是在没有实物产品作为证物，顾客仅能从员工的举动和态度中获得企业印象的情况下，更具有很深刻的含义。服务业公司与制造业公司的一大区别是，顾客所接触的服务业人员的主要任务是实现服务，而不是营销服务。在工业产品市场，顾客与操作层次的接触很少，对于整个产品的提供，顾客不可能有任何责任。但在服务企业，向顾客提供服务的过程就是生产过程，顾客需要与员工同时参与。服务企业的绝大多数员工，都与顾客有某些形式的直接或间接的接触，他们的态度对服务质量有很大影响。制定一项顾客服务政策，需要企业全体员工对顾客服务作出承诺，还要了解顾客究竟需要什么服务。建立顾客忠诚，有赖于全体员工的高度责任感和合作精神，因为它直接影响顾客对产品的态度和接纳程度。

从传统意义上讲，似乎只有与顾客直接打交道的员工才会对顾客产生影响。实际上绝非如此。提供服务及负责对外工作的员工常常与顾客打交道，通过留意、帮助顾客，他们能得到顾客的信任与尊重。他们的确是在直接为建立顾客忠诚作贡献。而从事技术工作的员工则不然，他们很少能见到顾客，更别说与顾客交谈了。但是如果他们能将本职工作做好，确保顾客购买的产品运转良好，顾客们就会满意并且再次合作。可见，技术人员同样对建立顾客忠诚作出了贡献。否则，就会对顾客产生负面影响。例如，若电信的通信传输网检修维护不及时，经常使顾客的电话通信联络出现故障，就会损坏电信企业的整体形象。因此，这些服务人员有效地完成其工作任务就很重要。高效的工作有赖于对顾客需求的高度重视，必须让技术人员也充分了解到个人贡献与让顾客满意之间的联系，并告诉他们如何才能使顾客满意。

把员工看做营销组合的一个元素，本质上讲是对员工既影响营销任务又影响顾客接触这一不同作用的认识。贾德开发了以接触顾客频繁程度和员工参与常规营销活动的程度为基础的分类方案。这种方案将员工分成四组：接触者

(contactor)、改善者(modifier)、影响者(influencer)、隔离者(isolated)，如图 12-1 所示。

	参与常规营销组合	不直接参与营销组合
频繁或定期与顾客接触	接触者	改善者
不频繁或没有与顾客接触	影响者	隔离者

图 12-1　员工对顾客的影响

资料来源：作者根据相关文献整理。

(1) 接触者频繁地或有规律地接触顾客，并且典型地经常参与常规营销活动。他们占据服务企业许多职位，包括销售和顾客服务。无论他们是否参与营销战略的策划与执行，他们都需要很好地领会企业营销战略。他们应该受到良好的培训、准备和激励，以负责的方式日复一日地去服务顾客。招聘他们的基础应该是对顾客需求响应的潜力，并在这个基础上被评估和奖励。

(2) 改善者是像接待人员、信贷部门的电话总机员那样的人员。他们在很大程度上不直接参与常规营销活动，虽然如此，他们仍频繁地与顾客接触。因此，他们需要对机构的营销战略有明确的观念，并应能够在对顾客需要响应上发挥作用。

他们在服务业务中起着特别但不是唯一的重要作用。改善者需要增强适应顾客需要和发展顾客关系的能力，因此培训和监督特别重要。

(3) 影响者属于营销组合中的传统元素，不常或没有与顾客接触。但是，他们是机构营销战略实施的许多部分。他们包括那些在产品开发、产品研究等方面起作用的人员。招聘影响者时应该找寻那些能发展一种对顾客反应的意识潜力的人员。影响者应该根据顾客定位的业绩标准被评价和奖励，提高顾客接触水平的机会应该纳入他们行动计划。

(4) 隔离者实行各种支持功能，他们既不频繁和顾客接触，也不进行常规营销活动。但是，作为支持人员，他们的行动严重影响机构行动的成绩。属于此类的员工包括购买部门人员、人事和数据处理部门人员。这些人员需要感受到一个事实，就是内部顾客和外部顾客一样都有必须要满足的需求。他们需要了解公司的整个影响战略以及他们如何为交付给顾客价值的质量作贡献。

内部员工的管理是否有成效，关系到企业战略目标的实现。为了系统、充分地认识服务企业内部人员的结构与特点，可依企业内部市场的观点，将服务企业的内部员工细分为两个层面：核心层员工和辅助层员工。各层次的活动如何进行应取决于顾客需要，这将决定一个企业相对竞争能力的高低。

12.1.1　核心层员工

核心层员工是指以各种形式直接与顾客接触的员工。企业与他们的关系是最重要的内部关系，核心层的员工与企业的目标和利益关系最为密切。企业的一切

方针、政策、计划、措施，只有首先得到核心层员工的理解和支持才有可能实现。这些人的技术、工作质量和服务对于顾客是否认知企业，对于企业是否能留住老顾客具有绝对影响。如果服务人员态度冷淡或粗鲁，就等于破坏了为吸引顾客而做的所有营销工作。如果他们态度友善而温和，则可提高顾客的满足和忠诚度。企业目标要想获得实现，就必须让核心层员工掌握企业的经营理念和营销战略，并使员工充分共享企业的信息，从而积极引导员工参与到企业的决策中去，让员工有机会对企业的营销方案提出自己的意见。核心层员工与企业主体有着共同的利益，面临共同的外部公众，需要解决共同的整体发展问题，具有一荣俱荣、一损俱损的紧密联系。核心层员工积极性、创造性的激发有助于企业营销活动的顺利进行，使企业得以加速推进经营目标的实现。

核心层的员工是企业形象的重要体现。核心层的员工，常常代表企业进行各种经营活动，因而最直接地反映了企业形象和声誉。企业形象一方面表现为企业对社会的责任和贡献程度；另一方面则表现为企业风格、企业精神、企业凝聚力等。由于企业核心层员工的荣誉感、自尊心、责任心和进取心会对企业的生产和经营行为产生很大的影响，因此这一内在的推动力能使企业的关系营销取得真正的绩效。

案例 12-1

微笑再微笑

飞机起飞前，一位乘客请求空姐给他倒一杯水吃药，空姐很有礼貌地说："先生，为了您的安全，请稍等片刻，等飞机进入平稳飞行后，我会立刻把水给您送过来的，好吗？"

15 分钟后，飞机早已进入了平稳飞行状态。突然，乘客服务铃急促地响了起来，空姐猛然意识到：糟了，由于太忙，她忘记给那位乘客倒水了！当空姐来到客舱，看见按响服务铃的果然是刚才那位乘客。她小心翼翼地把水送到那位乘客跟前，面带笑容地说："先生，实在对不起，由于我的疏忽，延误了您吃药的时间，我感到非常抱歉。"这位乘客抬起左手，指着手表说道："怎么回事，有你这样服务的吗？"空姐手里端着水，心里感到很委屈，但是无论她怎么解释，这位挑剔的乘客都不肯原谅她的疏忽。

在接下来的飞行旅途中，为了弥补自己的过失，每次去客舱给乘客服务时，空姐都会特意走到那位乘客面前，面带微笑地询问他是否需要水，或者别的什么帮助。然而那位乘客余怒未消，摆出一副不合作的样子。

临到目的地前，那位乘客要求空姐把留言本给他送过去，很显然，他要投诉这名空姐。此时空姐心里很委屈，但是仍然不失职业道德，显得非常有礼貌，而且面带微笑地说道："先生，请允许我再次向您表示真诚的歉意，无论您提出什么意见，我都将欣然接受您的批评！"那位乘客脸色一紧，嘴巴准备说什么，可是却没有开口，他接过留言本，开始在本子上写了起来。

等飞机安全降落，所有的乘客陆续离开后，空姐以为这下完了，没想到，等她打开留言本，却惊奇地发现，那位乘客在本子上写下的并不是投诉信。相反，这是一封热情洋溢的表扬信。

> 是什么使得那位挑剔的乘客最终放弃了投诉的呢？在信中，空姐读到这样一句话："在整个飞行过程中，您表现出真诚的歉意，特别是你的12次微笑，深深地打动了我，使我最终决定将投诉信写成表扬信!你的服务质量很高，下次如果有机会，我还将乘坐你们这趟航班!"

核心层对服务营销的影响是重大的。美国公共关系学者穆尔曾讲过："沟通是组织中每一名成员的责任……雇员是外部公众进行沟通的最有效的媒介。"企业的每一个部门都有进行具体沟通的特殊顾客，如推销部门同消费者进行沟通，供应部门同供应商进行沟通，法律部门同政府进行沟通等。因此，企业只有将营销计划交给每个成员去负责、去执行，才会全面有效地推进企业的营销活动。许多经营业绩杰出的企业认为员工关系会反映顾客关系，特别是核心部门的员工与顾客的沟通最多。为了强调内部员工的重要性，罗森布拉斯和彼得曾在《顾客是第二位的》一文中阐述了要想真正使顾客满意，必须使公司员工而不是公司的顾客位于第一位。

12.1.2 辅助层员工

辅助层员工是为企业的基本活动提供相关支持的员工。他们与企业之间的各种联系，对竞争优势也具有重要的影响作用，辅助层员工关系影响企业的经营活动效率。企业营销效率的高低在部分程度上取决于辅助层员工的紧密配合，辅助部门的团结一致、齐心合作有利于企业战略计划的落实与执行，从而提高企业经营效益。但是，如果企业内部矛盾重重，部门之间互相设置障碍，员工关系十分紧张，则必然导致企业人心涣散，最终成为一盘散沙。

例如，财务部门员工的工作速度会影响到企业每个环节，因此必须尽力优化部门间员工的合作。最好的财务部门正在建立一种新型关系，这种关系建立在向企业其他部门提供信息价值的基础上。企业的财务人员测评整个企业的经营业绩，提供用以经营决策的信息，从而为实现企业的目标作出贡献。一方面，财务部门必须与业务部门融合，财务部门的员工参与业务运作，凭借自己的财务专长和业务判断能力，发挥不同凡响的作用，而不是把自己看做是一个独立的流程。另一方面，财务部门的员工必须重视企业的内部顾客，以服务为导向可以使财务部门的员工认识自己的许多职责，然后尽己所能去协助其他部门更好地经营企业。除此之外，财务部门的员工在销售结算时也不可避免地与顾客或企业的其他公众发生关系等。

12.2 企业服务人员管理

服务营销强调人员的重要性，服务营销的成功是和人员的挑选、培训、激励和管理密切联系的。

12.2.1 认真挑选并训练服务人员

招募、挑选、训练和开发人力的任何计划都应该适应所提供服务的实际需要。

产品质量或服务质量低劣的重要原因是选用了不合适的人员。在顾客服务的预期基础上，应招聘有能力的员工，并进行专业培训，将工作予以详细规范化，对有关接触顾客工作的种种要求予以明确界定，使服务人员对本身工作有清晰的了解，尽可能保证每个类型的职位都有恰当的人选。

12.2.2 确保一致化的外观

由于许多服务业都具有非实体性的特征，因此设施装备外观及其服务人员往往就成为一家服务业公司仅有的实体性层次。顾客选择的服务供应者，一定是其营业场所和其销售人员能明确地显现可以满足顾客需求的。服务营销人员的外观可以创造形象和显现其服务质量，因此，应当从服务人员的外观着手。服务人员的外观，可以由服务企业的管理阶层予以控制，如利用制服或服装的式样。制服能协助建立统一化的标准，而一致化的服务业整体形象是一项极重要的资源。

12.2.3 确保服务行为的一致

顾客的行为会影响到企业提供服务的人员的行为，而服务企业提供的服务质量，往往因不同服务人员的提供而有所不同。因此，实现人员行为上的一致性是许多服务企业的一大重要目标。显然，服务企业有必要设置一套服务程序，以确保实现服务时的一致性。不过这种做法有变得过度机械化的危险，必须在其服务体系上达到一种避免过度僵硬和过度灵活的平衡。

对企业员工进行有计划、持续不断的培训，不仅是对员工个人发展的关怀，而且是对企业人力资源的有利开发，是确保企业员工服务行为一致性的有效手段。但对企业而言，这是很艰巨的工作，并且要牵涉到很多人手。

12.2.4 降低个人化接触的重要性

传统上，服务业的经营必然是人员密集式的，但人员密集式的业务方式，不一定能保证提供有效率的服务。正如前所述，不同的服务人员所提供的服务有很大的差异。可利用以硬件技术形式出现的技术创新，降低个人化接触的重要性，使服务更有秩序、更系统化，也即所谓的服务业“工业化”，最显著的是以器械或实体性事项取代劳动力密集的服务表现方式。虽然许多技术创新都能给顾客带来利益，但与此同时也会改变顾客和服务人员之间的互动方式。因此，服务企业不能完全寄希望于消费者都会心悦诚服地接受新事物。对顾客需要保持高度敏感，获取顾客的信任和合作，满足顾客的需要是最重要的事。总之，服务业创新，必须考虑到顾客接受程度的高低。

12.2.5 加强服务人员的考核控制

任何服务人员都必须设法经常性地创造并维持其明确和有魅力的形象，服务业公司管理阶层的责任是：确保觉察的形象和要求的形象相吻合。一项服务与另一项服务，在彼此间没有可供辨识特色的情况下，形象的建立便只能依靠服务人员的态度与行为。有些服务企业的做法是：一方面建立服务员工行为的规范与标准，另一方面设置评估系统以确保员工遵守这些标准。服务人员的考核是确保服务标准的建立与保持的一种方式，这是一种对员工工作的系统性、批判性和公正性的核查。

12.2.6　培育注重营销的企业文化

企业文化是在长期生产经营活动中形成并得到全体成员信奉和遵守的价值观、信念、行为规范、传统风俗和礼仪等内容的有机整体。作为组织的内在表现，企业文化能够被其成员体现出来。正因如此，企业文化对其员工的顾客观念的强弱有很大的影响。有什么样的企业文化，就会有什么样的企业及企业人行为。文化质量越高，企业就越有生机，企业的生命力就越强。

12.2.7　推行服务企业的内部营销

为维持服务企业的标准，即必须达到一定的服务质量与服务表现水准，就意味着服务业的对内营销与对外营销同样重要。一方面，企业在每一市场上进行的营销活动，需要企业内部所有部门和所有成员的参与和配合。另一方面，企业内部成员的言行代表了企业的利益和形象，只有他们接受了企业服务营销的基本思想和经营哲学，才能真正贯彻和实施关系营销。因而，内部营销是企业服务营销的基础，也是企业服务营销的重要组成部分。企业内部营销的绩效如何，直接影响到企业的生产和经营活动能否正常进行，关系到一个企业的使命和战略目标的实现。企业卓越的成就来自全体成员的共同努力，而企业内部各成员之间和谐、友善的关系正是这种共同努力得以充分发挥的根本保证。

12.3　服务企业内部营销

企业内部营销是和外部服务保证的观念相联系的。内部营销的目标为：建立员工的服务导向；为建立企业员工对顾客和营销工作的兴趣提供新的方法。内部营销源于以下观点，即员工是组织的内部市场。如果产品、服务和外部沟通活动不能向内部的目标顾客推销，也不必期望可向外部顾客成功地推销。向潜在的和现有的顾客保证所提供的服务将充分满足他们的需要，正在成为一种吸引和保留顾客的手段。从理论上讲这个观念很出色，但在实践中如果没有适当的内部营销工作，那它也是难以成功的。实现向顾客所作的允诺需要良好服务方式，如果员工对此缺乏理解，那么这种优秀的竞争手段到头来只会变成一场灾难。

12.3.1　内部营销是顾客满意的先决条件

西方的一些学者认为，成功服务企业所取得的地位是“战略性的服务洞察力向内转移”的结果。他们把顾客和员工都视为重要的营销目标，而不仅仅是顾客。今天，内部营销已被视为外部营销成功的先决条件。所谓“内部营销”是指企业通过各种方式，培养员工的顾客意识，激励员工以创造性的热情投身工作，以集体合作精神为顾客提供优质服务。实践中，内部营销是有关交流沟通和有关发展、

责任感和目的一致的活动。沟通是内部营销成功的关键。

每个企业或组织都拥有一个由员工构成的内部市场，它首先应该受到重视，并能得到恰当的处理对待，否则该企业在外部市场的成功运作将会受到制约。服务企业内部市场包含两个主要概念。①企业里每个职员和每个部门都有双重角色，他们都是内部的顾客和内部的供应商。为有助于保证外部营销的高质量，在机构内的每个人和每个部门必须提供和得到出色的服务。当每个人和每个部门都提供和受到最好的服务时，可以确保机构最佳运转。②在一起工作的人员在某种方式上是被企业的营销计划、战略和目标联系到一起的。在高接触的服务机构(服务提供者和顾客之间有较高程度的接触)中，人员显然是一个关键性的元素，它与顾客有着非常密切的界面。

虽然企业是服务营销计划的制订和推行者，但予以推进的主体却总是企业的各部门员工，由他们代表企业进行各项业务活动，并与各子市场上的公众进行利益关系的协调。企业内部关系，是指企业与其内部成员之间的关系。企业内部营销的目的就是协调和促进企业内部所有员工之间、部门之间的相互关系。企业内部营销，对于企业的生存和发展具有重要意义。协调的员工关系是企业具备竞争能力的基础和保障，通过积极有效的企业内部营销，可培养和维护企业员工的协调合作精神，消除各部门之间、上下级之间、员工之间的矛盾和冲突。即将企业内部的摩擦系数减至最小，以利于企业运作。现代管理强调人的社会性，在企业内部建立和谐、健康的人际关系不仅日益受到企业管理阶层的重视，而且成为企业营销工作的重要组成部分。

内部营销的目的是发展内部的顾客意识。“有效的服务，要求理解服务观念的员工。”因此内部营销的实质，就是要把员工培训成真正的营销人员，使他们具有强烈的“顾客至上”意识，要使内部人员了解、支持外部营销活动，争取企业员工的承诺，将行为观念由“我们一向这么办理”，逐渐改变为“为了成功，我们必须以最佳方式办理”。内部营销在消除阻碍机构有效性的功能上的障碍、减少机构内各个职能部门间的矛盾、帮助营销和运营间的平衡过程中起到重要作用，以使营销计划得以顺利运作。

内部营销在竞争的差异化方面起到关键作用。由于服务性工作大多带有经验性质和情感成分，因此服务人员的着眼点就不能仅仅局限于技术性的细节。传统的营销手段，已很难与他人拉开差距，代之而起的应该是有效地处理好员工与顾客的互动关系，使顾客有一种独特的、与众不同的感受，这可能是企业在激烈的市场竞争中获胜的关键所在。基于此，许多企业主动致力于内部营销工作，促使全体员工树立积极进取的服务态度，在企业凝聚合力，形成竞争优势。说到底，外在的服务措施即使是领先同行一步，也终究难免被人模仿运用。但若是内在的价值行为与企业文化内涵的差异，则将是较难被模仿的。这将指出，人员成为能够为顾客创造附加值的服务机构差异化的一个重要部分。由此更可看出内部营销对服务企业的重要性。

内部营销可用来促进创新精神。内部营销背后的观念是保证每个员工为公司的营销活动提供尽可能最好的贡献，并成功地处理好在服务时遇到的所有电话、邮递、电子信件以及个人与顾客的相互作用等，以此增加服务价值。

内部营销提供了一种发展服务导向，促进员工对顾客和营销产生兴趣的新方法。其起源于这样一个观念，把员工看做是企业最初的内部市场。如果产品、服务和沟通行动在针对内部目标群体时不能很好地市场化，那么最终针对外部顾客的营销活动也不可能取得成功。只有进行恰当的内部营销，企业在外部市场上进行的经营活动才可能获得最终成功。

内部营销不是一个分立的行动，它通常是贯穿在企业经营战略之中的活动，具有整体性。企业应以营销部门为核心，采购、生产作业、人力资源、研究开发、财务、物流管理等各个部门统一以市场为中心，以顾客为导向，进行营销管理，参加企业的整个营销活动的分析、规划、执行和控制，尽量为顾客创造最大的让渡价值，使顾客满意最大化，使公司从中获得长远发展和长期利润。

总之，服务营销发展的同时，市场营销也在发生变化。保留现有顾客和向现有顾客的再销售越来越受到重视。在这里员工的作用是至关重要的。在与顾客的接触方面，非营销部门的员工的技能、顾客导向和服务精神对于顾客理解企业、再次光顾购买服务是相当关键的。就管理哲学而言，内部营销功能主要是将目标设定在争取到自动自发又具有顾客意识的员工。从策略层次上看，内部营销的目标是创造一种内部环境，以促使员工之间维持顾客意识和销售关心度。从战术层次上看，内部营销的目标是向员工推销服务，支援服务，宣传并激励营销工作。在实务上，企业的营销措施，不但是为了影响顾客，同时也为了要影响员工。不论从什么观点来看，内部营销的价值是不容否认的。当在最高层次上有所承诺时，当所有员工都合作，再配以一种开放式的管理风格，内部营销将更加成功。

案例 12-2 HR 贯通内部营销主线 应该成为企业策略的伙伴

人力资源(HR)部应该成为企业策略的伙伴，承担在内部品牌建设方面的重任，成为品牌先锋。

星巴克的创始人及董事长舒尔茨说过：“员工是最好的广告载体，他们是最好的品牌代言人。”

事实上，很多公司投入大量人力财力进行市场活动、广告宣传，却忽略了内部品牌建设及树立员工这个活品牌。

安利(中国)日用品有限公司中国地区人力资源总监张玉珠女士对此有很深的体会。她在接受《成功营销》专访时表示：“人力资源部应该成为企业策略的伙伴，在策划、调动、发展人力资源、加强公司竞争力的同时，还应承担在内部品牌建设方面的重任，成为品牌先锋。”

《成功营销》：安利近年来在品牌推广、市场活动上投入巨大，但在内部营销方面是怎么做的？在这中间 HR 部门起了哪些作用？

张玉珠：我们的 HR 部工作范围是很宽的，公司的各项对外推广活动，HR 部门都会成为内部的牵头者，第一时间向各部门要来讯息，为员工积极创造参与的机会。像新

产品的上市，我们会让员工同步拿到资料、看到新广告片、参与推广活动。比如我们几项大的市场推广活动，也都会安排员工甚至他们的家人一起参与。如“纽崔莱健康跑”，公司会鼓励员工和家人一起参加；雅姿赞助的《剧院魅影》，我们也给员工进行购票安排，并在内部会议上播映片断。

公司内部的电视刊物《安利时空》，我们也会在月度员工会议时给员工播放，其中包括业务计划、新品计划、公益活动等公司营运的大事。此外，我们还为员工安排福利品派发、新品特价、试用等，让安利的员工成为产品和品牌的自觉推广者。

《成功营销》：看来安利的HR部门为企业的品牌内推动做了不少工作。您认为作为HR人员，是不是需要在日常企业内部工作中的各个环节体现出品牌意识？

张玉珠：是这样的。比如安利的招聘信息会通过各种渠道，如报纸、网站等发布。版面的设计、公司形象以及介绍文字等，都会体现出一个公司的形象。又比如在人才市场招聘，我们就会利用这个机会作一个公司的形象展示，用做得非常漂亮的海报、易拉宝等把展台好好布置，用这个特殊媒介介绍我们在京沪穗三地的办公室、厂房等。这会让我们的企业显得有规模和实力，而且专业。

10多年前，我们董事长郑李锦芬女士见我的时候说，你以后要让我们每个申请人都对我们公司有一个正面的印象。这句话我一直记忆犹新。我认为面试的时候HR专业人员也需要有一种品牌意识。

因为我们面对的可能是未来的员工，因此细节非常重要。安利公司每月大概要招聘100人，通常要面试50～60人才能招到1个人，每月我们可能会面试5 000人。算算一年下来是多少？比如我们规定等候时间不能超过15分钟，无论什么原因都要礼貌接待，使面试者对公司保持好感，他们会由此成为公司良好口碑的传播者。如果这些人再将这种正面感受带给他的朋友、家人，进行二次传播，这对品牌的传播会有多么好的效果！

《成功营销》：近年来，一些跨国企业特别注重雇主形象的塑造，在校园招聘上也不遗余力，并把校园作为一个传播品牌的新阵地。安利在这方面是如何操作的？投入多少？

张玉珠：校园招聘的确也是一种品牌传播与推广。每年我们都会在二十几个城市中的数十所大学进行校园招聘，最少也要投入几十万人民币，虽然可能只招25～30个人。但这也是在大学生中推广企业品牌的一种投入。

安利在校园招聘的过程中也是招聘和品牌推广两手抓，在这个过程中我们会发公司资料、发宣传页、贴海报、开说明会，去宣传公司的理念、价值观以及营运的状况，使大学生认识安利。虽然只招聘20人，但是可以接触到几万人，今年(2005年)大约有17 000多名学生递交了简历，其中几千名参加了考试。

我认为这是推广企业品牌的良好方式，即使他们不能成为安利的员工，也会对公司留下良好印象，了解到企业文化、实力和产品，也可能成为我们的顾客，在社会上产生积极意义。

《成功营销》：请您总结一下以HR的角度对内建立品牌的要义。

张玉珠：安利对内的品牌之道，简单地说就是通过营造良好的工作氛围以及人力资源部与员工的良好沟通，增强员工的自豪感和归属感，使员工乐于宣传公司，以公司为荣；同时通过培训及发展，树立员工的健美形象，以带给外部客户良好的体验。

12.3.2　内部营销的核心是顾客满意

为确保企业整体目标的实现，企业内部各职能部门员工应密切配合。内部营销的核心就是要求在统一的企业理念下协调各部门的努力，提供使顾客满意的服务。在营销观念下，所有部门人员都应以“顾客满意”这一原则为中心，实施内部营销，取得竞争优势。企业最高层领导应在内部进行观念营销，灌输顾客意识：

(1) 没有顾客的存在，企业的财产就没有什么价值；

(2) 企业的中心任务是创造和抓住顾客；

(3) 顾客由于优质的服务和需求的满足而被吸引；

(4) 营销的任务是向顾客提供优质服务，并保证给顾客以满足；

(5) 给顾客以实际满足将受到其他部门绩效的影响；

(6) 要使顾客得到满足，应该对有关的其他部门施加影响和提供合作。

事实上，内部营销观念必须先行。公司如果并未由一个统一的理念支持，要想实施内部营销是毫无意义的。企业最高层领导应训练各部门员工树立顾客导向的思想。在今天，大多数成功的公司，有许多是执意追求全面顾客满意的。

12.3.3　内部营销的基础是“员工满意”

内部营销是和沟通、促进响应能力、责任心和目标一致性有关的。内部营销的过程是企业与其内部成员加强沟通和交流，使关系双方增进理解、信任并相互支持。企业的内部成员以及他们之间形成的特定关系状态，在一定时期内是相对稳定的。而且内部成员的利益往往与企业的整体利益是基本一致的，受企业各种规章制度的约束。因此，企业可以对其内部成员加以有效的控制和管理。

内部营销的基本目标是发展内部和外部顾客意识，并消除机构有效性的功能障碍，是培养员工对企业的向心力和凝聚力，达成此目标的一个根本原则即承认和尊重员工的个人价值。企业内部营销的成败就在于能否设法将个人目标与企业的整体目标有机地结合起来。为此，企业需要经常了解员工需求，倾听他们的意见和建议，尤其要注意他们的各种抱怨，从中发现问题，以便加以改进。沟通是内部营销成功的关键。

内部营销策略方案的目的在于通过制定科学的管理方法、升降有序的人事政策、企业文化的方针指向、明确的规划程序，来激发员工主动为顾客提供服务的意识。内部营销活动更侧重于技能与细节。主要包括：定期或不定期地举办培训班、内部相互沟通；召开情况介绍会、座谈会、茶话会；内部全员沟通，如定期出版报纸或快报；情况调查，确认员工需求等。要想建立和维护良好的员工关系，企业必须在关系的建立、维护、改善和巩固等阶段与员工达成有效的沟通。

1. 树立明确的事业发展道路

指定高级主管人员担任管理受训员个人导师，新进员工应清楚地知道自己在企业中的定位，同时也明白进入企业后的发展方向。

2. 重视双向的沟通

双向沟通的过程就是分享信息的过程，应通过各种传播模式，并与员工进行对话。及时、准确地向员工通报企业内的有关情况；及时将员工的情绪、意见和建议等反馈给有关部门，作为决策和工作的依据。

对新进员工进行基础培训等，使他们了解企业的使命、价值观、经营管理思想和优良传统，认识并接受独特的企业文化，增强员工的凝聚力与向心力，为今后实现良好的沟通奠定基础。

培养员工忠诚需要通过开放的沟通来加强。企业要向员工如实转达企业对他们的期望，让他们及时了解可能影响他们将来的发展变化。企业的政策、制度和管理措施应让企业员工人人皆知，在实施这些制度和政策的过程中，企业应通过收集会上或员工个人的反馈意见、与辞职员工的谈话来评估这些措施。开放式的交流将给企业带来重要的信息反馈，使企业领导层可以对政策和制度作出必要的调整。

3. 关心员工的利益

企业必须给员工以真挚的信任，真正关心其愿望和要求。企业关心员工，员工也就感谢企业。世界上成功的企业都非常关心员工，关心员工经济利益，使员工分享企业的股息和利润；关心员工的日常生活、娱乐活动；关心员工的精神需求。由于企业对员工的关怀，员工感到生活、工作有稳定性，感觉到企业的温暖，愿意为企业努力工作，进而增强了企业的凝聚力和向心力。美国惠普企业的创始人之一戴维・帕卡德在《惠普之道》一书中写道："企业对员工、对顾客、对供应商、对整个社会的福利均负有重要的责任。"

一方面，必须关心员工的物质利益。提升员工对其报酬、福利以及自我实现的满足程度，是维护良好的员工关系的重要手段，特别是在关系巩固阶段。留住人才最重要的因素是要有一个具有竞争力的薪酬结构。员工在工作中，能否享受应有的福利待遇，能否获得合理的报酬，能否得到公正的评价，是稳定和发展员工关系的前提和基础。又如，近年来一些大公司纷纷推行"雇员所有制"的经营机制和员工持股计划，以增强雇员参与意识和改变股权结构。韦尔顿钢铁公司从1991 年开始鼓励员工拥有公司的股份，并发动员工参与企业管理，使公司的生产成本降低了 18%，赢利上升 9.5%。美国联合航空公司将 53%的股权转让给全体员工，不仅调动了员工的积极性，而且解决了筹集资金的困难，使公司渡过了难关，1996 年第四季度税后利润增长 16.5%。在中国，福利尤为重要。汇丰银行的管理受训员工在香港接受规定的培训后，回到内地便可以享受优厚的住房计划，这一计划允许其员工按 2%的利息向银行借一笔相当于其月薪 100 倍金额的贷款。

另一方面，员工激励并不仅仅停留在物质层次上。据国外一些研究资料表明，通过物质利益和严格的管理制度，只能发挥员工工作能力的 40%，而剩余的 60%工作潜能，只有靠精神激励才能充分发挥出来。在员工的物质利益得到保证和满足后，精神利益就是员工考虑的主要问题，也就是说必须关心、引导并充分满足员工的精神需求。只有树立员工的责任心，培养员工的进取心，使企业的每一项决策都与其自身有着密切联系，才会使员工关系得以巩固并持续发展。为此，要特别尊重员工的创造能力，鼓励员工在实现企业目标的同时充分实现个人的价值目标。

4. 提供参与的机会

必须让员工坚信：无论他们的事业之路通向何方，企业总是把他们的利益放在心中。激发员工对企业产生信心和自豪感，提高员工积极性的最好方法，是让员工了解企业经营管理方针、政策和计划，甚至参与到其制定中去。所谓参与管理，即是从企业各项计划制度、决策方案的拟订到执行，由员工与管理层共同参与。一方面为员工提供自我表现的机会，并激发员工强烈的责任感，以使员工积极提出创造性建议；另一方面可以发现企业经营管理的意见分歧和执行障碍，及早处理矛盾，扫清障碍，从而提高企业运作效率。

人不是机器，统治性的管理削弱了员工对管理人员的信任，限制了员工个人的发展和创造力的发挥，以致组织体制僵化，使企业无法灵活快速地满足顾客变化的需要。企业经营者们知道，对于远离企业管理中心的服务、销售代理部门而言，如果要让其更有效地工作，必须赋予其相对独立的、自主的权力。因为每一件事情都向企业管理部门汇报的话，大概什么事也干不成。顾客真正需要的是员工提供的创造性服务。在管理人员束缚住服务人员的同时，顾客却希望由会动脑筋的服务员来提供服务。为此，当上层主管诚心地为获取人才而竞争时，他们应该有授予权力和责任的信念，扩大职员解决问题的范围。制定决策不再是管理人员的事，而是每个人工作的一部分。经验告诉我们：如果员工被赋予了权力，他们往往会做出很出色的工作，能作出适合特殊顾客需求的决策。

5. 调节自由因素

在当今剧烈变动的市场环境中，许多企业都认识到赋予一线员工一定的权力是必要的，但授权并不是简单地给员工作决策的一定权限，还必须使之具备制定决策的能力。数据库技术使人们能够方便地利用信息，在这些信息基础上辅之以决策分析与模型软件，将会使受过相应训练的一线员工具有对复杂问题的决策能力。这样企业制定决策的速度会大大提高，面临的问题也会得到迅速的解决。企业所要调节的自由因素要点如下。

(1) 分工明确。①授什么样的权力；②授多大的权力；③何时授权；④授权给谁；⑤授权要什么样的结果。

(2) 允许下属参与企业的方针、计划、政策的制定。

(3) 建立反馈机制。在内部营销中，检测一项授权是否达到预定目标，最终仍取决于顾客满意度。公司可以使用投诉和建议制度、顾客满意调查等方法来衡量所创造的顾客满意度。

6. 加大培训的力度

企业员工是一种投资，因此需要投入员工培训和发展的资金。重视人才开发，

并视之为一种开发企业人力资源的最重要战略投资。5年来，美国加州企业捐资助教的金额年均递增5.9%，总金额达5.5亿美元。而且，许多美国企业加快培养高技术管理人才，使企业在发展高科技产品中获得事半功倍的效果。例如世界五大会计师事务所之一的亚瑟·安德森公司，它从对成千上万的专业人员进行招聘和培训的过程中得到显著的竞争优势。亚瑟·安德森公司曾在芝加哥附近购买了一个以前的大学校园，并大量投资，用于将其实践经验编辑成册和定期将其遍及全世界的职员召集到这个学校进行全公司范围的方法学的培训。对整个公司的工作方法的深刻认识不仅使工作效率更高，而且大大加强了对全国和国际顾客的服务。

现代企业的竞争优势取决于其员工的质量——知识、能力以及在此反复强调的态度、顾客意识。在企业的服务营销中，为了发掘潜力，必须吸引、发展、激励、维持高水平的“员工顾客”，从而为外部营销铺设道路。员工是企业最宝贵的财富，应将企业推销给员工，让员工出于自尊、爱心去工作，去服务顾客。

本章小结

在服务产品提供的过程中，服务人员和顾客是服务营销组合中的“人”的要素的两个方面。服务业的员工对服务营销的成败具有关键的作用，因为服务要靠员工来传递给顾客，顾客接触到的服务很大程度上是由员工来提供的，顾客对服务的满意度也与服务人员的态度等密切相关。因此，服务业管理者必须关心服务人员的服务质量和表现，认真挑选和培训服务人员，必要时还要对其进行授权和激励。

内部营销的目标是：建立员工的服务导向；为建立企业员工对顾客和营销工作的兴趣提供新的方法。内部营销源于以下观点，即员工是组织的内部市场。如果产品、服务和外部沟通活动不能向内部的目标顾客推销，也不必期望可向外部顾客成功地推销。向潜在的和现有的顾客保证所提供的服务将充分满足他们的需要，正在成为一种吸引和保留顾客的手段。

内部营销是顾客满意的先决条件，它的核心是顾客满意，基础是“员工满意”。

关键术语

服务人员　核心层员工　辅助层员工　内部营销　顾客满意　员工满意　双向沟通

思考题

1. 解释概念：内部营销。
2. 服务业人员可以分为哪几种？
3. 如何对服务从业人员进行管理？
4. 何谓内部营销？内部营销包括哪几方面的内容？
5. 如何理解内部营销的核心是顾客满意？

案例研讨

以雇员为对象的营销创新

一些创新活动只涉及生产程序的细微变动，还有一些则可能需要进行重大的程序变革，或对雇员进行重新培训或撤换。争取管理层和员工对服务创新的支持是一种对人际关系的挑战。

赢得分支机构人员对新计划的接受需要高层管理者对雇员进行有关的教育。一个典型的例子是某一大型银行计划在其所有的分行安装 ATM 这种新的服务传递系统的试验计划。当时，员工所关心的主要问题是，这个重大的技术创新是否有可能改变分行的业务性质。银行通过在一个地区推行试验计划完成了向员工营销这个创新举措的工作。它们首先在两个分行安装了 ATM，然后在那个地区的每一个分行都安装了 ATM。同工作小组密切合作的地区副总裁是这样描述当时的情况的："我们成了测试新思想的陪练者。"他估计，几乎连续 15 个月，他都要将 60%~75%的时间用在内部营销上。他是如此描述那段时期的经历的：

"我们早先确定的一种主要风险是 ATM 一旦安装完毕，它就可能成为其他人(最高管理层)给银行添加的累赘。有时候就像加法器一样不可靠，它永远不会成为分行经理的责任。因此，使用约 6 个月后，我给了分行经理两三天的假期，我向他们提出了一些问题并征求他们的意见，他们最后却拿出了计划。尽管这些计划并非非常有用，但是我们都尽量采用，即使这样做意味着要花费更多的金钱。(这种方法)非常有效，他们开始对这个项目形成了一种责任感：这开始成为他们的项目了。"

"我们是以骄傲的面貌开展工作的——被选中的是我们这个地区，这本身是多么令人振奋！为了加强这种认识，我们把两个试验分行称为'旗舰分行'(flagship branches)。我们还举办了许多鸡尾酒会。旗舰分行是真正的典范。一旦它们准备就绪，开始运作，我们就把其他分行的经理和出纳人员请到现场参观和接触使用。我拉起一名出纳员的手，把它放到机器上并说：'我想让你看点东西。你为什么不试试看？看它是多么简单！'接下来，我们看到的是经理们不断要求加快推行这个计划的时间进度，其中有两个分行由于太小而无法放置 ATM，它们的经理因此是那么难过！"

案例思考题

内部营销策略的应用是否要赢得雇员对引入创新服务的支持？

参考文献

1. 克里斯托弗 • H. 洛夫洛克. 服务营销[M]. 3 版. 陆雄文，庄莉，译. 北京：中国人民大学出版社，2001.
2. 邓寿生. 微笑再微笑[N]. 武汉晚报，2004-07-09.
3. 齐馨. HR 贯通内部营销主线[J]. 成功营销，2005(10)：64.
4. 菲斯克，等. 互动服务营销[M]. 张金成，等，译. 北京：机械工业出版社，2001.

第 13 章　服务有形展示策略

本章提要

1. 理解有形展示的概念。
2. 了解有形展示的类型。
3. 掌握如何对有形展示进行管理。
4. 明白服务环境的设计对有形展示的意义。

引　　例

海口香江得福酒店的环境差异化

香江得福酒店是香港人在海口投资的，在餐饮方面档次是较高的。该酒店将其整体的差异化定位在“饮食文化”上。顾客到香江得福不仅能享受到高品位且风格独特的菜肴，更重要的是在这里能感受到高雅文化的陶冶。

当顾客步入香江得福时，要通过一个长廊，这是经营者用心设计的。这个长廊前半段两旁的雕梁画栋一下子就使顾客的脚步慢下来；接着长廊又把顾客带进海底世界，长廊两边都是高档材料垒成的透明墙，里边全部都是供人食用的鲜活的海鲜，人们在此可以欣赏到海洋世界；当顾客进入就餐包厢，仿佛又进到不同民族文化的博物馆，如中国厅、英国厅等。这些厅从空间布置，路上图案，以及家具造型、颜色等方面都充分体现出民族的文化特色，每一件物品都是一个独立的文化典故。酒店经营正宗的粤、潮菜肴，主理师傅来自香港，每一道菜从造型到名称都是一道精致的艺术品，而且每一道菜的原料来源及烹饪流程，以及对人体的作用又都是一个个精美的故事。在席间，伴随着宁静优雅的音乐，顾客又能欣赏到大厅中心舞台上优美的舞蹈表演……

“饮食文化”的定位体现在香江得福实际经营展开的每一个环节之中，因此才使得宾客如织，香江得福在海口获得了巨大的成功。.

13.1　有形展示策略概述

顾客作出购买服务的决策时要受到一系列因素的影响。前面几章我们已经讨论了其中的一些因素，而本章将围绕另一重要因素——有形展示的角色进行深入探讨。服务因其无形性而大大地不同于货物，货物以物质形态存在，服务以行为方式存在。服务的非物质特性对于顾客如何形成深刻印象和作出购买决定，以及服务营销人员如何完成营销任务有重要启示。

萧斯塔克指出："一种物质产品可以自我展示，但服务却不能。"萧斯塔克抓住了高度行为化的服务营销中的关键性问题：为不能自我展示的服务下定义。顾客看不到服务，但是能看到服务工具、设备、员工、信息资料、其他顾客、价目表等，所有的这些有形物是看不见的服务的线索。

因为顾客必须在无法真正见到服务的条件下来理解它，而且要在作出购买决定前，知道自己应买什么，为什么买，所以他们一般会对有关服务的线索格外注意。或好或坏，这些有形的线索总传递了一些信息。如果不加管理，这些线索可能损害整个市场营销战略。如果管理得好，这些线索能增加顾客对有关服务的知识，并增添整个营销战略的活力。

问题不在于顾客是否会观察有关服务的线索，大多数顾客在大多数时间会这样做，问题在于他们看到的是未加管理的还是管理过的线索，问题在于他将感受到的是否是营销人员想要展示的服务。

服务展示管理这一概念已经不是新观念了。在 1973 年，科特勒把"营销氛围"作为一种营销工具，建议"设计一种环境空间，以对顾客施加影响"。1977 年，萧斯塔克引入了术语"服务展示管理"，他写道：产品营销倾向于首先强调创造抽象的联系，而服务营销则应将注意力集中于通过多种有形的线索来强调和区分"事实"。对于服务营销商来说，服务展示管理是第一位的。

13.1.1　有形展示的类型

在传统的产品营销过程中，企业通常借助一些抽象的联想来推广自己的产品。如可口可乐公司塑造产品的形象，使之同"可靠"和"青春"联系在一起；而"七喜"给人的感觉则是明快与活泼。

然而，服务产品具有"不可感知性"的特征，它本身就是抽象的、不可触及的，当然无法再用另外一种无形的概念来赋予服务产品以某种特殊意义或形象。这就给企业有效地推广服务产品带来了难题。不过，这并不妨碍营销人员从相反的角度思考问题，即如何使这种看不见又摸不着的产品尽可能地实体化，能让顾客感知得到并获得一个初步印象。显然，根据环境心理学理论不难理解，顾客利用感官对有形物体的感知及由此所获得的印象，将直接影响到顾客对服务产品质量及服务企业形象的认识和评价。

有鉴于此，学者们提出了采用"有形展示"策略，帮助服务企业开展营销活动。而有形展示亦成为服务市场学者所建议的七大市场营销组合的要素之一，即 7P 中的一个 P 了。

在产品营销中，有形展示基本上就是产品本身，而在服务营销中，有形展示的范围比较广泛。事实上，服务市场学者不仅将环境视为支持及反映服务产品质量的有力实证，而且将有形展示的内容由环境扩展至包含所有用以帮助生产服务

和包装服务的一切实体产品和设施。所以，在服务市场营销管理的范畴内，一切可传达服务特色及优点的有形组成部分都被称为“有形展示”。这些有形展示，若善于管理和利用，可帮助顾客感觉服务产品的特点，提高享用服务时所获得的利益，有助于建立服务产品和服务企业的形象，并支持有关营销策略的推行；反之，若不善于管理和运用这些有形展示，则它们可能会传达错误的信息，影响顾客对产品的期望和判断，进而破坏服务产品及企业的形象。

从不同的角度可以对有形展示进行不同的分类。不同类型的有形展示对顾客的心理及其判断服务产品质量的过程，有不同程度的影响。根据有形展示能否被顾客拥有，可将之分成边缘展示(peripheral evidence)和核心展示(essential evidence)两类。边缘展示是指顾客在购买过程中能够实际拥有的展示。这类展示很少或根本没有什么价值，比如电影院的入场券，它只是一种使观众接受服务的凭证；在宾馆客房里通常有很多包括旅游指南、住宿须知、服务指南以及笔、纸之类的边缘展示，这些代表服务的物的设计，都是以顾客心中的需要为出发点，它们无疑是企业核心服务强有力的补充。核心展示与边缘展示不同，在购买和享用服务的过程中不能为顾客所拥有。但核心展示却比边缘展示更重要，因为在大多数情况下，只有这些核心展示能够符合顾客需求，顾客才会作出购买决定。例如，宾馆的级别、银行的形象、出租汽车的牌子等，是顾客在购买这些服务时首先要考虑的核心展示。因此，我们可以说，边缘展示与核心展示以及其他形成服务形象的要素(如提供服务的人)，都会影响顾客对服务的看法与观点。当一位顾客判断一服务的优劣时，尤其在使用或购买它之前，其主要的依据就是从环绕着服务的一些实际性线索、实际性的呈现及其所表达出的东西。

从有形展示的构成要素进行划分，主要表现为三种类型，即物质环境、信息沟通和价格(如图 13-1)。如同图 13-1 中相交的圆环表明的那样，这几种类型不是完全排他的。例如，价格是一种不同于物质设备和说服性信息交流的展示方式，然而必须通过多种媒介将价格信息从服务环境传进、传出。

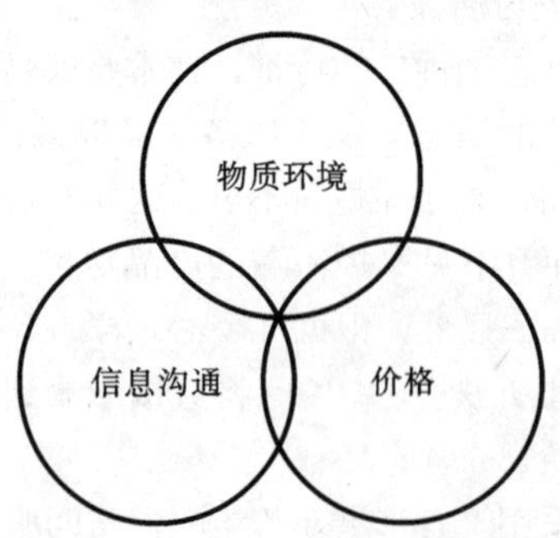

图 13-1 展示的类型

资料来源：克里斯托弗·H. 洛夫洛克. 服务营销[M]. 3 版. 陆雄文，庄莉，译. 北京：中国人民大学出版社，2001.

13.1.2　物质的环境展示

物质环境可分为三大类型，即周围因素、设计因素和社会因素，如表13-1所示。

表13-1　物质环境类型

周围因素	不易引起顾客立即注意的背景条件	• 空气的质量 　• 气温 　• 湿度 　• 通风情况 • 噪音 • 气氛 • 整洁度
设计因素	顾客最易察觉的刺激	• 美学因素 　• 建筑 　• 颜色 　• 尺度 　• 材料 　• 结构 　• 形状 　• 风格 　• 附件 • 功能因素 　• 陈设 　• 舒适 　• 标识
社会因素	环境中的人	• 听众(其他顾客) 　• 数量 　• 外貌 　• 行为 • 服务职员 　• 数量 　• 外貌 　• 行为

资料来源：作者根据相关文献整理。

1. 周围因素

这类要素通常被顾客认为是构成服务产品内涵的必要组成部分，是指消费者可能不会立即意识到的环境因素，如气温、湿度、气味和声音等。它们的存在并不会使顾客感到格外的兴奋和惊喜。但是，如果失去这些要素或者这些要素达不到顾客的期望，就会削弱顾客对服务的信心。周围因素是不易引起人们重视的背景条件。但是，一旦这些因素不具备或令人不快，就会马上引起人们的注意。比如，气温和噪音。这是因为，这些周围因素通常被人们认为是理所当然的，所以

它们的影响只能是中性或消极的。换句话说，顾客注意到了周围因素更可能引发躲避行为，而不是导致接近行为。例如，餐厅一般应具备清洁卫生的环境，达到此要求的餐厅当然不会使顾客感到极为满足。然而，污浊的环境显然会令顾客大为反感，转而光顾另一家餐厅。

2. 设计因素

设计因素是刺激消费者视觉的环境因素，这类要素被用于改善服务产品的包装，使产品的功能更为明显和突出，以建立有形的、赏心悦目的产品形象。比如，服务场所的设计、企业形象标识等便属于此类因素。设计因素是主动刺激，它比周围因素更易引起顾客的注意。因此，设计因素有助于培养顾客的积极的感觉，且鼓励其采取接近行为，有较大的竞争潜力。设计因素又可分为两类，即美学因素(如建筑风格、色彩)和功能因素(如陈设、舒适)，设计因素既包括应用于外向服务的设备，又包括应用于内向服务的设备。

3. 社会因素

这类要素是指在服务场所内一切参与及影响服务产品生产的人，包括服务员工和其他在服务场所同时出现的各类人士。他们的言行举止皆可影响顾客对服务质量的期望与判断。

服务人员的外貌在服务展示管理中也特别重要，因为顾客一般情况下并不对服务和服务提供者进行区分。产品的展示是至关重要的，服务产品展示与有形产品展示唯一的不同是，既然服务产品很大程度上取决于人，人就必须被适当地包装。

案例 13-1　迪士尼别出心裁的人员着装

在对全体服务人员的外貌管理上，迪士尼乐园是一个出色的例子。所有迎接顾客的公园职员(在迪士尼他们被称作“舞台成员”)每天都穿着新的洁净的戏服，他们通过地下阶梯设备(可称之为“地下舞台”)进入自己的活动地点，他们从不离开自己表演的主题。对于服务员工，迪士尼制定了严格的个人着装标准(一些人称之为“过时的严格”)。在迪士尼乐园，职工的头发长度、首饰、化妆和其他个人修饰因素都有严格的规定，且被严格地执行。迪士尼的大量着装整洁、精神奕奕、受过良好训练的“舞台成员”对于创造这个梦幻王国至关重要。正因为如此，每天才有众多游客付高价来此游玩。

13.1.3 信息沟通展示

信息沟通是另一种服务展示形式，这些来自公司本身以及其他引人注意的沟通信息通过多种媒体传播、展示服务。从赞扬性的评论到广告，从顾客口头传播到公司标记，这些不同形式的信息沟通都传送了有关服务的线索，影响着公司的营销策略。

服务性公司总是通过强调现有的服务展示并创造新的展示来有效地进行信息沟通管理，从而使服务和信息更具有形性。图 13-2 总结了服务公司通过信息沟通进行服务展示管理所能使用的主要方法。

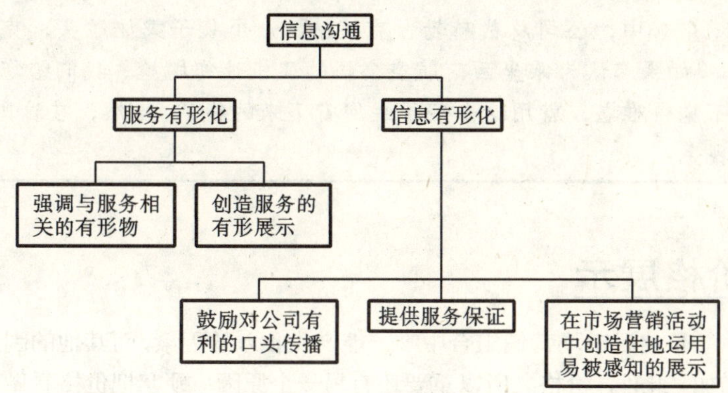

图 13-2　信息沟通与服务展示

资料来源：作者根据相关文献整理。

1. 服务有形化

让服务更加实实在在而不那么抽象的办法之一，就是在信息交流过程中强调与服务相联系的有形物，从而把与服务相联系的有形物推至信息沟通策略的前沿。

麦当劳公司针对儿童的"快乐餐"计划的成功，正是因为运用了创造有形物这一技巧。麦当劳把汉堡包和油炸食品放进一种被特别设计的盒子里，盒面有游戏、迷宫等图案，也有罗纳德·麦克唐纳德自己的画像，这样麦当劳把目标顾客的娱乐和饮食联系起来，令这些目标顾客高兴。麦当劳的例子证明了使用有形因素能使服务更容易被感觉，因而更真实。

2. 信息有形化

信息有形化的方法之一是鼓励对公司有利的口头传播。如果顾客经常选错服务提供者，那么他特别容易接受其他顾客提供的可靠的口头信息，并据此作出购买决定。因此，顾客在选择保健医生、律师、汽车机械师或者大学教授的选修课之前，总要先询问他人的看法。

信息有形化的方法之二是在广告中创造性地应用容易被感知的展示。在这方面，美国西南航空公司做得很出色。

案例 13-2　**令人惊讶的信息广告**

西南航空公司是美国赢利最多、定价最低的航空公司之一。1990 年，公司开辟了新航线——勃班克至奥克兰航线。它的广告大字标题是："西南飞至奥克兰，舱门退款 127 美元"，"西南航空公司勃班克—奥克兰航班对高档舱座的定价 186 美元高得离谱，如果您付给我们这么多，在舱门口，我们将归还您 127 美元现金"。它的主要对手，西部美国

航空公司嘲笑西南航空公司这种没有掩饰的服务方法，“西部美国”的电视广告刻画了乘客登上美国西南航空公司的飞机时，掩起面颊的形象。西南航空公司立即以商业性电视广告作出反应。广告中，公司总裁赫勃·克莱赫用一个袋子蒙住了头，克莱赫的易被感知的广告词是：“如果您认为乘坐西南航空公司的飞机让您尴尬，我们给您这个袋子盖住头，如果您并不觉得难堪，就用这个袋子装您省下来的钱。”当然，在这则商业广告中，袋子中装满了现金。

13.1.4 价格展示

价格是市场营销组合中唯一能产生收入的因素，而其他的因素都会引起成本增加。此外，价格之所以重要还有另一个原因：顾客把价格看做是有关产品的一个线索。价格能培养顾客对产品的信任，同样也能降低这种信任。价格可以提高人们的期望(它这样昂贵，一定是好货)，也能降低这些期望(你付出这么多钱，得到了什么)。

在服务行业，正确的定价特别重要，因为服务是无形的，服务的不可见性使可见性因素对于顾客作出购买决定起重要作用。价格是对服务水平和质量的可见性展示。价格成为消费者判断服务水平和质量的一个依据。

1. 价格过低

营销人员把服务价格定得过低就暗中贬低了他们提供给顾客的价值。顾客会怀疑，这样低廉的服务意味着什么样的专长和技术？

市场营销中一个有趣的现象是：质量声誉一般或很差的公司往往把低价作为补偿这些缺陷的“拐杖”，这一策略通常不会成功，因为“价格”和“价值”不是一回事。价值是为顾客的全部付出所对应的全部利益，价格仅仅是全部付出的一部分。例如，一家零售店价格低廉，但是服务职员漫不经心，不熟悉业务，店内凌乱，不干净，对许多顾客(也包括老顾客)来说，这可能意味着付出更多。

2. 价格过高

犹如过低的价格会产生误导一样，过高的价格同样会导致这一结果。过高的价格给顾客以价值高估、不关心顾客，或者“宰客”的形象。

与物质环境、信息沟通一样，价格也传递有关服务的线索。价格能展示空洞的服务，也能展示“饱满”的服务；它能表达对顾客利益的关心，也能让人觉得漠不关心。制定正确的价格不仅能获得稳定的收益，而且也能传送适当的信息。价格的高低直接影响着企业在消费者心目中的形象。

13.1.5 有形展示的效应

服务有形展示的首要作用是支持公司的市场营销战略。在建立市场营销战略时，应特别考虑对有形因素的操作，以及希望顾客和员工产生什么样的感觉，作出什么样的反映。有形展示作为服务企业实现其产品有形化、具体化的一种手段，在服务营销过程中占有重要地位。但是，有形展示能被升华为服务市场营销组合的要素之一，它所起到的作用及其战略功能当然不局限于评估品质，具体来说主要包括六个方面(见图 13-3)。

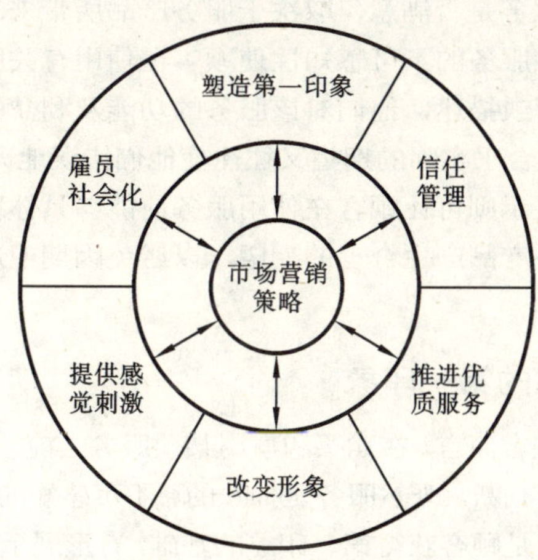

图 13-3 展示的作用与市场营销策略之间的关系

资料来源：作者根据相关文献整理。

1. 通过感官刺激，让顾客感受到服务给自己带来的利益

消费者购买行为理论强调，产品的外观是否能满足顾客的感官需要将直接影响到顾客是否真正采取行动购买该产品。同样，顾客在购买无形的服务时，也希望能从感官刺激中寻求到某种东西。服务展示的一个潜在作用是给市场营销策略带来乐趣优势，努力在顾客的消费经历中注入新颖的、令人激动的和娱乐性的因素，从而改善顾客的厌倦情绪。例如，顾客期望五星级酒店的外形设计能独具特色，期望高格调的餐厅能真正提供祥和愉悦的气氛。因此，企业采用有形展示的实质是通过有形物体对顾客感官方面的刺激，让顾客感受到无形的服务所能给自己带来的利益，进而影响其对无形产品的需求。

迪士尼乐园天鹅旅馆(在它的棚顶有一对 29 吨重的天鹅雕塑)和海豚旅馆(混凝土海豚像为其增色不少)就是迪士尼所说的“娱乐性建筑”，这两家旅馆，由著名的后现代派建筑师麦考尔·格然吾斯设计，扩展了主题公园的梦幻感觉。如果参观者住在整洁的、现代化的，同时也是缺少奇妙装饰的旅馆里，那么他在迪士尼的经历就没有现在这样具有延续性而显得丰富和完美了。两家旅馆充满了创造性的富丽堂皇和调皮的视觉感受(如天鹅旅馆的门厅里有盆栽的棕树)。它们由一条跨湖的过道相连。这两家旅馆只是迪士尼乐园一系列标志建筑物的一部分，所有的标志建筑都是由著名的建筑师设计的。

对于以感觉为基础的服务营销战略来说，建筑可以有力地支持它，这是一个值得挖掘的资源。但是，建筑物只是“包装”的最外一层，是最初的线索。“内层包装”——环境、顾客系统、员工的代表和工作态度才是首要的，它们

要么与最初信息(即建筑物所传达的信息)相吻合，要么让人觉得最初的信息仅是假象。

2. 引导顾客对服务产品产生合理的期望

顾客对服务是否满意，取决于服务产品所带来的利益是否符合顾客对它的期望。但是，服务的不可感知性使顾客在使用有关服务之前，很难对该服务做出正确的理解或描述，他们对该服务的功能及利益的期望也是很模糊的，甚至是过高的。不合乎实际的期望又往往使他们错误地评价服务，做出不利的评语。而运用有形展示则可让顾客在使用服务前能够具体地把握服务的特征和功能，较容易对服务产品产生合理的期望，以避免因期望过高而难以满足所造成的负面影响。

3. 影响顾客对服务产品的第一印象

对于新顾客而言，在购买和享用某项服务之前，他们往往会根据第一印象对服务产品作出判断。既然服务是抽象的、不可感知的，有形展示作为部分服务内涵的载体无疑是顾客获得第一印象的基础，有形展示的好坏直接影响到顾客对企业服务的第一印象。例如，参加被宣传为豪华旅行团出去旅游的旅客，在抵达他国时，若接旅客去酒店的专车竟是残年旧物，便马上产生“货不对路”的感觉，甚至可能有一种受骗、忐忑不安的感觉。反之，若接送的专车及导游的服务能让人喜出望外，则顾客会觉得在未来随团的日子里将过得舒适愉快，进而也增强了对旅游公司服务质量的信心。

例如，有些房地产公司，把房地产交易和他们能向顾客展示的各种有形因素联系在一起，形成公司的“最佳销售者系统”资料提供给顾客，以便他们据此作出判断。这些资料包括内容如下：

(1) 最佳销售者展示指导法则——它回答了销售者选择房地产公司时，经常会提出的问题；

(2) 最佳销售者行动计划——针对特定物产制订的市场营销计划；

(3) 最佳营销服务保证——对已经做出的服务保证所许诺的行动方案；

(4) 最佳住宅增值指导——提供住宅增值的建议和方法。

选择性地利用这些材料有助于销售代理人培养顾客对公司的先入为主的第一印象，诸如能力、承诺及个人服务等，通过有形因素强化语言承诺。

4. 促使顾客对服务质量产生“优质”的感觉

服务质量的高低并非由单一因素所决定。根据对多重服务的研究，大部分顾客根据十种服务特质判断服务质量的高低，“可感知”是其中的一个重要特质，而有形展示则正是可感知的服务组成部分。与服务过程有关的每一个有形展示，例如服务设施、服务设备和服务人员的仪态仪表，都会影响顾客感觉中的服务质量。有形展示及对有形因素的管理也会影响顾客对服务质量的感觉。优良的有形展示及管理就能使顾客对服务质量产生“优质”的感觉。因此，服务企业应强调使用适用于目标市场和整体营销策略的服务展示。通过有形因素提高质量意味着对微小的细节加以注意，可见性细节能向顾客传递公司的服务能力以及对顾客的关心，为顾客创造良好的环境，提高顾客感觉中的服务质量。

5. 帮助顾客识别和改变对服务企业及其产品的形象

有形展示是服务产品的组成部分，也是最能有形地、具体地传达企业形象的工具。企业形象或服务产品形象的优劣直接影响着消费者对服务产品及公司的选择，影响着企业的市场形象。形象的改变不仅是在原来形象的基础上加入一些新东西，而是要打破现有的观念，所以它具有挑战性。要让顾客识别和改变服务企业的市场形象，更需要提供各种有形展示，使消费者相信本企业的各种变化。有形展示还有助于改变服务企业的形象。以中国银行集团为例，五六年前，集团内不少银行希望建立一种稳重、安全妥善、高效率的形象。然而，尽管表达这些形象的口号提出多时，却并不奏效，因为当顾客走进集团内的诸多分行时，看到的是银行职员们缺乏鲜明悦目的制服、电脑操作系统紊乱、服务范围设计较差等，这些情形立刻会让顾客觉得该银行集团的形象并不像所宣传的那样。不过，随着近几年来中银集团各个银行对这些象征企业形象的有形展示的大量投资，顾客对其形象的认识也大大改善。

6. 协助培训服务员工

从内部营销的理论来分析，服务员工也是企业的顾客。由于服务产品是“无形无质”的，顾客难以了解服务产品的特征与优点，那么服务员工作为企业的内部顾客也会遇到同样的难题。如果服务员工不能完全了解企业所提供的服务，企业的营销管理人员就不能保证他们所提供的服务符合企业所规定的标准。

所以，营销管理人员利用有形展示突出服务产品的特征及优点时，也可利用相同的方法作为培训服务员工的手段，使员工掌握服务知识和技能，指导员工的服务行为，为顾客提供优质的服务。

13.2　有形展示的管理

13.2.1　有形展示的管理

成功市场营销活动的关键是管理与无形服务相关的有形因素，通过服务展示管理向顾客传送适当的线索。这样能帮助顾客更好地理解“我们买什么产品”、“我们为什么要买它”等问题。因为顾客总要在服务环境、信息沟通和价格中寻找服务的代理展示物，根据有形线索推断服务的质量价值和特点，用来指导其购买选择。

鉴于有形展示在服务营销中的重要地位，服务企业应善于利用组成服务的有形元素，突出服务的特色，使无形无质的服务变得相对有形和具体化，让顾客在购买服务前，能有把握判断服务的特征及享受服务后所获得的利益。因此，加强对有形展示的管理，努力借助这些有形的元素来改善服务质量，树立独特的服务企业形象，无疑对服务企业开展市场营销活动具有重要意义。

服务企业之所以要采用有形展示策略是因为服务产品具有不可感知的特性，而对“不可感知性”则可以从两个方面理解：①服务产品不可触及，即看不见摸不着；②服务产品无法界定，难以从心理上进行把握。因此服务企业要想克服营销方面的难题，采用有形展示策略，也就应以这两个方面为出发点，一方面使服务有形化，另一方面使服务易于从心理上进行把握。

1. 服务的有形化

服务有形化就是使服务的内涵尽可能地附着在某些实物上，正如“康师傅”的一句广告词所描写的那样：“好吃看得见。”服务有形化的典型例子是银行信用卡。虽然信用卡本身没有什么价值，但它显然代表着银行为顾客所提供的各种服务，以至于只要“一卡在手，便可世界通行”。

以恒生信用卡为例，使用该卡的顾客可以在世界各地 24 小时使用恒生及汇丰银行集团之“环球通”自动柜员机网络所提供的服务，更可在全球多部所指定的自动柜员机和特约财务机构提取现金，不仅结账灵活，而且快捷方便。此外，持卡客户还可以享受到其他一系列优惠服务。例如，签账购买的商品如于 30 天内遭损坏、遗失或被窃，可获得最高达 30 000 港元的赔款；持卡人可获全球 24 小时包括医疗、旅游及法律援助、信用卡报失、补发新卡和紧急现金贷款等服务。

恒生信用卡的例子表明，信用卡的使用使得服务同服务出售者在某种程度上分离开来，持卡的顾客不仅可以在非银行之外的机构享用有关服务，而且可以在更广阔的范围内乃至全球接受服务。同时，信用卡作为有形展示体现了服务产品的差异化，因为不同颜色、款式的信用卡(如万事达卡和运通卡)代表着不同的银行，这就使银行从实物的角度塑造出了自身的形象。

2. 服务的易感知性

除了使服务有形化之外，服务企业还应考虑如何使服务更容易地为顾客所把握。通常有两个原则需要遵循。

1) 把服务同易于让顾客接受的有形物体联系起来

由于服务产品的本质是通过有形展示表现出来的，所以有形展示越容易理解，则服务就越容易为顾客所接受。运用此种方式时要注意以下两方面。

(1) 使用的有形物体必须是顾客认为很重要的，并且也是他们在此服务中所寻求的一部分。如果所用的各种实物都是顾客不重视的，则往往产生适得其反的效果。

(2) 必须确保这些有形实物所暗示的承诺在服务被使用的时候一定能兑现，也就是说各种产品的质量，必须与承诺中所载明的相符。如果以上的条件不能做到，那么所创造出来的有形物体与服务之间的联结，必然是不正确的、无意义的和具有损害性的联结。

2) 把重点放在发展和维护企业同顾客的关系上

使用有形展示的最终目的是建立企业同顾客之间的长久关系。服务业的顾客，通常都被鼓励去寻找和认同服务企业中的某一个人或某一群人，而不只是认同于服务本身。如在广告代理公司的客户经理、管理研究顾问咨询公司的客户工作小组等。所有这些都是强调关注于以人表现服务。因此，服务提供者的作用很重要，他们直接与顾客打交道，不仅其衣着打扮、言谈举止影响着顾客对服务质量的认知和评价，而且他们之间的关系将直接决定顾客同整个企业关系的融洽程度。

另外，其他一些有形展示亦能有助于发展同顾客的关系。比如，企业向客户派发与客户有关的具有纪念意义的礼物就是出于此种目的。不过，在贯彻上述这两个原则时，企业必须做到以下两点。

(1) 必须确切了解目标顾客的需要，以及使用该方式想获取的效果。

(2) 应确定独特的推销重点，并将此重点纳入该服务产品的一部分，且能真正满足目标市场。

13.2.2　有形展示的形式

有形展示的效果　般有三种形式。

(1) 该服务的一种实物表征即能唤起顾客想到该服务的利益。

(2) 可以强调服务提供者和消费者之间相互关系的有形展示。

(3) 可以联结非实物性服务和一个有形物体，而让顾客易于辨认的一种展示。

例如，储蓄账户、干洗和美发三种消费者服务业的展示效果的测定，是用“利用这些展示的广告所能产生说服消费者相信服务利益”的能力来衡量。每一种服务都有其特定的利益，有形展示的效果往往因所考虑的利益不同而不同。至于服务提供者与客户相互之间的展示效果，根据提供者和客户之间对于服务利益的个人信任程度而定。这也就是强调：有形展示的类型必须与顾客寻求的利益相关，如果没有考虑这些利益，就不应该使用该类型的有形展示。服务业营销人员面临的最大挑战是，找出这些利益，然后用适当的有形展示去表现。服务业公司所能利用的展示方式有很多，从环境到装潢、设备、文具、颜色和照明等，都可以说是服务企业形成与塑造环境气氛的一部分。

13.2.3　有形展示管理的执行

服务展示管理不仅是营销部门的工作，虽然营销部门应该唱主角，但每个人都有责任传送有关服务的适当线索，下面列出的是一份行动问题清单，所有的管理人员都应定期考虑这些问题。

(1) 我们有一种高效的方法来进行服务展示管理吗？我们对顾客可能感觉到的有关服务的每一件事都给予了充分的重视？

(2) 我们是否积极地进行服务展示管理？我们是否积极地分析了如何使用有形因素来强化我们的服务概念和服务信息？

(3) 我们对细节进行了很好的管理吗？我们是否关注“小事情”？举例来说，我们保持了服务环境的一尘不染吗？如果我们的霓虹灯忽然坏了，我们是立即换呢还是过后再换？我们作为管理人员有没有举例向员工说明没有任何细节小到不值得管理？

(4) 我们将服务展示管理和市场营销计划结合起来了吗？例如，当我们作出

环境设计的决定时，是否考虑到这一设计能否支持高层营销策略？我们作为管理人员，是否熟知展示在市场营销计划中的作用，进而对计划做了有益的补充？作为管理人员，我们知道在营销计划中什么是首要的吗？

(5) 我们通过调查来指导我们的服务展示管理了吗？我们有否寻找来自员工和顾客的由价格传递的线索？我们预先有否测定我们的广告向顾客传递了什么样的信息？在服务设备设计过程中，我们征求过顾客和员工的意见吗？我们有没有使用“职业顾客”按照清洁度、整齐度、营销工具的适用性等标准对我们的服务环境作出评价？我们作为管理人员，在提高公司整体形象过程中，是如何运用环境设备和其他展示形式的？

(6) 我们将服务展示管理的主人翁姿态扩展到整个组织范围了吗？在服务营销中，我们向员工讲授服务展示管理的特点和重要性了吗？我们是否向组织内的每个人提问，让他们回答个人在展示管理中的责任？

(7) 我们在服务展示管理过程中富有创新精神吗？我们所做的每件事都有别于竞争者和其他服务提供者吗？我们所做的事有独创性吗？我们是不断地提高展示水平使之合乎时尚呢，还是跌入沾沾自喜、自鸣得意之中？

(8) 我们对第一印象的管理怎么样？和顾客接触早期的经历是否给我们留下了深刻印象？我们的广告、内部和外部的环境设备、标志物，以及我们的员工的服务态度对新顾客或目标顾客是颇具吸引力呢，还是使他们反感？

(9) 我们对员工的仪表进行投资了吗？我们有没有向员工分发服装并制定符合其工作角色的装扮标准？对于负责联系顾客的员工，我们考虑到为其提供服装津贴了吗？我们考虑过提供个人装扮等级津贴吗？

(10) 我们对员工进行服务展示管理了吗？我们有没有使用有形因素使服务对员工来说不再神秘？我们是否使用有形因素来指导员工完成其服务角色？我们工作环境中的有形因素是表达了管理层对员工的关心呢，还是缺乏关心？

13.3 有形展示与服务环境

在实施有形展示策略的过程中，服务环境的设计往往是企业营销努力的重点，因为顾客在接触服务之前，最先感受到的就是来自服务环境的影响，尤其是对于那些易先入为主的顾客而言，环境因素的影响更是至关重要。

所谓服务环境是指企业向顾客提供服务的场所，它不仅包括影响服务过程的各种设施，而且还包括许多无形的要素。因此，凡是会影响服务表现水准和沟通的任何设施都包括在内。例如，就旅馆业而言，环境意味着建筑物、土地和装备，包括所有内部装潢、家具和供应品。因此，像一些较不起眼的东西如茶盘、一张记事纸或一只冰桶等，在传统的设计观念中，或许会被忽略掉，但对于服务营销人员来说，也必须与其他明显物品一样都包括在内。

13.3.1 服务环境的特点

对大多数服务业公司而言，环境的设计和创造并不是件容易的工作。虽然对于在顾客处所或家庭中提供服务的服务业来说，这个问题并不很重要，但它们也应该注意到器械装备的设计、制服、车辆、文具以及可能会在顾客心目中形成对服务公司印象的类似事项。

从服务环境设计的角度看，环境具有如下特点。

(1) 环境是环绕(surrounds)、包括(enfolds)与容纳(engulfs)，一个人不能成为环境的主体，只可能是环境的一个参与者。

(2) 环境往往是多重模式(multi-model)的，也就是说，环境对于各种感觉形成的影响并不是只有一种方式。

(3) 边缘信息和核心信息总是同时展现，都同样是环境的一部分，即使没有被集中注意的部分，人们还是能够感觉出来。

(4) 环境的延伸所透露出来的信息总是比实际过程更多，其中若干信息可能相互冲突。

(5) 各种环境均隐含有目的和行动以及种种不同角色。

(6) 各种环境包含许多含义和许多动机性信息。

(7) 各种环境均隐含有种种美学的、社会性的和系统性的特征。

因此，服务业环境设计的任务，关系着各个局部和整体所表达出的整体印象，影响着顾客对服务的满意度。

13.3.2 理想服务环境的创造

设计理想的服务环境并非一件容易的事情，除了需要大量的资金外，一些不可控制的因素也会影响环境设计。

一方面，我们现有的关于环境因素及其影响的知识及理解程度还很不够。例如，究竟空间的大小、各种设施和用品的颜色与形状等因素的重要性如何？地毯、窗帘、灯光和温度等因素之间存在怎样的相互关系？诸如此类的问题具有较强的主观性，很难找到一个正确的答案。

另一方面，每个人都有不同的爱好和需求，他们对同一环境条件的认识和反应也各不相同。因此，设计满足各种各样类型人的服务环境，如旅馆、大饭店、车站或机场等存在一定的难度。尽管如此，服务企业如果能深入了解顾客的需求，根据目标顾客的实际需要进行设计，仍可以达到满意的营销效果。虽然顾客之间需求各异，但某些顾客群体却具有需求共性，如同一年龄段的顾客、处于同一社会阶层的顾客或者是其他群体等。企业根据他们的需求共性来设计服务环境，无疑将拥有更多的顾客。

以一家餐厅为例，其环境的设计应该考虑三个方面。

1. 适当的地点

适当的地理位置容易吸引更多的顾客。不过，适当的地点主要是指使餐厅接近于目标顾客集中的地区，并非单纯是指餐厅应处于客流量较多的繁华商业区或交通便利的地方。这说明，了解各种地段的特点，了解顾客的消费需求是有效地推广服务产品的前提。

2. 餐厅的环境卫生状况

环境卫生是餐厅经营的基本条件。顾客选择餐厅前首先要看的就是餐厅是否清洁卫生。从外部看，它要求招牌整齐清洁、宣传文字字迹清楚、盆景修剪整齐；从内部看，要求顾客坐席、餐厅摆设和陈列台、厨房、备餐间以及洗手间等整齐清洁。

3. 餐厅的气氛

餐厅的气氛是影响餐厅服务质量的重要因素，因而无论餐厅外部还是内部的设计与装饰都要烘托出某种气氛，以便突出餐厅的宗旨和强有力地吸引现有的和潜在的顾客。餐厅的设计、装饰、布局、照明、色调和音响等都会影响餐厅的气氛。比如音响，餐厅中通常都要播放音乐，音量适中的音乐能使顾客心情愉快，增加食欲；反之，音量过大则可能影响顾客的交谈，使人感到厌烦。不同的餐厅亦要选择不同风格的音乐，快餐厅可能适合于播放节奏性较强的流行音乐，而格调高雅的餐厅则更适合旋律优美、速度缓慢的古典音乐等。

环境设计如此重要，但不能错误地认为只有环境设计尤其是室内设计才是可供利用的，应配合全套营销组合的有形展示策略。很多中小企业虽然认识到有形展示的战略性作用，却碍于缺乏资金改善环境设计而认为有形展示是一种奢侈的投资。事实上，正如前面所指出的，有形展示除了环境与气氛因素以及设计因素之外，还有社交因素。社交因素指服务员工的外观、行为、态度、谈吐及处理顾客要求的反应等，它们对企业服务质量乃至整个营销过程的影响不容忽视。社交因素对顾客评估服务质量的影响，远较其他两类因素显著。因为根据对社交因素的观察，顾客可以直接判断服务员工的反应性、能否诚心诚意地处理顾客的特殊要求、能否给顾客一种对企业服务质量颇具信心的感觉以及服务员工是否值得信赖等。

以对麦当劳快餐店的调查为例，许多顾客认为麦当劳在服务设计方面做得不错。快餐店门口巨大的“M”惹人注目，麦当劳叔叔的形象和蔼可亲；餐厅内色调柔和，音乐优美，给人以一种轻松愉快的感觉。即使如此，大多数被调查者仍然认为麦当劳只是一家普普通通的快餐店，并没有什么特别的地方。其原因主要在于，人们觉得麦当劳的服务人员职业训练不足，职员之间缺乏沟通。而且，由于它聘用了很多年龄较大的人作为服务人员，所以为顾客提供服务的速度也显得略为迟缓。有鉴于此，麦当劳要想真正提高其服务质量，改善企业形象，就一定要增加社交因素方面的投资，从改变员工形象着手。

13.3.3 影响服务形象形成的关键因素

一家服务业公司所要塑造的形象，受很多因素的影响。营销组合的所有构成要素，如价格、服务本身、广告、促销活动和公开活动，既影响顾客与当事人的观感，又成为服务的实物要素。影响服务环境形成的关键性因素主要有两点：实物属性和气氛。

1. 实物属性

服务业公司的建筑构造设计，有若干层面对其形象塑造产生影响。表 13-2

显示零售场所的若干重要因素，每一项目都是影响形象的因素，其中任何一项的有无，都会影响到其他各项的个别属性的表现。换言之，这些属性可能对形象的创造与维持有帮助。

表13-2 零售场所服务形象影响因素

外　部	内　部
建筑之实际规模大小	陈设布局
建筑造型	色彩调配
建筑门面	设施装备
外部照明	材料和附属物品(如文具)
使用之建筑材料	照明
大门进口式样	标记
标记	货架
载货车辆和停车场	空气调节
	暖气和通风设置

资料来源：作者根据相关文献整理。

服务业公司的外在有形表现会影响其服务形象。一栋建筑物的具体结构，包括其规模、造型、建筑使用的材料、所在地点位置以及与邻近建筑物的比较，都是塑造顾客观感的因素。至于其相关因素，如停车的便利性、可及性、橱窗、门面、门窗设计、招牌标示和展示车辆等也很重要。因为外在的观瞻往往能附带牢靠、坚固、保守、进步或其他各种印象。而服务业公司内部的陈设布局、装饰、桌子、装修、座椅、照明、色调配合、材料使用、空气调节、标记、视觉呈现如图像和照片之类等，所有这一切合并在一起往往就会创造出“印象”和“形象”。从更精细的层面而言，内部属性还包括记事纸、文具、说明小册子、展示空间和货架等项目。

能将所有这些构成要素合并成为一家服务公司“有特色的整体个性”，需要相当技术性和创造性。有形展示可以使一家公司或机构显示其“个性”，而“个性”在高度竞争和无差距化的服务产品市场中是一个关键特色。航空公司，正如同银行、石油公司，甚至许许多多产品和服务的供应厂商，都很了解其企业的基本层面上，并没有多大的不同，他们卖的是大致上相同的东西、大致上相同的价格以及付出大致上相同的服务，一家航空公司或一家银行或一家石油公司，能在同行业中与别家公司有所差异，不过是有其个性、本身表现的方式以及其区别性。

2. 气氛

服务设施的气氛也会影响其形象。“氛围”原本就是指一种借以影响买主的“有意的空间设计”。此外，气氛对于员工以及前来公司接洽的其他人员也都有重要的影响。所谓的“工作条件”会影响到员工对待顾客的态度。就零售店而言，每家商店都有各自的实物布局、陈设方式，有些显得局促，有些宽敞。每家店都有其“感觉”，有的很有魅力，有的豪华壮丽，有的朴素。商店必须保有一种规

划性气氛，适合于目标市场，并能诱导购买。

许多服务业公司似乎都开始了解气氛的重要。餐馆的气氛和食物同样重要是众所皆知的，大饭店、旅馆应该被视为温暖与亲切，零售商店也应注意尊重顾客，而增添一些魅力到“气氛”里头；有些广告公司细心地花工夫做气氛上的设计；此外，银行、律师事务所和牙医诊所的等候室，往往由于是否注意气氛的缘故，而有“宾至如归”或“望而却步”的差别。影响“气氛”的因素主要包括四类。

1) 视觉

零售商店使用“视觉商品化”(visual merchandising)一词来说明视觉因素会影响顾客对商店观感的重要性。视觉商品化与形象的建立和推销有关，顾客进门之后，可以达到前述两项目的。零售业的视觉商品化，旨在确保无论在顾客搭电梯时还是在等待付账时，服务的推销和形象的建立仍持续在进行。照明、陈设布局和颜色，显然都是“视觉商品化”的一部分。此外，服务人员的外观和着装也是。总之，视觉呈现是顾客对服务产品惠顾的一个重大原因。

2) 气味

气味会影响形象。零售商店，如咖啡店、面包店、花店和香水店，都可使用香味来推销其产品。面包店可巧妙地使用风扇将刚出炉的面包香味吹散到街道上；餐馆或牛排馆，也都可以利用香味达到良好的效果；对于那些事业服务业的办公室来说，皮件的气味和木制地板打蜡后的气味，往往可以发散出一种特殊的豪华气派。

3) 声音

声音往往是气氛营造的背景。电影制造厂商很早就觉察其重要性，即使在默片时代，配乐便被视为一项必不可少的气氛成分。青少年流行服装店的背景音乐，所营造出的气氛当然与大型百货店升降梯中听到的莫扎特音乐气氛大不相同，也和航空公司在起飞之前播放的令人舒畅的旋律的气氛全然迥异。若想营造一种“安静”气氛，可以使用细心的隔间、低天花板、厚地毯以及销售人员轻声细语的方式。这种气氛在图书馆、书廊或皮草专卖店往往是必要的。最近对于零售店播放音乐的一项研究指出，店里的人潮往来流量，因播放什么样的音乐而有所改变。播放缓慢的音乐时，营业额往往会比较高。

4) 触觉

厚重质料铺盖的座位的厚实感(rich texture)、地毯的厚度、壁纸的厚度、咖啡店桌子的木材感和大理石地板的冰凉感，都会带来不同的感觉，并散发出独特的气氛。某些零售店是以样品展示的方式激发顾客们的感度，但有些商店，如精切玻璃、陶瓷店、古董店、书廊或博物馆，就禁止利用触感。但不论何种情况，产品使用的材料和陈设展示的技巧都是重要的因素。

科特勒认为，气氛可以变成一种特别适当的竞争手段，尤其是在下列情况之下：①竞争者越来越增多时；②产品与价格的差别微小时；③产品是针对特殊社会阶层或生活方式的顾客时。

许多服务业公司就通过刻意制造良好的服务气氛，取得了很好的效果。在第一次设计一种服务之时，必须面临四项主要设计决策。

(1) 建筑物从外表看起来应该是什么样子？

(2) 建筑物的功能和布局特色应该是什么？

(3) 建筑物从内部看起来应如何？

(4) 什么样的材料最能配合建筑物所欲表现出的感觉？

本章小结

有形展示是服务市场营销组合策略的七大要素之一。服务因其无形性而不同于有形商品，有形商品可以自我展示。而服务是以行为方式存在，不能自我展示，顾客只能根据服务工具、设备、员工、信息资料、其他顾客和价目表等所提供的服务线索作出购买决定。服务有形展示具有重要作用。对有形展示可以从不同的角度进行分类。根据有形展示能否被顾客拥有可分为边缘展示和核心展示；根据有形展示的构成要素进行划分，主要有物质环境、信息沟通和价格等三种类型。有形展示在服务营销过程中占有重要地位，发挥着重要作用。

加强对有形展示的管理，对服务企业开展市场营销活动具有重要意义。服务采用有形展示策略的出发点主要有两个方面，即服务的有形化和使服务在心理上容易把握。有形展示的效果主要有三种形式。有形展示管理的执行不仅仅是营销部门的工作，每个员工都有责任传送有关服务的适当线索。

在实施有形展示策略的过程中，服务环境的设计是企业营销努力的重点。为了向顾客提供理想的服务环境，服务营销者必须了解环境的特点，分析影响环境形象形成的因素，以提高顾客对服务的满意度。

关键术语

有形展示　　物质环境　　信息沟通　　价格展示

思考题

1. 解释下列概念：有形展示、边缘展示、核心展示、有形展示管理。
2. 服务营销为什么要将有形展示作为营销组合的因素？
3. 有形展示有哪几种类型？影响有形展示的因素有哪些？
4. 有形展示具有什么效应？
5. 怎样进行有形展示的管理？
6. 在有形展示管理的执行过程中应注意哪些方面的问题？
7. 从服务环境设计的角度看，环境具有什么特点？
8. 服务业应该怎样设计和创造理想的服务环境，以提高顾客对服务的满意度？

案例研讨

大连友谊商城善于营造购物环境

在零售业买方市场已形成的今天，越来越多的大商场将吸引消费者的目光瞄准超值的售后服务。而看得见、听得到、闻得着的购物环境和氛围却被一些商家有意无意地忽略了。于是乎，商店的音响、电视柜台，“你方唱罢，我已登场”，噪音“对唱”一比高下；原本美观、整洁的售货区里堆起一人多高的鞋盒，基本上混同于临时仓库；售货员口中刺鼻的蒜味和细致的商品讲解一同“热情”地涌出……这些购物环境问题充斥在消费者周围，虽然看似问题真不大，却难免惹得人心烦。这些情况在一定程度上影响了消费者购物的欲望和热情，成为购买者不愿购买的原因之一。

零售业从原始的价格竞争发展到如今的品种、管理服务等全方位、立体化竞争，购物环境已成为商业竞争中不可小视的一环。应该如何看待、解决购物环境中存在的问题呢？以大连市友谊商城为例，他们对自身“号脉”，开出的名曰“环保服务”的“药方”，确有值得借鉴之处。

该商城从消费者的视觉、听觉、嗅觉三方面划分购物环境中的问题。视觉方面从灯光入手，一方面，改变以往销售柜台一种光度到底的做法，依据商品的色泽、质地和吸光性，采用不同光度，避免光度影响导致商品色泽失真；另一方面，卖场浏览区的灯光全部被调整为柔和光，以防消费者由于灯光过亮或过暗引起心理上的不安全感或压抑感。听觉方面，过去存在的问题是播音员喜欢听什么，背景音乐就放什么，随意性很大。自我“号脉、诊治”后，音乐与购物心理相结合，形成了早上人流稀少时播放激发员工工作热情、消费者购买欲望的迎宾曲；午间客流增大，环境嘈杂时，放送减轻购物者精神压力的轻音乐；下午人们精神疲劳时，用熟悉的名歌、名曲来改善工作、购物情绪等一系列规范的商场音乐。嗅觉方面，商城除了明确规定定时喷洒空气清新剂外，还从营业员接待顾客方面考虑，明令禁止食堂出售带葱、蒜味道的菜饭。诸如此类30多个购物环境问题被具体分析，逐个开出“处方”。商城的购物环境也更加优雅、宽松、舒适和整洁。

由大连市友谊商场的做法想来，如若大小商家都能结合自身问题自我“诊治”，“对症下药”，消费者也就无须再忍受浮躁、震耳的广播音乐，化妆品与食品混合散发的怪味和燥热难耐的卖场温度，而舒心的购物环境也势必使商家受益，为其带来更多的消费者和商机。

案例思考题

1. 大连友谊商城是如何进行商场服务有形展示的？
2. 服务的有形展示对服务营销的重要性体现哪些方面？

参考文献

1. 克里斯托弗·H. 洛夫洛克. 服务营销[M]. 3版. 陆雄文，庄莉，译. 北京：中国人民大学出版社，2001.
2. 包勃. 拖不垮的西南航空公司[J]. 商界名家，2005(11)：101-103.

主要参考文献

[1] 中华人民共和国商务部. 中国服务贸易发展报告[M]. 北京：经济管理出版社，2008.

[2] 丹尼尔·贝尔. 工业化后社会的来临[M]. 高铦，译. 北京：新华出版社，1997.

[3] 克里斯托弗·H.洛夫洛克. 服务营销[M]. 3 版. 陆雄文，庄莉，译. 北京：中国人民大学出版社，2001.

[4] 菲利普·科特勒. 营销管理[M]. 3 版. 梅清豪，译. 北京：中国人民大学出版社，2005.

[5] 雷蒙德·P.菲斯克，史蒂芬·J. 格罗夫，乔比·约翰. 互动服务营销[M]. 张金成，译. 北京：机械工业出版社，2001.

[6] 曹利和. 服务营销[M]. 武汉：武汉大学出版社，2004.

[7] 菲利普·科特勒. 营销管理[M]. 9 版. 梅汝和，译. 上海：上海人民出版社. 1999.

[8] 王超. 零售学[M]. 北京：中国对外经济贸易出版社，1999.

[9] 李政权. 弱势品牌营销[M]. 杭州：浙江人民出版社，2004.

[10] 华尔特·惠特曼·罗斯托. 经济成长阶段——非共产主义宣言[M]. 国际关系研究所，译. 北京：商务印书馆，1962.

[11] 赵晶. 零售营销学[M]. 北京：清华大学出版社，2004.

[12] 蔺雷，吴贵生. 服务创新[M]. 北京：清华大学出版社，2003.

[13] 万晓. 营销管理[M]. 北京：清华大学出版社，2005.

[14] 詹姆斯·A.菲茨西蒙斯，莫娜·J.菲茨西蒙斯. 服务管理：运营、战略和信息技术[M]. 2 版. 张金成，范秀成，译. 北京：机械工业出版社，2000.

[15] 克里斯廷·格罗鲁斯. 服务管理与营销——服务竞争中的顾客管理[M]. 3 版. 韦福祥，译. 北京：电子工业出版社，2008.

[16] 斯蒂芬·狄福. 惠普之道(从优秀到卓越的管理细节)[M]. 康毅仁，译. 哈尔滨：哈尔滨出版社，2004.

[17] 高桂平，张雷. 服务营销学[M]. 武汉：武汉理工大学出版社，2008.

[18] 中原. 打赢品牌策略者赢天下[J]. 商场现代化，2004(3)：33-34.

[19] 徐继业. 重“附加值”轻“核心价值”营销法遭尴尬[N]. 21 世纪经济报道，2004-02-12.

[20] 谢泗薪，李荣. 服务品牌战略管理与忠诚度的提升[J]. 企业研究，2006(3)：21-23.

[21] 李梅，金照林. 现代企业的服务利润链管理[J]. 科技进步与对策，2003(3)：97-99.

[22] 吴晓云，等. 服务营销与服务营销学[OL]. 贝思可咨询，[2006-08-22].

[23] 郭卜乐. 服务营销的发展历程[OL]. 中国心理热线，[2003-04-10].

后记

在21世纪的今天，服务已成为发达国家经济的主导力量。一方面，一国的GDP中服务业创造的产值所占比重不断提高；另一方面，越来越多的企业都把服务视为持久竞争优势的来源。近年来，我国服务业在国民经济中的地位日益提高，服务业对经济增长的贡献率也相应提升，服务将对我国经济发展带来巨大而深远的影响。基于我国发展服务经济的大背景，本书旨在为那些已经或将服务于社会各行业的读者以及那些已意识到服务在社会经济中扮演重要角色的工商业从业者提供参考。

本书在编写过程中，得到多位同仁的大力支持。杜海斐、王海波、韩素萍、孙彤、刘莉莉等为本书编写中资料的收集、组稿付出了宝贵的心血。尤其是杜海斐为本书的修改、统稿做了大量的工作。在编写过程中，作者借鉴了国内外服务营销学者们的最新研究成果，采纳了不少企业的营销实践经验。在此，谨向服务营销领域的前辈和研究者以及企业界致以衷心的感谢！同时向为本书的编写提供支持的同仁们表示感谢！

由于时间和水平有限，书中一定存在不当和欠妥之处，在此恳请读者不吝指正，以帮助我们修正和提高。

编　者

2010年5月20日

教学支持说明

“21世纪市场营销立体化系列教材”系华中科技大学出版社重点教材。

为了改善教学效果，提高教材的使用效率，满足高校授课教师的教学需求，本套教材备有与纸质教材配套的教学课件(PPT电子教案)。

为保证本教学课件及相关教学资料仅为教师个人所得，我们将向使用本套教材的高校授课教师免费赠送教学课件或者相关教学资料，烦请授课教师填写如下授课证明并寄出(发送电子邮件或传真、邮寄)至下列地址。

地址：湖北省武汉市珞喻路1037号华中科技大学出版社发行公司市场部

邮编：430074

电话：027-87557436

传真：027-87542424

E-mail：yingxiaoke2007@163.com

证　　明

兹证明__________大学__________系/院第_____学年开设的__________课程，采用华中科技大学出版社出版的__________编写的__________作为该课程教材，授课教师为__________，学生共计__________个班__________人。

授课教师需要与本书配套的教学课件为：

授课教师的联系方式

联系地址：__________

邮编：__________

联系电话：__________

E-mail：__________

系主任/院长：__________(签字)

(系/院办公室盖章)

__________年__________月__________日